ESTADOS UNIDOS:
EN LA INTIMIDAD
Y A LA DISTANCIA

JORGE G. CASTAÑEDA

ESTADOS UNIDOS:
EN LA INTIMIDAD
Y A LA DISTANCIA

Traducción de
Hugo López Araiza Bravo

DEBATE

Estados Unidos: en la intimidad y a la distancia

Título original: *America through foreign eyes*

Primera edición: agosto, 2020

Estados Unidos: en la intimidad y a la distancia fue publicado originalmente en inglés.
Esta traducción se publica mediante acuerdo con Oxford University Press.
Penguin Random House Grupo Editorial, S. A. de C. V. es el único responsable de esta traducción
de la obra original y Oxford University Press no tendrá ninguna responsabilidad sobre ningún error,
omisión, inexactitud o ambigüedad en dicha traducción
ni de ninguna pérdida causada por la confianza en la misma.

Penguin
Random House
Grupo Editorial

Índice

Introducción

Los extranjeros han escrito sobre Estados Unidos desde su fundación. Ahora me toca a mí. Los norteamericanos no deben tomármelo a mal: ellos mismos tienen la culpa. Al igual que muchas personas en este planeta, llevo mucho tiempo fascinado por el extraordinario fenómeno que se hace llamar "America". Mi destino —o tal vez mi buena fortuna— ha sido el de un forastero que lleva medio siglo viviendo la experiencia estadounidense: como niño, como estudiante, como autor, como viajero recurrente y como profesor universitario. Ser mexicano me pone en una categoría especial: como Estados Unidos le quitó la mitad de su territorio en el siglo XIX y ahora está envuelto en la vorágine de la crisis identitaria norteamericana, México nunca puede ignorar lo que sucede al norte de su frontera. Además, al ser secretario de Relaciones Exteriores de México entre 2000 y 2003, tuve el privilegio de asomarme al interior de la maquinaria de poder que mantiene andando a nuestro vecino.

Sin embargo, este libro no está escrito desde una perspectiva mexicana, sino desde la de un extranjero crítico y solidario que conoce a Estados Unidos en la intimidad y a la distancia. Mi esperanza es contribuir en algo a cómo se ven a sí mismos los norteamericanos, y a cómo los ve el mundo.

Naturalmente, antes de embarcarme en esta travesía, acudí a algunos de mis antecesores, a otros extranjeros que visitaron Estados Unidos o vivieron ahí y que luego ofrecieron su versión de ese país a

sus compatriotas. Algunos, como el visitante francés Alexis de Tocqueville, autor del clásico decimonónico *La democracia en América*,
sentían que los países europeos tenían mucho que aprender del experimento democrático estadounidense. Otros, como Charles Dickens, se
fueron consternados porque consideraron que los norteamericanos
estaban particularmente obsesionados con el dinero. Pero tan sólo son
dos de muchos que han intentado —y seguimos intentando— encontrar una llave mágica que nos revele las complejidades y contradicciones de esa sociedad. En efecto, es como si Estados Unidos desafiara
a los escritores extranjeros a que lo expliquen, seguro de su fracaso.
Y al asumir esa tarea, estos forasteros han sentido frustración, esperanza, enojo, emoción, decepción e iluminación, pero nunca indiferencia.

He intentado diversificar mis referencias entre autores de distintos
países e idiomas, pero resultó inevitable que se concentraran en Europa Occidental y, en menor medida, en Latinoamérica. Son las regiones
con las que estoy más familiarizado, y también donde se encuentra la
mayor parte de este tipo de obras. Encontrarán menos referencias a
fuentes asiáticas y africanas; la razón reside en mi ignorancia de su
trabajo. Revisar con más detenimiento lo que los viajeros japoneses
y chinos han concluido sobre Estados Unidos podría ser particularmente valioso, por ejemplo.

A principios del siglo XIX, a muchos viajeros europeos les resultaba difícil entender una "tierra de hombres libres" en la que se practicaba la esclavitud. Al escritor y poeta inglés Rudyard Kipling le cayeron
mal los estadounidenses en cuanto puso un pie en San Francisco.
A finales del siglo XIX, el poeta y revolucionario cubano José Martí,
quien pasó catorce años exiliado en Estados Unidos, quedó fascinado
con la ética laboral y la prosperidad del país, pero también muy depri-
mido por su obsesión por el dinero y porque era inminente que con-
quistaran su isla. En 1906, a Werner Sombart, un sociólogo alemán, le
desconcertó que no hubiera socialismo en Estados Unidos.

Más tarde, el novelista alemán Thomas Mann y el filósofo francés Jean-Paul Sartre se enamoraron de Estados Unidos a su llegada,
y luego el primero se retiró con repulsión de su exilio temporal, y

el segundo se volvió irremediablemente hostil hacia Norteamérica. Otros reaccionaron de manera anecdótica. El novelista ruso Vladímir Nabókov, quien vivió mucho tiempo en Estados Unidos, alguna vez dijo en broma que los coches son el único lugar en el país en el que no hay ni ruido ni corrientes de aire. El caso del economista sueco Gunnar Myrdal es más inusual, pues no escribió para otros extranjeros, sino para los mismos norteamericanos: su libro clásico sobre la raza, *The American Dilemma*, fue encargado por la Carnegie Corporation en 1942 y redactado en inglés. En fechas más recientes, el novelista noruego Karl Ove Knausgård y el pensador francés Régis Debray publicaron sus reflexiones correspondientes, uno en inglés y el otro para sus compatriotas.

"Este tipo de viajero en realidad no es un descubridor", escribió V. S. Naipaul, el novelista y ensayista ganador del Premio Nobel de Literatura originario de Trinidad y Tobago, sobre su propio viaje por el sur de Estados Unidos en la década de 1980.

> Más bien es un hombre que se define contra un fondo extranjero: y dependiendo de quién sea él, el libro que escriba podrá ser atractivo. Sólo se puede escribir un libro así sobre Estados Unidos si el escritor, tomando al lector como confidente, se presenta como extranjero de alguna manera. Sin embargo, esa estrategia rara vez funciona en Estados Unidos. [...] Es un lugar demasiado conocido, demasiado fotografiado, demasiado descrito, y, al ser más organizado y menos informal, no está tan abierto a la inspección casual.[1]

Las notas de viajero sobre una Unión Americana visitada a toda velocidad son un género literario tan común que Sacha Baron Cohen lo parodió en su película clásica de 2006 *Borat: lecciones culturales de Estados Unidos para beneficio de la gloriosa nación de Kazajistán*. No es Tocqueville, pero puede ser extraordinariamente divertida.

Reconozco que estoy siguiendo caminos muy transitados, y que me atrevo a suponer que los estadounidenses estarán interesados en el punto de vista de un forastero más. Sin embargo, este libro es esencialmente distinto a los anteriores. En primer lugar, fue pensado originalmente para una audiencia norteamericana, no para lectores de mi país, México, ni en mi idioma, el español. Espero que alguna vez lo vean traducido, y contribuya a que ellos y otros hispanohablantes comprendan mejor a su enorme vecino. No quiero explicarle Estados Unidos al resto del mundo, sino compartir la opinión de un extranjero con los mismos estadounidenses.

Tampoco se trata de un libro de viaje, del producto de unas cuantas semanas o meses recorriendo el país en coche, barco, tren o carreta. Este libro es el resultado de muchos años de vivir, estudiar, madurar, dar clase y conversar en Estados Unidos. Surge de tratar con las autoridades estadounidenses de gobierno a gobierno, y de sociedad civil a sociedad civil. Durante el último medio siglo, he disfrutado la amistad cercana y duradera de muchos norteamericanos, y he observado con ellos la evolución de su país en la intimidad y a la distancia.

Escribo esto en un momento crítico en la historia de Estados Unidos, en el que sus ciudadanos se están cuestionando el funcionamiento de su propia sociedad y sistema político, y su lugar en un mundo en cambio constante y plagado de conflictos. Ha vuelto a surgir la insularidad latente del país, alimentada por la creencia de que su tamaño, potencia y riqueza lo vuelven inmune a lo que pasa afuera. También su instinto de arremeter contra cualquier amenaza extranjera que perciba, aunque ahora más bien lo haga económicamente, mientras que en el pasado preferían la opción militar. Sin embargo, esto no hace más que resaltar la nueva vulnerabilidad ante fuerzas externas de la nación que durante tanto tiempo se consideró el modelo global de una democracia capitalista occidental exitosa. En suma, la ineludible presencia actual del mundo dentro de Estados Unidos me ha convencido de que es el momento ideal para que un extranjero evalúe qué está fallando y cómo podría arreglarse.

La agenda de trabajo para integrar este libro es inmensa. Debe incorporar historia y economía, el legado de la esclavitud y de la Guerra de Secesión, la avalancha de la industrialización y el surgimiento de la primera clase media del mundo, el papel crucial de Estados

Unidos en dos guerras mundiales, su surgimiento como superpotencia única tras el colapso del comunismo soviético, y el nuevo reto que representa China. Pero más allá de los titulares globales, también quiero explorar cómo la Unión Americana realiza ahora un autoexamen difícil, doloroso e incluso traumático en el que los principios mismos del sueño americano se han puesto en duda. Donald J. Trump ha atizado el fuego, azuzando añejas tensiones raciales y profundizando los conflictos de clase con su política de *divide y vencerás*. Las drogas, la inmigración, la raza y la religión son vinos viejos que deben abordarse en sus botellas nuevas, con etiquetas nuevas.

¿Qué puedo añadir a lo que ya se ha escrito? Este libro no pretende ser un trabajo académico, sino una evaluación impresionista, analítica e intuitiva de lo que he aprendido en más de cincuenta años de contacto directo. Los autores extranjeros suelen formular las preguntas correctas, pero, en mi opinión, no siempre han dado las respuestas adecuadas. Para citar tan sólo algunas de las preguntas de los escritores foráneos que voy a examinar con una mirada fresca: ¿Acaso la sociedad de consumo ha hecho que en Estados Unidos todo sea igual? ¿Acaso puede seguirse justificando la eterna afirmación del *excepcionalismo* estadounidense? ¿O Estados Unidos se estará volviendo más parecido a todos los demás países? ¿Acaso en nuestros días añorar un pasado perdido y glorioso no es igual de estadounidense que británico, mexicano, chino o italiano?

Por supuesto, es justo preguntar si un extranjero puede ver lo que los estadounidenses mismos pasan por alto. ¿Existe una mirada especial que sólo pueda dirigirse desde la distancia y que elucide lo que los locales no distinguen? Hoy en día, prácticamente todos los habitantes del planeta han oído hablar de Estados Unidos, consumen algún tipo de bien o servicio norteamericano y miran los sucesos diarios de la Unión Americana en la televisión, su celular, tableta o laptop. Para bien o para mal, todos poseen una opinión de ese país. Cuando la academia es global —gracias a la traducción y a los intercambios culturales— y la lengua inglesa también lo es, ¿qué puede añadir un extranjero a lo que los estadounidenses ya saben de sí mis-

13

mos, sobre todo tomando en cuenta los vastos recursos de los que sólo ellos disponen?

Para empezar, cierta distancia. Muchos libros escritos por estadounidenses —u otros extranjeros— sobre naciones tan variadas como China, la India, Italia, España y México han ilustrado a miles de lectores de esos países. Nadie es transparente para sí mismo, e incluso hoy en día una mirada externa puede enseñar mucho: ofrecer un ingrediente crucial que los académicos, periodistas o literatos locales rara vez brindan: contexto.

También creo que estas páginas serán útiles precisamente porque comparto el afecto y preocupación de los estadounidenses por el estado de su nación. Pero sigo siendo un extranjero, y ni estoy comprometido emocionalmente ni me afecta directamente la lucha casi existencialista que está viviendo su sociedad. No soy más que un observador que ha pasado muchas décadas monitoreando los cambios en el estilo de vida norteamericano. Demasiados estadounidenses como para nombrarlos me han guiado en este camino, han compartido conmigo su conocimiento y experiencias. A lo largo este proceso, me han enseñado mucho. En estas páginas voy a compartir lo que he aprendido.

Notas

[1] Naipaul, V. S., *A Turn in the South*, Nueva York, Vintage International, 1990 (1989) p. 222.

1

En Estados Unidos todo es lo mismo: la primera clase media del mundo

Muchos de los estereotipos actuales sobre la uniformidad de Estados Unidos nacieron hace casi dos siglos. Veamos, por ejemplo, lo que dijo Dickens: "La gente también se parece toda. No hay diversidad de carácter. Se dedican a los mismos mandados, dicen y hacen las mismas cosas exactamente de la misma manera".[1] Esto nos dice más de Dickens y de otros extranjeros que estaban descubriendo Estados Unidos a principios del siglo XIX que de los norteamericanos a quienes conocieron. Pero también resalta cuántos de esos juicios siguen vigentes.

En 2015, el *New York Times* contrató a Karl Ove Knausgård, el autor noruego de *Mi lucha* —obra monumental tanto en volumen como en ventas—, para escribir lo que el periódico seguramente esperaba que fuera un reportaje de viaje original, en dos partes. Por supuesto, estaba muy bien escrito, pero repetía las reflexiones de costumbre: "Yo nunca había entendido cómo un país que celebrara al individuo pudiera aniquilar todas las diferencias como lo hacía éste... Lo más impresionante de Estados Unidos es que ahí todo es lo mismo, que en todos lados hay los mismos hoteles, los mismos restaurantes, las mismas tiendas".[2]

Dickens y el autor de *Mi lucha* no lo señalaban como una crítica, ni siquiera estaban siendo condescendientes. Como tampoco Lord Bryce, el embajador británico ante la Casa Blanca hacia finales del

15

siglo XIX, cuyo libro de más de dos mil páginas, *La república nortea-americana*, guía a sus lectores por una detallada reseña de todo lo que alguien querría saber sobre Estados Unidos: "Pero la uniformidad del país, que el visitante europeo empieza a notar cuando lleva uno o dos meses de viaje, es el rasgo al que los ingleses que llevan mucho tiempo viviendo allá, y los estadounidenses que están familiarizados con Europa, se refieren con más frecuencia".[3]

En realidad, éstos y otros observadores no hablaban de uniformidad, sino de la primera e incipiente sociedad de clase media del mundo. A los extranjeros, Estados Unidos les resultaba uniforme y sus habitantes, "todos iguales", porque lo que veían era una sociedad de clase media que no existía en sus países. No podían ver la extraordinaria diversidad que ya tenía y sigue teniendo, o no la buscaron con el suficiente celo.

Hay pocos lugares en el mundo tan diversos como el metro de Nueva York. En otoño, yo viajo por las líneas de Manhattan varias veces a la semana. ¿Cómo puede alguien decir que todo es lo mismo en el Expreso de la Octava Avenida o en el tren local de la Avenida Lexington? De hecho, es muy fácil, pero de forma positiva. Todo mundo está a bordo: el ejecutivo de Park Avenue (aunque sean pocos), el escritor del Upper West Side, el albañil mexicano, la joven afroamericana que va a Hunter College, la asiaticoamericana que va de regreso a Queens. En hora pico, por la mañana o por la tarde, todos van o vuelven del trabajo.

Todos pagan la misma tarifa —semanal o por viaje—, abarrotan los mismos vagones destartalados, permiten el libre cierre de las mismas puertas, usan prácticamente la misma ropa, sobre todo en invierno. Todos traen un iPhone en la mano y audífonos colgándoles del cuello, y evitan a toda costa hacer contacto visual. Mis compañeros de metro me resultan iguales en su situación, y tremendamente diversos en su color de piel, edad, estilo de vida y puntuación en el índice de felicidad que se publica cada año en todo el mundo. Los *diferentes*, los *otros* son los desempleados, los que no se pueden comprar una tarjeta del metro, los que sufren el frío en invierno y se sofocan en verano, sin tener a dónde ir. Tal vez ésa sea una mejor manera de entender los comentarios que hacen los extranjeros sobre la uniformidad de Estados Unidos. Todos en el tren poseen un rasgo común que eclipsa su diversidad subsidiaria: todos toman el metro. Son iguales que sus compañeros de metro o de tren elevado en el resto del país: en las demás megalópolis costeras o cosmopolitas, o en otras partes del gran territorio entre ambas costas.

La primera clase media de la historia

Los visitantes extranjeros de ahora llegan a conclusiones similares a las de sus predecesores, pero con un tono más agresivo y desdeñoso. Quizás, al igual que a Dickens y Tocqueville (quien dijo que en Estados Unidos "la sociedad entera no forma sino una sola masa"), se les escapa una de las características principales que distingue a ese país: una singularidad que sólo se vuelve evidente cuando lo comparan sus propios países.[4]

Tal vez el primer visitante extranjero en plasmar sus opiniones en papel fuera el explorador francés J. Hector St. John de Crèvecœur. En 1782, escribió: "[La sociedad estadounidense], a diferencia de la europea, no está compuesta de grandes señores que lo poseen todo y una gran manada de desposeídos... Los ricos y los pobres no están tan alejados entre sí como en Europa".[5]

Debido a su pasado colonial; a la frontera oeste que les ofrecía una infinita cantidad de tierra disponible para los asentamientos; a lo que algunos autores recientes han llamado la "Constitución de Clase Media", y a un carácter nacional que contribuyó a esta configuración inimitable a la vez que surgía de ella, Estados Unidos nació como una sociedad distinta.[6] Distinta de otras colonias, distinta de los colonizadores europeos, distinta de las antiguas civilizaciones asiáticas, africanas y americanas.

Durante sus primeros doscientos años como nación independiente, Estados Unidos evolucionó como una sociedad en la que sus *ciudadanos* tenían muchas cosas en común, con diferencias de clase menores que en Europa o en otras excolonias. Hace poco, dos economistas reconstruyeron los coeficientes de Gini —la medida de desigualdad más común, en la que 0.0 designa una igualdad perfecta, y 1.0, la desigualdad total— para las Trece Colonias en 1774. Descubrieron que la sociedad del siglo XVIII era menos desigual —incluso tomando en cuenta la esclavitud— que su equivalente en 2012.[7] Excluyendo a los esclavos, y antes de impuestos y de transferencias, Estados Unidos sólo logró un nivel comparable de igualdad al de 1774... en 1982, justo después de la llegada de Ronald Reagan al poder.

Estas aproximaciones deben tomarse en cuenta con reservas. Bryce exageró al declarar que el comentario de Tocqueville de que los estadounidenses nacían iguales no estaba muy lejos de la verdad. Según un cálculo, para 1831, la mitad de la propiedad privada en Estados Unidos estaba en manos de tan sólo 4% de la población.[8] Extrañamente, el inglés reflexionó que: "Hace sesenta años, no había grandes fortunas en Estados Unidos, pocas fortunas considerables, nada de pobreza".[9] No era cierto. Es obvio que pasó por alto a los más de dos millones de esclavos, equivalentes, en ese entonces, a una quinta parte de la población. Al inicio de la Guerra de Secesión, la cantidad de esclavos había alcanzado los cuatro millones, o aproximadamente una octava parte de una población de 31 millones.

Con o sin hipérbole, la mayoría de los observadores desde entonces le han atribuido esa *virtud original*, real aunque matizable, a la infinita disponibilidad de tierra que les brindaba la vastedad y la constante ampliación de la frontera oeste, y al estatus legal de la expansión resultante, incluso antes de la Ley de Asentamientos Rurales de 1862. Las colonias eran igualitarias si uno descartaba a las personas que no eran iguales. Al examinar los padrones electorales antes de la Independencia, por ejemplo, cuando la propiedad estaba muy ligada a los derechos electorales, justo después de la Guerra Franco-Indígena (1756-63), es notorio que dos tercios de los varones blancos tenían derecho a votar. En Inglaterra, en ese entonces, sólo 20% podía hacerlo.[10] Las colonias eran mucho más igualitarias que el colonizador, siempre y cuando se excluyera a los esclavos y a los nativos americanos del cálculo, lo que, por supuesto, resulta aberrante.

Igualdad, pero no para todos

El contraste con las naciones independientes que surgieron en la América hispana y portuguesa apenas unas décadas después de la independencia estadounidense fue drástico. Esas sociedades eran, y siguen siendo, de las más desiguales del mundo. La marcada diferencia entre ricos y pobres, notada en México por el gran explorador alemán Alexander von Humboldt en una fecha tan temprana como 1810, nunca fue tan visible en Estados Unidos. Esto se debió en parte a que no era tan flagrante, pero también a varios espejismos constitucionales, legislativos y políticos. Las Trece Colonias originales, y sus adiciones durante la primera parte del siglo XIX, lo lograron excluyendo de la *ciudadanía* (en su sentido ateniense) a todas las personas que fueran distintas.

Existían menos diferencias entre los varones blancos en el Estados Unidos decimonónico que en el Viejo Mundo o en los países latinoamericanos, precisamente porque habían hecho a un lado a los *otros*. Además de los esclavos, la Unión contaba con una población diversa o heterogénea de nativos americanos, que fue destruida de una forma u otra; con blancos pobres, que terminaron como trabajadores no abonados; con migrantes recién llegados, que eran acomodados de inmediato hasta el fondo de la escalera social, y con mujeres y ciudadanos sin propiedades, que no tenían derecho al voto.

La Constitución no establecía requerimientos de propiedad para el sufragio, pero muchos estados, sí. En ese entonces, al igual que ahora, a excepción de las reformas de mediados de la década de 1960, los estados eran los que determinaban las reglas electorales. A principios del siglo XIX, trece de los dieciséis estados existentes restringían el derecho al voto a los propietarios o a los contribuyentes, aunque casi todas las restricciones específicas fueron abolidas pronto y la mayoría de los varones blancos obtuvieron permiso de votar.[11]

Después de la Emancipación vinieron la segregación, mayor inmigración y cada vez más acceso a la ciudadanía: el derecho al voto, a ser funcionario público, a la propiedad, a la educación pública expandida, pero, de nuevo, con nuevas formas de exclusión. Hasta la Gran Migración Afroamericana de la primera mitad del siglo XX, las ciudades del norte eran bastante similares entre sí, porque las diferencias se hallaban en el sur. Incluso después de la Primera Guerra Mundial y la entrada masiva de mexicanos, los centros urbanos de California y Texas seguían siendo *todos iguales*, porque las *diferencias* se ubicaban en el campo. Sólo podían presenciarse en campamentos rurales apartados o en los guetos urbanos. De vez en cuando, ya que había terminado la Primera Guerra Mundial o durante la Operación Espaldas Mojadas, en los años cincuenta, enviaban a las *diferencias* de regreso a México. Las deportaciones masivas solían incluir a ciudadanos estadounidenses que *parecían* mexicanos, en gran parte porque sus padres sí lo eran.

Los visitantes de ese entonces experimentaron la misma sensación que los de hoy en día. Estados Unidos parecía estar más cerca que ningún otro lugar en el mundo de una sociedad sin clases. El consumo, la vivienda, la escolaridad, los espacios públicos, la educación superior, el deporte, la cultura y la comunicación: todo era de masas y ésta era la norma, en contraste con una Europa altamente diferenciada. Las memorias de León Trotski de los meses que pasó en Nueva York antes de la Revolución rusa son sintomáticas: "Rentamos un departamento en un distrito obrero, y lo amueblamos por cuotas. Ese departamento, a 18 dólares al mes, estaba equipado con toda suerte de facilidades a las que los europeos no estábamos acostumbrados: luz eléctrica, estufa de gas, baño, teléfono, elevador automático e incluso un ducto de basura".[12]

Después de la Segunda Guerra Mundial, los exitosísimos Estados de bienestar del Viejo Mundo crearon sociedades cada vez más igualitarias, lo que incrementó su propia impresión de uniformidad, aunque sin la movilidad social que Estados Unidos disfrutó hasta la década de 1980. Pero si las impresiones de la homogeneidad estadounidense eran importantes y hasta cierto punto válidas, todas provenían y dependían de una condición indispensable: aquéllo que las confirmaba, e ignorara o descartara todo lo demás. Eso les permitía a todos enfatizar la naturaleza sin clases de la sociedad estadounidense. Setenta y cinco años después, el novelista Anurag Mathur, de Mumbai, se sintió tan impresionado como Trotski: "La tarea de vivir se volvía fácil, así que podías hacer más que sobrevivir. ¡Por los dioses, hasta los teléfonos funcionaban! La comida, la bebida, el transporte, la comunicación, la vivienda, la ropa, todo lo esencial era barato y fácil".[13]

Sólo resultaba preciso concentrarse exclusivamente en los centros comerciales, o en los Levittowns, y en las similitudes de vestimenta, lenguaje, recreación, lugar de trabajo y producción y disfrute culturales. Para que las casas de Levitt se construyeran rápido —180 a la semana, cuando empezaron a las afueras de Manhattan— era indispensable construirlas iguales. Todos los que trabajaban en una línea de ensamblaje *taylorizada* en las plantas de Michigan de Henry Ford a partir de 1914 eran idénticos entre sí, y todos (tarde o temprano) podían comprarse Modelos T idénticos. Pero si un observador dirigía la mirada hacia otro lado (más allá de lo más obvio y visible), esos estadounidenses que había en la Calle Principal, que parecían salidos de la serie de comedia clásica *Leave it to Beaver*, eran lamentablemente distintos de los peones —negros y blancos— del sur durante la primera mitad del siglo XX, o de los habitantes de los barrios marginales afroamericanos o latinos de los sesenta y de hoy en día.

Por la manera en la que funcionan las economías de mercado, los europeos, que hasta los años cincuenta en buena medida desconocían la existencia de minorías étnicas, raciales o incluso lingüísticas concentradas en burbujas de pobreza, se verían obligados con el paso de los años a introducir migrantes del extranjero a sus sociedades. El capitalismo exige esas burbujas, o lo que Marx llamaba el ejército industrial de reserva. A largo plazo, su existencia es indispensable para el sistema económico. Al principio fueron los italianos, luego los turcos y yugoslavos, después los españoles y portugueses, los habitantes árabes del Magreb, los pobladores de Asia meridional y el Caribe, y al final los del África subsahariana: todos replicaron parcialmente el sistema estadounidense. Para fines del siglo xx, la mayoría de los países ricos del mundo, a excepción de Japón, presumían una configuración social similar. Ésta combinaba la igualdad relativa de la clase media —en su mayoría de tez clara y una fe cristiana bien arraigada— con la desigualdad modesta o brutal entre las minorías racializadas, religiosas, de otras nacionalidades o situaciones jurídicas.

Superficialmente, el *statu quo* en Estados Unidos se asemejaba al de Europa occidental. De hecho, divergía de él de manera radical, y eso debería animar a los estadounidenses a apreciar su fortuna. Idealmente, ningún país excluiría del bienestar general a una quinta o cuarta parte de su población. Pero si esa desgracia es un elemento inamovible de las sociedades capitalistas modernas, es mejor la opción norteamericana, con todos sus defectos (excluir a estadounidenses que algún día pueden ser incluidos) que la europea (excluir a los extranjeros que nunca serán incluidos; los argelinos en Francia desde principios de los sesenta, los indios en Gran Bretaña y una cantidad reducida de turcos en Alemania a partir del cambio de siglo son excepciones).

Estados Unidos, uno de los países ricos más jóvenes del mundo, incluye, en su población afroamericana, a una de las minorías excluidas más añejas del mundo, descendiente de la esclavitud del siglo xvii. También es una de las minorías que menos *diferencias* sufre respecto al resto de los habitantes, pues, a pesar de la discriminación, comprende exclusivamente a ciudadanos norteamericanos. Las características de esa minoría, en contraste con Europa, son más diversas que distintas, en el sentido jurídico, religioso y cultural de la palabra.

Sin importar lo que hayan notado una miríada de autores extranjeros, Estados Unidos es, junto con la India, Brasil y la República Democrática del Congo, el país más diverso del mundo: social, regional, étnica, lingüística y culturalmente. También es paradigmática la sociedad de clase media. Actualmente lo es menos que antes, pero lo ha sido durante un periodo más largo que cualquier otra, y fue la primera en su tipo.

De cualquier manera, sigue dando la impresión de uniformidad geográfica, de monotonía física, de franjas interminables e ininterrumpidas de desierto, montañas, planicies y ríos. Jean Baudrillard, el reconocido sociólogo francés que cumplió con su peregrinación necesaria a Estados Unidos en los años ochenta, dio en el clavo: "Recorre diez mil millas en coche por las carreteras de Estados Unidos y sabrás más de este país que con todos los institutos de ciencias sociales juntos".[14] Por otro lado, junto con Nabókov, el novelista indio Mathur es nuestro tercer extranjero en concentrarse en los coches, los estadounidenses y la distancia:

> El coche en el que se movían [sus amigos de la universidad] parecía un mundillo propio, que corría en silencio por la noche. No había traqueteo en el motor, ninguna ráfaga de aire exterior se abría paso violenta y victoriosamente por huecos diminutos. Empezó a sentir los oídos entumidos por ese silencio al que no estaba acostumbrado.[15]

A diferencia de la obsesión que sintió Tocqueville por la uniformidad del país que empezó a recorrer en 1831, Baudrillard percibió que todo en Estados Unidos tendía a la igualdad, pero también a la autenticidad y la diversidad. Poseer y administrar adecuadamente esos dos atributos a veces contradictorios no es tarea fácil. Han transcurrido dos décadas del siglo XXI y muchos estadounidenses se preguntan si la meta sigue siendo alcanzable, o si los logros anteriores del país son sostenibles. Las cifras son incómodas. Vale la pena interponer aquí un vistazo a los motivos de su preocupación, y por qué ésta se justifica, por lo menos en lo que respecta a mantener altos niveles de igualdad, sobre todo porque parece haber una correlación entre países más igualitarios y países más felices.[16]

Según una medida basada en el coeficiente de Gini y antes de impuestos, el año de mayor desigualdad de *ingresos* en la sociedad estadounidense durante el siglo xxi y hasta el principio del xxi fue 1930, cuando empezó la Gran Depresión.[17] Ese momento también fue el peor desde el punto de vista de la desigualdad de *riqueza*. Antes de eso, la situación no se antojaba desastrosa. El final de la Primera Guerra Mundial trajo consigo una redistribución de ingresos y riqueza que de alguna manera corrigió los excesos de finales del siglo xix. A partir de 1930, las cosas mejoraron hasta 1970, año que, junto con 1945, fue el de mayor *igualdad* en Estados Unidos. Para 1975, la desigualdad antes de impuestos empezó a crecer, y casi llegó a los niveles de la Gran Depresión en 2009, el año de la Gran Recesión.[18] Esa evolución tiende a confirmar la tesis del economista Thomas Piketty, según la cual la desigualdad es el estado *normal* del capitalismo moderno, excepto cuando los conflictos bélicos (Primera y Segunda Guerras Mundiales) o la recesión (1929 y años subsiguientes) destruyen grandes tajos de riqueza.

Si durante la primera mitad del siglo xix todo y todos les parecían iguales a los extranjeros curiosos, hoy en día, la impresión es mucho más fuerte y está más justificada, al menos en la superficie. La acentuada naturaleza masiva de prácticamente todo en Estados Unidos durante los años que sucedieron a la Segunda Guerra Mundial causó inevitablemente la banalidad de lo cotidiano. La mayoría de los bienes y servicios de consumo se volvieron disponibles para toda la población. Disponibles, se entiende, para todos los *ciudadanos incluidos*, tal como los definimos antes. En los años cincuenta y sesenta, por ejemplo, no se encontraban al alcance de los negros de Mississippi, ni de quienes vivían en los multifamiliares de Chicago, ni de los mexicoamericanos del sur de Texas. Por consiguiente, a lo largo de los años ochenta, todo el universo de estadounidenses que representaban una mayoría significativa de la población (excepto los excluidos de cada época) comían lo mismo, se vestían igual, conducían los mismos coches, veían las mismas películas, vivían en el mismo tipo de casas, disfrutaban las mismas vacaciones, se pasaban horas viendo los mismos programas y noticieros por televisión y escuchaban la misma música. Por mucho que los extranjeros lo denunciaran y algunos estadounidenses lo negaran, esto era (y sigue siendo) bastante cierto.

Incluso un observador tan inteligente, sofisticado y, en ese entonces, solidario como Jean-Paul Sartre cayó en esa trampa, ayudado, he de decirlo, por las vicisitudes de la guerra. Le maravilló lo que vio:

> La vida está tan estandarizada aquí que no encontré ninguna diferencia significativa entre los menús de los restaurantes de lujo y los de las cafeterías. En los restaurantes, pagas sobre todo por la vajilla, el servicio y la atmósfera, pero no importa a dónde vayas, ya sean los *automats* o los restaurantes de los grandes hoteles, tienen los mismos chícharos de un color tan chillón que creerías que los pintaron a mano, las mismas alubias sin sal servidas en platitos, la misma salsa marrón y de aspecto extraño —es medio dulce y medio salada, y la extienden sobre un bistec refrigerado—, y sobre todo la misma comida enlatada que Heinz le brinda a todo Estados Unidos: sus 57 variedades de comida enlatada le permiten cumplir una gran función igualadora. Para acabar, el obrero, al igual que su patrón, se come una gran rebanada de pastel esponjoso con crema o un *ice cream*, toman la misma agua clorada con hielo y el mismo horrible café.[19]

El proceso gradual de inclusión de los excluidos se extendió a todos los aspectos de la vida. La música constituye un ejemplo digno de mención, sin importar cuánto lo hayan documentado ya otros escritores. Conforme los afroamericanos empezaron a penetrar paulatinamente en la cultura dominante después de la Segunda Guerra Mundial, los blancos no sólo comenzaron a leer a Baldwin, Richard Wright y a los escritores del Renacimiento de Harlem. Empezaron a escuchar jazz y blues. Luego, la música negra inició su influencia sobre el ritmo y la letra de los músicos blancos. Elvis Presley es el caso mejor conocido, pero no fue ni el único ni el primero. Muy pronto ya no había sólo música negra o blanca, sino también la combinación de ambas —sincretismo estadounidense, podría decirse—, y rápidamente se volvió predominante. Antes de eso, los norteamericanos, ya fueran parte o estuvieran separados del grueso de la sociedad, no cantaban ni oían las mismas canciones. A partir de los años cincuenta, ocurrió y prosiguió una convergencia lenta y parcial.

La explosión del Motown fue el clímax, por lo menos en cuanto a la producción negra incorporada a la industria musical blanca. De nuevo, si dejamos de lado a los que quedaron fuera, las similitudes entre los que estaban dentro crecieron considerablemente. Un proceso paralelo ha estado sucediendo con la música latina durante los últimos treinta años. Conforme los hispanos se integran lentamente a la cultura dominante de Estados Unidos, su música se fusiona con melodías y temas previos, como sucedió con Miami Sound Machine, Shakira, Ricky Martin y Marc Anthony. "Despacito" se convirtió en un éxito entre el *establishment* no latino cuando se la apropió Justin Bieber.

No debe sorprender que a ojos de un extranjero esa homogeneidad sublimara una diversidad subyacente, que hasta hace muy poco se traslapaba con una exclusión cuyas víctimas, por definición, eran invisibles. Dickens y Tocqueville estaban muy al tanto de la esclavitud, y les horrorizaba. También sabían de la existencia y desgaste de las comunidades de nativos americanos. Pero no pudieron convivir con esclavos afroamericanos o con pueblos originarios (*Quince días en las soledades americanas*, que Tocqueville escribió tras su experiencia con lo que quedaba de la nación iroquesa, fue una breve excepción), ni tampoco tomar en cuenta la diversidad que representaban. Les resultaba algo demasiado ajeno para concebirlo. No obstante, las más de cincuenta páginas que escribió el francés sobre "El estado actual y el porvenir probable de las tres razas que habitan el territorio de los Estados Unidos" son notablemente agudas, aunque a veces parezcan odiosas o simplemente erróneas.[20]

Hoy en día ocurre un fenómeno análogo. El visitante europeo o latinoamericano que llega al corazón de Estados Unidos, o a sus costas más cosmopolitas, sabe bien qué porcentaje de la población es de origen hispano. Incluso está familiarizado con la idea fantasiosa de que la expansión de la cultura latina en Estados Unidos es una suerte de *reconquista*. Pero rara vez dedicará unos días o noches a los barrios salvadoreños del distrito Mission en San Francisco, a los rincones ecuatorianos de Los Ángeles, a los barrios mexicanos de Houston o a los hondureños de Queens. Los viajeros inevitablemente se concentran en la uniformidad de todo lo demás, en detrimento de los heterogéneos paisajes sociales, culturales y económicos inaccesibles a simple vista. En una fecha tan reciente como 2012, en uno de los libros de viaje más pensados y sustanciosos publicados por un visitante extranjero, el historiador y periodista neerlandés Geert Mak comentó:

> Lo que los europeos detestamos ha sido una gran ventaja para el viajero estadounidense desde la década de 1950: no importa dónde pares, los cuartos de un Holiday Inn y el sabor de un McDonald's son exactamente iguales. La consistencia y uniformidad del producto —su insipidez, si se quiere— son componentes fundamentales de la fórmula.[21]

Tal vez los no viajeros, los que llevan años viviendo en el país, sean más susceptibles a los matices. Tomemos por ejemplo al novelista mexicano Carlos Fuentes, quien vivió en Washington, D. C. de niño, pero también en docenas de universidades norteamericanas hasta bien entrados sus setenta años: "El espacio norteamericano impone las generalizaciones de la uniformidad, el vacío, el inmenso y tedioso llano, la ignorancia, la falta de información, el provincialismo... Pero ello impulsa a buscar cuanto desmienta el lugar común."[22]

Desigualdad, para más y más personas

Ninguno de esos rasgos de uniformidad está ausente en otros países ricos, ni siquiera en los grandes contingentes clasemedieros de varios países pobres. Tan sólo se asentaron primero, más rápido y con más prominencia en Estados Unidos. Hasta 2016, el año de 1970 había sido el último en el que los salarios o el ingreso por hogar crecieron a la par de la productividad y de la economía en su conjunto.[23] A partir de 1970, la gran mayoría de los salarios se estancó, aunque la economía haya seguido expandiéndose. La proporción de ingresos correspondiente a la mano de obra cayó de forma gradual pero constante. La proporción de ingresos del 1% más alto de la sociedad aumentó; la del 20% más bajo se encogió. Según *The Vanishing Middle Class*, de Peter Temin, hoy en día Estados Unidos "tiene la distribución de ingresos después de impuestos más desigual del mundo para personas menores de 60 años". Otra medición afirma que la clase media norteamericana recibió 62% del ingreso nacional en 1970, y 43% en 2014.[24] La era de la gran clase media blanca única terminó alrededor de 1980.

La Gráfica 1.1 ilustra esta tendencia de manera inequívoca.[25] El año en el que el 1% más rico de Estados Unidos recibió la menor proporción del ingreso nacional fue 1976; en el que recibió la mayor fue 2012, y sigue aumentando. Por el contrario, el 50% más pobre de la población recibió su mayor proporción en 1968 y la menor en 2012, cuando obtuvo 12%.

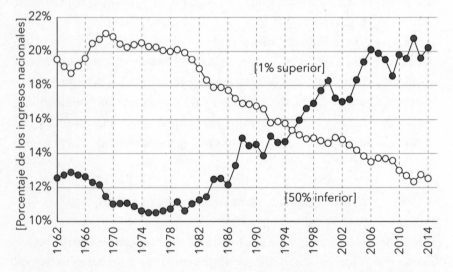

Gráfica 1.1 Proporción de los ingresos totales antes de impuestos 1963-2014

Fuente: Piketty, Saez y Zucman, "Distributional National Accounts: Methods and Estimates for the United States", NBER, 15 de diciembre de 2016, https://www.nber.org/ papers/w22945.

La tendencia hacia la consolidación de la clase media y la consiguiente arremetida de la uniformidad surgió de otra manera del lado occidental del Atlántico, pero, a largo plazo, la convergencia en ambos lados fue la regla. La primera diferencia podemos verla en el comentario de Tocqueville que ya citamos, según el cual todos los estadounidenses nacían iguales, en vez de volverse iguales con el tiempo. Para la década de 1960, gran parte de Europa occidental, Canadá, Japón y una pizca de países más se habían convertido en sociedades clase-medieras y de consumo de masas. Algunas tal vez lo habían logrado antes de la Segunda Guerra Mundial, pero la Gran Depresión había eclipsado su progreso. La televisión, el automóvil, los jeans y el rock 'n' roll invadieron esas sociedades y se generalizaron de manera muy parecida a como había sucedido en Estados Unidos, y a veces imitaban flagrantemente a su precursor norteamericano. La diferencia radicaba en los orígenes históricos y los procesos. A mediados del siglo xix, pocas personas comentaban la "ordinariedad" francesa, británica o alemana, así como tampoco les maravillaba el nivel de igualdad prevalente en esas sociedades.

Quizás a eso se deba la contradictoria evolución actual. Gracias a su Estado de bienestar, a las conquistas de su clase obrera durante los últimos cien años y a que contaban con sociedades mucho más homogéneas de inicio (étnica, lingüística y culturalmente hablando), hoy en día, los países de la Unión Europea son más igualitarios que Estados Unidos. Eso no era tan cierto hace cuarenta años —antes de la llegada de Ronald Reagan a la Casa Blanca en 1980—, pero ahora es innegable.

En el resto de los países desarrollados, la brecha entre ricos y pobres, la concentración de la riqueza y de los ingresos, la cantidad de gente viviendo por debajo de cualquier tipo de umbral de pobreza, los servicios básicos proveídos por el Estado, apuntan más a la igualdad que en Estados Unidos, con la obvia excepción de los migrantes recién llegados a Europa occidental. Al mismo tiempo, sin embargo, los comentaristas, políticos, académicos e incluso empresarios europeos perpetúan su desdén tradicional, indignante e injusto hacia lo burdos, estandarizados, simples y materialistas que son los norteamericanos. Se niegan a reconocer que los impresionantes logros europeos en materia de bienestar social y cultura de masas sucedieron decenios después de que ya habían ocurrido en Estados Unidos, como lo descubrió el antropólogo francés Claude Lévi-Strauss después de haber vivido en Nueva York durante la Segunda Guerra Mundial: "Presentimos que todas esas reliquias (arquitectónicas, históricas y de la moda) se hallaban bajo el asalto de una cultura de masas que estaba a punto de aplastarlas y enterrarlas, una cultura de masas que, ya muy avanzada en Estados Unidos, llegaría a Europa décadas más tarde".[26] Si acaso, sus sociedades se parecen cada vez más a la norteamericana. Valoran su propio igualitarismo, que es en gran medida consensuado o no partidista, mientras desprecian o se burlan de la versión estadounidense.

Es como si nunca se hubieran resignado al hecho de que los norteamericanos llegaron a la tierra prometida de la sociedad de clase media mucho antes que Europa. El sociólogo alemán Werner Sombart calculó, con datos de finales del siglo XIX, que los ingresos monetarios de los obreros estadounidenses eran el doble o el triple que los de los alemanes, unas décadas después de la gran inmigración alemana a la Unión Americana. El costo de la vida en los dos países, para los obreros, era más o menos el mismo.[27] No obstante, los europeos nunca aceptaron por completo que una sociedad así fuera la tierra prometida. En su definición, la sociedad ideal y su Estado de bienestar se perciben sobre todo en términos políticos o ideológicos: como democracia cristiana o socialdemocracia, basados en la solidaridad, la igualdad y el Estado de bienestar, no en términos sociológicos.

Tal vez se deba a que la noción de una sociedad de clase media siga resultándoles extraña. En Estados Unidos, eso significa que las diferencias de clase son menores y que todos aspiran a algo mejor, en vez de seguir siendo obreros, empleados o profesionistas exitosos... con la fortuna de tener un mejor salario, prestaciones y seguridad social. El reflejo político de esa mentalidad fue evidente desde inicios del siglo xx, cuando Sombart, perplejo, se lamentó de la estrategia de activismo laboral de los socialistas estadounidenses:

> Ahora no es raro que un "socialdemócrata" que exija la abolición del orden social tenga al mismo tiempo la imagen de una jugosa sinecura flotando todo el tiempo ante sus ojos. Es lo bastante desinteresado como para sermonear a sus seguidores por las noches sobre la vacuidad del orden social prevalente y la necesidad de un movimiento socialista, mientras que esa misma tarde el líder de uno de los partidos principales le ofreció la candidatura a un puesto electoral lucrativo o le prometió un jugoso pedazo del botín de la próxima victoria electoral.[28]

Tal vez podría haber dicho lo mismo de los socialistas en otros lugares, pero no lo hizo: no hay duda de que se refería a la versión ligeramente *ideologizada* del socialismo norteamericano. Sin embargo, no todos los visitantes se resignaron a la inexistencia del socialismo en Estados Unidos. Liang Qichao, uno de los escritores chinos más influyentes de su época, concluyó en 1903: "Veo los barrios bajos de Nueva York y pienso con un suspiro que el socialismo es inevitable".[29]

Materialismo por siempre

Además de la uniformidad, un segundo rasgo notable que suelen citar los autores extranjeros al hablar de Estados Unidos es el dinero, o el nacimiento del *homo economicus*, a quien muchos visitantes consideraban el norteamericano paradigmático. Obsesionados con la riqueza, impulsados por la búsqueda del éxito monetario, midiendo ese éxito sólo en términos económicos relativos, materialistas hasta un grado inaudito en cualquier otra parte del mundo, los habitantes de la Unión Americana constituyen una especie peculiar para los viajeros, analistas y comentaristas. Sólo les importa volverse ricos, seguir siéndolo o aspirar a serlo. José Martí se lamentaba de que "las leyes americanas han dado al Norte alto grado de prosperidad, y lo han

31

elevado también al más alto grado de corrupción. Lo han metalifica-do para hacerlo próspero. ¡Maldita sea la prosperidad a tanta costa!".[30]

Ese tema surge una y otra vez en prácticamente todos los escritos de observadores foráneos de Estados Unidos desde principios del siglo XIX, y tal vez hoy más que nunca, con un empresario en la Casa Blanca. Muchos norteamericanos, tal vez la mayoría, creen que Donald Trump es una anomalía. Sin embargo, los extranjeros a quienes les ha preocupado la afición de los estadounidenses por la riqueza y su consiguiente equivalencia con el éxito y la felicidad, consideran que el actual presidente es una consecuencia lógica, aunque lamentable, de la misma. Desde su punto de vista, Trump simplemente verbaliza lo que todos sus compatriotas piensan. Presume lo que todos creen, aunque a veces les avergüence expresarlo. Cuando designa a un gabinete cuyo patrimonio conjunto es mucho más alto al de cualquier administración previa, y sus miembros tienen la audacia de transferir su estilo de vida y hábitos al gobierno, los europeos, asiáticos y latinoamericanos concluyen que ésa es la verdadera naturaleza de los estadounidenses. Demuestra su carácter excéntrico pero deplorable. No están sorprendidos, sólo perplejos.

Veamos lo que dice Bertolt Brecht, el poeta y dramaturgo alemán exiliado en Hollywood durante la Segunda Guerra Mundial:

> Es notable cómo aquí una belleza universalmente depravada y barata evita que la gente viva de una manera siquiera medianamente cultivada, es decir, que viva con dignidad... El mercantilismo lo produce todo, pero como mercancía, así que el arte está avergonzado de su utilidad, pero no de su valor de cambio.[31]

Hay que mencionar que al extraordinario autor de *La ópera de los tres centavos* no le fue bien profesionalmente durante su estancia en Estados Unidos.

Si estos estereotipos fueran ciertos, dos grandes universos que no deberían llevarse bien serían el mexicano y el estadounidense. Sus relaciones, cuando coinciden dentro de Estados Unidos, se han estudiado hasta el cansancio, pero mucho menos, si es que se ha hecho siquiera, cuando coinciden en México. La mayoría de la gente ignora que más de un millón de norteamericanos residen en México, más que en cualquier otro país del mundo. Si el estadounidense fuera el pueblo más materialista del planeta, y el mexicano estuviera entre los menos materialistas, lo lógico sería que su encuentro, por lo menos en suelo mexicano, resultara incómodo, si no es que hostil. Y no lo es.

Llegan de todo Estados Unidos, no sólo de las costas y de Texas. Tienden a ser de mediana edad o jubilados, son acomodados pero pocas veces ricos, y se concentran en un puñado de comunidades mexicanas pequeñas o intermedias: San Miguel de Allende, Ajijic, Mazatlán, Guadalajara, Puerto Vallarta. Se mezclan con el paisaje y la gente de esas comunidades, que son todo menos cerradas. Prácticamente no hay incidentes de ningún tipo que los involucren. Son buenos vecinos, anfitriones amables, donantes generosos a las causas locales y se mezclan con los *nativos*. Nada en ellos replica la caricatura del gringo desagradable. Por el contrario: a los mexicanos les caen bien, los respetan y se llevan bien con ellos. ¿Materialistas? ¿Burdos? ¿Temperamentales y abusivos? Para nada. Éste es un experimento en la vida real y en tiempo real que desmiente el estereotipo del estadounidense en busca de riqueza que sólo ve por sí mismo. Todo en un país reconocido por su hospitalidad, pero no tanto por su mente abierta y falta de resentimiento. Los mexicanos tal vez no siempre disfruten la presencia de ciertas categorías de visitantes norteamericanos —los *springbreakers* y los adictos a la cocaína, por ejemplo—, pero incluso a ellos los reciben y aprecian.

La pregunta más compleja es si la sobrevaloración del éxito y la riqueza material es específicamente estadounidense, o si refleja la mecánica subyacente de dos componentes indispensables del capitalismo o de las economías de mercado: la acumulación de capital y la expansión de una clase media lo bastante grande como para consumir lo que los capitalistas producen y ofrecen en el mercado. ¿Acaso el consumo ostentoso es un fenómeno norteamericano o simplemente forma parte de la sociedad moderna? ¿Acaso la extravagancia clasemediera

—en la que todo se mide por la posesión de lujos transformados en necesidades básicas— es parte esencial y exclusiva de la vida contemporánea de Estados Unidos? ¿O no reflejará la propia existencia clasemediera típica, tanto en países ricos con una clase media amplia, como en países más pobres con una más reducida? ¿Acaso las memorables palabras de Marx al inició del *Capital* —*De te fabula narratur*— no se refieren a todos los países y trabajadores del mundo, y son válidas para todas las clases medias, además de la norteamericana? ¿Y acaso la repulsión arrogante que sienten los portavoces, empresarios, políticos e intelectuales de otras economías exitosas no será la consecuencia de sus esperanzas y miedos, desaliento o desesperación ante un futuro discernible claramente al otro lado del Atlántico o al sur del río Bravo?

Veamos lo que dijo en 1925 un historiador japonés que había estudiado en Estados Unidos: "Es un país materialista. Parece un lugar de reunión para avaros sin altos ideales ni conducta moral".[32] Ni hay que decir que no todos los observadores extranjeros y cultos compartían esa opinión. Jorge Luis Borges, el gran escritor y poeta argentino, vio las cosas de forma distinta: "Los Estados Unidos me parecieron el país más amigable, indulgente y generoso que había visitado. Los sudamericanos tendemos a pensar en términos de conveniencia, mientras que la gente en los Estados Unidos aborda las cosas de manera ética".[33]

Desde que Tocqueville comentó esta peculiaridad por primera vez en 1832, tal vez la razón de que los norteamericanos hayan identificado la riqueza con el éxito fuera que la abundancia se encontraba a su alcance. Otras formas de éxito socialmente reconocido —nobleza, proezas militares, rango religioso— o eran menos accesibles o no les eran gratificantes. Dado el alto grado de movilidad social disponible para los varones blancos estadounidenses desde inicios del siglo XIX, la prosperidad era asequible para muchos. En términos aspiracionales, podría verse como algo abierto a todos: tal vez yo no sea rico hoy, ni siquiera mañana, pero mis hijos podrán serlo, o lo serán en algún momento (aunque esto tal vez ya no sea verdad). Les parecía mucho más razonable identificar el éxito con una meta alcanzable, y que muchos a su alrededor lograban, que relacionarlo con la posición social, el reconocimiento cultural o el desempeño profesional. Eso no era particularmente materialista. Eran simples matemáticas, conveniencia y mero pragmatismo. Como reflexionó un académico chino en 1926, "los estadounidenses... son la nación que más énfasis pone en el dinero. Incluso cuando regatean entre amigos tienen un móvil comercial..., eso se debe a su amor al dinero".[34] Son así porque pueden; el dinero importa porque los demás estándares del éxito no están disponibles o son irrelevantes. El dinero les es accesible a suficientes aspirantes como para que todos sueñen con él.

¿Acaso los norteamericanos definieron la riqueza como la única medida de éxito? No del todo. Tocqueville se dio cuenta de que las hazañas materiales eran un estándar para medir el avance: "El amor a la riqueza es por lo común la base principal o accesoria de las acciones de los norteamericanos".[35] Lo explicó por la ausencia de rango jerárquico o de estructuras aristocráticas. Sin embargo, con el tiempo quedó claro que también importaban muchas otras métricas. Para la segunda mitad del siglo XIX, Estados Unidos había creado una meritocracia de profesionistas, cuyo nacimiento tardío quizá explique por qué Tocqueville no la haya detectado. No sólo funcionaba en los negocios, sino también en el gobierno y en el ejército, en la sociedad civil, en la academia y, más tarde, en la cultura: deportes, entretenimiento, arte. Al igual que todas las meritocracias, a pesar de sus buenas intenciones, pronto se volvió muy elitista; el mérito sólo importaba entre quienes lo poseían. Los *mejores* iban a las mejores escuelas y universidades, de donde también se habían graduado sus padres. Es interesante ver cómo los académicos familiarizados con la milenaria burocracia mandarina china idealizaban a la norteamericana, hasta fechas tan cercanas como mediados de la década de 1920. Xu Zhenkeng conocía bien el sistema universitario estadounidense, pues había estudiado en Cornell, pero de todos modos no podía evitar comentarios como éste: "Los estudiantes motivados y capaces son admitidos sin distinciones de raza, edad ni sexo... Son blancos, negros, rojos y amarillos... Los tratan a todos igual, sin distinción".[36]

35

¿Meritocracia, movilidad o ambas?

Al principio, la mayoría de los miembros de la meritocracia provenían principalmente de universidades de la Ivy League, y en general dominaban ciertas profesiones —derecho, medicina, ciencias, incluso deportes—. Casi siempre pertenecer a ella era un indicador de riqueza, aunque fuera indirectamente. Era cierto que uno era un mejor abogado, doctor o ingeniero si ganaba más dinero, y los mejores abogados, doctores e ingenieros sí ganaban más dinero. Es cierto que algunos dentistas, científicos o directores de Hollywood siempre han sido más talentosos y reconocidos que otros. Y la mítica "igualdad de oportunidades" estadounidense tenía y sigue teniendo más que nunca sesgos de clase, raza y género. Pero la meritocracia que impera en el país es un complemento de su proverbial obsesión con la riqueza, no simplemente su reflejo.

Por último, la búsqueda de riqueza de Estados Unidos y su *ethos* materialista no se pueden separar de la noción de movilidad social. Los estadounidenses buscan ganancias financieras porque... pues porque pueden. El Viejo Oeste en el siglo XIX, la inmigración desde la década de 1850, la Gran Migración al Norte en el siglo XX, la increíble expansión de la clase media al terminar la Segunda Guerra Mundial, los mitos y realidades de los magnates por mérito propio desde hace doscientos años: todo esto contribuyó a la casi certeza generalizada de que, tarde o temprano, cada quien alcanzaría la prosperidad. Los norteamericanos de bajos ingresos a veces se oponen al aumento de impuestos a los ricos, porque creen que algún día serán ricos y tendrán que pagarlos. Los resultados de las encuestas varían al respecto, pero un sondeo a largo plazo que hizo Gallup respecto a si el gobierno debería o no redistribuir la riqueza con impuestos fuertes a los ricos tiende a confirmar esta teoría, por lo menos en ciertos momentos.[37] En 2011, 2008, 1998 y 1939, la mayoría creía que no. Los estadounidenses de todo tipo buscan la mejora monetaria porque —con razón o sin ella, en distintos momentos— la creen accesible, al contrario de otras formas de ascenso social.

En Estados Unidos, no se puede ser conde ni miembro de la Academia Francesa, porque no existen condes ni academias de ese estilo. Por lo tanto, se valora más lo factible que lo inexistente. Como dijo alguna vez el filósofo de Harvard nacido en España George Santayana: "El norteamericano habla de dinero, porque éste es el símbolo y la medida que tiene a la mano para el éxito, la inteligencia y el poder".[38] Que esta creencia sea cierta o meramente aspiracional importa menos que sus implicaciones como idea. Hasta hace muy poco, los estadounidenses han estado convencidos de que su sociedad es realmente móvil, de que todos pueden salir adelante, volverse ricos, famosos o poderosos. Desde mediados del siglo XIX, se dispone de suficientes pruebas para que esto parezca cierto y sensato, y sin duda difícil de negar.

No es menos cierto que los científicos sociales atribuyen las expectativas y consecuencias reales de la movilidad social a otros factores, no sólo a *los hechos*. Además, existen ciertas pruebas de que cualquier movilidad vigente antes de los años setenta se ha erosionado constantemente desde entonces. De todos modos, para una gran cantidad de norteamericanos, la esperanza de conseguir riqueza parece ser una meta más creíble y factible que cualquier otra. Por lo tanto, la propensión a buscar riqueza constituye una conducta mucho más racional de lo que muchos extranjeros creen. Para ellos, se trata de un deseo propio del típico estadounidense burdo, ejemplificado como nunca por Donald Trump. Pero, de hecho, esa aspiración está menos generalizada de lo que muchos querrían, y necesita ser contextualizada histórica y culturalmente.

Las explicaciones de la meritocracia y la movilidad social también requieren su contexto. Hoy en día, las sociedades cristianas o socialdemócratas de Europa occidental gozan de tanto ascenso social como Estados Unidos, algunas quizás más. Eso definitivamente no era el caso a finales del siglo XIX, ni durante la primera mitad del siglo XX. Los economistas contemporáneos Long y Ferrie descubrieron, usando datos longitudinales del siglo XIX en Estados Unidos y Gran Bretaña, que el país americano claramente disfrutaba de una mayor movilidad intergeneracional que su contraparte europea.[39] A pesar de los enormes logros sociales de la clase obrera industrial en Alemania, Francia, Gran Bretaña y los países escandinavos antes de la Primera Guerra Mundial, y de nuevo tras la Segunda, la escasez de mano de obra en Estados Unidos y la posibilidad de abrir y cerrar la llave de la inmigración casi a voluntad permitieron que los salarios aumentaran más rápido. Igual de importante fue el hecho de que sí era viable salir de la clase obrera; los trabajadores norteamericanos podían creer que se *convertirían* en algo más: en ricos, entre otros sueños. La movilidad social fue un mito fundador de Estados Unidos. Al igual que todas las creencias ideológicas efectivas, necesitaba cierto grado de fondo y confirmación para funcionar.

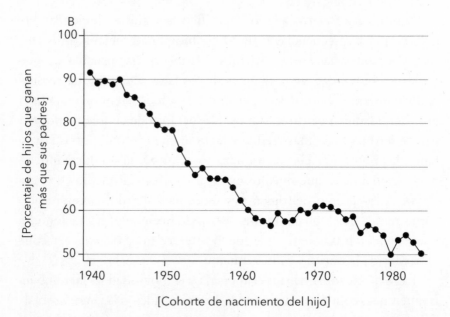

[Cohorte de nacimiento del hijo]

Gráfica 1.2. Movilidad social 1940-1985
Fuente: Chetty *et al.* "The Fading American Dream: Trends in Absolute Income Mobility since 1940." NBER. 8 de diciembre de 2016. https://www.nber.org/papers/ w22910.

La gráfica 1.2 muestra el notable contraste. En 1940, más de 90% de los estadounidenses de entre 30 y 40 años ganaba más que sus padres a la misma edad;[40] para 1985, sólo la mitad. La cifra disminuyó considerablemente en los años setenta y aún más recientemente.[41] Según un estudio, "los treintañeros de hoy en día ganan menos que los de la generación de sus padres (los treintañeros de la década de 1970)".[42] En 2004, los ingresos ajustados a la inflación de los treintañeros eran 12% menores, en promedio, que los ingresos de sus padres a la misma edad.[43] Los aplastantes obstáculos a los que se enfrentan los *millennials* cuando intentan comprar una vivienda son pruebas de esta evolución. Aunque en teoría tengan el mismo acceso a hipotecas y crédito de consumo que tanto ayudó al estatus clasemediero de sus padres y abuelos, la deuda estudiantil y las dificultades generales les han complicado las cosas.

Un proceso similar sucedió en otros lugares, aunque algunos académicos duden de la precisión de las comparaciones internacionales. Las conclusiones sobre tendencias en movilidad intergeneracional y las comparaciones entre países deben leerse con precaución. De todos modos, un estudio de la OCDE sobre la situación contemporánea concluyó que:

> Un número creciente de estudios económicos han descubierto que Estados Unidos destaca por tener menos, no más, movilidad intergeneracional que Canadá y varios países europeos. Los niños norteamericanos tienen más probabilidades que otros de terminar en el mismo lugar en la distribución de ingresos que sus padres. Además, hay evidencia creciente de que la movilidad es particularmente baja para los estadounidenses nacidos en familias en la parte inferior de la distribución de ingresos.

Los estadounidenses lo intuyen: dos tercios creen que sus hijos no terminarán mejor que ellos.[44] De todos modos, el mito fundador de la movilidad social persiste en el país. A pesar de los datos y de su experiencia cotidiana, la mayoría de las personas encuestadas durante los últimos treinta años sigue creyendo que sí pueden terminar mejor que sus padres, aunque objetivamente no sea así. Se requieren más de tres o cuatro décadas de estancamiento para matar dos siglos de credo norteamericano.

De hecho, la brecha de igualdad y movilidad social entre Estados Unidos y Europa habría sido incomparablemente más amplia hasta hace poco sin un ajuste políticamente incorrecto e incluso odioso, aunque estadísticamente válido. Por lo menos hasta la Ley de Derechos Civiles y la Ley de Derecho al Voto de los años sesenta, junto con los programas de la Gran Sociedad de esa época, la población afroamericana seguía constituyendo un sector tan discriminado y excluido que podríamos incluso no considerarlo en los datos agregados sobre la sociedad. Se hallaba tan oprimida, por lo menos hasta los años cincuenta, por la fuerte segregación en vivienda, educación, transporte y elecciones, por leyes federales o medidas estilo Jim Crow, que hacer creer que formaba parte del promedio nacional parece irreal. Durante los primeros veinticinco años de su existencia, el Seguro Social (que en Estados Unidos sólo se encarga de las pensiones) no estuvo disponible para la mayoría de los negros del sur. Medicare y Medicaid, los programas de seguro médico para los pobres, también eran inaccesibles *de facto* para muchos afroamericanos en el sur, porque ambos dependían de que los estados canalizaran fondos federales para financiarlos. Si en una fecha tan reciente como 1992 un académico importante como Andrew Hacker seguía lamentando la existencia de Dos Naciones en Estados Unidos, fingir que sólo había una *nación estadística* antes de los sesenta parece irreal.

La diferencia entre razas en cuestión de empleo, ingresos, nivel educativo, crimen y encarcelamiento (en ese entonces y ahora) era tan grande que cualquier fusión estadística resultaba inevitablemente falaz. Arrastraba hacia abajo los *promedios blancos* mientras distorsionaba los nacionales. Si se compara la clase media blanca de Estados Unidos con la europea —por lo menos antes de la Gran Migración desde el Magreb y África subsahariana hacia Europa—, la superioridad estadounidense en términos de igualdad y movilidad es más notoria. La razón de esa aparente igualdad no era causa de orgullo. Representaba la consecuencia inexorable de la esclavitud y, después, de las realidades de las relaciones raciales y las políticas públicas vigentes desde la Guerra de Secesión. Incluso ahora, algunas cifras resultan asombrosas e indignantes. En Detroit, que en 1960 era una de las cinco ciudades más ricas de Estados Unidos, actualmente la mitad de la población negra (en una ciudad que eligió a su primer alcalde negro en 1974 y es abrumadoramente afroamericana) está desempleada.[45]

Hay un vínculo evidente entre movilidad social y desigualdad. A mayor desigualdad en una sociedad más difícil será que alguien salte de un decil de ingresos a otro. Como Estados Unidos era una sociedad más igualitaria que la mayoría de los países europeos hasta los años sesenta, tenía una mayor movilidad hacia arriba. Además, el recuerdo de que la movilidad se remontaba al nacimiento de la República hacía que sus habitantes mantuvieran una fe ciega en el sueño americano. Este hecho explicaba una parte de la obsesión de los estadounidenses con el bienestar material. Conforme la movilidad social decline, puede que esa fijación también se apague e incluso desaparezca por completo. Tal vez Estados Unidos no se vuelva más espiritual, pero sí podría alejarse de su materialismo tradicional conforme se disipe una de las razones de su emergencia durante el siglo XIX. Más aún, entre muchos norteamericanos jóvenes, la idea misma de acumular riqueza personal o nacional es incompatible con su deseo de un medio ambiente más sano, de controlar el cambio climático e incluso de limitar el crecimiento demográfico.

El argumento de que los norteamericanos son burdos también debe situarse en su contexto histórico. Si antes había más movilidad social en Estados Unidos que en otros lugares, entonces la gente sin el bagaje generacional, educativo y cultural que uno esperaría en los niveles superiores de la sociedad de todos modos llegaba a ellos. En Gran Bretaña, si tus ancestros siempre habían pertenecido a los deciles superiores, y pocos recién llegados habían penetrado los estratos sociales más altos, sería raro que tus hijos no tuvieran los mismos modales, conocimientos y mentalidad que tus antepasados. Aunque no siempre: los británicos de mediados del siglo xix celebraban el advenimiento del hombre autoforjado, a quien por lo menos en la primera generación los aristócratas habían llamado *deplorable*. Lo mismo era cierto en Francia o Alemania, y también en México y Brasil, a menor escala. Pero si en Estados Unidos había una vasta cantidad de recién llegados a las cohortes más prósperas y más oportunidades para escalar de una a otra, su bagaje no iba a ser el mismo que el de los europeos. Durante la primera y quizás la segunda generación, inevitablemente iba a parecerse más al de la cohorte que habían ocupado antes. Tal vez muchos lectores no hayan oído hablar de James Dean, pero una de las tres películas que hizo antes de su trágica y prematura muerte, *Gigante*, expresa de manera maravillosa ese mito cultural de Estados Unidos. Su personaje, el nuevo rico Jett Rink, se comporta como lo hace porque sus padres eran quienes eran. No había Jett Rink en Bélgica, así que era improbable que se presentaran a una fiesta de sociedad borrachos, bravucones y groseros. Por lo menos para los extranjeros, Rink era el estadounidense más visible —y molesto— , por lo que creían que todos eran como él.

Qué sociedad sea mejor depende de dónde prefiera vivir cada quién. Algunos optarán por una más clasemediera, burda y de nuevos ricos, en la que muchos de los recién llegados a esa clase media rústica sean hijos e hijas de peones, obreros industriales, migrantes de primera generación o incluso nietos de los esclavizados (a mediados del siglo xx). Otros quizá deseen una sociedad de movilidad reducida, pero cuyas características más desagradables no sean tan visibles. Al final, es cuestión de gusto. Hoy en día, cada vez más economistas aceptan la idea —llamada a menudo curva del Gran Gatsby— de que mayor desigualdad implica menor movilidad intergeneracional. Si esto es así, Estados Unidos se dirige hacia donde estaba Europa justo después de la Segunda Guerra Mundial, o antes de la Depresión.

En suma, la Unión Americana se volvió una sociedad de clase media mucho antes que cualquier otro país, incluso tomando en cuenta a las minorías excluidas. Esa vasta clase media, con bajos niveles de desigualdad y altos niveles de movilidad social, hizo que un

Estado de bienestar tradicional, según el modelo de Europa occidental, fuera básicamente innecesario. Pero a partir de mediados de los años setenta, ese equilibrio se desplomó. La desigualdad aumentó, la movilidad social disminuyó y la red de seguridad que habían tejido otras sociedades no existía. Ahí está Estados Unidos ahora: ya no es abrumadoramente una sociedad de clase media, pero tampoco tiene el Estado de bienestar desarrollado a cabalidad que los demás países ricos disfrutan.

Notas

[1] Ingham, Patricia, "Introduction" a Charles Dickens, *American Notes*, London, Penguin, (1842) 2004, p. 176.

[2] Knausgård, Karl Ove, "My Saga", primera parte, *New York Times*, 25 de febrero de 2015.

[3] Bryce, James, *The American Commonwealth*, vol. 2, 3° ed., Londres, The Macmillan Company, (1888) 1904, p. 816.

[4] Tocqueville, Alexis de, *La democracia en América*, trad. de Luis Cuéllar, México, Fondo de Cultura Económica, (1835) 1957, capítulo xviii.

[5] St. John De Crèvecœur, J. Hector, "What Is an American?", en *Letters from an American Farmer*, 1782.

[6] Sitaraman, Ganesh, *The Crisis of the Middle Class Constitution: Why Economic Inequality Threatens our Republic*, Nueva York, Alfred A. Knopf, 2017.

[7] *Ibid.*, p. 63.

[8] Mak, Geert, *In America: Travels with John Steinbeck*, Londres, Harvill Secker, 2014, p. 149.

[9] *Ibid.*, p. 205.

[10] Lepore, Jill, *These Truths: A History of the United States*, Nueva York, W. W. Norton & Company, 2018, p. 79.

[11] *Ibid.*, p. 163.

[12] Trotski, Lyev, "Chapter XXII New York", en Lyev Trotski, *My Life*, vol. 22, Nueva York, consultado el 2 de marzo de 2019, https://www.marxists.org/archive/trotsky/1930/mylife/ch22.htm.

[13] Mathur, Anurag, *The Inscrutable Americans*, Calcuta, Rupa, (1991) 2004, p. 125.

[14] Baudrillard, Jean, *Amérique,* París, Grasset, 1986, p. 109.

[15] Mathur, Anurag, *op. cit.*, p. 13.

[16] "Human Development Reports", Human Development Reports, http://hdr.undp.org/en/composite/IHDI, consultado el 25 de julio de 2019. "World Happiness Report 2019", https://worldhappiness.report/ed/2019/, consultado el 20 de julio de 2019.

[17] "Inequality by Country", *The Chartbook of Economic Inequality*, https://www.chartbookofeconomicinequality.com/inequality-by-country/usa/, consultado el 15 de octubre de 2018.

[18] *Ibid.*

[19] Sartre, Jean-Paul, "Sartre on the American Working Class: Seven Articles in Combat from 6 to 30 June 1945", *Sartre Studies International* 6.1 (2000): 10–11.

[20] Tocqueville, Alexis de, *op. cit.*, capítulo x.

[21] Mak, Geert, *op. cit.*, p. 75.

[22] Fuentes, Carlos, *En esto creo*, México, Alfaguara, 2002, p. 255.

[23] Temin, Peter, *The Vanishing Middle Class: Prejudice and Power in a Dual Economy*, Cambridge, MA, MIT Press, 2017, p. 4.

[24] *Ibid.*, pp. 9–10.

[25] Piketty, Thomas; Saez, Emmanuel; Zucman, Gabriel, "Distributional National Accounts: Methods and Estimates for the United States", NBER, 15 de diciembre de 2016, https://www.nber.org/papers/w22945, consultado el 19 de marzo de 2019.

[26] Lévi-Strauss, Claude, *The View from Afar*, Chicago, The University of Chicago Press, (1983) 1985, p. 267.

[27] Sombart, Werner, "The Cost of Living in America and Germany", en *Why Is There No Socialism in the United States?*, Londres, The Macmillan Press, (1906) 1976, pp. 75–92.

[28] *Ibid.*, p. 37.

[29] Liang Qichao, "The Power and Threat of America", en *Land without Ghosts: Chinese Impressions of America from the Mid-Nineteenth Century to the Present*, ed. Arkush, R. David y Leo Ou-fan Lee, Berkeley, CA, University of California Press, 1989, p. 87.

[30] Martí, José, "Apuntes De Martí", *Lente Latinoamericano*, 30 de enero de 2019, https://lentelatinoamericano.wordpress.com/2019/01/30/apuntes-de-marti/, consultado el 2 de julio de 2019.

[31] Parker, Stephen R., *Bertolt Brecht: A Literary Life*, Londres, Bloomsbury Methuen Drama, 2014, p. 433.

[32] Minoru, Maida, "The Characteristics and Pecularities of the Americans" (1925), en Peter Duus y Kenji Hasegawa, *Rediscovering America: Japanese Perspectives on the American Century*, Berkeley, CA, University of California Press, 2011, p. 101.

[33] Borges, Jorge Luis, "Autobiografical Notes Argentine Writer", *The New Yorker*, número del 19 de septiembre de 1970, p. 95.

[34] Zhengkeng Xu, "Things about America and Americans", en Arkush y Lee, *Land without Ghosts*, 1989, p. 130.

[35] Tocqueville, Alexis de, *op. cit.*, capítulo XVII.

[36] *Ibid.*, p. 135.

[37] "Taxes", *Gallup*, 5 de junio de 2019, https://news.gallup.com/poll/1714/taxes.aspx, consultado el 20 de marzo de 2019.

[38] Santayana, George, *Character & Opinion in the United States,* Scholar Select, Nueva York, Charles Scribner's Sons, 1920, p. 185.

[39] Long, Jason y Ferrie, Joseph, "Intergenerational Occupational Mobility in Great Britain and the United States since 1850", *American Economic Review*, https://www.aeaweb.org/articles?id=10.1257/aer.103.4.1109, consultado el 19 de octubre de 2018.

[40] Chetty, Raj; Grusky, David; Hendren, Nathaniel; Hell, Maximilian, Manduca, Robert; Narang, Jimmy, "The Fading American Dream: Trends in Absolute Income Mobility since 1940", NBER, 8 de diciembre de 2016, https://www.nber.org/papers/w22910, consultado el 20 de marzo de 2019.

[41] "U.S. Kids Now Less Likely to Earn More Than their Parents", NPR, 18 de diciembre de 2016, https://www.npr.org/2016/12/18/506076733/u-s-kids-now-less-likely-to-earn-more-than-their-parents, consultado el 20 de marzo de 2019.

[42] *Ibid.*

[43] Isaacs, Julia B.; Sawhill, Isabel V.; Haskins, Ron, *Getting Ahead or Losing Ground: Economic Mobility in America,* publicación, The Brookings Institute/Economic Mobility Project, p. 62, https://www.brookings.edu/wp-content/uploads/2016/ 06/02_economic_mobility_sawhill.pdf, consultado el 20 de agosto de 2019.

[44] Mak, Geert, *op. cit.*, p. 109.

[45] *Ibid.*, p. 169.

2

¿Qué tan excepcional
es el excepcionalismo estadounidense?

Además de la uniformidad y la obsesión con el dinero, un tercer rasgo definitorio de Estados Unidos es la noción de su *excepcionalismo*. Aunque los observadores extranjeros lo señalan con frecuencia como una característica inconfundible e irritante, el excepcionalismo norteamericano casi siempre es autodesignado. Los pensadores, políticos y poetas estadounidenses se lo atribuyen a sí mismos y a su República. Sin embargo, Tocqueville, Bryce y muchos más también subrayaron las excepciones que diferenciaban a la Unión Americana, que la volvían mejor o peor que otros países análogos. Como lo expresó el escritor francés: "La situación de los norteamericanos es, pues, enteramente excepcional, y debe creerse que ningún pueblo democrático la alcanzará nunca".[1]

Pero esto es fundamentalmente una peculiaridad hecha en casa, y casi por completo producto del autoengaño, aunque sin duda resulte muy placentera. No es la clave del éxito de Estados Unidos, sino un producto ficticio del mismo. En vez de *excepcionalismo*, que fue o bien falso o muy parcial durante los primeros 150 años de independencia, los términos apropiados podrían ser *poder* y *éxito*. El hecho sobresaliente de la saga norteamericana, la condición por la que se piensa en esos términos, por lo menos en los siglos XX y XXI, ha sido su éxito excepcional.

Aunque el *concepto* del excepcionalismo estadounidense se remonte a la fundación misma de la República, al parecer, el *término* se usó por primera vez apenas en la década de 1920; sin embargo, asociado con el *destino manifiesto*, puede rastrearse hasta un tal John O'Sullivan, en 1845.[2] Según algunos historiadores, las palabras *excepcionalismo norteamericano* fueron acuñadas por el Partido Comunista de los Estados Unidos de América cuando tradujeron la condena de Stalin a su miembro Jay Lovestone. Lo excomulgaron por su creencia herética de que la Unión Americana era invulnerable a las leyes marxistas de la historia "gracias a sus recursos naturales, capacidad industrial y ausencia de distinciones de clase rígidas". Stalin decretó que no existía tal cosa como un excepcionalismo estadounidense.

Anécdotas aparte, el excepcionalismo es una noción tan norteamericana como las grandes praderas y Disneylandia. Es una descripción hecha en casa, particularmente compleja y difícil de desentrañar. También es desconcertante, como lo advirtió el historiador británicoamericano Tony Judt: "La ilusión del excepcionalismo estadounidense es uno de los mitos más peligrosos en los que se haya regodeado este país, porque se separa a sí mismo del resto del mundo".[3] Es posible que las *excepciones* que conforman la base del mito —ya se remonten a hace casi dos siglos o simplemente a hace algunas décadas— ya no sean válidas. De manera similar, las *excepciones* nuevas y contemporáneas que podrían justificarlo parecen carecer por completo de legitimidad.

La idea de la excepción norteamericana proviene de la Independencia, del establecimiento del país como una república; del surgimiento de una democracia representativa que incluía libertades individuales, en especial la de expresión; del Estado de derecho; de la inmigración como fuente inagotable de mano de obra, renovación y diversidad; de la noción religiosa de un pueblo elegido, y de la reserva infinita de tierras, por lo menos durante el primer siglo de existencia de la nación. La versión inicial pronto adquirió un discurso propio, que duró más o menos los primeros cien años de vida del país. Dicho discurso exaltaba una sociedad introvertida; un Estado libre en principio de *intromisiones* extranjeras; una economía de mercado libre y sin trabas que generaba riqueza y prosperidad sin igual; libertades individuales que se ampliarían gradualmente hasta incluir a todos los ciudadanos, y el deseo de ser un ejemplo para el mundo, sin imposición.

Cuando el país se convirtió en una de las cuatro grandes potencias tras la Primera Guerra Mundial, y en una de las dos superpotencias tras la Segunda, se actualizó la excepción. El relato ahora presentaba a Estados Unidos como un país más exitoso, poderoso, libre y ético que ningún otro al tratar con el mundo, aunque quizás ese éxito general sólo hubiera empezado tras la Guerra de Secesión. Se percibía más altruista que sus pares en su trato con los países más débiles, pobres o menos favorecidos. Su creación y su destino le habían impuesto la misión de extender su modelo por todo el mundo.

Al final, cuando la Unión Americana ganó la Guerra Fría al tiempo que perdía la necesidad de cumplir con su misión autoimpuesta en el extranjero, el excepcionalismo produjo una nueva crónica. Presentaba a Estados Unidos como un modelo más perfectible, responsable y consciente, un modelo más atractivo que los demás al resto del mundo, ya no sólo por su poderío militar, sino también gracias a su llamado *poder suave*: su idioma, cultura, costumbres, ideas, tecnología y *credo* (lo que sea que esto signifique). Más tarde volveremos a la noción de un credo.

Yo sólo presencié en persona las últimas dos etapas discursivas, aunque me familiaricé un poco con las anteriores, intelectual y académicamente hablando. Estudiar la universidad en Estados Unidos fue un prisma a través del cual vi su afirmación de excepcionalismo; el otro fue un centro de investigación típico de Washington, D. C. Pero el poder se ve diferente de cerca. Debo confesar que al tratar con funcionarios estadounidenses entre finales de los años setenta y mediados de la década de 2000, el excepcionalismo norteamericano nunca fue un problema. Mi padre, con quien disfruté una relación de trabajo estrecha cuando él era secretario de Relaciones Exteriores, trató con cuatro secretarios de Estado entre 1979 y 1982: Cyrus Vance, Edmund Muskie, Alexander Haig y George Schultz. Cuando yo fui secretario de Relaciones Exteriores, sólo coincidí con Colin Powell, entre 2001 y 2003, aunque Condoleezza Rice, con quien traté bastante cuando era asesora de Seguridad Nacional, asumió el puesto más tarde. No recuerdo que ninguno de ellos haya justificado, explicado o rechazado alguna vez una postura de política exterior en temas tan variados como Cuba, Nicaragua, El Salvador, Argentina, Venezuela o Iraq, ni siquiera México, con el excepcionalismo norteamericano. Todo dependía de los intereses de Estados Unidos, a veces de la interpretación que ellos realizaban de los intereses de otros países, y rara vez del puro poder de su gobierno. Powell era bastante cortés y amable en esos asuntos; siempre procuró tratar a México y a sus funcionarios con el mismo respeto con el que yo los trataba a él y a su gobierno. Recuerdo con mucho cariño y gratitud nuestros dos años trabajando juntos.

¿Acaso otros encargados anteriores o posteriores de la política exterior estadounidense invocaron el excepcionalismo en su trato cotidiano con sus colegas? Lo dudo. De mi experiencia cercana e indirecta me quedo con una sensación de que sólo se invoca en los contextos apropiados. El excepcionalismo estadounidense es para los académicos, para formar la opinión pública y para fanfarronear, no para los asuntos de gobierno. Por lo menos no en los niveles más altos, aunque acepto que quizá no suceda igual en los niveles inferiores y técnicos. ¿Será ésta una conclusión fácil? Tal vez, pero es una de la que estoy convencido, por lo menos hasta la era de Trump.

Como todas las clasificaciones por línea de tiempo, las cuatro etapas que he descrito se pueden cuestionar, volver más sofisticadas o descomponer en un número mayor de fases. De todos modos sirven para mi propósito. Con ellas puedo examinar varios ejemplos históricos, para intentar mostrar qué tanto es verdad y qué tanto es un producto de la ideología —es decir, factualmente falso, pero considerado cierto— conforme Estados Unidos avanzaba hacia su verdadero estatus de excepción: una civilización por derecho propio.

Varias de las siguientes discusiones son añejas. En otras, el contraste entre la creencia abstracta en el excepcionalismo y la realidad concreta podrá resultarles menos familiar a los norteamericanos, aunque no necesariamente al resto del mundo, o a los estadounidenses marginados que las vivieron o sufrieron.

Los dolores del parto y la fundación

El mayor contraargumento frente al excepcionalismo de Estados Unidos tal como lo definen los documentos de su fundación y la opinión mundial cuando se creó la República es la esclavitud (en el capítulo 8 examinaré su impacto perdurable). Durante el siglo xviii entraron el triple de esclavos que de blancos a las Trece Colonias y a la nueva nación independiente.[4] Es difícil subestimar la importancia de la esclavitud para el algodón, ni del algodón para la economía estadounidense y para la primera Revolución Industrial en Inglaterra. La esclavitud fue ontológicamente crucial para el capitalismo norteamericano durante sus primeros tres cuartos de siglo. Para 1820, cuando la Revolución Industrial británica ya se encontraba en marcha, el algodón representaba 32% de las exportaciones de la Unión Americana. Siguió siendo su principal exportación hasta 1890.[5] Treinta años después de la Guerra de Secesión, Estados Unidos aún producía la mitad del algodón del mundo.

Marx lo señaló con agudeza en ese entonces: "La producción de cultivos de exportación en el sur, es decir, de algodón, tabaco, azúcar, etcétera, usando esclavos sólo es redituable si se realiza a gran escala con grandes grupos de esclavos y en amplias zonas de suelo naturalmente fértil que tan sólo requiera trabajo simple".[6] Además, para 1861, cuando lo escribió, justo después del bombardeo de Fort Sumner, estados como Maryland, Virginia y Carolina del Sur se habían convertido en *criaderos de esclavos*, que necesitaban mercados para vender su *mercancía*. En un mensaje desde Londres en octubre de 1861, Marx avisó que un tal senador Toombs, de un estado en la recién creada Confederación, "formuló de manera impresionante la ley económica que requiere la constante expansión del territorio esclavista: En quince años, sin un gran aumento en el territorio, o bien deberá permitirse a los esclavos huir de los blancos o los blancos se verán obligados a huir de los esclavos".[7]

Eso implicó un choque fundamental entre el supuesto excepcionalismo de la fundación de la República y un sistema económico que durante los primeros 75 años de su existencia dependía congénitamente de una violación flagrante y extendida de sus principios. No sólo el sur dependía de la esclavitud: la industrialización del norte, sus importaciones de Gran Bretaña, la industria textil británica, incluso la destrucción de los telares indios se derivaron del auge del algodón impulsado por la esclavitud en el sur.

Más adelante nos adentraremos en el proverbial argumento del *pecado original*; por ahora, bastará con decir que si en ese entonces hubo algún excepcionalismo estadounidense entre los países del Atlántico Norte, éste consistió en la prevalencia de una economía —en el norte y el sur por igual— basada en la esclavitud. Esa violación no se limitó al grupo inicial de los estados esclavistas —ocho de las trece colonias—, sino que se extendió a todos los estados esclavistas incorporados más tarde a la Unión y a la expansión económica de los no esclavistas.

La esclavitud no constituía una contradicción secundaria al espíritu de la Constitución o a la Carta de Derechos de los Estados Unidos. Se encontraba en el corazón mismo del andamiaje legal y político que mantenía todo el edificio republicano en pie. Por eso, personas como Marx entendieron con claridad que el acuerdo de la Constitución de 1787 se vio condenado desde el principio; la única pregunta era cuándo, el tiempo era la única variable. Afortunadamente, esos primeros 75 años no destruyeron el plan ni las intenciones de los Padres Fundadores. Se puede argumentar que las consecuencias válidas y verdaderas de la Constitución no fueron la esclavitud y el algodón, sino lo que vino más tarde: la emancipación y el capitalismo industrial. De no ser por Lincoln y la Guerra de Secesión, tal vez una economía moderna no habría reemplazado a la esclavitud, pero eso fue lo que pasó. El relato excepcionalista estándar de la fundación es inadecuado, pero tiene algo de verdad.

Que las mujeres, los nativos americanos, los migrantes chinos y los habitantes mexicanos de los territorios conquistados resultaran excluidos de la mayoría de los derechos que disfrutaban los varones blancos también constituía un defecto básico en el esquema general, y un nuevo punto débil para quienes defienden un excepcionalismo congénito positivo en la Unión Americana. No eran ciudadanos, no disfrutaban del derecho al voto, a menudo no podían poseer propiedades. Sin embargo, una vez que se terminó de confiscar la tierra que ocupaban los pueblos originarios, la falta de derechos de esa parte de la población dejó de constituir un engranaje intrínseco del sistema económico. En el caso de los negros, el principio de su exclusión resultaba particularmente escandaloso. Les fueron negados los derechos básicos consagrados en la Declaración de Independencia, la Constitución y la Carta de Derechos a casi dos terceras partes de los habitantes de los territorios que conformaban la nueva República. Es verdad que eso también sucedía en otros países, aunque la Revolución francesa hubiera abolido la esclavitud en 1791 y Gran Bretaña lo hubiera logrado en 1812. De cualquier manera, uno de los principales derechos de los que carecían esas minorías mayoritarias era el derecho al voto.

Limitar el sufragio a los varones blancos era parte integral de las restricciones aplicadas al voto universal. Como lo señalamos, cada estado decidía bajo qué condiciones se celebraban las elecciones, y aunque algunos hayan aceptado un sufragio casi universal, muchos otros no lo hicieron. En muchos estados, se impusieron condiciones de propiedad y pago de impuestos, incluyendo Massachusetts, Georgia, Nuevo Hampshire, Nueva Jersey y Nueva York, donde en 1790, menos de 60% de los varones blancos disfrutaban del derecho al voto. Según el censo de 1790 (las cifras disponibles más cercanas a las elecciones de 1796), el país contaba con 3.9 millones de personas.[8] Los estimados de 1796 alcanzan los 4.6 millones. De ellos, alrededor de

700 000 eran esclavos, casi todos en el sur. Alrededor de un millón de varones blancos podían votar. Los dos contendientes, John Adams y Thomas Jefferson, obtuvieron juntos un total de 66 000 votos, aproximadamente 7% de los votantes disponibles.

Sin embargo, esa participación diminuta representaba una proporción aún menor de la población total de varones blancos de más de 21 años: casi 1.5 millones. Hoy en día, Costa Rica, por ejemplo, también tiene una población de alrededor de 5 millones de habitantes; en sus últimas elecciones votaron más de 2 millones de personas.[9] El sufragio universal, que a veces se señala como un rasgo fundacional del excepcionalismo estadounidense, no existía en ese entonces. Ya sea que uno acepte los estimados más drásticos —es decir, que el derecho se limitaba a alrededor de 60% de los varones blancos adultos— o los más indulgentes —80%—, la comparación con el sufragio universal resulta abismal. John Adams, el primer presidente de Estados Unidos que surgió de una elección disputada, fue elegido por una minúscula minoría de individuos que habitaban las antiguas trece colonias y dos estados nuevos. Recibió 35 000 votos. Sin duda esto era mejor que una monarquía, un emperador o incluso un parlamento electo con un sufragio explícitamente restringido, pero no constituía un modelo de democracia.

Algunos politólogos argumentan que el sistema presidencial que diseñaron lo Padres Fundadores contiene la verdadera piedra de carga del excepcionalismo norteamericano. Sin duda tienen razón en que el marco institucional diseñado entre 1783 y 1787 fue el primer sistema presidencial del mundo. Pero muy pronto, a más tardar en la década de 1820, todos los países recién independizados de Latinoamérica, excepto Brasil, siguieron su ejemplo. Hoy en día, continúa la discusión sobre los méritos y desventajas de los regímenes presidenciales y parlamentarios, pero quizá sea exagerado apuntalar toda la noción del excepcionalismo en un solo contraste institucional, por importante que haya sido originalmente.

Los primeros cien años

En la narrativa sobre el primer siglo de vida independiente de Estados Unidos surgen varias complicaciones adicionales. No inmiscuirse con el extranjero y ser una república introvertida que consolidara su independencia y se expandiera gradualmente hacia el oeste mientras sometía los territorios indígenas tal vez no fueran misiones muy nobles, pero sí constituían ambiciones comprensibles. Desafortunadamente, ni siquiera esto se corresponde con los hechos. El joven país libró su primera guerra en 1801, contra los llamados piratas berberiscos del Mediterráneo; les declaró la guerra a los británicos en 1812 (no al revés), y en 1823 expuso la Doctrina Monroe, que afirmaba que las potencias externas debían retirarse de América o cesar sus incursiones en el continente.

Incluso después de la Segunda Guerra Mundial, cuando la ONU adoptó la Convención para la Prevención y la Sanción del Delito de Genocidio en 1948, Estados Unidos entró en un "acuerdo" sobre la referencia del artículo segundo a la "intención de destruir" un grupo nacional, étnico, racial o religioso, porque temía que se aplicara a la población indígena, tanto al este del Mississippi (en tiempos de Andrew Jackson) como al oeste, después de 1865.[10] Además, durante el siglo XIX, el país, cada vez más ambicioso y potente, adquirió u ocupó territorio, directa o indirectamente, por lo menos cuatro veces en lo que hoy llamamos Latinoamérica. Lo logró por las armas, sin importar cómo lo tratara de justificar.

El primer ejemplo fue la secesión texana de México en 1836. Para muchos observadores mexicanos —incluyendo a los que fueron mandados ex professo a Texas para evaluar la situación— resultaba obvio que el gobierno central en la Ciudad de México no disponía de la autoridad ni de la capacidad para ejercer ningún tipo de control en el territorio que ahora conocemos como Texas. De igual manera, todos los gobiernos mexicanos de la época comprendían que los colonos estadounidenses, dirigidos por Stephen Austin, estaban alterando la demografía y la política de la parte noreste de lo que tan sólo quince años antes aún era la Nueva España. Las consecuencias de dicha alteración se extienden a que los mexicanos originarios de esa zona aún se sientan privados de sus tierras. Además, como sugiere un estudio reciente del "imperio" norteamericano, "la decisión del gobierno mexicano de prohibir la esclavitud por completo en 1829 puso seriamente en duda todo su esquema de colonización".[11] Sin esclavitud, no sobreviviría el cultivo del algodón; el algodón también resultaba primordial en Texas, por eso se sigue jugando el Cotton Bowl en Dallas. Por último, muchos mexicanos en ese entonces, y muchos historiadores actuales, se encontraban convencidos de que el presidente Andrew Jackson alentaba de manera activa a los colonos, financiándolos y armándolos, con la esperanza de provocar la secesión y luego la anexión. En menos de diez años ocurrieron ambas.

Haya sido o no todo un plan de Washington, el hecho es que por la fuerza de las armas y gracias a errores evitables y a la inevitable debilidad de México, Estados Unidos duplicó su tamaño. En 1848, la Unión Americana le arrebató a México lo que ahora se conoce como Texas y California, Arizona, Nuevo México, Utah y Colorado. La marcha hacia el oeste, que sentó las bases del ferrocarril transcontinental y la extensión de la frontera más allá del Mississippi, sólo fue posible gracias a las expansiones gemelas de 1836 y 1847-8. La pregunta no reside en si eso se consideraba aceptable en términos éticos —obviamente no, desde el punto de vista de los mexicanos—, sino si esos actos se distinguían de las barbaridades cometidas por los británicos, franceses y neerlandeses en África y Asia en ese entonces. ¿Podían diferenciarse de las anteriores conquistas coloniales de los británicos, franceses, españoles y portugueses? El excepcionalismo norteamericano enfatizó las diferencias: anexión en vez de conquista; defensa propia contra la agresión en vez de subyugación intencional; asentamiento en vez de colonización. A la luz de los hechos, el excepcionalismo brilló por su ausencia.

Lo mismo sucedió en Panamá, en Cuba y en Puerto Rico al cambiar el siglo. En dichos casos, Estados Unidos se embarcó en aventuras extranjeras muy exitosas y audaces. Ninguna de las potencias coloniales europeas podría haber objetado ni se habría podido diferenciar de tal comportamiento. En cuanto a Panamá, luego de que los franceses no lograran construir su canal, el presidente Theodore Roosevelt, primero a través de la diplomacia habitual, y luego mediante su versión de cañonero, logró la secesión de un grupo de colombianos favorables al canal (Panamá aún no existía). Declararon su independencia, recibieron el reconocimiento diplomático de Estados Unidos y firmaron el Tratado Hay-Bunau-Varilla, que le concedía a Washington los derechos para construir el canal y administrarlo a perpetuidad. El *New York Times* calificó al asunto como un "acto sórdido de conquista", y lo fue, pero los franceses también lo habrían intentado de haber podido.[12] Otra vez, la cuestión no yace en las características morales o legales del suceso y sus consecuencias, sino si coincidieron con los principios del excepcionalismo norteamericano. No fue el caso, a menos de que uno acepte el argumento circular de que Estados Unidos era excepcional porque creía en su destino manifiesto, y que creía en él... porque era excepcional.

Justo antes, había sido el turno de Cuba y Puerto Rico, con las Filipinas de pilón. Ambas islas caribeñas vivieron poderosos movimientos independentistas desde mucho antes de que terminara el siglo XIX. Es probable que España se hubiera retirado tarde o temprano, con o sin el apoyo que les brindó Washington a los insurgentes. Pero sí los ayudó: una "encantadora guerrita", como la llamaron los periódicos de Hearst, que le permitió a Estados Unidos anexar ambos territorios en 1899, cuando los españoles se rindieron y se retiraron. Los académicos actuales no dudan de que el presidente McKinley haya involucrado a su país justamente para someter a Cuba a la hegemonía norteamericana. Otra vez, no hubo nada excepcional en su conducta.

Washington desplegó las fuerzas suficientes y utilizó distintos tipos de subterfugio ("¡Recuerden el Maine!"). Puerto Rico se convirtió rápidamente en una colonia y más tarde en un estado libre asociado, estatus que mantiene hasta nuestros días. Cuba, por medio de la Enmienda Platt de 1905, adquirió el estatus *de facto* de un protectorado.

En lo que a colonización se refiere, los belgas en el Congo no se habrían sentido rebajados por esas acciones, aunque su trato hacia los colonizados fuera distinto. La anexión *de facto* de las últimas colonias españolas, incluyendo las Filipinas, le permitiría a Estados Unidos desarrollar una marina de alta mar en dos océanos. El país hizo a un lado con descaro sus principios sobre renunciar a las prerrogativas o ambiciones coloniales. Se comportó como una gran potencia en lo absoluto excepcional, sobre todo en Filipinas.

En este lugar, la guerra, que se declaró muchas veces, duró una eternidad. Se calcula que las bajas en el bando filipino fueron de entre 250 000 y 775 000 personas. La continuación de la guerra llevó a Mark Twain a escribir en 1900 que "seguramente existen dos Estados Unidos, uno que libera a los cautivos, y otro que le arrebata su libertad al antiguo cautivo, pelea con él sin fundamento y luego lo mata para quitarle sus tierras".[13] La guerra se prolongó por trece años más. Una historia reciente del "Imperio Estadounidense", escrita por Daniel Immerwahr, concluyó: "De hecho, todos los primeros doce jefes del Estado Mayor participaron en la Guerra de Filipinas. Desde el inicio de las hostilidades en 1899 hasta el fin del gobierno militar en la región de los moros en 1913, es la guerra más larga que ha librado la Unión Americana, después de Afganistán".[14]

Victor Bumper-Thomas lo explica de manera elocuente y detallada. En México, Centroamérica, África, el Pacífico y el Caribe, la influencia y las adquisiciones norteamericanas se expandieron, desde las colonias hasta las concesiones portuarias, casi igual que como había ocurrido en los imperios europeos. La India británica, por ejemplo, estuvo gobernada por la Compañía de las Indias Orientales, una empresa privada, hasta 1858, pero nadie sostiene que no formara parte del Imperio Británico.

De nuevo, el desafío más notable al excepcionalismo estadounidense durante la segunda etapa discursiva —es decir, durante el siglo XIX— se dio a causa de la esclavitud. A diferencia del sufragio, cuya transición fue de la "propiedad a la democracia", según Chilton Williamson, en el caso de la esclavitud, se pasó de poca a mucha más.[15] Para 1860, de una población de alrededor de 31 millones de estadounidenses, 4 millones, o 13%, eran esclavos. Pero en el sur, representaban casi un tercio de la población. El aumento con respecto a 1790 fue de siete veces, y en algunos estados —Alabama, Florida, Georgia, Louisiana, Mississippi y Carolina del Sur— la proporción de esclavos en la población total rondaba el 50%.[16] Para 1860, incluso Texas, que apenas se había incorporado a la Unión quince años antes, incluía 180 000 esclavos, casi un tercio de su población.

En términos comparativos, Brasil, el país esclavista más poblado, albergaba a 6 millones de esclavos en 1888, de un total de 10 millones de habitantes. El rasgo más "excepcional" de los primeros sesenta y cinco años del siglo XIX estadounidense fue la ampliación de la esclavitud, junto con el inmenso costo que pagó la joven nación para abolir su existencia, aunque no su legado: más de 600 000 muertos en la Guerra de Secesión. Muchos observadores y admiradores extranjeros que consideraban a Estados Unidos un ejemplo para los movimientos independentistas del hemisferio o de todo el mundo ignoraron ese hecho. Pero eso no disminuyó su importancia, ni siquiera ahora.

Las cuestiones del sufragio y el excepcionalismo persistieron durante el siglo XIX. En 1860, Abraham Lincoln resultó electo con 1.8 millones de votos populares, 40% del total: hubo una participación superior a 80% del electorado. Pero ese cuerpo de votantes seguía siendo ínfimo, alrededor de 4.6 millones en un país de 31 millones de personas, sin incluir a los esclavos ni a los nativos americanos. A pesar de que durante los primeros sesenta años de la independencia un presidente había aumentado el voto popular absoluto cincuenta veces, el derecho sólo había crecido en términos relativos. Sin embargo, después de Andrew Jackson y la ampliación teórica del voto a todos los varones blancos en 1825, las restricciones de propiedad y pago de impuestos empezaron a desaparecer.

Las cifras mostraban que sólo un porcentaje pequeño pero en expansión de la población en edad de votar —que excluía a las mujeres, a los nativos americanos y a los negros— de hecho participaba en las elecciones presidenciales. La participación en términos porcentuales nunca volvería a ser tan alta como en 1860, pero la cantidad absoluta de votantes aumentó exponencialmente. De ahí las preguntas: ¿Era excepcional Estados Unidos por celebrar elecciones? Sin duda. ¿Acaso esas elecciones eran libres y justas? En gran medida. ¿Se trataba de una democracia representativa y liberal o más bien de una democracia ateniense de élites, en la que incluso a los privilegiados —varones blancos de más de 21 años— les costaba trabajo acudir a las urnas? Definitivamente. Así se matizó el excepcionalismo estadounidense durante el siglo XIX.

Si damos un pequeño salto hacia adelante, el excepcionalismo de la democracia liberal norteamericana de hoy en día es aún más cuestionable. En primer lugar, porque muchos países de todo el mundo son exactamente eso: democracias liberales. Incluso en regiones en las que escaseaban hace algunas décadas —Latinoamérica y África—, hoy en día abundan. En Asia, con todos sus obstáculos culturales, la democracia liberal se encuentra viva y saludable en India, Indonesia y Japón, por nombrar sólo tres casos. Europa —oriental y occidental—, a pesar de sus preocupantes tendencias, vive bajo reglas y leyes por lo menos tan democráticas como las norteamericanas, si no es que más. Qué tanto de eso le deba —o no— el mundo a Estados Unidos puede discutirse eternamente, pero los hechos parecen incontrovertibles. Por países, por población y por región, la llamada democracia liberal es la norma en gran parte del mundo. China y Rusia son las únicas excepciones significativas, no Estados Unidos.

Finalmente, durante el primer siglo de narrativa independentista, existió la naturaleza en teoría excepcional de una economía de libre mercado y de libre comercio que les brindaba oportunidades y prosperidad a todos. Otra vez, *todos* era sólo una expresión: incluía a todos a los que tomaba en cuenta, y excluía a los que no. Sin duda, la economía estadounidense creció con vigor antes y después de la Guerra de Secesión. La participación norteamericana en la producción industrial mundial aumentó de 23% en 1870 a 36% en 1913.[17] Pero esa época no fue totalmente de libre mercado o *laissez-faire*. El Ferrocarril Transcontinental, terminado en 1869, fue un típico proyecto de infraestructura financiado por el Estado, al igual que el sistema de autopistas interestatales construido casi un siglo después, o el viaje a la Luna o internet, todos producto del Estado Emprendedor Estadounidense.[18]

El ferrocarril fue construido por dos compañías privadas en terrenos públicos cedidos por el gobierno. Su construcción se subsidió en gran parte por medio de la emisión de bonos estatales y federales. Los mismos ferrocarriles trabajaron de la mano con el gobierno para fomentar la inmigración mediante publicidad en Europa. Cientos de miles de campesinos alemanes, escandinavos y británicos arribaron de esa manera a Estados Unidos. Entre los migrantes viejos y los nuevos (primero los irlandeses y alemanes, luego los de Europa del sur y del este), 27.5 millones de personas llegaron a las costas norteamericanas entre 1865 y 1918. Pero las puertas no estuvieron abiertas para todos. En 1882, el Congreso aprobó la Ley de Exclusión de Chinos, que detuvo la inmigración desde China. De igual manera, en 1907, el Acuerdo de Caballeros con Japón prácticamente eliminó la inmigración de ese país. Todas fueron políticas públicas gestionadas y dirigidas por el gobierno. No se trató de *laissez-faire* ni de excepcionalismo.

La abundancia de tierra y recursos se puso a disposición de millones de personas mediante sucesivas Leyes de Asentamientos Rurales, sobre todo la de Lincoln en 1862: una política de redistribución típica. El gobierno federal entregó extensiones de 65 hectáreas prácticamente gratuitas a los colonos. Grandes cantidades de estadounidenses recién llegados o de la Costa Este les compraron tierras con tasas de interés muy bajas a los nuevos ferrocarriles, que estaban tratando de crear mercados. Conforme todo avanzaba hacia el oeste, algo debía hacerse con la gente que llevaba viviendo siglos ahí: los nativos americanos. Una vez más, el gobierno federal intervino. Decretó que quienes pertenecieran a las varias naciones involucradas debían asimilarse y salir de las tierras adquiridas por los colonos o quedarse en reservas asignadas. Lograron ambas metas por la fuerza.

Por último, en cuanto al nada excepcional *dirigisme* estadounidense (es decir, el fuerte involucramiento del Estado en todas las áreas de la economía), cuando el norte proteccionista derrotó al sur de libre comercio en la Guerra de Secesión, todo Estados Unidos se volvió marcadamente proteccionista, con aranceles altos durante todo el periodo, en parte por motivos de política fiscal. Entre 1790 y 1860, los aranceles representaban 90% de los ingresos fiscales federales, como parte del legado de Alexander Hamilton.

El excepcionalismo sí prevaleció en relación con otros países en vías de industrialización en términos sociales, gracias a la gestión de la oferta de mano de obra. Esto proporcionó una fuente regulada de capital humano y una presión a la alza en los salarios. Los salarios reales aumentaron 60% entre 1860 y 1890, y los ingresos anuales promedio (después de la inflación) de los trabajadores no agrícolas crecieron 75% entre 1865 y 1900.[19] Pero incluso ese excepcionalismo contiene matices. La riqueza se distribuyó de manera muy desigual. Nuevamente, entre 1860 y 1900, el 2% más rico de los hogares estadounidenses era dueño de más de un tercio de la riqueza del país, mientras que el 10% más alto era dueño de alrededor de tres cuartas partes.[20] El 40% inferior no poseía riqueza en absoluto.[21] En cuanto a la propiedad, el 1% más rico disponía del 51%, mientras que el 44%, sólo del 1.1%.[22]

El economista francés Thomas Piketty señala que a los economistas de ese entonces, como Willford I. King, les preocupaba que Estados Unidos se tornara cada vez menos igualitario, al punto de parecerse a la antigua Europa, y que así "se alejaba más y más de sus ideales pioneros originales".[23] O, en otras palabras, se estaba volviendo poco excepcional. Tal vez fuera peor: cuando concluyó la Reconstrucción, los antiguos estados de la Confederación ordenaron la segregación racial en todas las instalaciones públicas del sur, empezando, en 1896, con un estatus de "separados pero iguales" para los afroamericanos en los vagones de ferrocarril. La educación pública se encontraba segregada desde su establecimiento en la mayor parte del sur tras la Guerra de Secesión. Proliferaron las leyes de Jim Crow. Ésa fue la Edad Dorada —en contraste con una edad de oro—, un nombre que acuñaron Mark Twain y Charles Dudley Warner en su libro de 1873 *La edad dorada. Una historia de nuestros días*. Por primera vez surgió una clase de *capitanes de la industria* o *barones ladrones*, cuya red de conexiones comerciales, sociales y familiares gobernaba un mundo preponderantemente blanco, anglosajón y protestante con límites bien definidos. ¿En dónde había quedado el excepcionalismo?

Un corto siglo en el poder

La tercera etapa del discurso excepcionalista abarca desde la Primera Guerra Mundial hasta el final de la Guerra Fría, en 1991. Hasta cierto punto, el excepcionalismo estadounidense durante ese corto siglo significó poder. Para 1900, la Unión Americana ya era el principal país industrializado del mundo. Después de 1918 y el Tratado de Versalles, también confirmó su rango como el núcleo financiero del planeta. Durante los siguientes setenta años, a pesar de su rivalidad bipolar con la Unión Soviética, fue la potencia militar dominante en este planeta. Cuando ganó la Guerra Fría, no sólo demostró la realidad de su excepcionalismo, sino también de su poderío.

En la tercera versión del discurso nacional, Estados Unidos era excepcional porque era omnipotente, y era omnipotente porque era excepcional. Se trataba de un hegemón anticolonial, a diferencia de las potencias coloniales europeas; de una democracia, a diferencia de la dictadura nazi y la soviética; de una economía de libre mercado y libre comercio, próspera y sin restricciones, a diferencia de los sistemas estatistas, proteccionistas y en declive de Europa occidental y Japón. Por último, se caracterizaba por una sociedad de clase media que disfrutaba de grandes oportunidades de movilidad social, a diferencia de las sociedades estratificadas y anquilosadas del Viejo Mundo. Además, desde Woodrow Wilson, había adquirido una misión sagrada: extender su excepcionalismo al resto del mundo. Los norteamericanos no notaron la contradicción intrínseca de ese principio

—que el excepcionalismo no puede compartirse ni imponerse— sino hasta la segunda mitad del siglo xx, en Vietnam. Antes de ello, creían que nada podía salir mal.

En su nacimiento y durante los primeros cien años de independencia, abundaban razones para su presunción de excepcionalismo, al igual que muchos motivos para descreer de ella o argumentos para refutarla. No cabe duda de que Estados Unidos fue único en el siglo xx. Pero lo que hay que averiguar es si eso se debió a su credo, a su origen, a su supuesta misión y especificidad comparado con los demás países, o a su poderío, junto con sus límites. De hecho, quizás el argumento más grave contra el excepcionalismo se encuentre en los límites a los que se enfrentó la nueva Britania cuando emergió como potencia mundial. En casos como la incursión de Pershing a Chihuahua en 1914, cuando persiguió en vano a Pancho Villa por haber saqueado Columbus, Nuevo México, o cuando Wilson no logró obtener la ratificación del Senado para que la Unión Americana ingresara a la Sociedad de Naciones, quedó claro que a pesar de su riqueza y destreza en todos los ámbitos, Estados Unidos no podía lograrlo absolutamente todo.

Además, los mismos ideales que Washington y Nueva York empezaron a presumir y exportar a todo el mundo eran desmentidos o traicionados en casa: la Amenaza Roja y la destrucción de sindicatos en la década de 1920; la resegregación comandada por Wilson; la deportación de mexicanos en masa tras la Primera Guerra Mundial; la Prohibición, y las dificultades para que las mujeres obtuvieran el voto. Los chocantes contraejemplos no eran casos aislados ni esporádicos, como se imaginaban muchos norteamericanos. Por el contrario, constituían una parte integral de la vida en Estados Unidos. Las mismas contradicciones caracterizaron a la posguerra europea, a la reacción a la Revolución bolchevique, al Tratado de Versalles, a la ampliación de los derechos laborales, al nacimiento de la socialdemocracia y la Gran Depresión. Ninguno de esos sucesos fue excepcional.

¿Acaso Estados Unidos se mantuvo fiel a su credo y axiomas fundamentales como superpotencia? ¿Como superpotencia era excepcional? Quizás la primera mitad del siglo xx abrió la mayor brecha entre lo que los norteamericanos pensaban de sí mismos —como lo expresaban en su narrativa política, tratados académicos, periodismo cotidiano y demás *appareils idéologiques d'État*— y lo que opinaban de ellos los extranjeros sin conflictos de interés. A nivel nacional, Estados Unidos y Europa vivieron las mismas reacciones a desafíos similares, lo que disipó de manera provisoria la noción del excepcionalismo. El New Deal aumentó la convergencia, pero sólo en términos de política interior. En política exterior, la distancia entre discurso y acción se volvió imposible de ignorar mucho antes de Vietnam. Después, se abrió a tal grado que las pocas personas que siguieron creyendo en el excepcionalismo, preferían definirlo como la expresión de un poder abrumador.

En Europa, el excepcionalismo norteamericano era visto como la característica de un imperio que se negaba a admitirse como tal, a diferencia de Gran Bretaña, Francia o incluso Bélgica y Holanda. Para muchos europeos, el dilema no consistía en decidir si Estados Unidos, por lo menos a partir de la Primera Guerra Mundial y su transformación en el acreedor del mundo, era o no un imperio que utilizara su poder para aumentar y reforzar su hegemonía. La cuestión era determinar si había tal cosa como un uso *estadounidensemente excepcional* de un poder excepcional. O, más bien, si la peculiaridad de Estados Unidos como hegemón mundial yacía sobre todo en que negara su propia existencia como tal.

Durante un tiempo, hacia el final de la Segunda Guerra Mundial, la curiosidad un tanto altanera que sentían los europeos por la extraña conducta de quienes estaban a cargo del imperio norteamericano cobró tonos de resentimiento. La presión anticolonial que Roosevelt ejerció sobre británicos y franceses le concedió mucha legitimidad a su supuesto altruismo. Pero no sobrevivió a ese presidente, y llegó a su fin con el inicio de la Guerra Fría y la intervención estadounidense en Corea. A los europeos no les resultaba fácil distinguir entre sus propias guerras coloniales —más los franceses que los británicos, pero ellos también, en Malasia y Kenia— y la presencia de MacArthur en Inchon.

Los afroasiáticos que luchaban por su independencia sí consideraban que Estados Unidos representaba una potencia excepcional. No porque Washington insistiera en envolver sus acciones en un credo de igualdad, libertad, democracia y desarrollo, sino porque de vez en cuando les ayudaba en su lucha, aunque sólo fuera para desplazar a los ingleses, a los franceses y después a los soviéticos. Quizás el mejor ejemplo de ese tipo de excepcionalismo surgió cuando Eisenhower se negó a rescatar a los franceses en Dien Bien Phu en 1954. Otro momento excepcional sucedió cuando impuso un ultimátum a Anthony Eden y Guy Mollet en 1956, para que aceptaran la nacionalización del Canal de Suez por parte de Nasser y no invadieran Egipto. Los africanos y los asiáticos reconocían la hipocresía en la postura de Eisenhower; sin embargo, en esos casos en específico, se pudo argumentar que, durante un breve intervalo, ese imperio era efectivamente distinto. Si hubieran sabido que Gran Bretaña contribuyó a muchos movimientos de independencia contra España en América a principios del siglo xIx, habrían sido más escépticos ante la conducta de Estados Unidos durante el periodo de descolonización. En todo caso, esa supuesta benevolencia se cortó de tajo unos años después, en el Congo Belga y sobre todo en Vietnam.

Los latinoamericanos tenían con una opinión muy distinta del asunto. El excepcionalismo norteamericano ya había padecido muchos contraejemplos ese mismo siglo en la región, incluyendo la ocupación, breve o duradera, de Haití, República Dominicana, Honduras, Nicaragua, Cuba, Granada, Panamá e incluso Veracruz, en 1914. Pero Estados Unidos se transformó en un hegemón flagrantemente poco excepcional al desatarse la Guerra Fría. Desde finales de los años cuarenta hasta principios de los noventa, la política estadounidense en Latinoamérica era indistinguible de los vínculos de los antiguos imperios con sus colonias, aparte de la formalidad de la ocupación militar y la subordinación legal. Podríamos discutir sin término qué fue primero, si las provocaciones locales o la hostilidad de Washington. El mismo debate puede darse al respecto de la naturaleza de incontables intervenciones norteamericanas: ¿fueron complementarias a las condiciones locales o el factor decisivo para el colapso u ostracismo de varios regímenes?

Sin embargo, la conducta norteamericana menos excepcional no sucedió en momentos críticos: el derrocamiento del régimen de Árbenz en Guatemala en 1954; Bahía de Cochinos o Playa Girón; la invasión de República Dominicana en 1965; el complot de la CIA contra Salvador Allende en Chile; el apoyo a la Contra en Centroamérica en los años ochenta; la invasión de Panamá en 1989. Fue en las interacciones rutinarias y sin complicaciones en prácticamente todos los países de la región —incluso en los grandes, como Brasil y México— donde Estados Unidos exhibió su carácter menos excepcional. Puede que los estadounidenses hayan creído con sinceridad y las mejores intenciones que el papel que su gobierno y sus empresas desempeñaron en Latinoamérica contrastaba con el de los británicos y los franceses en África y Asia. En el contexto de la Guerra Fría, muchos tal vez hayan creído que estaban librando una batalla por la verdad y la justicia contra el comunismo y la Unión Soviética, sobre todo cerca de casa. En la mayoría de los casos —excepto en Cuba, a un costo terrible para su pueblo— tuvieron bastante éxito en sus empeños. Aún así, no hubo nada excepcional en la manera en la que se comportaron en Latinoamérica hasta la última década del siglo pasado.

Durante varios años he impartido un seminario en la Universidad de Nueva York y Columbia, en conjunto con mi distinguido colega y amigo John Coatsworth. El seminario está dedicado a la política estadounidense en Latinoamérica. Todos los años, al principio del curso, Coatsworth reparte una hoja titulada *Intervenciones estadounidenses selectas, 1898-2004*, con dos subtítulos: intervenciones directas, que cambiaron gobiernos, e intervenciones indirectas, en las que el papel de Estados Unidos fue decisivo. Contó 18 en la primera categoría, y 23 en la segunda.[24] Nada mal para un *no imperio*.

A pesar de todo, Carlos Fuentes detecta un atisbo de excepcionalismo incluso en esa conducta: "Estados Unidos ha blandido un nacionalismo tan agresivo y autoencomioso como el de cualquier potencia imperial europea. Pero hasta ahora [la década de 1990], por agresivo

que sea fuera de sus fronteras, ha mantenido un sistema democrático al interior de ellas". Quizás el novelista mexicano haya querido
establecer una distinción demasiado sutil entre el comportamiento
de Estados Unidos y el actuar de la Unión Soviética en Europa del
este y Afganistán, pero si establecía la comparación con los demás
imperios a partir de mediados del siglo xix, habría tenido que señalar que la mayoría fueron bastante democráticos en su interior:
Francia, Gran Bretaña, Bélgica, Holanda y quizás incluso el Imperio
Austrohúngaro.[25]

Todo el excepcionalismo que haya podido haber durante lo que
Henry Luce llamó el *siglo estadounidense* puede resumirse en dos palabras: poder y éxito. Entre el estallido de la Primera Guerra Mundial en 1914 y la desaparición de la Unión Soviética en 1991, Estados
Unidos, a pesar de su participación en dos guerras mundiales, en
conflictos regionales en cuatro ocasiones y en innumerables escara-
muzas, siguió siendo la superpotencia mundial incuestionable. Los
firmantes del Tratado de Versalles fueron y vinieron. La Alemania nazi
y el Japón imperial expansionista desaparecieron. La Unión Soviética, más un rival ideológico que económico o militar, hizo implosión.
China apenas empezó a ascender cuando entró a la Organización
Mundial del Comercio, en 2001. Desde tiempos del Imperio romano, ningún país había logrado ese tipo de hegemonía durante tanto
tiempo. Ni los británicos durante parte del siglo xix, ni los neerlandeses en el siglo xvii, ni los otomanos ni los mogoles en Asia.

Durante ese siglo, la proporción de patentes, misiles, submarinos,
premios Nobel, avances tecnológicos, tanques, universidades de primer nivel, bienes de consumo, consumo de electricidad, dispositivos
nucleares, álbumes musicales, películas y programas de televisión que
correspondía a Estados Unidos superaba por mucho al porcentaje correspondiente a la población mundial. Cada vez que las exage-
radas extrapolaciones de breves tendencias en el desempeño de otros
países —la urss, Japón, la Unión Europea, China— provocaba una
minicrisis de confianza en la academia o la comunidad empresarial
estadounidenses, el tiempo se encargaba de aplacarla. Las proyeccio-

nes fallaban y los avances de la Unión Americana volvían pronto a su podio privilegiado. Cómo usara su poder excepcional, y qué consecuencias surgieran de ese equilibrio asimétrico de fuerzas de todo tipo, es cuestión aparte. Ésta fue la expresión más notoria del excepcionalismo estadounidense en el siglo xx. Jeffrey Sachs ha argumentado que esa forma de conceptualizarlo en el siglo xxi está "especialmente equivocada", y tiene razón.[26] Pero la ecuación sigue siendo válida, aunque parezca inmoral o condenada a largo plazo.

La base de este éxito yace, como ya lo he comentado, en el ascenso y consolidación de la clase media norteamericana, al menos hasta 1980. No es necesario empantanarnos en números de nuevo. Bastará con recordar que durante gran parte del siglo xx, el estándar de vida de una amplia mayoría de los habitantes de Estados Unidos —ciudadanos o no, con o sin papeles— fue infinitamente más alto que el de los de Europa, Japón y el bloque socialista, y ni hablar de África, el resto de Asia y Latinoamérica. Todos los argumentos a favor del *art de vivre* francés, el capital social japonés o incluso la igualdad escandinava quedan anulados por esa asimetría. A partir de 1980, la tendencia se empezó a revertir, pues la clase media norteamericana se encogió o vio estancarse su nivel de vida, mientras que el de muchos países del primer mundo se expandía, y las curvas terminaron por cruzarse. Sin embargo, durante gran parte del último siglo, el consumidor, trabajador, estudiante, campesino, oficinista o ama de casa estadounidense fue la envidia del mundo.

Ya fuera duro o suave, el poder de Estados Unidos no tuvo igual en el mundo entre 1945 y el fin de la Guerra Fría y la caída del bloque socialista. Las películas de Hollywood, los programas de televisión, el desempeño de sus atletas en los Juegos Olímpicos y su poderío militar, incluso comparado con el de la urss, no dejaba muchos argumentos en pie. A pesar de que los soviéticos adquirieron bombas atómicas y de hidrógeno a finales de los años cuarenta y principios de los cincuenta, de la falsa brecha de misiles que Kennedy aprovechó en su campaña de 1960, del pánico por la Crisis de Octubre en Cuba en 1962 y de la histeria que causaron los misiles SS-19 rusos apuntados hacia Europa a mediados de los años ochenta, nunca existió paridad nuclear entre las dos superpotencias. Con la ruptura entre soviéticos y chinos a principios de los sesenta, la amenaza se volvió aún más imaginaria. Durante todo ese periodo, y dejando aparte su ejército y su industria espacial, la URSS fue un país tercermundista. Así que Estados Unidos careció de rivales excepto por aquéllos que decidió elevar a ese rango, sin necesidad ni buen juicio: Cuba a principios de los años sesenta, Vietnam apenas después.

Ése fue el excepcionalismo norteamericano: una increíble diferencia de poder, en todas sus manifestaciones, más que una distinción basada en ideas, costumbres y tradiciones o mitos fundadores. Todos esos factores *contribuyeron* al poder de la Unión Americana, pero no eran su *esencia*. Su victoria en la Guerra Fría no se debió a sus ideales —capitalismo, democracia representativa y libertades individuales—, sino a un poder desigual y drásticamente asimétrico. Si el triunfo hubiera sido cuestión de principios, en ausencia de Estados Unidos, los países de Europa occidental, todos ellos adeptos de esos mismos principios, también habrían vencido. Sabemos que esto no podía ocurrir, por razones que incluyen el bajo gasto militar, la presencia de partidos comunistas influyentes y albergar sociedades opuestas —quizás con razón— a imponer la voluntad de su propio país a otros, dado su largo y doloroso pasado colonial. Privado de las nociones que suelen asociarse con el excepcionalismo, quizá el poder norteamericano habría sido menor, distinto o incluso inexistente, aunque eso parece difícil de creer. Pero cualquier conjunto de ideas, plantadas con firmeza en el suelo de ese inmenso país continental, habrían producido un poder tan asombroso como el que conocemos hoy en día y empezamos a entender hace un siglo.

Si el excepcionalismo implicó poder, también implicó *éxito*. Durante ese "corto" siglo, Estados Unidos libró dos guerras mundiales y cinco regionales (Corea, Vietnam, Afganistán y dos en Iraq), de las cuales ganó cuatro, perdió una y empató dos. También llevó a cabo múltiples intervenciones quirúrgicas en Latinoamérica, África, Medio Oriente y Asia oriental. La mayoría, aunque por supuesto no todas, fueron "exitosas", pues lograron casi todos sus objetivos originales. La Unión Americana defendió sus intereses, derrocó gobiernos hostiles, tranquilizó a sus aliados y amenazó a sus enemigos. Quizá no sean los parámetros de éxito más nobles ni altruistas, y las consecuencias a largo plazo tal vez hayan sido las opuestas a las metas iniciales, pero sin duda fueron preferibles al fracaso, como quiera que éste se definiera.

El éxito no fue sólo militar. Fue político, cultural e ideológico. Es posible que Estados Unidos se hubiera vuelto el país más rico, poderoso y admirado desde principios del siglo XX sin conquistar los corazones de todo el mundo. Pudo haber tenido mala suerte, como les sucedió a otras superpotencias. Su *hibris* inevitable pudo haberlo guiado por un camino de intentos de dominación o imposición recurrentes y demasiado ambiciosos, lo que habría llevado a fracasos igual de recurrentes. El excepcionalismo depende del éxito, y quizás de las condiciones generales —materiales y otras— que lo hicieron posible.

Sin embargo, el poder y el éxito no implicaban que el siglo norteamericano fuera a durar para siempre. Tras la caída del Muro de Berlín y la desaparición de la Unión Soviética, la Unión Americana entró a una nueva etapa. No fue ni un lento colapso —como el del Imperio romano— ni la ampliación irrestricta de su fase anterior. Estos últimos treinta años han mostrado una doble tendencia en la saga de Estados Unidos: convertirse en civilización, en el sentido más fuerte de la palabra, y verse forzado a admitir que no todo es posible, incluso para ellos.

Los últimos vivas

Si seguimos los argumentos desarrollados por el pensador y escritor francés Régis Debray, lo que algunos llaman excepcionalismo estadounidense ya se ha consolidado en una civilización estadounidense. En vista de los límites internos y externos del uso de su poderío militar, de su menguante peso en la economía mundial (comercio,

71

PIB, manufactura), de la creciente relevancia y magnitud de su poder suave, y de la ausencia del de cualquier otro país, hoy en día, la Unión Americana domina como sólo pueden hacerlo las civilizaciones. No siempre se la consideró así. Oscar Wilde, durante su estancia en el país en 1882, hizo la célebre observación de que era "el único país que fue de la barbarie a la decadencia sin pasar por la civilización".[27] Sus ideas, tecnología, cultura y costumbres están presentes en todo el mundo. A la vez, durante las últimas tres décadas, su capacidad de influir fácilmente en varias crisis se ha reducido de manera drástica.

Siria, Corea del Norte y Venezuela, y la tensión actual con Irán, quizá constituyan los mejores ejemplos recientes de los límites del poderío militar norteamericano en el mundo posterior a la Guerra Fría. Obama quiso detener la matanza en Siria. Trazó líneas rojas, buscó aliados que dirigieran la campaña e inició un largo proceso de negociación. Pero en cuanto descartó la posibilidad de enviar tropas, fue sólo cuestión de tiempo para que la Rusia de Putin y Bashar al-Assad lo vencieran. A pesar de sus operaciones especiales y su tecnología, sin la ayuda de los franceses y los británicos, de la que disfrutó en Libia, Washington se vio obligado a aceptar un desastre humanitario y de derechos humanos. Eso aseguró la supervivencia indefinida de un régimen cuyo reemplazo había declarado necesario. Aunque no fuera la primera ni la única vez que la impotencia de Estados Unidos quedara evidenciada de manera tan flagrante, la lógica de la victoria de la Guerra Fría habría implicado un resultado distinto. No fue así. No se trataba de la Unión Soviética apoyando a Fidel Castro y Ho Chi Minh —sólo de una Rusia débil manteniendo en pie a un régimen nada querido entre su propio pueblo—, pero de todos modos, Obama fue incapaz de ejercer lo que se conoce como la Responsabilidad de Proteger para derrocar a al-Assad o detener el derramamiento de sangre.

Asimismo, ni él ni sus predecesores pudieron o quisieron detener el descenso al caos de una de las democracias más antiguas y ricas de Latinoamérica. Hugo Chávez resultó electo presidente a finales de 1998; a partir de entonces, instauró un gobierno autoritario y se dedicó a abusar de la diplomacia. Antes de su muerte en 2013, frustró a tres jefes del Ejecutivo norteamericanos, quienes trataron de contenerlo o contribuir a su caída. Su sucesor, Nicolás Maduro, hasta ahora ha logrado resistir también los embates de dos presidentes en Washington. La hazaña se dio en un país que sólo vende crudo, y la mayor parte de éste a Estados Unidos; que contaba con una élite empresarial y clase media pronorteamericana, y que sólo ha recibido apoyo militar de Cuba, un páramo económico y militar.

¿Cómo sucedió esto? En parte, porque durante años los vecinos de Venezuela se mostraron reacios a seguir un camino de ostracismo relativo y hostilidad moderada. Cuando por fin cedieron, era demasiado tarde; Washington no logró "persuadirlos" a tiempo. Por último, el alto precio del petróleo le permitió a Chávez y, hasta 2014, a Maduro cumplir parte de sus promesas a parte del pueblo venezolano durante una parte del tiempo. Esos mismos precios altos facultaron a Caracas para comprar inteligencia y seguridad a los cubanos a un precio aceptable, y en esos dos ámbitos la Habana sí es potencia mundial. Pero la razón principal por la que el régimen venezolano ha sobrevivido es porque los presidentes Clinton, Bush, Obama y Trump en general decidieron que no les importaba. No había intereses estadounidenses de primera importancia involucrados en Venezuela, y el precio diplomático de derrocar militarmente a Chávez o a Maduro era más alto que cualquier beneficio concebible. Cuando hubo un intento de golpe en 2002, Washington sólo lo apoyó de dientes para afuera. Las sanciones económicas de Trump han debilitado a Maduro, pero a la fecha no lo han derribado. Ese tipo de indiferencia constituye una conclusión que las civilizaciones previas, como los romanos, habrían compartido: fuera de los *limes*, nada importa.

Sin embargo, lo que suceda dentro de los *limes* es otro cantar. Dada su historia —la Guerra de Corea— y su vecino del sur, Corea del Norte debería caer dentro de los límites de la civilización estadounidense. Pero dada también la imposibilidad de librar una guerra a tan sólo ochenta kilómetros de Seúl (Corea del Norte dispone de una legión de artillería pesada y posiblemente de armas nucleares apuntadas hacia ella desde el norte), y a que comparte frontera con China, la dinastía Kim ha repelido a Estados Unidos desde la Segunda Guerra Mundial. Esa impotencia es aún más peligrosa y frustrante si se toman en cuenta la geografía y las personalidades involucradas. Cuatro jefes de Estado norteamericanos han trazado líneas en la arena: Pyongyang no puede poseer armas nucleares. Sí las posee. Han declarado en repetidas ocasiones que no les permitirían adquirir misiles con un alcance que pudiera amenazar a Japón, Hawaii o Estados Unidos continental. Los han adquirido.

Todos, incluyendo, al menos en principio, a China y a Rusia, aceptan que esas dos capacidades combinadas son inadmisibles. Washington está arrinconado y con tres opciones nada deseables: esperar que Corea del Norte nunca logre instalar una ojiva nuclear en un misil intercontinental que resista el reingreso a la atmósfera; contener a Kim Jong Un, a la vez que lo acepta como agente atómico, o, como dijo un exembajador de Estados Unidos en México y Ucrania, la guerra. Esa última opción no es real, ni siquiera para Donald Trump. La primera implica una fe casi religiosa. Eso sólo deja la negociación y la contención, y es dudoso que impliquen el desarme. Las tribulaciones de Trump en sus cumbres con Kim no han alterado la ecuación.

Esos ejemplos pueden refutarse o matizarse hasta el cansancio, pero ilustran nuestro punto. En la era posterior a la Guerra Fría, incluso un superhegemón como Estados Unidos ya no puede lograr algunas de sus metas. No importa si éstas son decisivas, indiferentes o moralmente cuestionables. En cierto sentido, ésa es la última y quizá más duradera manifestación del excepcionalismo norteamericano: una *hiperpotencia*, como la describió un ministro del Exterior francés a principios de siglo, que no puede salirse con la suya todo el tiempo en términos geopolíticos y militares. Ni en los económicos...

Que Estados Unidos sufra de un déficit comercial anual de 500 000 millones de dólares con China no es en sí mismo un problema de seguridad nacional. La fábrica del mundo exporta bienes manufacturados a todo el planeta, y es comprensible que logre excedentes comerciales con muchos países. El dilema son los miles de millones de dólares de instrumentos financieros norteamericanos que los chinos compran cada año. Así financia Washington su déficit comercial, y así ataca China su alto índice de ahorro y bajo nivel de consumo. Lógicamente, eso tiene amplias implicaciones de seguridad para Estados Unidos. En teoría, Beijing puede descargar todos esos títulos de deuda (aunque su valor se desplomaría y sus activos restantes también caerían por debajo de cero). Sin embargo, se vería obligada a encontrar otros mercados en donde colocarlos, y no hay muchos hoy en día.

No obstante, la caída en la participación de Estados Unidos en el PIB, de 27% en 1950 a 25% en 1960, y a 15% en 2019, junto con las reducciones correspondientes en su proporción de la manufactura mundial (de 45% en 1945 a 23% en 1982 y a 16% en 2016), y del comercio mundial (que no ha cambiado mucho durante el último medio siglo, pues declinó de 13% en 1970 a 10% en 2018), implican por sí mismas una hegemonía debilitada en términos puramente económicos.[28]

Estados Unidos ya no puede salirse con la suya de manera sistemática en las juntas del G-20, ni bajar o elevar el valor de su divisa como antes. El nacionalismo económico de Trump refleja muchas contradicciones y experiencias, pero un nuevo equilibrio de fuerzas económicas es una de las más importantes. El contraste militar-económico entre la primera Guerra del Golfo y la segunda es esclarecedor. En 1991, George H. W. Bush impuso el costo financiero del conflicto a sus aliados; doce años después, su hijo ni siquiera lo intentó, entre otras cosas, porque la segunda guerra fue mucho más controvertida. El excepcionalismo estadounidense en términos de economía internacional que imperó desde el Tratado de Versalles hasta los últimos años del siglo pasado ya no existe. Pero un excepcionalismo mucho más significativo y duradero ha surgido de ese crepúsculo de la hegemonía norteamericana tradicional: la civilización estadounidense.

Notas

1 Tocqueville, Alexis de, *La democracia en América*, trad. de Luis Cuéllar, México, Fondo de Cultura Económica, (1835) 1957, capítulo IX.

2 Bumper-Thomas, Victor, *Empire in Retreat: The Past, Present, and Future of the United States*, New Haven, CT, Yale University Press, (1966) 2018, p. 57.

3 Judt, Tony, prólogo de *Religion in America: A Political History*, de Denis Lacorne. Nueva York, Columbia University Press, 2014, p. XIII.

4 Mak, Geert, *In America: Travels with John Steinbeck*, Londres, Harvill Secker, 2014.

5 Sitaraman, Ganesh, *The Crisis of the Middle Class Constitution: Why Economic Inequality Threatens our Republic*, Nueva York, Alfred A. Knopf, 2017.

6 Marx, Karl, *Surveys from Exile*, vol. 2, Londres, Penguin Books, 1973, p. 341.

7 *Ibid.*

8 Lepore, Jill, *These Truths: A History of the United States*, Nueva York, W. W. Norton & Company, 2018,

9 "Elecciones Nacionales", Resultados electorales 2018, http://resultados2018. tse.go.cr/resultados2darondadefinitivos/#/presidenciales, consultado el 14 de marzo de 2019.

10 Bumper-Thomas, *op. cit.*, p. 28.

11 *Ibid.*, p. 50.

12 "America's Devious Dream: Roosevelt and the Panama Canal", *History Extra*, 19 de noviembre de 2018, https://www.historyextra.com/period/modern/ame ricas-devious-dream-roosevelt-and-the-panama-canal/, consultado el 12 de diciembre de 2018.

13 Immerwahr, Daniel, *How to Hide an Empire: A History of the Greater United States*, Nueva York, Farrar, Straus, and Giroux, 2019, p. 95.

14 *Ibid.*, p. 107.

15 Williamson, Chilton, *American Suffrage: From Property to Democracy 1760–1860*, Princeton, NJ, Princeton University Press, 2019.

16 "1860 Census Results", consultado el 15 de agosto de 2019. http://www.ci vil-war.net/pages/1860_census.html, "Slave, Free Black, and White Popula-tion, 1780–1830", https://userpages.umbc.edu/~bouton/History407/Slave Stats.htm, consultado el 15 de agosto de 2019.

17 Irwin, Douglas A., *Clashing over Commerce: A History of US Trade Policy*, Chicago, University of Chicago Press, 2017, p. 277.

18 Mazzucato, Mariana, *The Entrepreneurial State: Debunking Public vs. Private Sec-tor Myths*, New York, Public Affairs, (2011) 2015.

19 Tregarthen, Timothy D. y Rittenberg, Libby, *Macroeconomics*, 2da. ed., Nueva York, Worth Publishers, (1996) 1999, p. 177.

Black, Conrad, *Flight of the Eagle: A Strategic History of the United States*, Toronto, Signal, (2013) 2014.

[20] Brown Tindall, George y Shi, David E., *America: A Narrative History*, vol. 2, W. W. Norton & Company, (2003) 2012, p. 589.

[21] Fraser, Steve, *The Age of Acquiescence: The Life and Death of American Resistance to Organized Wealth and Power*, Nueva York, Little, Brown and Company, 2015, p. 66.

[22] *Ibid.*

[23] Piketty, Thomas, *Capital in the Twenty-First Century,* Cambridge, MA, Belknap Press, 2014, pp. 348–350, 506.

[24] Coatsworth, John H., "U.S.–Latin American Relations: WWII to the Present", conferencia.

[25] Fuentes, Carlos, *Nuevo tiempo mexicano*, México, Alfaguara, 1994, p. 86.

[26] Sachs, Jeffrey D., *A New Foreign Policy: Beyond American Exceptionalism*, Nueva York, Columbia University Press, 2018.

[27] McCormack, J. W., "The Story of Oscar Wilde in America", *Culture Trip*, 28 de marzo de 2018, https://theculturetrip.com/north-america/usa/articles/the-story-of-oscar-wilde-in-america/, consultado el 4, de abril de 2019.

[28] "The Trouble with Putting Tariffs on Chinese Goods", *The Economist*, 16 de mayo de 2019, https://www.economist.com/special-report/2019/05/16/the-trouble-with-putting-tariffs-on-chinese-goods, consultado el 19 de mayo de 2019. "Trade Can No Longer Anchor America's Relationship with China", *The Economist,* 16 de mayo de 2019, https://www.economist.com/special-report/2019/05/16/trade-can-no-longer-anchor-americas-relationship-with-china, consultado el 19 de mayo de 2019.

3

Las bendiciones de la cultura estadounidense y la vía a la civilización norteamericana

Por *civilización* no me refiero a la amplia y útil definición del historiador Niall Ferguson de la civilización occidental, sino a una civilización específicamente estadounidense, aunque incluya muchas facetas de lo que solemos entender con el concepto eurocéntrico tradicional. Abarca la democracia representativa, una economía de libre mercado, derechos individuales y un ferviente respeto a la propiedad privada, pero no se limita a ellos. Una civilización es un idioma y más que eso. Uno no necesita hablar inglés para que la civilización norteamericana lo afecte, pues su influencia comprende facetas como la música (traducida) y los *jeans* (que no requieren traducción). Engloba intención y deseo.

Las civilizaciones poseen sus propios instrumentos de expansión y éxito económicos. Tienden a acuñar una divisa que todos los demás aceptan y usan, incluso mucho tiempo después de que su base económica se haya debilitado o marchitado. Una civilización implica una religión o, de manera más específica, una cierta forma de fe: en este caso, una relativa separación entre Iglesia y Estado, la tolerancia ecuménica a otras religiones y una definición no existencialista de la fe; una creencia, no una forma de vida. Una civilización comprende espacio y tiempo; como afirma Debray: "el islam se extiende desde Dakar hasta Yakarta, Roma duró mil años y China está entrando en su tercer milenio".[1]

Una civilización no *sólo* es arte, si seguimos la crítica de Ferguson al método clásico de Kenneth Clark, pero *también* es arte, arquitectura, edificios, música, popular o no, literatura y, hoy en día, televisión y cine. Es comida y bebida, poderío militar y fuerza diplomática. *Civilización*, al igual que *cultura*, implica hábitos, costumbres y tradiciones, que miran hacia adentro. Pero también incluye la voluntad y capacidad de proyectarlos: de lograr que *los demás* se vuelvan como *nosotros*. Ninguna civilización puede evitar cierto grado de confrontación o por lo menos de contraste explícito con sus pares: ahora con el islam, mañana con China. Y también conlleva cierta resistencia: impedir que los demás nos cambien a *nosotros*.

Yo estudiaba en París cuando abrieron los dos primeros McDonald's en Champs-Élysées y el Boulevard Saint-Michel, frente a los edificios centrales de la Sorbona. Fue por 1974, cuando seguía existiendo un poderoso movimiento estudiantil en la capital francesa, y la izquierda unida iniciaba su ascenso a la Presidencia, que conquistaría en 1981. Como yo vivía en un pequeño estudio en el barrio francés y cursaba mi doctorado en la Sorbona, unas dos veces a la semana me compraba una Big Mac con papas y me la llevaba a casa... nunca a la escuela. En Francia surgió un gran debate en torno a McDonald's, pero para mí y para algunos amigos mexicanos en París, la discusión se antojaba irrelevante. A todos nos encantaba la comida mexicana, pero en ese entonces no se conseguía allá. Incluso ahora, en la capital francesa tan sólo cuentan con cocina tex-mex de tercera. Durante los años sesenta habíamos aprendido a comer hamburguesas en México, cuando no existían McDonald's, pero sí cientos de Denny's, Burger Boys y Sanborns. En ese entonces, las hamburguesas se destinaban a consumidores de clase media alta. McDonald's, veinte años después, las pondría a disposición de los mexicanos de a pie.

El debate francés incluía cocina, contaminación visual, historia y, lógicamente, "imperialismo yanqui". Para nosotros, en nuestras conversaciones con estudiantes de filosofía parisinos, versados en estructuralismo, también abarcaba, o incluso se reducía a, dólares y centavos (o francos). McDonald's era más barato, más llenador, más rápido e igual de francés (gracias a las papas). Por petulantes que fueran los estudiantes de la Rive Gauche en los años setenta, nunca elevamos nuestros debates hasta abarcar la naturaleza o existencia de una civilización estadounidense. Pero eso discutíamos.

Tal vez debí haber notado en ese entonces —hace casi medio siglo— que, si existía alguien producto de esa civilización norteamericana, se trataba de mí. En ese entonces, al igual que ahora, no me hice ciudadano de Estados Unidos, pero pasé muchos de mis años de infancia, adolescencia y adultez ahí, al igual que millones de mexicanos. Hablaba inglés y otros dos idiomas, al igual que decenas de millones de asiáticos, europeos, africanos y latinoamericanos. Comía hamburguesas y tacos, escuchaba música mexicana y a Bob Dylan, y creía que mucho de lo que ocurría en el mundo se decidía en Washington, para bien o para mal. Mi caso no era excepcional, sino sólo una muestra de la civilización imperante.

He aquí, tal vez, el verdadero *quid* del excepcionalismo estadounidense contemporáneo, tras dos largos siglos de metamorfosis sucesivas. Las demás civilizaciones que sobreviven en nuestros días son más antiguas (el islam y China), se desvanecen (Europa) o apenas resurgen tras largas etapas de sublimación a causa de la opresión y la colonización (África). Estados Unidos ya no disfruta de la singularidad de la hegemonía económica ni de la prosperidad de todos sus habitantes. A pesar de su inmensa superioridad militar, no la puede ejercer con consistencia porque su configuración y consenso sociales ya no lo permiten. Pero en realidad no necesita de la fuerza bruta para proyectar sus puntos de vista, intereses y presencia, aunque la amenaza siga siendo indispensable. La esencia de esa civilización, que le permitirá a Estados Unidos reclamar el siglo XXI como propio, radica en su naturaleza clasemediera, sin importar que su base social ya no sea la de antes. El núcleo de la civilización norteamericana reside en la igualdad ante la ley, pero también ante la pantalla grande y la banda de rock o el rapero, ante la moda y el lenguaje, ante las costumbres sexuales y las drogas, ante el automóvil y el teléfono. Por lo menos en cuanto a acceso a todo lo anterior, todos son iguales.

Los europeos disfrutan de los mejores sistemas de transporte del mundo, pero de todos modos idolatran sus coches, que todos poseen. Los latinoamericanos adoran su música, ya sea reguetón, bossa nova o tango, pero acuden en masa a conciertos de rock con bandas estadounidenses, británicas o irlandesas. Quienes asumen la civilización norteamericana rara vez reconocen su vocación clasemediera. Ningún italiano que se respete admitiría que su amorío con *la machina* se inspira en Estados Unidos. Ningún mexicano que se mueva al ritmo de mariachi moderno y rosa de Juan Gabriel —según su obituario en *The Economist*,[2] siempre hay una canción suya sonando en algún radio de Latinoamérica— aceptaría nunca que la idea misma de un concierto masivo al aire libre, con entradas relativamente accesibles, sea un constructo norteamericano. Tal vez sospeche que se trate de algo típicamente mexicano, español o precolombino.

Una vía útil para explorar la idea de una civilización estadounidense consiste en volver a una de las opiniones más molestas y extendidas que otras sociedades comparten sobre ese país. La noción de una civilización norteamericana reinante nos brinda una transición hacia el tema de la cultura estadounidense. Ése ha sido el principal flanco de ataque de miles de franceses, mexicanos, argentinos, alemanes y muchos otros observadores. No soportan o no comprenden que las capitales culturales del mundo se encuentren en Estados Unidos. Incluso un gran admirador del país como Mario Vargas Llosa abriga dudas sobre la cultura norteamericana:

> Acaso la de Estados Unidos sea la sociedad menos conservadora de la tierra, la que cambia más rápido, reemplazando sin muchos miramientos ni nostalgias las viejas instituciones, ideas, conductas y creencias por otras nuevas [...] hasta ahora, tanto en lo económico como en lo político y social —lo cultural es la excepción que todavía confirma la regla—, Estados Unidos, por lo menos en este siglo que termina, ha dado la pauta de la evolución de la humanidad.[3]

Con la posible excepción de la alta costura, donde París y Milán siguen dominando, y el teatro, donde Londres se mantiene firme, Nueva York, Los Ángeles y otras tantas metrópolis norteamericanas predominan en literatura (alta y baja), cine, música clásica y contemporánea, filosofía (junto con los franceses), economía y danza, las artes en general, y cualquier otra definición concebible de cultura. Estas páginas quieren demostrar que la cultura estadounidense, en el sentido más amplio, es la más sofisticada, imaginativa, abierta y absorbente del mundo, aunque tantas personas la detesten. ¿Qué explica ese desdén omnipresente? Incluso un "observador de Estados Unidos" tan sofisticado como José Vasconcelos no pudo disimular su desprecio. Recordaba que cuando sus compañeros de escuela en Eagle Pass, Texas, lo molestaban por incivilizado, les contestaba, según sus memorias escritas cuarenta años después: "En mi hogar se afirmaba al contrario, que los yankees eran recién venidos a la cultura. Me levantaba, pues, a repetir: 'Tuvimos imprenta antes que vosotros'".[4]

¿Por qué la cultura estadounidense no ha sido capaz de desmentir en sus propios términos esas críticas y menosprecios de tan larga data? Antes de responder, es necesaria una breve aclaración. No importa que elijamos entre la definición más amplia y *multicultural* de cultura, que incluye la carne seca de los nativos americanos y las hamburguesas, y su sentido más estrecho, elitista y eurocéntrico. Los argumentos que presentaré son válidos para todas las expresiones, orígenes y ramificaciones de la palabra *cultura*. De manera similar, el válido debate sobre si la cultura estadounidense es el producto de un crisol de influencias de casi 250 años o el resultado de los mismos dos siglos y medio de una cultura que oprime a las demás, o la consecuencia de la tensión entre personas dentro y fuera de la sociedad norteamericana resulta irrelevante. Espero que las razones presentadas se apliquen a las tres hipótesis. Yo tiendo a preferir la primera, pero la segunda y la tercera opciones no invalidan mi argumentación.

Los extranjeros desprecian y devoran la cultura estadounidense; admiran su innovación —tecnológica, literaria o musical— y desdeñan su supuesta vulgaridad, violencia, simpleza y el hecho de que sea *masiva*. Incluso a los más receptivos y empáticos, como Simone de Beauvoir, cuyo *Norteamérica al desnudo* de ninguna manera es una diatriba antinorteamericana, les resulta difícil resistirse a la tendencia. En 1954, escribió sobre la industria literaria del país:

> Estados Unidos es difícil para los intelectuales. Los editores te miden la mente de una manera crítica y de mal gusto, como un empresario que le pidiera a una bailarina que le mostrara las piernas. [...] En Francia aún se acepta que algunos valores significan algo y que el público es capaz de reconocerlos. Aquí [en Estados Unidos], todo es cuestión de esconderles a los lectores estúpidos lo idiotas que son las páginas que les ofrecen.[5]

Por otro lado, muchos norteamericanos descartan la cultura *foránea* por ser intelectual, arrogante, inaccesible e irrelevante, sin detenerse a pensar que muchos de sus mejores escritores, pintores, músicos y directores vivieron en el extranjero, o emigraron desde allá. La contradicción es asombrosa.

Cultura para las masas

¿Por qué tantos talentos culturales extranjeros han trabajado en Estados Unidos, y por qué tantos grandes creadores norteamericanos han producido fuera de su país? La clave yace en reconocer lo que innumerables foráneos y estadounidenses siempre han presentado: la Unión Americana fue el primer país en producir una cultura *de masas*. ¿Cómo sucedió? Mientras que a lo largo de los siglos los países europeos, latinoamericanos y asiáticos construyeron literatura, filosofía, arte, arquitectura y música para una minoría, Estados Unidos carecía de la historia autoritaria, de la religión centralizada y de instituciones monárquicas que favorecieran una cultura elitista. En cambio, con el surgimiento de la primera sociedad de clase media del mundo a principios del siglo xx, los productos culturales se generaron para esos nuevos consumidores de la misma manera que los coches, las casas y las hieleras.

Con el tiempo, las sociedades más tradicionales desarrollaron sus propias clases medias, que a su vez acogieron y copiaron la cultura norteamericana. De hecho, Estados Unidos siempre le brindó alta cultura a su élite rica e ilustrada, pero también baja cultura popular al resto de su sociedad. En vez de enorgullecerse por desarrollar una cultura de masas y complementarla con una excelente cultura de élites, los norteamericanos suelen expresar un cierto complejo de inferioridad cultural innecesario, sobre todo en relación con la antigua Europa. Quizás la primera vez —y una de las únicas— en que Estados Unidos compitió con los europeos en cuestión de supremacía cultural fue la Exposición Mundial Colombina de Chicago de 1893, que celebró el 400 aniversario del viaje de Colón y se propuso superar a la Exposición Universal de París de 1889, famosa por la Torre Eiffel.

La respuesta inicial a estas paradojas recae en la naturaleza masiva de la cultura norteamericana, desde sus inicios. Si se comparan la Ilustración francesa en el siglo XVIII; los filósofos y dramaturgos británicos como Shakespeare, Locke y Hume; los literatos españoles del Siglo de Oro, o los poetas, compositores y filósofos alemanes de finales del siglo XVIII y principios del XIX con las propuestas culturales de Estados Unidos a finales del siglo XVIII, pues... no hay comparación. Una pizca de pensadores políticos —algunos de ellos de un talento excepcional— se reunieron a redactar la Declaración de Independencia, la Constitución y la Carta de Derechos (junto con *El Federalista*). Sin embargo, resultaría difícil aplicar el término *cultura estadounidense* a la producción artística, literaria, musical y filosófica de ese entonces. La razón es obvia: Estados Unidos apenas se convertía en nación, mientras que las naciones europeas precedieron a sus Estados —fue el caso de Alemania— o sus Estados las forjaron como naciones: sucedió en Francia, Rusia, España y Gran Bretaña. La Unión Americana no era un productor cultural en el siglo XVIII porque no existía. Apenas se convirtió en uno entre principios y mediados del siglo XIX, cuando se transformó en una nación unificada, treinta o cuarenta años antes de la Guerra de Secesión.

Los primeros autores estadounidenses reconocidos, muy publicados e incluso traducidos, surgieron apenas en las décadas de 1820 y 1830. Tras Fenimore Cooper (cuyo primer tiraje de El último de los mohicanos, en 1826, fue de 5 000 copias)[6] y Washington Irving, a mitad de siglo, escritores como Edgar Allan Poe (quien murió en 1849), Nathaniel Hawthorne (cuya Letra escarlata vendió 2 500 ejemplares en sus primeros diez días, en 1850),[7] Henry David Thoreau y Herman Melville (quien publicó desde 1851, pero sólo fue leído décadas después) empezaron a crear una verdadera literatura norteamericana. De hecho, Jorge Luis Borges declaró, con cierta autoridad, que: "Nadie ignora que el género policial fue inventado hará unos cien años por el ingenioso inventor norteamericano Edgar Allan Poe".[8]

Para la década de 1870, con Henry James y, sobre todo, con Mark Twain, la verdadera literatura estadounidense empezó a desarrollarse. Eso fue en contraste con la escritura en lengua inglesa que surgió del lado occidental del Atlántico. Bryce lo expresó así: "Fenimore Cooper, Hawthorne, Emerson, Longfellow y quienes han tomado su relevo pertenecen a Inglaterra tanto como a Estados Unidos; y los escritores ingleses, conforme más reconozcan la vastedad del público norteamericano al que se dirigen, más se sentirán estadounidenses a la par que británicos, y encontrarán en Norteamérica un público no sólo mayor, sino más receptivo".[9]

Los europeos desdeñaban la cultura estadounidense durante los primeros años de la república, no tanto por esnobs ni por arrogantes, sino como efecto secundario de ser más viejos. El desprecio de los demás países crecería exponencialmente y se transformaría cuando, hacia 1870, a causa de la urbanización, el transporte, el fin de la Guerra de Secesión y el auge económico que produjo la industrialización, Estados Unidos se convirtiera en un productor y consumidor cultural extraordinario. Bryce —de nuevo— cita a un hombre de la ciudad de Carl Sandberg a finales de siglo: "Chicago aún no tiene tiempo para la cultura, pero cuando ésta se afiance, la hará volar".[10] De hecho, según Borges, Estados Unidos ya estaba haciendo volar a la poesía: "Es innegable que todo lo específicamente moderno de la poesía de nuestro tiempo procede de dos hombres de genio norteamericano: Edgar Allan Poe y Walt Whitman".[11] Aunque, ciertamente, no todos los contemporáneos extranjeros de Bryce compartían su optimismo o el de Borges; el sociólogo alemán Max Weber detestó la urbe sobre el Lago Michigan cuando visitó los astilleros en 1904: "Chicago es repugnante, es la ciudad más fea que he visto en mi vida".[12]

Si los estadounidenses nacieron iguales, su cultura nació tarde, pero como cultura de masas. O, como pensaba Carlos Fuentes, nació moderna.[13] Por el contrario, José Ortega y Gasset pensaba que Estados Unidos prácticamente no había nacido (por lo menos hasta la década de 1930): "Ser joven es no ser todavía. Y esto, con otras palabras, es lo que intento sugerir respecto a América. América no es todavía".[14] Lo repito: se trataba de una cultura de clase media, por la clase media y para la clase media. Ése es el significado profundo del famoso elogio que le dedicó Hemingway a Mark Twain en *The Green Hills of Africa*: "Toda la literatura estadounidense moderna proviene de un libro de Mark Twain llamado *Huckleberry Finn*. [...] Toda la escritura estadounidense proviene de ahí. No hubo nada antes. No ha habido nada tan bueno desde entonces". O podemos citar de nuevo a Borges, el escritor latinoamericano más familiarizado con la literatura de Estados Unidos —tradujo *Hojas de hierba* y *Las palmeras salvajes*—: "La primera novela que terminé fue *Huckleberry Finn*".[15]

Aquel libro se publicó en 1884. Vendió más de cincuenta mil copias durante los primeros meses y, para su 75 aniversario, más de 10 millones.[16] Twain era un verdadero estadounidense, y se le ha consumido en masa desde su publicación hasta nuestros días. Pero incluso un autor británico como Robert Louis Stevenson vendió mucho más en Estados Unidos que en su patria: un cuarto de millón de copias durante sus primeros diez años de publicación en la Unión Americana.[17]

Quizás la literatura estadounidense haya nacido moderna, versátil, diversa y en agitación constante porque no contó con institu-

87

ciones literarias que la enmarcaran. Incluso podríamos parafrasear el comentario atribuido a Franz Boas, el fundador alemán de la antropología moderna (en la Universidad de Columbia): lo que posibilitó esto fue la ausencia de instituciones centenarias en Estados Unidos. O, como lo expresó un antropólogo chino en 1943, "una cultura joven, al igual que una persona joven, no tiene tabúes".[18]

Tal vez el primer piso en ese andamiaje cultural, cuya construcción se hallaba bastante avanzada en 1870, a pesar de que la Guerra de Secesión la interrumpiera drásticamente, se encontrara en la alfabetización. Para 1870, 88% de la población blanca de la Unión Americana sabía leer, gracias en gran parte a la educación primaria casi universal; esa estadística demuestra la relevancia de la noción sugerida hace unas páginas de separar los sectores excluidos de la sociedad de los incluidos.[19]

La alta alfabetización entre los blancos se debía en parte a las características de la primera ola de migrantes: irlandeses y alemanes, que tendían a aislarse y a practicar la introspección. La mejor forma de asimilarlos consistía en extraer a los niños de su entorno tradicional, y la mejor opción para ello era la educación universal. La única manera de construir una cultura nacional careciendo de una previa en la cual apoyarse fue mediante la educación universal, que abarcaba, como ya mencionamos, a todos los varones blancos, y después, a las mujeres. En ese entonces, al igual que ahora, debían ajustarse las cifras por raza —sólo 20% de la población negra estaba alfabetizada—; probablemente por género, aunque en mucho menor medida, y por el sesgo de la autoidentificación: hablamos de estadounidenses que declararon que sabían leer; una prueba independiente tal vez habría arrojado resultados distintos.

La cantidad de revistas, periódicos y libros que los norteamericanos leyeron durante el último cuarto del siglo XIX creció con rapidez, y superó a la de Europa Occidental, incluso en términos per cápita. En el caso de la prensa, según un estudio, en una fecha tan temprana como 1829, la cantidad de periódicos impresos por habitantes era nueve veces más alta en Pennsylvania que en todas las islas británicas.[20] En Francia, donde la lectura de diarios se difundió más que en Gran Bretaña, en 1870, por ejemplo, se imprimían un millón de periódicos al día;[21] en Estados Unidos, la circulación era siete veces más grande.[22] Un cronista italiano que pasó un año en Washington, D. C. a mediados de la década de 1990 asió de manera perfecta la propensión de los norteamericanos a consumir noticias: "La idea de empezar el día sin un periódico le resulta inconcebible a la clase media universal que puebla Estados Unidos".[23] Ese mismo año, la tasa de alfabetización entre norteamericanos blancos superaba con creces a la británica (77%), la francesa (70%), la alemana (68%)[24] y la española (25% en 1860).[25] Si existía una demanda creciente de material de lectura, una oferta que la satisficiera se tornaba inevitable. A principios del siglo xx, se publicaban 2 200 libros de ficción al año en el país.[26]

Muchos los compraban individuos, pero también las 1 700 bibliotecas públicas gratuitas repartidas por todo el territorio en 1900.[27] En 1908, Países Bajos, en contraste, presumía... seis bibliotecas públicas. Esas instituciones contribuyeron en gran medida a la homogeneidad (dentro del sistema) y a la diversidad del país, pues conservaron los íconos de especificidad de cada sector. Aún recuerdo cuando las credenciales de biblioteca eran una identificación válida en Estados Unidos. Quince novelas norteamericanas vendieron más de cien mil copias en 1901, una cifra sorprendente para un país de 76 millones de habitantes.[28] De ahí la conclusión lapidaria de Bryce: "Más personas reconocen el nombre de un escritor famoso en Estados Unidos que en cualquier país de Europa".[29]

La explicación de esas cifras sorprendentes recae sin duda en la educación pública. A principios del siglo pasado, 31 estados tenían educación primaria pública obligatoria, y 85% de los niños de entre 8 y 14 años se encontraba en la escuela. El congreso de Massachusetts aprobó en 1836 la primera legislación en el país que volvía obligatoria la educación.[30] En Italia, por ejemplo, sólo alcanzaron un porcentaje similar de matriculación treinta años después. Incluso en nuestros días, el mercado lo demuestra: Michelle Obama vendió más de un millón de copias de su autobiografía durante su primera semana de lanzamiento. Ningún otro país puede igualar esas cifras, ni las fascinantes del *Doctor Faustus*, que publicó Thomas Mann en cuatro volúmenes en 1947, gracias al Club del Libro del Mes: 250 000 para una obra de lectura pesada, antes de que existieran las recomendaciones de Oprah.[31] Hoy en día, los estadounidenses leen un promedio de 12 libros al año; la cifra de Gran Bretaña es de 10; para Brasil, 1.8; para Argentina, 4.[32]

La industria del cine representa un segundo mercado cultural masivo que creció de manera meteórica al inicio del siglo pasado. Varios cines de miles de butacas se abrieron en las principales ciudades del país. El primer gran cine en inaugurarse en Francia, en 1899, acogía a 205 espectadores; en Berlín, el primer recinto para más de mil visitantes abrió en 1912. Poco después de la Primera Guerra Mundial, la asistencia semanal al cine en Estados Unidos alcanzó los 40 millones de personas; según un cálculo, todos los habitantes urbanos del país asistían por lo menos una vez a la semana.[33] En las décadas de 1920 y 1930 se estrenaron más de 800 películas al año, alrededor de 50% más que la cifra actual.[34]

En cambio, la industria fílmica francesa —la primera y al principio la más grande del mundo— estrenaba menos de 200 películas al año tras la Primera Guerra Mundial. La asistencia, aunque fuera alta, nunca alcanzó el mismo nivel que en Estados Unidos. Lo mismo sucedió en Alemania, Gran Bretaña y España. Si bien Hollywood se convirtió en falso sinónimo de la baja cultura norteamericana, también demostró de manera brillante la naturaleza *masiva* de la cultura en Estados Unidos desde el inicio mismo de la industria del cine. Las cifras de asistencia en 1915 de *El nacimiento de una nación,* de D. W. Griffith, por muy racista que fuera, eclipsaron las de cualquier otro lugar del mundo. En Nueva York se vendieron más de un millón de boletos. En total, más de 3 millones de personas acudieron a los cines a verla;[35] las películas más vistas en Francia, lugar de nacimiento del cine, —*Fantômas* o *Les vampires*, por ejemplo— nunca alcanzaron el millón de espectadores durante toda la Primera Guerra Mundial.

La industria cinematográfica estadounidense recorrió el planeta rápidamente. En una fecha tan temprana como 1929, un crítico literario japonés se lamentaba de que "Japón también se ha convertido en un Estado vasallo de Hollywood. Incluso en las provincias, todos los cines proyectan por lo menos una película norteamericana, y en nuestras ciudades, algunos sólo ofrecen cintas occidentales, casi siempre de Estados Unidos... Entre los jóvenes rurales y las colegialas urbanas, los oficinistas y los profesores de lenguas de secundaria, difícilmente se encuentra a alguien que no conozca los nombres de Ronald Coleman, Lillian Gish, Harold Lloyd y Clara Bow".[36]

La música constituye otro ejemplo de la naturaleza masiva congénita de la cultura norteamericana. El fonógrafo fue indispensable, pero no lo explica todo. Llegó al mercado en 1900, y para 1920 la mitad de los hogares poseían uno; si corregimos para no incluir al sur ni a las zonas rurales, la proporción real fue mucho más alta.[37] Así, casi todos los que querían escuchar música en casa —excepto las personas de color, sobre todo en el sur y, en parte, en el oeste y en Texas— podían hacerlo. Los cantantes de ópera y los pianistas se convirtieron en celebridades. Pero la tecnología clave fue la radio. Para 1930, la mitad de los hogares —alrededor de 15 millones— contaban con un radio, ya estuviera conectado a la red eléctrica o funcionara con baterías.[38] En Francia, la cifra correspondiente era de 1.3 millones; en Alemania, 4.5 millones; en México, apenas alcanzábamos los 50 000.[39] La destrucción de las economías europeas, junto con la catástrofe demográfica que engendró la Primera Guerra Mundial probablemente explique parte de la discrepancia.

En 1926, nacieron las estaciones de radio, con la National Broadcasting Company (NBC). Aunque no todo lo que se ofrecía en ellas, como las noticias, la comedia o la publicidad, pudiera considerarse *cultural*, buena parte sí lo era. Para la música en general, y la música clásica en particular, la radio se convirtió en un asombroso instrumento de difusión masiva. En 1937, la NBC contrató a Arturo Toscanini para crear su orquesta sinfónica, cuyas piezas se transmitieron hasta 1954.

Nada de esa magnitud ocurrió a la misma velocidad en Europa ni Japón, ni hablar de Latinoamérica. En Estados Unidos, quien pudiera conducir una orquesta, componer una sinfonía, cantar blues o bailar en un musical de Broadway contaba con un público potencial de millones de personas. A veces, el flujo de oferta generado para esa increíble demanda buscaba complacer al mínimo común denominador en calidad, sofisticación, originalidad e imaginación. A veces, apuntaba al rasero más alto. El punto es que existía una audiencia masiva que tan sólo requería que le brindaran productos culturales diversos. Se los brindaron. Los productos culturales que consumió se difundieron rápidamente por el mundo, incluyendo, por vez primera, la extraordinaria oferta cultural generada por los afroamericanos en literatura, pero sobre todo en jazz y blues.

Esa naturaleza masiva de la cultura estadounidense ha confundido a los comentaristas y visitantes extranjeros, porque amalgama géneros y estilos que muchos preferirían mantener separados. Pero los productores culturales, es decir, la gente que creaba la oferta de productos culturales para la demanda casi infinita de Estados Unidos, comprendían la lógica subyacente a la peculiar naturaleza masiva de su cultura. Ahí yace parte de una segunda y fascinante explicación de la cultura norteamericana. Y se encuentra en los brazos abiertos con los que Estados Unidos recibió a los artistas foráneos, y el entusiasmo de los mismos al buscar las costas norteamericanas para escribir, pintar, cantar, componer y filmar obras que todo el mundo pudiera disfrutar.

Dadme a vuestros hacinados... artistas

Al igual que la naturaleza masiva de la cultura estadounidense, esta última característica existió desde el principio, y ha persistido hasta nuestros días. Que la cultura dominante fuera mucho menos acogedora con las expresiones de sus minorías locales —afroamericanos, mexicanos, nativos americanos— es un debate aparte. Lo mismo aplica al camino inverso elegido por innumerables artistas norteamericanos, que decidieron vivir o bailar en Europa, Rusia o varios países de Latinoamérica. Ésa es la otra cara de la universalización de la cultura estadounidense. No neutraliza ni contradice la ola de genio creativo extranjero que llegó a las costas de la Unión Americana.

Los ejemplos obvios de la ola hacia el exterior son conocidos, empezando por la generación de novelistas estadounidenses que se instalaron en París durante los años veinte: Hemingway, Fitzgerald, Stein, Dos Passos, Ford Madox Ford y otros, como Pound en Italia. Edith Wharton y Gertrude Stein llegaron antes. Algunos de los casos más intrigantes de semiexilio también son anteriores a ese periodo: James Whistler en París, Ambrose Bierce en México en el siglo XIX, John Reed en México y en Rusia/la URSS. Otros se debieron en parte a razones políticas —Paul Robeson en Inglaterra—, o a la discriminación racial: la generación afroamericana de James Baldwin, Richard Wright, Chester Himes y Langston Hughes. La lista es larga, aunque no tan amplia como la de quienes recorrieron el camino inverso.

De éstos, el caso más famoso del siglo XX fue el de un niño actor de cine que llegó de Londres a Nueva York en 1910: Charlie Chaplin. Realizó su primera gira norteamericana entre 1910 y 1912, y se instaló en Hollywood en 1913. De manera absurda, en Gran Bretaña fue muy criticado por no regresar a pelear en la guerra; sin embargo, las tropas que descansaban de los horrores del frente occidental le agradecieron poder distraerse con sus películas. Pasó los siguientes cuarenta años filmando en Estados Unidos, antes de que lo expulsara el macartismo. Dos de los tres grandes muralistas mexicanos, Diego Rivera y José Clemente Orozco (y también David Alfaro Siqueiros, en menor medida), vivieron durante largos periodos en la Unión Americana. Según el curador de una exhibición del Museo Whitney estrenada en 2020, "tuvieron una profunda influencia en los artistas estadounidenses que buscaban una alternativa al *ethos* del arte por el arte del modernismo europeo". Los artistas mexicanos contaron con una "mayor influencia creativa en la pintura norteamericana que los maestros modernistas franceses".[40]

Su trabajo en Detroit, Pomona, Nueva York, San Francisco y la Universidad de Dartmouth refleja la atracción y el apoyo del que disfrutaron en Estados Unidos (en el caso de Rivera, a menudo en compañía de Frida Kahlo, quien también pintó allá), a pesar de sus inclinaciones políticas... excepto cuando éstas los afectaron, como cuando los Rockefeller decidieron destruir el mural de Rivera en el Centro Rockefeller por haber pintado a un patrón alcohólico y a un Trotski idealizado. Jackson Pollock declaró que el *Prometeo* de Orozco en la Universidad de Pomona era "la mejor pintura de los tiempos modernos". La exhibición de Rivera en el MoMa, que se inauguró a finales de 1931, fue la segunda muestra individual del museo, y "rompió todos los récords de asistencia".[41]

Sin embargo, esos reconocidos mexicanos no fueron los únicos en pasar parte de su vida, ni de producir gran parte de su obra, en suelo norteamericano. Octavio Paz y Carlos Fuentes dedicaron largos años a impartir clases, escribir, pronunciar conferencias y criar una familia en muchas de las universidades más prestigiosas de Estados Unidos. El mejor músico mexicano de los últimos tiempos, Juan Gabriel, vivió sus últimos años entre Miami y Los Ángeles, donde se sentía como en casa. Uno de los mejores compositores y cantantes de salsa y *latin* jazz de la historia, el panameño Rubén Blades, ha residido en Estados Unidos —en Nueva York y Los Ángeles— durante la mayor parte de sus 44 años de carrera.

Los motivos de los artistas extranjeros para instalarse en Estados Unidos fueron múltiples. Muchos acudieron en busca de asilo: huían de las sucesivas catástrofes que aquejaron a Europa, Latinoamérica y Asia durante el siglo XX. Vladímir Nabókov llegó a Manhattan en 1940 y dictó clases en las universidades norteamericanas durante treinta años, antes de pasar el resto de su vida en Montreux. Thomas Mann se separó de su Alemania natal en 1938, para residir quince años en California y Nueva Jersey. Romain Gary, como cónsul francés en Los Ángeles, se convirtió en el clásico autor bicultural, aunque, a diferencia de Nabókov, nunca escribió en inglés, ni buscó ni necesitó asilo. Isabel Allende, que sí lo requirió, adquirió la ciudadanía norteamericana en 1993 y gran parte de su vida adulta ha transcurrido en California. Su compatriota, Ariel Dorfman, imparte clases en la Universidad de Duke. La tendencia continúa hasta nuestros días, con escritores contemporáneos como el afgano Khaled Hosseini y la mexicana Valeria Luiselli.

Es útil distinguir entre los autores migrantes, es decir, quienes llegaron a Estados Unidos de niños o que en todo caso iniciaron su obra ahí, y los escritores establecidos que por distintas razones decidieron residir allá durante periodos prolongados. La primera categoría ejemplifica una historia más en la saga de la inmigración norteamericana. La segunda es la atracción peculiar que sienten los autores consagrados hacia Estados Unidos, para proseguir su obra ahí. Muchos escritores, como los mexicanos ya mencionados y Mario Vargas Llosa —cuya madre se naturalizó norteamericana— pasaron variados periodos de tiempo en la Unión Americana.[42] Sintieron la necesidad de establecer cierta distancia con su patria o de reinventarse, o de ganar más dinero, o de sumergirse en un entorno más diverso. Lo que sorprende al observador externo es lo bien que los recibieron a todos, incluso en los tiempos más duros —la era de MacCarthy, o las épocas de Reagan y de Trump—, y cómo la mayoría de ellos prosperaron en Estados Unidos. Personalidades como Einstein, Jakobson, Malinowski y André Breton disfrutaron de expresiones cortas o largas de hospitalidad norteamericana.

Sin duda, se puede afirmar lo mismo en parte de París en los años veinte, aunque la corta duración de la experiencia haya impedido que se convirtiera en tradición. Además, las cifras no son equivalentes, y el apoyo institucional —universidades, fundaciones, institutos de investigación— no existía en París (ni entonces ni en nuestros días).

No se puede afirmar que a todos los artistas o intelectuales europeos que se instalaron en Estados Unidos les hayan fascinado sus anfitriones. Bertolt Brecht odiaba Hollywood, y al país en general. Según uno de sus biógrafos, primero creyó que Estados Unidos era una fuente fresca de vitalidad, en contraste con una Europa agotada por la guerra. Después lo consideró el epítome de la autodestrucción inevitable del capitalismo. Hollywood constituía el mejor ejemplo. Para Brecht, ese lugar contenía todas las razones por las que la Unión Americana estaba condenada a desaparecer. Su biógrafo Stephen Parker lo expresó así: "Brecht había dedicado su vida a combatir al capitalismo como fuente de escasez planificada. La solución de Estados Unidos, por el contrario, era más capitalismo".[43]

Su postura estética se oponía a todo lo que representaba Hollywood. A pesar de su amor por el cine, nunca desarrolló ninguna afinidad creativa real con la industria. Eso no cambió en Hollywood, donde vivió de la asistencia social la mayor parte del tiempo. Exuda su desdén por la industria cinematográfica cuando responde a la burla de los cineastas en el poema "Entrega los bienes": "Cuando veo sus caras podridas / Desaparece mi hambre". Como señala Lyon, "Brecht llegó [a Estados Unidos] por necesidad y se quedó sólo lo necesario".[44]

El éxodo hacia la Unión Americana incluyó artistas plásticos, músicos, arquitectos como I. M. Pei, bailarines y, por supuesto, cineastas. Muchos de los mejores pintores estadounidenses del siglo XX, como Willem de Kooning, de hecho no eran estadounidenses. Otros, como David Hockney, iban y venían entre su nativa Inglaterra y la Costa Oeste. Unos pocos, como Mark Rothko, llegaron como hijos de migrantes, y pertenecen más bien a esa categoría. Otros más, como Mondrian, sólo pasaron sus últimos años en Nueva York, y murieron antes de poder desarrollar una verdadera inspiración norteamericana para su obra. Aunque algunos hayan llegado a Estados Unidos en una etapa más temprana de su vida que otros, se insertaron en un contexto cultural y en un entorno que les permitió florecer y a la vez mantener su originalidad. Marcel Duchamp es un ejemplo de ello.

En un sentido muy amplio, la cultura norteamericana ha reproducido, casi siempre sin coerción, una forma única de sincretismo, parecida a lo que los conquistadores españoles llevaron a cabo en la Nueva España y, en menor medida, en los demás territorios de lo que hoy llamamos Latinoamérica. Guillermo del Toro, quien en 2018 ganó un Oscar por *La forma del agua*, lo expresó mejor, quizá sin notarlo. Cuando le preguntaron cómo equilibraba "la oscuridad y el terror en sus películas llenas de monstruos" con la "persona alegre y cariñosa" que es, su respuesta fue simple: "Soy mexicano". Es decir, es sincrético, mezcla todas sus raíces y su entorno en un ambiente sincrético, en un país sincrético. Ganó su Oscar a la mejor película no por una cinta extranjera, sino por una norteamericana (*La forma del agua*), al igual que sus colegas.

Tal vez la industria cinematográfica sea la demostración más ilustrativa de la hospitalidad de la cultura estadounidense, o de su sincretismo, si así podemos llamarlo, aunque el ejemplo mejor conocido sea la comida. Todos los norteamericanos lo saben de forma intuitiva, pero no necesariamente atan los cabos. Casi toda la comida rápida se originó en Europa, viajó a Estados Unidos, se transformó allá y la reexportaron al resto del mundo: las hamburguesas, los *hot dogs*, los sándwiches, la pizza, cada vez más los tacos y el café, gracias a Starbucks. La capacidad del país para regurgitar culturas extranjeras y volverlas norteamericanas es proverbial y, por supuesto, abarca más que la cocina.

En concreto, la lista de directores de cine europeos y ahora mexicanos que emigraron a Hollywood durante periodos de tiempo variados es casi interminable. Muchos nombres conocidos en el cine estadounidense iniciaron sus carreras fuera, como los directores Billy Wilder y Alfonso Cuarón (*Gravedad* y *Roma*), Alfred Hitchcock y Alejandro González Iñárritu (*Birdman*), Otto Preminger, Ernest Lubitsch y Roman Polanski, y fotógrafos como Gabriel Figueroa y Emmanuel Lubezki. Otros de igual o mayor fama incluyen a Ang Lee, Michael Curtiz, Joseph von Sternberg, William Wyler, David Lean y Milos Forman. Vale la pena señalar cuántos judíos europeos pertenecen a una lista más exhaustiva, que no es ésta. Algunos llegaron cuando los nazis tomaron el poder, o iniciaron su persecución, pero muchos desembarcaron antes. En ese entonces, la *migración en cadena* funcionaba igual que ahora, pero tenía que existir una voluntad de recibirlos que no prevaleciera en ningún otro lado.

Se puede formular un argumento similar respecto a los músicos: compositores, directores y virtuosos. De nuevo, se impone una distinción entre quienes llegaron como hijos de migrantes y quienes ya habían iniciado su carrera o se habían consagrado como figuras establecidas cuando empezaron a presentarse en Estados Unidos. Poco importa si emigraron de forma permanente o temporal, o si su motivo principal fue huir de la persecución. Muchos pertenecen a esa última categoría, como Mstislav Rostropóvich e Ígor Stravinski, Bruno Walter, Rudolph Serkin, Claudio Arrau (chileno de nacimiento) y, ahora, el director venezolano Gustavo Dudamel. Otros titanes de la música eligieron trabajar en la Unión Americana durante el siglo xx, sin ningún trasfondo político.

Como ya se enfatizó, abundan las razones que explican ese flujo constante de figuras culturales importantes a Estados Unidos. Importaba mucho hallarse en un país libre de guerras y, la mayor parte del tiempo, de represión, censura y discriminación contra los extranjeros. La riqueza y generosidad de los benefactores representó un factor innegable. Diego Rivera y José Clemente Orozco recibieron compensaciones excelentes por su trabajo de parte de los Ford y los Rockefeller, o de las universidades que les encargaron murales. La transformación de Hollywood en la capital cinematográfica del mundo fue otro factor, no sólo para los actores y directores, sino también para los guionistas.

Las universidades de Estados Unidos, casi siempre más acaudaladas que sus contrapartes europeas, japonesas o latinoamericanas, representaron un destino natural para los escritores, filósofos, antropólogos, historiadores y académicos en general. La presencia de colegas influyó inevitablemente. Un profesor invita a otro, quien acepta porque el primero ya se encuentra allá. Pero la apertura de la sociedad y la cultura estadounidenses, la virginidad inicial del panorama cultural y la hospitalidad disfrutada por los visitantes o migrantes en ese ámbito específico resultó decisiva. Michel Foucault, quien pasó años impartiendo clases y conferencias en universidades de todo el país, y se convirtió en una suerte de figura de culto, le explicó así su apego a uno de sus colegas académicos: "Si hubiera sido más joven, habría emigrado a Estados Unidos. [...] Veo muchas posibilidades aquí. No existe una vida intelectual y cultural homogénea. Nadie me presiona. Hay muchas grandes universidades con distintos intereses. Por otro lado, la Universidad me habría despedido de la manera más indigna".[45]

¿Acaso los beneficiarios de esta notable hospitalidad la han apreciado? En general, sí, en cuanto a gratitud se refiere, pero no siempre han reconocido que la vitalidad de la cultura norteamericana, su naturaleza masiva y su sofisticación y originalidad son producto de este intercambio con el resto del mundo. Su capacidad para absorber y transformar las influencias extranjeras explica por qué los foráneos han buscado las costas de la Unión Americana. La constante reinvención de la cultura estadounidense es consecuencia en parte de que adopta, asimila y reajusta esas influencias. Y tal vez de que posee los recursos para adquirirlas, como concluyó el antropólogo estructuralista Claude Lévi-Strauss tras su estancia de cinco años en Nueva York: "Los inmensos recursos con los que cuenta la plutocracia local para satisfacer sus caprichos hacen parecer como si Nueva York incluyera ejemplos de todo el legado artístico de la humanidad".[46]

¿Cómo cuadra eso con la actitud respingada de muchos de los amigos y colegas de los visitantes en sus países de origen, que no han dejado de desdeñar la cultura norteamericana y a Estados Unidos en general? Resulta extraño, y no encaja bien. Quizás los casos más extremos hayan surgido en el mundo árabe. Ahí, incluso los pensadores más sofisticados se vieron incapaces de evitar esa arrogancia. Tomemos por ejemplo al escritor, educador y activista egipcio Sayyid Qutb, quien vivió en Estados Unidos de 1948 a 1950, a expensas de su gobierno. Después se unió a la Hermandad Islámica, pasó muchos años en la cárcel y murió en la horca en 1966, condenado por el régimen de Nasser. Su opinión de la escena cultural norteamericana es reveladora: "Los estadounidenses usaron su riqueza para comprar cultura extranjera, pero no entendieron ni valoraron lo que importaron. [...] Sus museos tienen pocas obras de artistas locales, porque son primitivas y burdas hasta el punto de resultar risibles junto a los espléndidos tesoros mundiales [importados]".[47]

Es igual de absurdo que la élite intelectual francesa desprecie la producción cultural de un país en el que vivieron, escribieron, impartieron conferencias y filmaron con un éxito enorme muchos de sus pensadores y artistas más distinguidos, como Louis Malle, Michel Foucault, Jacques Derrida y Claude Lévi-Strauss. Es comprensible que los mexicanos acojan un añejo resentimiento contra los estadounidenses en general, pero que sus escritores y pintores descarten la cultura norteamericana por su supuesta tosquedad es particularmente paradójico. El movimiento de ida y vuelta entre las dos culturas ha enriquecido muchísimo a ambas. Quizás la raíz de esa paradoja se encuentre en una tercera característica de la cultura norteamericana, que se deriva de las dos anteriores: su universalidad, que ha contribuido en gran medida a su ascensión de cultura a civilización.

De la caja tonta a Netflix

La gran ausente de esta breve descripción de la cultura estadounidense fue la televisión, junto con su corolario inevitable: la publicidad y el consumo masivo. El primer anuncio televisivo de la historia, para los relojes Bulova, se transmitió en 1941 en un canal neoyorquino, casi en la misma fecha en que inició la televisión comercial.[48] A pesar de los esfuerzos de todas las administraciones norteamericanas desde el inicio de la Guerra Fría por propagar facetas diferentes de la producción cultural del país, pocas de sus invenciones han permeado tanto otras latitudes como la televisión. La Coca Cola podría ser una excepción.

La cultura estadounidense tiene aspiraciones de universalidad como ninguna otra, y los consumidores de productos culturales de todo el mundo la han recibido con los brazos abiertos. No se trata de un fenómeno reciente; gracias al cine, la cultura norteamericana se empezó a expandir fuera de sus fronteras en la década de 1930. De manera similar, las tropas de Estados Unidos difundieron su música popular al otro lado del océano durante la Segunda Guerra Mundial. Gracias a su extraordinaria novedad y alcance, para mediados de los cincuenta ya se había extendido por gran parte del mundo. Pero la televisión fue lo que realmente universalizó las características principales de la cultura norteamericana a partir de la década de 1960, cuando el resto del mundo entró a la era televisiva. Por consiguiente, lo que la mayoría de la gente recibió de la cultura estadounidense consistió en lo que la televisión transmitía. No se trataba, pues, del producto de exportación más refinado, aunque puede que eso esté cambiando en la actual época dorada de la televisión.

En 1953, una de las primeras producciones del *Ed Sullivan Show* atrajo una audiencia de más de 50 millones de personas.[49] Para 1955, dos tercios de los hogares norteamericanos —48 millones— poseían una televisión; en 1960, la cifra se acercó a 90%, o más de 70 millones de hogares.[50] Aunque la televisión en vivo de hecho arrancara en Alemania en 1936, con la transmisión de los Juegos Olímpicos de Berlín, para 1957, el total de televidentes en lo que entonces era Alemania Occidental apenas alcanzaba el millón.[51] Las cifras francesas palidecían frente a ellas: sólo 3 000 aparatos en todo el país en 1950.[52] En 1958, el total sumaba un millón,[53] cuando Gran Bretaña ya tenía casi 10.[54] Las cifras estadounidenses eclipsaban a las de toda Europa Occidental.

Los números en otras partes del mundo son más dispares. En México, había 20 000 televisiones en 1952 y tan sólo 1.2 millones en 1965, cuando el país contaba con 35 millones de habitantes. Brasil, que presumía alrededor del doble de población que México, contaba con 120 000 aparatos en 1953, y 1.2 millones en 1960.[55] La distancia con la India era enorme: 400 000 televisiones en 1960 (para una población de 400 millones); un millón en 1965, y, en una fecha tan tardía como 1970, con 600 millones de habitantes, tan sólo 25 millones de dispositivos.[56] Por último, incluso Japón quedó muy atrás, aunque su reconstrucción prácticamente hubiera terminado: 8 000 aparatos en 1953, 1.5 millones en 1958 y 22 millones en 1970, cuando su población alcanzaba los 100 millones.[57] Para un país rico, eso demuestra el contraste con Estados Unidos: en 1960, el 90% de los hogares norteamericanos poseían una televisión; en Japón, apenas había 6 millones.[58]

Por lo tanto, no es de sorprender que al principio, y hasta nuestros días, los programas de todo el planeta provinieran de Estados Unidos. La disparidad de esas cifras deriva de varias fuentes: la Segunda Guerra Mundial, para los países ricos; el tamaño del mercado norteamericano; el precio de los aparatos en países pobres; el descubrimiento de la publicidad como manera de volver lucrativa la televisión.

La programación estadounidense empezó a aparecer en las pantallas europeas, latinoamericanas y algunas asiáticas a finales de los años cincuenta y principios de los sesenta, doblada a la lengua local, pero presentada como norteamericana. Aunque otros aspectos de la cultura de Estados Unidos ya se hubieran hecho sentir mucho antes, la televisión la convirtió en asunto de masas. Como la mejor parte de la televisión —los noticieros y entrevistas, la música y la comedia— no se exportaba fácilmente, los espectadores extranjeros recibieron caricaturas de Walt Disney, que ya conocían por el cine, *El llanero solitario*, *Bonanza*, *Los intocables* o *Superman* y *Batman*. Televisión Española empezó a transmitir una versión doblada de *Los intocables* en 1964.[59] El intelectual y escritor japonés Motoyuki Shibata reconoció que al principio aprendió sobre "Estados Unidos por los programas de televisión que veía de niño. *Papá lo sabe todo*, *Pero es mamá quien manda* y *Yo amo a Lucy*: un mundo de opulencia en el que todas las familias poseen una casa grande, un coche familiar, un refrigerador y una aspiradora; productos casi míticos en el Japón de ese entonces [principios de los años sesenta]".[60] El primer programa doblado en Brasil, el *Ford Television Theatre*, se transmitió en 1958; en Francia se trató de *Alfred Hitchcock presenta*; en Argentina, de *Highway Patrol*, en 1956.

Cuando la televisión se convirtió en un producto de masas fuera de Estados Unidos, fue como vehículo internacional de las partes menos interesantes, satisfactorias o iluminadoras de la cultura norteamericana, a pesar del talento de muchos de los guionistas. Ni el rock 'n' roll ni Hollywood podían competir. Incluso se exportó el papel algo ridículo de las mujeres en la televisión estadounidense de los años cincuenta y sesenta. Innumerables telenovelas mostraban a las amas de casa suburbanas esperando pacientemente a que sus maridos volvieran del trabajo mientras usaban un electrodoméstico tras otro para facilitarse la vida. La televisión norteamericana de calidad —noticieros, *talk shows*, entrevistas, teatro— no era exportable en ese entonces, así que no se exportó.

Sin embargo, la universalización de lo mejor de la cultura norteamericana también estaba en marcha. El *boom* literario latinoamericano de los años sesenta, por ejemplo, famoso por su realismo mágico, se hallaba, según sus héroes, muy en deuda con los grandes autores estadounidenses de las décadas anteriores, sobre todo Dos Passos y Faulkner. García Márquez, Fuentes, Cortázar y otros reconocían y expresaban con frecuencia su gratitud por la inspiración que habían recibido de esos colegas en términos de tiempo, memoria y puntuación. Hace cuarenta años, Mario Vargas Llosa se maravilló así: La obra de Faulkner

> fue inmediata y unánimemente celebrada en América Latina. La razón no era, sólo, el hechizo de esas vidas turbulentas del condado de Yoknapatawpha, ni las proezas formales de unas ficciones construidas como nidos de avispa. Era que, en esa turbulencia y complejidad del mundo inventado por Faulkner, los lectores latinoamericanos descubríamos, transfigurada, nuestra propia realidad, y aprendíamos que, como en Bayard Sartoris o en Jenny du Prés, el atraso y la periferia contienen, también, bellezas y virtudes que la llamada civilización mata. Escribía en inglés, pero era uno de los nuestros.[61]

Sin embargo, la traducción mundial de sus obras y de su deuda a la literatura norteamericana, al igual que los tres Premios Nobel que recibieron (aunque el poeta Octavio Paz no fuera realista mágico, ni tampoco los poetas chilenos Gabriela Mistral y Pablo Neruda, o el novelista guatemalteco Miguel Ángel Asturias), no lograron compensar el alcance e impacto de las mercancías baratas que las televisoras estadounidenses difundían por el mundo. Tan sólo después de 1990, gracias a CNN, la televisión norteamericana de calidad penetró en los hogares, hoteles y aeropuertos del extranjero.

Un fenómeno similar ocurrió con otras expresiones universales de la cultura norteamericana, a veces resumida como *cultura pop*. Todo era exportable: los musicales de Broadway, ciertos tipos de moda, la uniformidad de la mercadotecnia —el mismo vaquero de Marlboro en todo el mundo, las mismas tonadas de Coca Cola—, incluso el uso de anglicismos en las lenguas romances más puras, en el ruso y en el hindi. La presencia cotidiana de *lo estadounidense* para cientos de millones de personas, dadas las características y universalidad de la civilización norteamericana, quedó reducida casi siempre al mínimo común denominador. Como lo expresó el escritor británico G. K. Chesterton luego de sus visitas a Estados Unidos a principios de los años veinte y treinta: "Las cualidades de Estados Unidos que nos llegan desde el otro lado del mar son lo que menos merece presumirse".[62] El paso de cultura a civilización inevitablemente implica la exposición de todo el planeta a todas sus características, no sólo a las mejores y más brillantes. Roma no sólo exportó su código legal, instituciones políticas, innovaciones militares, acueductos y carreteras. Los pueblos a los que conquistó o con los que colindaba también sufrieron violencia, esclavitud y corrupción.

La civilización estadounidense es tan inseparable de su cultura como la Coca y MacDonald's de Stephen Spielberg y Spike Lee, como Levi's de Phillip Roth, como la lengua inglesa del hip-hop y el rap, como Jimi Hendrix de Yo Yo Ma. Los extranjeros consumen todo lo anterior, pero desdeñan intelectualmente la baja cultura pop mientras idolatran los museos, editoriales, salas de conciertos y espectáculos de rock. A los estadounidenses les frustra que los latinoamericanos, europeos e indios se sientan superiores y elijan con hipocresía: Jonathan Franzen, sí; la versión norteamericana de *House of Cards*, no. Todos tienen razón y carecen de ella a la vez.

Hay pocos aspectos de la vida en Estados Unidos que desconcierten, provocan y maravillan a los extranjeros tanto como su cultura multifacética de doscientos años de antigüedad. Es receptiva, ubicua, producida y consumida en masa, multicultural y autoritaria, se encuentra amalgamada con otros aspectos del "poder suave" de Estados Unidos y siempre resulta irritante. Le dio al mundo el jazz, el blues y el rock 'n' roll, pero también a Mickey Mouse y el Pato Donald. El primero llegó a los cines mexicanos en 1933, y a la televisión en 1968.

En parte por esas razones, Estados Unidos no cuenta con un Ministerio de Cultura, a diferencia de la mayoría de los gobiernos actuales, ni con agregados culturales en gran parte de sus embajadas. No los necesita. Como comentó Jean Baudrillard, "no existe un discurso cultural. No hay ministerio, comisiones, subsidios ni promoción cultural".[63] Los representantes culturales de Estados Unidos en el extranjero, y su aparato cultural en casa, son diferentes, en parte, porque debían ganar dinero. Las civilizaciones no adscriben agregados culturales. Ofrecen algo más.

Un ejemplo claro radica en *Casa-Grande e Senzala*, la obra clásica de Gilberto Freyre, el reconocido y controvertido sociólogo brasileño que creó el mito de la "democracia racial" de su país. Vivió muchos años en la Unión Americana, haciendo su licenciatura en la Universidad Baylor en Waco, Texas, y su doctorado bajo la tutela de Frank Boas en Columbia. Con frecuencia comentaba las similitudes entre el noreste de Brasil y el sur de Estados Unidos, pero también contrastaba la mítica democracia racial de su país con el racismo flagrante, indignante y asesino de los antiguos estados confederados.

Un académico que analizó las opiniones de Freyre sobre Estados Unidos señaló:

[En su diario], Freyre relata una ocasión en la que, mientras volvía de un viaje escolar en Dallas, se detuvo en Waxahachie, un pueblito entre Dallas y Waco. Percibió un aroma intenso y le informaron rápidamente que era el olor de la carne quemada de un negro. Le impresionó la franqueza de su informante y la posibilidad de un acto tan espantoso en un país *civilizado*. "Nunca creí que tal horror fuera posible en el Estados Unidos actual. Pero lo es. Aquí, la gente aún lincha, mata y quema a los negros. No se trata de un caso aislado. Sucede muy seguido", escribió. Su experiencia con la segregación y los linchamientos se expresarían más tarde en *Casa-Grande e senzala*, en su idea de que las relaciones raciales son más armoniosas en Brasil, comparadas con el ambiente hostil que existe contra los negros en Estados Unidos.[64]

La civilización norteamericana también le brindó al mundo la comedia musical moderna. Aunque disfrute de muchos legados —la ópera europea, los espectáculos *minstrel* en el sur y las operetas británicas de Gilbert y Sullivan—, para la década de 1920, se había convertido en el epítome de la cultura popular estadounidense. Quizás las *Ziegfeld Follies* hayan sido la primera amalgama de música, baile, actuación, producción y canto en un espectáculo importante; a partir de 1920, el género se consolidó como una creación norteamericana. Sus autores son el orgullo del país: Cole Porter, Rodgers y Hammerstein, George Gershwin, Irving Berlin. *Oklahoma*, de 1943, fue el primer musical bien pulido, que combinaba estrellas de la actuación —sobre todo vocalistas femeninas—, compositores, coreógrafos, producción de escenario, orquesta y estilo.

Al pasar de los años, el género evolucionó, y los británicos contribuyeron bastante a su éxito en Londres y Broadway. Su popularidad a nivel mundial fue tal que en nuestros días se puede asistir a un musical de Broadway prácticamente en cualquier momento y en cualquier ciudad del mundo. Las generaciones subsecuentes mantuvieron viva la tradición, con éxito creciente: autores como Andrew Lloyd Weber, Bob Fosse y Lin-Manuel Miranda. Los musicales representan el epítome de todo lo que he descrito en términos de apertura, receptividad y paradoja. ¿Dónde más compondría el nieto de puertorriqueños hispanohablantes un musical en inglés —sobre un migrante indocumentado del Caribe que se convirtió en Secretario del Tesoro— y ganaría millones de dólares en Broadway?

Los musicales encierran tres maravillosas virtudes culturales de Estados Unidos. Primero, un optimismo sin límites: hay pocos musicales trágicos, como *Amor sin barreras*. La mayoría cuentan con final feliz. La segunda es un profesionalismo sin igual: todos hacen lo suyo a la perfección, ya sea actuar, cantar, bailar, el vestuario, la producción, la publicidad o las giras nacionales e internacionales. Y la tercera: recursos, organización y gestión de proyectos al servicio de la alegría y la felicidad. Es difícil imaginar algo más norteamericano, o a algún otro pueblo produciendo algo como los musicales. Quienes los menosprecian no saben de lo que se pierden, ya sea que les guste una obra en particular u otra.

Junto con cierto tipo de organización de la vida económica y política, la cultura estadounidense es el componente más importante de la civilización norteamericana en nuestros días. El paso de cultura a civilización involucra todas las facetas de esa cultura; sin ella, no habría transición, a pesar de lo abrumador del mercado y del voto, y de su asociación a veces cuestionable con Estados Unidos. Sobrevivirá al presidente más opuesto a cualquier tipo de política cultural de la historia, si no es que a la cultura misma. Ha resistido al racismo, a las aventuras en el extranjero, a la violencia y al rechazo de amplias franjas de la población mundial por razones religiosas. Pero incluso el islam la acepta: millones de musulmanes en Estados Unidos, el norte de África, Medio Oriente, Irán e Indonesia consumen bienes culturales norteamericanos, hechos a la medida de sus convicciones y costumbres. Quizá mucho después de que otras características notorias de la civilización estadounidense hayan perecido, su cultura, que tan a menudo y de manera tan injusta es la menos admirada, persista.

Notas

[1] Debray, Régis, *Civilisation: comment nous sommes devenus Américains*, París, Gallimard, 2017, p. 21.

[2] "Obituary: Juan Gabriel Died on August 28th", *The Economist,* 10 de septiembre de 2016, https://www.economist.com/obituary/2016/09/10/obituary-juan-gabriel-died-on-august-28th, consultado el 3 de octubre de 2018.

[3] Vargas Llosa, Mario, "Tribuna: Librerías y libródomos", *El País*, 11 de enero de 1997, https://elpais.com/diario/1997/01/12/opinion/853023603_850215.html, consultado el 2 de julio de 2019.

[4] Vasconcelos, José, *Ulises Criollo*, México, Porrúa, (1935) 2006, p. 26. Ver también: Pineda Buitrago, Sebastián, "Entre el desprecio y la admiración: Visión de Estados Unidos en *Ulises Criollo* de José Vasconcelos", *Latinoamérica*. Revista de *Estudios Latinoamericanos*, http://www.scielo.org.mx/scielo.php?script=sci_arttext&pid=S1665-85742013000200006.

[5] De Beauvoir, Simone, *America Day by Day*, Berkeley, CA, University of California Press, (1950) 2000, p. 43.

[6] *The Last of the Mohicans. A Narrative of 1757. Historical Introduction* by James Franklin Bear, Albany, State University of New York Press, 1983, pp. XXVII–XXVIII.

[7] McCrum, Robert, "The 100 Best Novels: No 16—The Scarlet Letter by Nathaniel Hawthorne (1850)", *The Guardian*, 6 de enero de 2014, https://www.theguardian.com/books/2014/jan/06/scarlet-letter-nathaniel-hawthorne-100-best-novels, consultado el 14, de mayo de 2019.

[8] Borges, Jorge Luis, *Textos cautivos. Ensayos y reseñas en* El Hogar, ed. Enrique Sacerio-Garí y Emir Rodríguez Monegal, Barcelona, Tusquets, 1986, p. 323.

[9] Bryce, James, *The American Commonwealth*, vol. 2, Londres, The Macmillan Company, (1888) 1904 (3ª ed.), p. 766.

[10] *Ibid.*, p. 783.

[11] Borges, Jorge Luis, *Textos recobrados (1956-1986)*, t. 3, Buenos Aires, Emecé, 2007, p. 42.

[12] Nolan, James L., *What They Saw in America: Alexis De Tocqueville, Max Weber, G. K. Chesterton, and Sayyid Qutb*, Nueva York, Cambridge University Press, 2016, p. 71.

[13] Fuentes, Carlos, *Myself with Others: Selected Essays*, Nueva York, Farrar, Straus and Giroux, 1990, p. 205.

[14] Ortega y Gasset, José, *Obras completas*, vol. IV, Madrid, Alianza Editorial, 1983, p. 369-379.

[15] Borges, Jorge Luis, "Autobiographical Notes Argentine Writer", *The New Yorker*, número del 19 de septiembre de 1970, p. 42.

[16] Kaplan, Justin, "Born to Trouble. One Hundred Years of Huckleberry Finn", ERIC, 11 de septiembre de 1984, Fort Lauderdale, Florida, Broward County Library, p. 15, files.eric.ed.gov/fulltext/ED262416.pdf. Anderson, Frederick (ed.), *Mark Twain's Notebooks & Journals, vol. III (1883–1891)*, Berkeley, CA, University of California Press, 1979, p. 115.

[17] Maixner, Paul (ed.), *Robert Louis Stevenson: The Critical Heritage*, Londres y Nueva York, Routledge, 1971, p. 22.

[18] Xiaotong Fei, "The Shallowness of Cultural Tradition", en Arkush, R. David y Leo Ou-fan Lee, Berkeley, CA, University of California Press, 1989.

[19] Gordon, Robert J., *The Rise and Fall of American Growth: The U.S. Standard of Living since the Civil War*, Princeton, NJ, Princeton University Press, 2016, p. 174.

[20] *Ibid.*, p. 176.

[21] Orozco Núñez, Miriam, "El nacimiento de la prensa de masas en Europa: el caso de España", tesis de maestría, Universidad De Cádiz, 2016, p. 7, https://rodin.uca.es/xmlui/bitstream/handle/10498/18558/TFG El nacimiento de la prensa de masas en Europa.pdf?sequence=1&isAllowed=y, consultado el 3 de julio de 2019.

[22] "Daily, Sunday, and Weekly Newspaper Circulation Increased from 7 Million in 1870 to 39 Million in 1910", en Gordon, *The Rise and Fall of American Growth*.

[23] Severgnini, Beppe, *Ciao, America! An Italian Discovers the U.S.*, Nueva York, Broadway Books, 2003, p. 175.

[24] Roser, Max y Esteban Ortiz-Ospina, "Literacy", Our World in Data, 20 de septiembre de 2018, https://ourworldindata.org/literacy.

[25] "La alfabetización a través de la historia", (s.d.), http://jesusgonzalezfonseca.blogspot.com/2011/08/la-alfabetizacion-traves-de-la-historia.html.

[26] Gordon, Robert, *The Rise and Fall of American Growth*.

[27] *Ibid.*, p. 176.

[28] *Ibid.*

[29] Bryce, James, *op. cit.*, p. 751.

[30] Bruun, Erik y Jay Crosby (eds.), *The American Experience: The History and Culture of the United States through Speeches, Letters, Essays, Articles, Poems, Songs and Stories*, Nueva York, Black Dog & Leventhal Publishers, 2012, p. 250.

[31] Meyers, Jeffrey, "Thomas Mann in America", *Michigan Quarterly Review*, otoño de 2012, https://quod.lib.umich.edu/cgi/t/text/text-idx?cc=mqr;c=mqr;c=mqrarchive;idno=act2080.0051.419;view=text;rgn=main;xc=1;g=mqrg, consultado el 16 de abril de 2019.

[32] Weissmann, Jordan, "The Decline of the American Book Lover", *The Atlantic*, 26 de mayo de 2018, https://www.theatlantic.com/business/archive/2014/01/the-decline-of-the-american-book-lover/283222/, consultado el 22 de marzo de 2019.

Brown Brendan, "The Ultimate Guide to Global Reading Habits (Infographic)", Global English Editing, 11 de febrero de 2019, https://geedi ting.com/world-reading-habits/, consultado el 22 de marzo de 2019.

Suárez Michael J. F., S. J. y H. R. Wooudhuysen, *The Book: A Global History*, Oxford, Oxford University Press, 2013, p. 669.

[33] Gordon, Robert, *op. cit.*, p. 200.

[34] "Film History of the 1920s", (s.d.), https://www.filmsite.org/20sintro.html, consultado el 27 de octubre de 2018.

35 Fleishman, Jeffrey, "A New 'Birth of a Nation' Dredges up the Complicated, Ugly Legacy of the Groundbreaking 1915 Film", *Los Angeles Times,* 30 de septiembre de 2016, https://www.latimes.com/projects/la-ca-mn-birth-nation/, consultado el 5 de julio de 2019.

36 Hirabayashi Hatsunosuke, "Motion Pictures: The Americanization Machine", en Peter Duus y Kenji Hasegawa, *Rediscovering America: Japanese Perspectives on the American Century,* Berkeley, CA, University of California Press, 2011, p. 119.

37 Gordon, *op. cit.,* pp. 186–90.

38 *Ibid.,* p. 193.

39 Mitchell, B.R., *European Historical Statistics 1750–1970,* Londres, MacMillan Press, 1975.
    D'Lugo, Marvin, Ana M. López y Laura Podalsky (eds.), *The Routledge Companion to Latin American Cinema,* Nueva York, Routledge, 2018, p. 319.

40 Haskell, Barbara, "América: Mexican Muralism and Art in the United States, 1925–1945", p. 1, este ensayo apareció en la exhibición del Museo Whitney, "Vida American: Mexican Muralists Remake American Art, 1925–1945".

41 *Ibid.,* p. 6.

42 Vargas Llosa, Mario, "Tribuna: El látigo del zorro", *El País,* 26 de junio de 1999, https://elpais.com/diario/1999/06/27/opinion/930434406_850215.html, consultado el 2 de julio de 2019.

43 Parker, S., *Bertolt Brecht: A Literary Life,* p. 432.

44 *Ibid.*

45 Foucault, Michel, *1980–1988,* vol. IV, París, Gallimard, 1994, p. 781.

46 Lévi-Strauss, Claude, *The View from Afar,* Chicago, The University of Chicago Press, 1985, p. 262.

47 Nolan, James L., *What They Saw in America: Alexis De Tocqueville, Max Weber, G. K. Chesterton, and Sayyid Qutb,* Nueva York, Cambridge University Press, 2016, p. 197.

48 Mak, Geert, *In America: Travels with John Steinbeck,* Londres, Harvill Secker, 2014, p. 30.

49 *Ibid.*

50 Gordon, Robert, *op. cit.,* pp. 415–16.

51 Kansteiner, Wulf, "Nazis, Viewers and Statistics: Television History, Television Audience Research and Collective Memory in West Germany", *Journal of Contemporary History,* octubre de 2004, pp. 575–98. https://www.jstor.org/stable/4141411?read-now=1&seq=3#page_scan_tab_contents, p. 577.

52 "Histoire De La Télévision: Une Exception Française?", *La Revue des Médias,* (s.d.), https://larevuedesmedias.ina.fr/histoire-de-la-television-une-exception-francaise.

53 *Ibid.*

54 *Ibid.*

55 Ramírez Bonilla, Laura Camila, "La hora de la TV: Incursión de la televisión y la telenovela en la vida cotidiana de la Ciudad de México (1958-1966)", *Historia Mexicana*, julio-septiembre de 2015, http://www.scielo.org.mx/scielo.php?script=sci_arttext&pid=S2448-65312015000300289#fn8. *Statistics on Radio and Television, 1950–1960,* Statistical Reports and Studies, París, UNESCO, 1963, p. 74.

56 *Ibid.*, p. 75.

57 *Ibid.*

58 *Ibid.* y Gordon, James, L., *op. cit.*, p. 415.

59 Bunyol, Josep Maria, "Las series que contraprogramaron el franquismo", *Serielizados*, 16 de abril de 2018, https://serielizados.com/series-contraprograma ron-franquismo/, consultado el 4 de julio de 2019.

60 "A View from Japan: An Interview with Motoyuki Shibata by Linh Dinh", 6 de junio de 2016, https://www.countercurrents.org/dinh060616.htm, consultado el 16 de abril de 2019.

61 Vargas Llosa, Mario, "'Faulkner en el laberinto'", *La Vanguardia*, http://hemeroteca.lavanguardia.com/preview/1981/05/23/pagina-5/32926503/pdf.html.

62 Nolan, James L., *op. cit.*, p. 204.

63 Baudrillard, Jean, *Amérique*, p. *199.*

64 Square, Jonathan Michael, "*Da Outra América:* Gilberto Freyre's Racial Formation in the United States", http://lanic.utexas.edu/project/etext/llilas/ilassa/ 2008/square.pdf, consultado el 5 de octubre de 2019.

4

La democracia disfuncional
y sus descontentos

Estados Unidos lleva dos siglos presentándose ante el mundo como el modelo de la libertad y la democracia. Por tanto, los foráneos como yo crecimos creyendo que el sistema de gobierno norteamericano funcionaba bien. Pero en décadas recientes, sus deficiencias se han acentuado hasta el punto en el que su singularidad ya no resulta evidente. Para los latinoamericanos, quienes a excepción de la monarquía brasileña, copiaron al carbón la Constitución y sistema político estadounidenses inmediatamente tras sus respectivas independencias a principios del siglo XIX, la parálisis contemporánea de aquel sistema admirable resulta desalentadora. Sus contradicciones inherentes siempre fueron visibles, pero por lo menos su efectividad se juzgaba ejemplar.

Para los europeos, acostumbrados a lidiar con las peculiaridades de la democracia estadounidense durante más tiempo que los latinoamericanos, los problemas que actualmente enfrenta aquel sistema político de dos siglos y medio de edad son aún más frustrantes. Su relación con Washington se basa en una red de alianzas, organizaciones internacionales y compromisos multilaterales que ha funcionado de manera aceptable desde la Segunda Guerra Mundial, y que ahora es cuestionada por el sistema político que la engendró. Además, los europeos están más asombrados que nunca ante la naturaleza de las elecciones norteamericanas y su manera de financiar campañas. Uno de los libros más recientes y críticos sobre Estados Unidos se lamenta así de sus campañas presidenciales:

> El dinero ha cobrado tal importancia, las sumas resultan tan enormes, que los financiadores exigen ser obedecidos. [...] Éste constituye uno de los grandes mitos de la democracia estadounidense: que cada ciudadano cuenta, que con su donación de decenas o cientos de dólares, él o ella contribuye al buen funcionamiento de la democracia.[1]

Quizá los más confundidos sean los adversarios de Estados Unidos. A China le alivia que Washington se retirara del Acuerdo Transpacífico, claramente antichino, y acabara hundido en una guerra comercial en la que coinciden milagrosamente Trump y sus rivales demócratas en el Congreso. Irán, a su vez, negoció un acuerdo de desarme nuclear aprobado por una administración norteamericana, y vio cómo lo rechazaba la siguiente. Rusia creía que había contribuido a que eligieran a un amigo suyo como presidente, y que así terminarían las sanciones económicas; pero acabó en más conflictos con Trump de los que habría enfrentado con Hillary Clinton. Y el mundo entero, como describiremos en el último capítulo de este libro, sigue impresionado por los tiroteos recurrentes en Estados Unidos, y la insoportable incapacidad de su sistema político por evitarlos.

Para miles de observadores externos, esos sucesos desconcertantes no son el producto de errores de política exterior ni aberraciones. Representan síntomas de una avería más profunda en el sistema político. La culpa no recae en la política exterior de la Unión Americana, sino más bien en un sistema político que parece ineficaz, incapaz de adaptarse al cambio nacional e internacional, y que ha envejecido mal. Las siguientes páginas intentarán explorar qué no funciona, por qué, y las razones que explican la extrema dificultad del cambio.

No hay duda de que la democracia estadounidense va a sobrevivir. Pero cómo supere su tormenta actual moldeará su futuro de manera inevitable. Que eso implique un proceso más o menos doloroso depende de dos factores en especial. El primero: las transformaciones políticas incompletas de las décadas recientes deben dar sus frutos. El segundo: se requerirán cambios al sistema político en un futuro cercano. Esa democracia disfrutará de una vida mejor y más larga cuando el país confronte los retos fundamentales que han surgido desde la década de 1980: la profunda metamorfosis de la sociedad norteamericana, junto con la inmovilidad de un sistema político diseñado y construido para una composición social totalmente distinta.

La democracia liberal consiste en mucho más que las elecciones, pero las elecciones importan. Muchos de los demás componentes de la democracia representativa se derivan de las normas y reglamentos electorales. Varios académicos y comentaristas han argumentado lo mismo de manera elocuente durante el último cuarto de siglo.[2] Sin embargo, en la mayoría de los casos, el argumento se centra en un aspecto fundamental del problema: la (in)compatibilidad del sistema político norteamericano con el resurgimiento de la desigualdad en Estados Unidos, con el encogimiento de la clase media y con el estancamiento de los salarios y la riqueza de los deciles intermedios de la escala de distribución de ingresos a partir de 1980. Y, en efecto, todos esos factores han contribuido a lo disfuncionales que resultan varias instituciones norteamericanas.

Otros estudiosos señalan la polarización extrema dentro y entre los partidos políticos, y que surgió en años recientes como causa fundamental de esa disfuncionalidad. Según quienes opinan esto, con mucha evidencia a favor, la polarización alcanzó un pico inicial a principios del siglo xx, y luego disminuyó entre 1940 y 1980. Ahora, entre 2010 y 2020, ha llegado a sus niveles más altos en la historia.[3]

No obstante, existe un argumento adicional y distinto que no depende de estadísticas ni de conocimiento, y que sin embargo resulta crucial: los cambios en la sociedad estadounidense han resultado más profundos que una clase media reducida. La ineficacia política de innumerables instituciones surgió antes del renacer de la desigualdad en la sociedad norteamericana. Visto desde lejos, incluso antes del advenimiento de la desigualdad, el modelo estadounidense presentaba fallas graves.

A lo largo de los años, he interactuado de manera intensa con muchos pilares del poder Ejecutivo en la Unión Americana. Mi contacto con el resto del *establishment* político —el Congreso, los gobernadores, los alcaldes— ha sido más esporádico, pero aún así suficiente para forjarme una idea de sus méritos y deficiencias. En varias audiencias del Congreso en Washington, D. C., desde principios de los años noventa, en innumerables empeños de cabildeo, y en almuerzos, cenas, seminarios y retiros, he logrado formarme mi propia idea del *modus operandi* de los legisladores, empleados, funcionarios locales y la gente que trabaja con ellos.

Recuerdo la corpulenta amabilidad del conservador, racista y a veces xenófobo Jesse Helms. Presencié en carne y hueso la insolente tosquedad y extrema solidaridad de Edward Kennedy, la interminable lealtad y decencia de Ernest Hollings, el liberalismo de estadista de republicanos como Chuck Hagel y Richard Lugar, y la incesante curiosidad intelectual de Jerry Brown. Trabajé durante años con personal del Senado y de la Cámara, que luchaban sin descanso por las causas justas, por los derechos humanos y por detener las guerras en Centroamérica, por defender la democracia y combatir la venta de armas, por lograr una reforma migratoria contra todo pronóstico. Todos ellos son tesoros del sistema político de Estados Unidos. Todos desmienten el cliché de la insularidad, ignorancia o indiferencia de la élite política norteamericana respecto al resto del mundo. No dudo que tanto los jefes como los empleados con los que entré en contacto hayan sido excepciones, pero también aprendí que el servicio público es más profundo de lo que creemos. Mis colegas de muchos otros países, incluido el mío, comparten mis convicciones u opiniones. Todos admiran a sus interlocutores en el gobierno de Estados Unidos; pocos respetan el sistema para el que trabajan.

Por eso estoy más convencido que nunca de las deficiencias del sistema político norteamericano. Su disfunción importa aún más hoy en día, dada la calidad de sus miembros y la profundidad de las instituciones educativas e informativas que los producen. El reto no se encuentra en las personas; todas son excepcionales. Recae en el sistema mismo. Ni los mejores ni los más brillantes —y muchos de ellos lo son— pueden cambiar fácilmente el sistema; quizá no lo logren en absoluto. Sus defectos provienen de la desconexión entre sus contornos y su contenido, por un lado, y la sociedad a la que pretende servir, por el otro.

Tal como existe ahora, ese sistema seguirá demoliendo, neutralizando o incluso corrompiendo a los servidores públicos más honestos, dedicados y mejor preparados, por lo menos en los ámbitos de los que hablaré aquí. Los estadounidenses merecen el notable *establishment* político que han construido durante los últimos dos siglos y medio, pero también un sistema político mucho más efectivo, moderno y adecuado que el que ahora padecen.

De pocos ciudadanos similares
a muchos distintos

El sistema político norteamericano transitó de una membresía o integración constantemente homogénea a una heterogénea. Siempre existieron vastos segmentos de la sociedad estadounidense fuera del sistema político, pero los que se encontraban dentro de él eran homogéneos o todos iguales. Al principio lo conformaban varones blancos con propiedades, y luego hubo adiciones graduales y parciales. La homogeneidad prevaleció en un país mucho menos perfecto que el de nuestros días: abarcaba a más minorías y sectores excluidos de la sociedad, más discriminación, más opresión. Estados Unidos es un país mucho mejor ahora que antes del sufragio femenino, del New Deal o del movimiento por los derechos civiles. Pero su configuración electoral actual es parcialmente incompatible con el sistema político que dependía de la homogeneidad previa. Ha llegado a parecerse a las *democracias de élites* que surgieron en algunos países latinoamericanos hacia fines del siglo XIX: elecciones libres y justas para quienes votaban (una diminuta minoría) y una relativa separación de poderes aunada a mucha corrupción.

No uso el término *homogeneidad* con ninguna connotación política ni ideológica. Ésta depende de los ojos con que se mire. Una sociedad vista por sus miembros presumirá su variedad y complejidad, mientras que la misma sociedad contemplada por un foráneo mostrará similitudes. En una conversación casual, puedo generalizar sobre *los franceses* o *los indios* o *los australianos* porque sé que mi interlocutor, como no proviene de Francia ni de la India ni de Australia, me entenderá de inmediato. Sin embargo, cuando me dicen que *los mexicanos* son así o asado, respondo de inmediato: "¿Qué mexicanos?". Es cierto que México cuenta con un alto grado de homogeneidad étnica, ya que la enorme mayoría de la población alberga sangre indígena y europea, y que las personas de ascendencia europea, africana o asiática pura representan una minoría ínfima.

Eso ha logrado crear una identidad mexicana, pero no un carácter mexicano. Desde Chiapas hasta Chihuahua (y ahora hasta el interior de Estados Unidos), la gente puede sentirse mexicana, pero cómo define cada quien su mexicanidad difiere de manera drástica. Por eso, a lo largo de mi vida, durante la cual la población de México se ha cuadruplicado, la noción de *ser mexicano* ha cambiado poco. El contraste fuerte entre la experiencia mexicana y la norteamericana se encuentra en que la antigua homogeneidad de Estados Unidos —el sueño americano de la clase media— ha quedado transformada no sólo a causa de los cambios económicos, sino quizás aún más por la inmigración. Pero el sistema político se ha mantenido igual.

En el contexto estadounidense, homogeneidad no es antónimo de pluralismo (aunque en la lógica sí lo sea). La homogeneidad y su contrario, la heterogeneidad, reflejan una situación fáctica. El pluralismo constituye un componente indispensable de cualquier tipo de democracia, porque, a fin de cuentas, cualquier sociedad dividida en clases inevitablemente traduce esas divisiones en ideologías y políticas públicas. Pero la democracia puede existir y prosperar en sociedades distintas, independientemente de su homogeneidad en términos religiosos, étnicos, raciales o lingüísticos. Eso no las vuelve más o menos democráticas. Pueden resultar notablemente heterogéneas, como la India, o contar con una población como la de Austria o Finlandia, sociedades homogéneas por excelencia. El reto actual del sistema político norteamericano no se deriva de su pluralismo; de hecho, se podría argumentar que su pluralidad ideológica ha disminuido. Su problema es el cambio de un sistema *homogéneo* excluyente a uno *heterogéneo* incluyente.

Una reflexión inicial al respecto procede de la composición cambiante del *electorado* como reflejo de la naturaleza cambiante de la *sociedad*. Como muchos han señalado, Estados Unidos contaba en parte con un sistema ateniense, porque todos los que participaban en él se presumían iguales entre sí, pero muchos no participaban. El ejemplo más transparente —e indignante— de ese proceso, tras la Emancipación, fue la Ley de Exclusión de Chinos de 1882. No sólo prohibió la inmigración desde China, como mencioné antes, sino que excluyó permanentemente de la ciudadanía a los chinos que ya residieran en Estados Unidos. En ese entonces, las personas de origen chino constituían casi 10% de la población de California.[4] Al determinar que la Decimocuarta Enmienda, que les otorgaba la ciudadanía a los antiguos esclavos, no aplicaba a las personas de ascendencia china, la ley las condenó a un estatus de extranjería permanente. No fue derogada sino hasta 1943, gracias a la alianza de Roosevelt con China en la Segunda Guerra Mundial. Hoy en día, los asiáticoamericanos poseen un ingreso por hogar mediano más alto que el de los blancos. La ironía resulta flagrante: en el electorado desigual actual, como señala el autor neerlandés Geert Mak, "un estadounidense de origen asiático en Nueva Jersey vive un promedio de 26 años más que un estadounidense nativo, y cuenta con una probabilidad once veces mayor de haber asistido a la universidad".[5] Ya que ambos individuos que menciona participan en el sistema político tradicional, para un europeo, tal nivel de desigualdad vuelve disfuncional ese sistema.

Esa incorporación gradual generó miles de consecuencias, algunas muy negativas y otras que produjeron una gobernanza democrática pacífica y restringida. Esta última dependió de una premisa en especial: la homogeneidad *sine qua non* del electorado existente y en gradual expansión. El caso del Senado es el más flagrante. Hasta 1913, las asambleas estatales elegían a sus miembros, al igual que en Europa, e incluso que en la Francia actual. Ese *electorado* era por definición masculino, blanco, tendía a la mediana edad y de clase media. Los votantes a la presidencia eran casi idénticos a los de la Cámara de Representantes, e igual de homogéneos. En 1912, 6 millones de estadounidenses votaron por Woodrow Wilson para presidente; la mayoría blancos, y todos varones.[6] Ese año, la participación negra en el sur, donde seguía viviendo la mayoría de los afroamericanos (la Gran Migración empezó en 1916), casi llega a cero: 2%.[7] En 1932, 23 millones de votantes llevaron a la Casa Blanca a Franklin Roosevelt; ese electorado incluyó mujeres, pero aún equivalía tan sólo a una quinta parte de los votantes reales. De éstos, una mayoría abrumadora eran blancos y de ascendencia europea.[8]

Eso se debió al hecho bien conocido de que el impulso inicial por ampliar el sufragio afroamericano durante la Reconstrucción se esfumó de inmediato. En las elecciones presidenciales de 1868, medio millón de libertos y negros del norte votaron por Ulysses S. Grant; para finales de la década de 1870, el empoderamiento de afroamericanos en el sur prácticamente había desaparecido.[9] Tan sólo después de las reformas de derechos civiles y de sufragio de los años sesenta del siglo XX aumentaría la participación negra, cuando menos en el sur.

Conforme el electorado se diversificaba, algo sucedió. Los afroamericanos y los latinos, al igual que los asiáticos un poco después, contribuyeron a la *heterogeneidad* de la suma de todos los votantes, pero votaban de forma *homogénea*, en proporciones sorprendentes. Casi 80% de los votantes negros sufragaron a favor de Harry Truman en 1948, y es posible que le hayan concedido su sorpresiva victoria contra Thomas Dewey. En una de las primeras encuestas realizadas al interior de la llamada Coalición Demócrata de 1952, tres cuartas partes de los *negros no hispanos* se identificaban con los demócratas o tendían hacia ellos, aunque sólo constituyeran una pequeña parte de la coalición.[10] La proporción demócrata del voto negro osciló en torno a ese nivel durante el siguiente medio siglo, con un mínimo de 59% en 1960 y un máximo de 94% en 1964.[11] Entre 1936 y 2016, el promedio resultó superior a 80%.[12] Las encuestas de salida no incluyeron hispanos sino hasta 1966, cuando más de 80% de los latinos encuestados se consideraron demócratas.[13] Las cifras se mantuvieron en esos niveles hasta las elecciones de 2012, cuando descendieron a alrededor de 60-65%, donde se mantienen actualmente.[14]

Durante muchos años, la cantidad absoluta de votantes minoritarios se mantuvo pequeña, por lo que sus hábitos de voto casi homogéneos rara vez afectaban los resultados. A los extranjeros les desconcertaba que décadas después de la Emancipación los negros no votaran. Pocas veces entendían que, de hecho, no se lo permitían, gracias a varios tejemanejes electorales. Algunos observadores extranjeros, en particular los más sofisticados en términos políticos, llegaron a conclusiones dramáticas y en gran medida acertadas. Max Weber, quince años después de su visita a Estados Unidos (el sur incluido) en 1904, declaró de manera categórica: "En el sur, la democracia nunca ha existido en realidad, y sigue sin existir hasta nuestros días".[15] En 1964, tan sólo 5.5 millones de negros votaron, en su inmensa mayoría por Lyndon Johnson. Representaban alrededor de 7% de todos los votantes.[16] Las minorías afroamericanas e hispanas constituían apenas 10% de los votantes reales en 1976; 13% en 1988. En 2000, las minorías alcanzaron 19% del voto, incluyendo, por vez primera, un 2% de personas de ascendencia asiática. En 2012, la segunda elección de Obama, el total saltó a 28%. En las elecciones de Donald Trump, 30% de los votantes reales pertenecían a grupos minoritarios; una cifra similar se recogió en la votación intermedia de 2018.[17]

Sin embargo, ese electorado cada vez más heterogéneo no se dividió de manera uniforme, como la población votante originalmente blanca, masculina y de ascendencia europea. Desde las primeras encuestas de salida realizadas en Estados Unidos, la abrumadora mayoría de los afroamericanos han marcado sus boletas a favor de los demócratas, hasta alcanzar la sorprendente cifra de 92% por Barack Obama en 2012. Lo mismo aplica para los latinos, a niveles ligeramente más bajos. Si uno separa el voto cubanoamericano en Florida y Nueva Jersey, principalmente republicano, del porcentaje latino general, la proporción demócrata sube, hasta alcanzar alrededor de tres cuartas partes de todos los hispanos.*

Por el contrario, el electorado blanco se está volviendo cada vez más republicano, en particular su segmento masculino, sin título universitario y mayor de 50 años. En suma, las minorías se han convertido en una parte importante del electorado, y tienden a votar por los demócratas de manera homogénea. La mayoría blanca de más de 50 años se inclina por los republicanos, pero se encuentra en declive. El sistema político existente no se construyó para esta ecuación.

Durante los primeros 200 años de vida independiente, el electorado estadounidense se compuso de votantes básicamente idénticos (las mujeres blancas de ascendencia europea votaron de la misma manera que sus contrapartes masculinas durante muchos años), que marcaban sus boletas a favor de uno de los dos partidos que, con pocas excepciones —Roosevelt, Reagan— también eran muy similares. Innumerables extranjeros, ya fueran intelectuales progresistas o Fidel Castro, expusieron el paralelo entre republicanos y demócratas por un lado, y Pepsi y Coca, por el otro. No se equivocaban del todo, pero no entendieron la razón de su acierto: resultaba comprensible que un electorado homogéneo eligiera a una élite política homogénea en materia política e ideológica.

* Menciono al electorado cubanoamericano deliberadamente, para dejar en claro un punto clave. En este texto, las palabras "latino", "hispano", "mexicoamericano", "cubanoamericano" y demás términos compuestos se consideran sinónimos; lo mismo aplica al nuevo "latinx". Poseen un origen étnico y legal similar: personas de origen hispanoamericano con ciudadanía estadounidense. Los vivos y a veces amargos debates que suceden al interior de esa amplia comunidad resultan fascinantes, pero difieren de los problemas que abordamos aquí. Se trata de una discusión estrictamente norteamericana; desde una perspectiva extranjera, utilizar los términos anteriores como sinónimos constituye la vía lógica.

La representación de esos votantes en el Congreso también era comparable en términos de raza, género, etnia y edad. Nada de eso sobrevive en nuestros días. No sólo existe una polarización más alta al interior del electorado, sino que la distancia y distinción entre la administración que elige un conjunto de votantes y la siguiente o la anterior también se está abriendo. Además, se cuenta con menos oportunidades para que mute la situación, gracias a otro cambio: la creciente homogeneidad al interior de los distritos, en el contexto de la creciente heterogeneidad del electorado en su conjunto.

¿Quién verá su voto excluido y distorsionado, y qué diferencia lograría?

El aumento de la supresión de votantes durante los últimos veinte años y la intensificación de la lucha en su contra reflejan la desconexión entre un sistema político construido para un electorado homogéneo y la naturaleza cada vez más heterogénea del mismo. La supresión de votantes, sobre todo en el sur, equivale a intentar volver a la homogeneidad. El intento empezó al final de la Reconstrucción con el establecimiento de las restricciones y requisitos para votantes al estilo Jim Crow, y continúa hasta nuestros días en estados como Georgia y Mississippi, en los que si votaran suficientes negros y latinos, la mayoría de los funcionarios electos pertenecerían a alguna de esas minorías. En una fecha tan tardía como 1940, tan sólo 3% de los ciudadanos negros de Florida se encontraban inscritos en el padrón.[18] Como los requisitos de alfabetización, de propiedad y otras estratagemas atroces se volvieron ilegales tras la Ley de Derecho al Voto de los años sesenta, las han reemplazado nuevas e imaginativas tretas. Los llamados requisitos de votante motorizado (licencia de conducir), exigir una dirección donde no hay calles, comprobante de domicilio, un empadronamiento previo y a largo plazo, privar de derechos a los exreclusos y los falsos escándalos de fraude electoral forman parte de esa tendencia.

La cuestión de los convictos y exconvictos es tanto sintomática como sustantiva. Como lo señala Allan Lichtman, profesor de historia nortemericana de la American University, Estados Unidos es uno de los pocos países democráticos que prohíbe el voto a los expresos que han cumplido su sentencia. De 45 países encuestados, "sólo otros tres poseían leyes de privación de derechos tan estrictas: Armenia, Bélgica y Chile; 21 no imponían restricciones al voto de los convictos incluso durante su tiempo en prisión; 14 aplicaban interdicciones selectas a los prisioneros, y tan sólo diez vedaban el voto en la cárcel. En Estados Unidos, 48 estados prohíben el voto de convictos en prisión; tan sólo Maine y Vermont no asignan sanciones de sufragio a sus convictos".[19] De nuevo, la discrepancia con la conducta de las demás democracias sorprende a los observadores extranjeros; sus razones resultan menos obvias si no se exploran los detalles de la supresión de votantes, y quiénes son.

En 2016, más de 6 millones de convictos o exconvictos habían perdido su derecho al voto de manera temporal o permanente, casi el cuádruple que cincuenta años antes. Existe un sesgo claro en contra de la población afroamericana e hispana, pues los encarcelan a tasas mucho más altas que a los blancos. Algunos estados, como Florida, combinan restricciones draconianas a los derechos de los convictos, un gran electorado negro y la circunstancia de ser un estado que oscila entre los republicanos y los demócratas. Ahí, la privación de derechos a convictos y exconvictos puede marcar la diferencia entre la derrota y la victoria. Eso explica por qué en 2018, por medio de un referéndum, los votantes aprobaron una medida que restauraba los derechos electorales de 1.4 millones de ciudadanos excluidos.[20] Las restricciones contra los convictos constituyen la expresión más amplia de la supresión de votantes, que a su vez es un nuevo intento por restaurar la homogeneidad electoral. Resulta importante situar ese fenómeno en su contexto histórico: se remonta a la Reconstrucción.

A su manera, la supresión de votantes confirma la innegable anomalía de la paradoja actual. El sistema no funciona de manera normal con un electorado heterogéneo; se diseñó y construyó para operar con uno homogéneo. Una solución a ese obstáculo consiste en devolver al sistema a su homogeneidad pasada tanto como sea posible, como parte de los esfuerzos por "hacer a Estados Unidos grandioso de nuevo". El hecho de que tantos demócratas y minorías hayan demandado a las autoridades electorales estatales por ése y muchos otros *trucos sucios* demuestra la relevancia del problema. También confirma que nada se acaba hasta que se acaba, y que la lucha por la inclusión en Estados Unidos, como en todos lados, no tiene fin.

Con la excepción de Obama a nivel presidencial, o de un puñado de distritos del Congreso, cada grupo étnico de votantes se inclina, al momento de votar, por *uno de los suyos*. De manera similar, aparte de Obama, la mayoría de los políticos no blancos se abstiene de apelar al electorado blanco, lo que refuerza de manera perversa los peores vicios del sistema. Todo eso puede provenir de una manipulación distrital deliberada, lo que se conoce como *gerrymandering*, o de una *automanipulación* inconsciente e involuntaria. Ocurre por medio de la vivienda, las escuelas, el impuesto predial y otros factores. Así, los votantes latinos, por ejemplo, se concentran en unos cuantos estados latinos, en un pequeño grupo de distritos latinos y en un puñado de ciudades latinas. Si se empadronaran más latinos y acudieran a votar, el resultado sería irrelevante en cuanto a la cantidad de miembros del Congreso que conseguirían. Esos votantes seguirían aglutinados en los mismos distritos, estados o ciudades. Lo mismo aplica para los negros, en el sur sin duda, pero también en muchas otras zonas del país.

A eso se le llama *abarrotamiento* o voto *ineficiente/desperdiciado*: trazar los distritos para volverlos lo más negros o latinos o asiáticos posible. De esa manera, esos distritos siempre los gana la minoría principal, que está concentrada en ellos. Lo que Nate Cohn, del *New York Times,* llama voto minoritario *ineficiente* implica distritos en los que los afroamericanos, hispanos o asiáticos pueden concederle un amplio margen de victoria al Partido Demócrata, pero el resultado sigue siendo una curul, ya sea que ganen por 80% contra 20% o por 51% contra 49%.

El resultado mejor conocido de ese fenómeno consiste en la abrumadora importancia que han adquirido las elecciones primarias, y la consiguiente radicalización de quienes participan en ellas. Si el resultado final de cada distrito resulta obvio en términos de partidos, debido a esa hiperhomogeneidad o abarrotamiento, entonces la competencia real se da al interior de cada partido. Las elecciones se deciden en las primarias, pero sólo los votantes más militantes, politizados e intensos participan en ellas. En general, eso implica que un candidato radical —ya sea demócrata o republicano— tenderá a ganar la primaria, la elección *de facto*.

Pero ésta no es la única consecuencia. El ejemplo más drástico del voto ineficiente es California, cuyos resultados absolutos poco importan en las elecciones presidenciales: el estado ha votado sin cesar por los demócratas desde 1992. En 2016, Hillary Clinton obtuvo 62% del voto, una ventaja de 4.3 millones de boletas sobre Donald Trump.[21] En 2018, los demócratas conquistaron 45 de los 53 curules en la Cámara (junto con todos los de Nueva Inglaterra).

Sin embargo, la representación de California en el Colegio Electoral tan sólo ha aumentado de 45 votos en 1988 a 55 en 2016. De ellos, 40 provienen de distritos en los que los latinos, negros y asiáticoamericanos, en una combinación u otra, conforman más de la mitad de la población: los llamados distritos de minoría mayoritaria. Hoy en día, 21 de esos distritos envían representantes latinos, afroamericanos o de ascendencia asiática a Washington, en vez de sólo 8 en 1988, aproximadamente el mismo aumento que en el electorado y en la población en general.[22] Las cuatro curules tradicionalmente republicanas y muy conservadoras del Condado de Orange que los demócratas capturaron en 2018 fueron todas de minoría mayoritaria: latinos y asiáticoamericanos. En un par de esos distritos, la población blanca disminuyó de 75% en 1980 a 30% en 2017.[23]

Todos los congresistas minoritarios de California provienen de distritos de minoría mayoritaria; por el contrario, el estado más diverso de la Unión aún no ha elegido a un senador minoritario.[24] La gente de color no resulta electa en distritos de mayoría blanca.*

El gran aumento de votantes minoritarios en California durante las últimas décadas ha producido un cambio en la cantidad de congresistas minoritarios. Pero eso no ha sucedido en distritos no minoritarios, ni ha ocurrido una gran transformación del electorado, y ha tenido un impacto insignificante en el peso de California en las elecciones presidenciales. En 1990, dos años después de la última vez que el estado votó por un candidato presidencial republicano, contaba con una población de 29 millones, de la cual una cuarta parte, o menos de 10 millones, se identificaban como minorías.[25] Hoy en día, 39 millones de californianos, de los cuales la mitad pertenecen a alguna minoría, pueblan el estado. Pero su influencia a escala nacional, o incluso dentro de su estado, no refleja ese cambio. El porcentaje de ingresos fiscales dedicado a la educación en California, por ejemplo, se ha reducido casi a la mitad durante los últimos cincuenta años, aunque favorezca a las minorías en crecimiento. El estado gasta más en cárceles —llenas de latinos y afroamericanos— que en educación superior, lo que refleja las prioridades de la población blanca.[26]

Por el contrario, en el país en general, los distritos blancos, de clase media baja y habitantes de más de 50 años permanecen iguales a sí mismos, con quizás un poco menos de *habitantes*, pero con más *votantes*, pues su participación tiende a ser más alta que la del resto. De manera similar, "quienes se presentan en las urnas son desproporcionadamente ricos: mientras que 80% de los ciudadanos de altos ingresos votan, apenas 50% de los ciudadanos de bajos ingresos lo

---

* Uso la expresión *gente de color* porque es una manera elegante de reunir cohortes discriminadas de la sociedad estadounidense que han sufrido por su color de piel. Pero como veremos en el capítulo sobre la raza, y más tarde en el del encarcelamiento, se trata de un eufemismo político y retórico muy útil, pero no deja de ser un eufemismo. La mayor parte del tiempo, la exclusión, discriminación, injusticia y horrores que sufren las minorías se dirigen a la población afroamericana, y eso aplica a los derechos electorales, a los funcionarios electos y a todo lo relacionado con estos asuntos.

hacen".[27] Más importante aún, los estados en los que residen, de manera homogénea, cuentan con básicamente la misma cantidad de votos en el Colegio Electoral. De ahí la conocida paradoja: desde 1992, los candidatos demócratas han ganado el voto popular nacional en todas las elecciones excepto una (Bush en 2004); sin embargo, han ocupado la Casa Blanca durante sólo 16 de esos 28 años.

El abarrotamiento o el *gerrymandering* no constituyen maniobras simples. Requieren una mayoría en la asamblea estatal (cambian a menudo), la aprobación por parte del Departamento de Justicia de que se cumplieron con los requisitos de la Suprema Corte, y una mejor tecnología para lograr ajustes más finos. Todo eso implica que muchos distritos no sean tan fáciles de cambiar o de voltear, por así decirlo. Un factor adicional, si se confirma, sería el intento fallido de la administración de Trump por incluir una pregunta de ciudadanía en el censo de 2020. Los distritos se distribuyen partiendo del número de personas que allí viven; si se impone una distinción entre ciudadanos y no ciudadanos, y muchos no ciudadanos se niegan a contestar las preguntas del censo, la redistribución de distritos se vuelve más factible.

¿Qué significan todas esas cifras en términos políticos?

Las implicaciones políticas de este lamentable estado de cosas resultan sombrías. Los votantes negros, latinos y asiaticoamericanos, al igual que los grupos de blancos un poco más jóvenes con estudios universitarios de ambas costas, y en unas pocas *islas* urbanas al centro del país (Chicago, Houston), rara vez pueden producir mayorías legislativas o de voto popular en cuestiones nacionales. Por eso suelen recurrir, de manera lógica e inevitable, a la llamada política identitaria, para la que sólo se requieren minorías enfocadas y concentradas legislativamente, locales o incluso de opinión pública.

Algunos académicos extranjeros que conocen bien Estados Unidos detectan el surgimiento de la política identitaria en los años sesenta, como hizo el historiador británico Tony Judt en uno de sus últimos libros: "La política de los años sesenta se convirtió en un agregado de reclamos individuales a la sociedad y el Estado. La 'identidad' empezó a colonizar el discurso público: identidad privada, sexual, cultural".[28] Los blancos pobres, en el otro extremo del espectro político, adoptaron esa actitud años antes. V. S. Naipaul lo comprendió en los años ochenta:

> Un abogado que conocí me dijo que, para entender la situación, necesitaba recordar que hace unos 120 años había habido esclavitud. Para la gente blanca pobre, la raza constituía su identidad. Alguien rico podía evitar esa cuestión, podía encontrar otra causa de autoestima; pero eso no resultaba tan fácil para quien contaba con poco dinero o educación; sin la raza, habría perdido la idea de quién era.

Las minorías sienten, con razón, que su probabilidad de lograr un cambio significativo, generalizado y nacional es baja o nula.[29] En las cuestiones identitarias, la probabilidad aumenta: el cambio se encuentra a su alcance. El otro Estados Unidos, el blanco, sin educación universitaria, de más de 50 años de edad, sigue conformando una mayoría, aunque cada vez más exigua, y está familiarizado con la política identitaria. Pero prefiere seguir concentrando su atención en cuestiones ideológicas más amplias: aborto, impuestos, inmigración, matrimonio homosexual, servicios médicos; lo hace, entre otras cosas, porque aún conforma una mayoría. Se opone a todo lo anterior, y basa su identidad en parte en esa oposición, aunque su pilar principal siga siendo simplemente su blanquitud.

Algunas personas creen —de manera equivocada, a mi parecer— que dicha oposición está impulsando la radicalización de partes de ese sector del electorado y la sociedad. Niall Ferguson, a quien no le gusta nada la política identitaria, presiente que "durante las últimas tres décadas, los autodenominados progresistas han insistido con un celo fanático en las identidades raciales y sexuales. Mientras tanto, la llamada 'derecha alternativa' ha respondido con llamados cada vez más abiertos al 'nacionalismo blanco'".[30]

De vez en cuando, un juez liberal de la Suprema Corte fallará a favor de cambios propuestos por el bando progresista de la política identitaria (*Roe vs. Wade*, matrimonio homosexual), o de causas liberales más amplias. Pero, en general, o bien el sistema judicial impondrá veredictos conservadores o la causa perderá en el Congreso. Eso sucedió con la reforma migratoria desde principios de la década de 2000, o incluso con la reforma a la salud en tiempos de Clinton —cuando se hundió— y de Obama, cuando sobrevivió apenas. Quizá la Ley de Cuidado Asequible, u Obamacare, haya sido la mejor opción disponible en ese entonces, pero resultó limitada y diluida por varias concesiones.

Esto lleva a Estados Unidos de manera inevitable hacia un sistema político incapaz de enfrentar los principales retos del país: desigualdad, raza, educación, inmigración, atención médica, un nuevo Estado de bienestar, cambio climático, control de armas. Pero tampoco logra decidir de una vez por todas las cuestiones más estrechas que constantemente se vuelven a litigar en los tribunales, las universidades, los medios y el país entero. Más de cuarenta años después del fallo de la Suprema Corte sobre el aborto —y a casi medio siglo desde que la mayoría de los países europeos lo legalizaran en distintas circunstancias—, en la década de 2020, Estados Unidos se está embarcando en un nuevo debate para revisar el tema y quizás anular un fallo de hace décadas.

Al mismo tiempo, en un mundo de migraciones cambiante y un país con cohortes de migrantes que se renuevan constantemente, la última reforma migratoria sucedió en 1986. Se trató de la Ley de Reforma y Control de la Inmigración (IRCA, por sus siglas en inglés), de Ronald Reagan. Se puede llegar a conclusiones similares respecto a otros retos importantes como los impuestos y el Estado de bienestar, el control de armas, la violencia y el encarcelamiento en masa. También respecto a problemas muy emocionales que sólo afectan a grupos específicos, como los derechos de la comunidad LGBT o la legalización de la marihuana.

La cuestión de los impuestos ilustra mejor que ninguna otra el carácter disfuncional del sistema político norteamericano. Los con-

tribuyentes estadounidenses pagan menos impuestos que prácticamente todos sus iguales en la OCDE, el llamado club de los países ricos. Los ingresos fiscales generales son inferiores, y la corrección de la desigualdad, que se produce con impuestos y transferencias y se mide con el coeficiente de Gini resulta más baja que en cualquier otro país rico. El porcentaje de impuestos federales, estatales y locales —excluyendo el Seguro Social* y Medicare—, medido contra el PIB del país en 2016 fue de 26%; la cifra correspondiente en el Reino Unido equivalió a 33%; en Francia, a 45%; en Alemania, a 38%; en España, a 33%. El promedio de la OCDE fue de 34%. El coeficiente de Gini de Estados Unidos *después* de impuestos y transferencias fue de 0.39; la cifra canadiense resultó de 0.30; la alemana y la francesa, de 0.29.[31] Los totales antes de impuestos se revelaron más o menos iguales. Se trata de un fenómeno relativamente nuevo. Como mencioné antes, las cifras equivalentes en los años cincuenta y sesenta mostraban una situación inversa. En una fecha tan tardía como 1978, antes del cambio que implicó la elección de Reagan, el coeficiente de Gini después de impuestos norteamericano era más bajo que el de Francia, y muy similar al de Canadá.

Según otra medida de desigualdad, en 1910, la proporción de los ingresos totales que correspondían al 1% superior de la población representaba alrededor de 18%. La cifra equivalente en el Reino Unido era de 22%; en Japón, alrededor de 19%, y en Francia, de 20%.[32] Durante los siguientes setenta años —la época de oro de la clase media norteamericana— el porcentaje en Estados Unidos disminuyó de forma sistemática, hasta alcanzar su punto más bajo en 1980, con 11%, más alto que el de otros países anglófonos ricos, pero sólo un poco por encima de Francia y Japón, por ejemplo. Hoy en día, de todos los países de la World Top Incomes Database, Estados Unidos cuenta con la proporción más alta de ingreso nacional para el 1% superior, 0.1% superior y 0.01% superior de su población; sólo Sudáfrica y Argentina se le acercan.[33]

---

* En Estados Unidos, el Seguro Social se encarga exclusivamente del pago de pensiones a trabajadores retirados, sin incluir servicios de salud. [N. del T.]

Como indica la gráfica 4.1, la evolución de la desigualdad en Estados Unidos ha mostrado una curva en forma de U desde la próspera década de 1920. Disminuyó durante los años de la Depresión hasta la década de 1970 y comenzó a aumentar a partir de entonces, sobre todo a partir de principios de los años ochenta. La siguiente gráfica muestra cómo los Estados de bienestar europeos, japonés y canadiense se consolidaron incluso en tiempos difíciles y se adaptaron a las nuevas circunstancias económicas, pues poseen curvas en forma de L para el mismo periodo. Para 2014, la proporción de ingresos de Estados Unidos correspondiente al 1% superior se había disparado a 21%, muy superior a la de los países anglófonos ricos, y el doble que la de Francia, Japón, España, Países Bajos y Dinamarca.

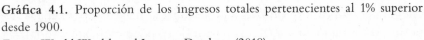

Gráfica **4.1.** Proporción de los ingresos totales pertenecientes al 1% superior desde 1900.
Fuente: World Wealth and Income Database (2018)

Podrían argumentarse dos cosas distintas. Los norteamericanos pagaban menos impuestos que los demás porque no poseían o no de-

seaban un Estado de bienestar completo que los atendiera desde la cuna hasta la sepultura, o rechazaban ese dispositivo social porque se negaban a pagar los impuestos necesarios para financiarlo. Mientras la gran clase media blanca, masculina, industrial y en parte con grado universitario dominara el país, el Estado de bienestar no resultaba indispensable. La red de seguridad se vinculaba al empleo, que abundaba. El seguro médico, el de desempleo y las pensiones se basaban indirectamente en el trabajo que tuviera cada quien. Cuando esos empleos comenzaron a marchitarse y fueron reemplazados por otros sin contrato a largo plazo, prestaciones ni estabilidad, se volvió necesario un Estado de bienestar básico. Geert Mak cita a un investigador que se lamentaba de que "contamos con una red de seguridad basada en el empleo sin ningún empleo".[34] El llamado Tratado de Detroit de 1950, entre General Motors y el sindicato de los trabajadores de la industria automotriz (UAW) ejemplifica mejor el viejo sistema: "las compañías privadas, en vez del gobierno, les brindaban a sus trabajadores las prestaciones del Estado de bienestar".[35] La palabra clave es *trabajadores*, que se refiere a los obreros industriales empleados por las grandes empresas.

Quienes quedaron excluidos de ese acuerdo carecían de peso político y electoral, excepto para imponer una serie de programas especiales destinados de forma más o menos exclusiva para ellos. Los norteamericanos incluidos en la clase media no requerían un Estado de bienestar completo porque muchos de sus componentes se encontraban vinculados al empleo pleno (atención médica), a reformas previas (Seguro Social), al crédito (vivienda, compra de automóviles) o a alguna forma de gravamen específica (educación pública gratuita y de calidad por medio del predial, guarderías para ayudar a las madres trabajadoras). Cuando esa clase media se empezó a encoger, y los grupos excluidos de ella (afroamericanos, latinos, mujeres, otras minorías) obtuvieron el poder suficiente para promulgar leyes que atendieran sus necesidades, todo el edificio crujió.

Se necesitaba un Estado de bienestar más amplio y permanente. El problema: mantener un enorme *establishment* militar, ampliar el sistema de asistencia y mejorar la infraestructura del país conllevan un costo enorme. Eso implica más impuestos: algo que el electorado rechaza. Además, las únicas reformas fiscales a nivel federal en años han sido recortes: Bush en 2001 y Trump en 2017, aunque Obama aumentó ligeramente los impuestos a los ricos en 2009 y el Obamacare implicó una gran transferencia de recursos de los ricos a los pobres.

En un sistema político funcional, suficientes beneficiarios potenciales de un Estado de bienestar más amplio, ya se trate de grupos minoritarios o de los más afectados por el estatus de estancamiento o declive de la clase media blanca, votan por líderes que apoyen un aumento de impuestos para financiarlo. Así construyó Europa su Impuesto al Valor Agregado astronómicamente alto, inicialmente regresivo y tremendamente eficiente; Estados Unidos aún carece de uno. En un sistema político funcional, la participación de las minorías sería alta, esas cuestiones se volverían de primera importancia y la resistencia del otro bando se vencería *mayoriteándolo*. A nivel *municipal*, los residentes blancos, viejos y ricos, que o bien ya no tienen hijos en edad escolar o los inscriben en escuelas privadas, pueden *negarse* a pagar impuestos prediales más elevados para brindarles una mejor educación pública a los estudiantes minoritarios.

Esto quedó ejemplificado con la Propuesta 13 en California en los años ochenta. Los autores y viajeros James y Deborah Fallows ofrecen una espléndida muestra de esta paradoja en Holland, Michigan: "Para 2005, Holland se encontraba en la situación habitual de contar con una población de escuela pública principalmente no blanca en un pequeño pueblo principalmente blanco".[36] Sin embargo, los votantes a nivel *estatal* pueden *enmendar* esa situación, como lo logró el gobernador de California, Jerry Brown, mediante un referéndum en 2016.

Pero aparte de ese caso y de otras pocas excepciones, la tendencia nacional y federal es la opuesta. Quienes no reciben beneficios directos de impuestos más altos se niegan a pagarlos, mientras quienes sí se beneficiarían de ellos carecen de los números, la organización o los recursos suficientes para montar campañas eficaces. La reflexión de Tony Judt sobre los impuestos en países ricos aplicaba en general a

Estados Unidos: "La mayor parte de los impuestos se dirigen a pagar la deuda adquirida o a invertir en gastos futuros. En consecuencia, existe una relación implícita de confianza y mutualidad entre los contribuyentes pasados y los beneficiarios presentes —y, por supuesto, los contribuyentes futuros—, que cubrirán el costo de nuestros desembolsos de hoy. [...] Si aumentamos los impuestos o emitimos un bono para pagar una escuela en nuestro distrito, lo más probable es que los principales beneficiarios resulten ser los hijos de otras personas".[37]

Sin importar quién haya iniciado la política identitaria, ésta se difundió por las costas y en ciertos círculos del Partido Demócrata, los aliados naturales de un mayor Estado de bienestar basado en impuestos. En otras palabras, los varones blancos de más de 50 años sin título universitario que perdieron su trabajo o vieron reducido su salario y prestaciones se muestran cada vez más renuentes o tercamente opuestos a unirse a cualquier coalición de ese tipo.[38] Rechazan la noción de que deban unirse a los negros, latinos, mujeres militantes, estudiantes, activistas gays y demócratas liberales para construir una red de seguridad social para todos, ellos incluidos. Los han convencido de que eso significa "socialismo". Quizás no constituyan una mayoría monolítica, y puede que su poder provenga de su alianza con otros conservadores, pero su renuncia o negativa a unirse a la coalición liberal-minoritaria la condena a un fracaso frecuente.

Una paradoja adicional de la democracia estadounidense proviene precisamente del crecimiento de la política identitaria. Su surgimiento como alternativa viable a la inclusión tardía e incompleta de los grupos excluidos del pasado se comprende y se aplaude. Sin embargo, ha contribuido a la parálisis de la sociedad norteamericana en cuestiones que van mucho más allá de los temas que la involucran, por medio de la reacción que ha causado en la menguante mayoría conservadora. Una segunda reflexión sobre los retos de la democracia estadounidense se deriva de esta parálisis. Pone en peligro o impide que el hegemón se involucre internacionalmente como le corresponde, con sus responsabilidades colosales y un historial de involucramiento en el extranjero.

Ser un hegemón mundial cuesta dinero
y requiere voluntad política

Gunnar Myrdal lo expresó así hace ochenta años: "El nacionalismo norteamericano está permeado por el Credo Estadounidense, y por lo tanto se vuelve internacional en esencia".[*] Pero no siempre se ha respetado esa esencia. Algunos episodios del pasado han demostrado una aversión recurrente e incomprensible (para el resto del mundo) de Estados Unidos a involucrarse en cuestiones y ámbitos de la agenda mundial en los que sólo este país podría influir. El Acuerdo Transpacífico y el Acuerdo de París sobre el Cambio Climático son casos recientes. Hay muchos más ejemplos anteriores: el rechazo del Tratado de Versalles y la entrada a la Sociedad de Naciones por parte del Senado, en 1921; los obstáculos a los que se enfrentó Roosevelt entre septiembre de 1939 y diciembre de 1941 para apoyar a Gran Bretaña contra la amenaza nazi; las constantes pataletas de Washington a propósito de su participación en las Naciones Unidas y sus obligaciones financieras con ella; la necesidad de la administración de

---

[*] Myrdal define el Credo Estadounidense de la siguiente manera: "Los norteamericanos de todos los orígenes, clases, regiones, credos y colores comparten algo: un ethos social, un credo político. Resulta difícil evitar el juicio de que ese 'Credo Estadounidense' constituye el cemento en la estructura de esta gran y dispar nación. [...] Estados Unidos, comparado con cualquier otro país en la civilización occidental, grande o pequeño, cuenta con el sistema de ideales generales y referencia a interrelaciones humanas expresado de la manera más explícita. El Credo Estadounidense no constituye meramente —como en otros países— el trasfondo implícito del orden político y judicial de la nación tal como éste funciona. [...] Sin embargo, tal como un principio que debe gobernar, cada miembro de la sociedad norteamericana conoce su Credo". Myrdal, Gunnar, and Sissela Bok, *An American Dilemma: the Negro Problem and Modern Democracy*, t. 1, Transaction Publishers, 1996, pp. 3, 6. Según Samuel P. Huntington, "se dice a menudo que los norteamericanos son un pueblo definido y unido por su compromiso con los principios políticos de la libertad, la igualdad, la democracia, el individualismo, los derechos humanos, el Estado de derecho y la propiedad privada, tal y como los encarna el Credo Estadounidense". Huntington, Samuel P., *Who Are We?: The Challenges to America's National Identity*, Nueva York, Simon & Schuster Paperbacks, 2005, p. 46.

Bush padre de financiar su primera Guerra del Golfo con donaciones de monarquías o dictaduras ricas en petróleo. Existen otros ejemplos provenientes de un pasado más reciente.

El punto de partida es el final del servicio militar obligatorio en 1973. Conocemos bien los motivos: Richard Nixon se convenció, con razón, de que le quitaría viento a las velas del movimiento estudiantil contra la Guerra de Vietnam si eliminaba la leva. Ya no enviarían a cientos de miles de jóvenes de todo el país a pelear y morir en medio de la nada. Llegaría el día en que un ejército voluntario asegurara una milicia tan potente como la leva, sin sus consecuencias políticas y sociales. Fue una jugada hábil de un político astuto, pero un error drástico desde una perspectiva estratégica y de largo plazo, en relación con la igualdad y el involucramiento internacional de Estados Unidos.

El ejército de conscriptos constituyó uno de los principales instrumentos de desegregación e igualamiento del país, por lo menos desde la Segunda Guerra Mundial. También servía como herramienta para incluir al país entero en las aventuras en el extranjero, se encontrara la sociedad a favor o en contra de ellas. El Ejecutivo y el Congreso podían decidir librar una guerra, o una intervención militar limitada, sabiendo que debían construir un apoyo amplio a su causa, pero que, si lo lograban, el país los respaldaría hasta el final. Sufrirían pocas consecuencias políticas en casa. Los ejemplos abarcan las múltiples intervenciones en Centroamérica ya mencionadas, la Primera y la Segunda Guerra Mundial y la Guerra de Corea. Por otro lado, si el empeño resultaba infructuoso, fallido o poco popular, como en el caso de Vietnam, la sociedad lo rechazaría, porque contaría con implicaciones profundas, directas e inmediatas para todos. El fin de la leva significó el final del impacto de la guerra en la sociedad norteamericana. También cambió el papel de Estados Unidos en el mundo.

Una cifra sencilla, citada por Geert Mak, refleja la monumental diferencia que produjo el fin del reclutamiento obligatorio. En la Segunda Guerra Mundial, 10% de los varones norteamericanos vivieron algún tipo de combate; en Iraq y Afganistán, el porcentaje había bajado al 0.5%.[39] La composición étnica, racial y social de las fuerzas armadas ya no refleja la de la sociedad en general. Entre los soldados rasos, 43% de los hombres y 56% de las mujeres son hispanos o de una minoría racial. La cifra para la población total del país equivale a 37%.[40] El ejército cuenta casi con tantas mujeres negras como blancas, mientras que en la población general la relación es de tres a uno. Para los militares afroamericanos de ambos géneros, el año cumbre fue el 2000: 29% de todos los reclutas se declararon negros, mientras que la cifra equivalente para la población general alcanzaba 13%. En 2016, el contingente militar hispano aún no había alcanzado la misma proporción que en la población general, pero de todos modos había saltado de 9% a 16% desde comienzos del siglo. Si se mide por la riqueza del vecindario, el ejército de Estados Unidos sigue conformándose principalmente —aunque apenas— por ciudadanos de clase media. Pero la tendencia se dirige hacia una *proletarización* de las fuerzas armadas.

Un ejército voluntario cuesta más. Obliga al *complejo industrial-militar* a ahorrar en la gente y concentrarse en las armas. Se enfrenta a obstáculos internos serios por participar en acciones *basadas en principios* —Libia, Siria y, mucho antes, Bosnia y Ruanda—, y aún mayores en los casos en los que la justificación parece más endeble. En teoría, un ejército voluntario debería permitirle al país proceder sin prestar demasiada atención a la opinión de su ciudadanía, pero eso ha dejado de aplicar desde 1973. Algunos de los beneficios cínicos de la ausencia de conscriptos se manifiestan de vez en cuando, como en el caso de la débil oposición a la invasión de Iraq, pero es más frecuente que las desventajas los superen.

Desde que se abolió la leva, la metamorfosis del electorado norteamericano ha vuelto imposible que se reinstaure. La omnipresencia de distritos homogéneos impide que se construya cualquier coalición hipotética que la apoye. Una alianza de centro-derecha/centro-izquierda en un electorado homogéneo, libre de manipulación de distritos y política identitaria podría haberla reinstaurado si todos pagaran el precio de una medida poco popular. Un electorado heterogéneo, salpicado de una miríada de distritos homogéneos, lo vuelve imposible. Siempre habrá demasiados miembros de la Cámara —y quizás incluso del Senado— fuera del centro amplio que se nieguen a asumir la culpa, o a actuar contra los intereses de sus electores o de sus propias convicciones. El centro no resistirá.

En un mundo ideal, uno podría disfrutar de las ventajas de ambos casos. Por un lado, Estados Unidos ya no podría invadir a quien quisiera ni derrocar regímenes; su superioridad militar se desvanecería, independientemente de la naturaleza de sus fuerzas armadas. Por el otro, Washington seguiría cumpliendo su función y misión de baluarte de la gobernanza internacional. En circunstancias tan poco probables, Estados Unidos cumpliría sus compromisos financieros con las organizaciones internacionales (UNESCO, UNRWA), sin importar su postura respecto a Israel. Su participación en todos los pactos internacionales, como el Acuerdo de París sobre el Cambio Climático y la Convención de Ginebra, la Corte Penal Internacional y el Acuerdo Transpacífico, permanecería y se ampliaría. Cada vez que surgiera la *responsabilidad de proteger*, se contaría con que Washington hiciera más de lo que le corresponde. Su contribución para abordar los problemas internacionales con connotaciones nacionales importantes —inmigración, drogas, cambio climático, tráfico de personas, corrupción, etcétera— sería más significativa y decisiva. Con sus aliados a su lado y sus adversarios acobardados, el mundo entero presenciaría por fin los frutos de la plena consonancia entre el credo estadounidense y su práctica.

Desafortunadamente, nada de eso resulta posible. En el mundo real, las dos caras de la moneda vienen juntas. Sin el poderío militar estadounidense, debilitado política y socialmente, si no es que militarmente, por un ejército voluntario, una sociedad que no tolera una alternativa y un sistema político que no la puede promover, no puede haber un nuevo "internacionalismo" norteamericano. Se pueden albergar serias dudas de si cualquier forma, vieja o nueva, de internacionalismo será viable, dado lo disfuncional del sistema político. Más allá del ejemplo de la leva, el sistema existente vuelve casi imposible cualquier coalición internacionalista en el Congreso y en la sociedad en general.

El electorado blanco, conservador, mayor de 50 años, sin título universitario y parcialmente rural suele ser aislacionista, ver hacia adentro y recelar de cualquier *enredo extranjero*, ya sea de forma cínica o basado en principios. El electorado más joven que vive en las grandes metrópolis de ambas costas, con educación universitaria, liberal, cosmopolita y a favor de las minorías, y sus representantes están preocupados por peces más gordos. O bien se encuentran justificadamente obsesionados con los problemas nacionales —raza, educación, violencia, desigualdad— o desconfían de los compromisos internacionales que podrían salir mal. Aunque no se opongan a los tratados de comercio, los pactos por el cambio climático, un mayor desarme o a propagar valores universales en el extranjero —derechos humanos, democracia, anticorrupción—, rara vez se movilizarán a favor de esas causas, al igual que los votantes en cualquier otro lugar.

Al Gore logró atraer a la gente al cine para ver el drama del calentamiento global, pero ni él, ni su jefe Bill Clinton, ni Barack Obama consiguieron que el Congreso aprobara ningún acuerdo importante sobre cambio climático. Ni siquiera lo intentaron: Clinton nunca presentó el Protocolo de Kyoto ante el Senado porque no cabía la posibilidad de que lo ratificara; Obama diseñó el Acuerdo de París para evitar el rechazo seguro del Congreso. Cualquier coalición de los dos electorados discordantes, o de partes de cada uno, parece cada vez más inalcanzable.

Una última consecuencia *antiglobalista* de la ecuación política actual yace en la creciente renuencia de los varones blancos sin título universitario de los estados industriales a apoyar tratados comerciales con el extranjero. Esa resistencia acompaña a la reticente inclinación de los votantes liberales, de las costas, partidarios de la política identitaria a favor de tales acuerdos. A partir de principios de los años noventa, los tratados de libre comercio como el TLCAN, la transformación del AGAAC en la OMC, el CAFTA-DR, y más tarde el Acuerdo Transpacífico se convirtieron en objeto de creciente descontento y luego de rechazo absoluto por parte de los votantes y legisladores del llamado Cinturón de Óxido. De nuevo, la clase obrera industrial, en general blanca, masculina, con bachillerato y envejecida, que había perdido empleos en las industrias del acero, automotriz y electrodomésticos durante décadas, hizo sentir su enojo. Así se explica el triunfo de Trump en Pennsylvania, Ohio, Michigan y Wisconsin en 2016.

Cuando China entró a la OMC en 2001, y la eliminación de empleos manufactureros inició en serio, la clase obrera y la clase media de ingresos relacionados con la industria protestaron. Cada acuerdo subsecuente resultó más difícil de aprobarse en el Congreso. Lo que antes se había logrado —el TLCAN, la OMC, el CAFTA-DR— se volvió cada vez más remoto, si no es que imposible. En 2017, el Acuerdo Transpacífico ni siquiera se presentó, pues Donald Trump saboteó el pacto, y el nuevo TLCAN enfrentó problemas desde el inicio. Se dejó de lado un Tratado de (semi)Libre Comercio con la Unión Europea, cuya negociación había realizado Obama durante su segundo periodo. El Partido Republicano, tradicionalmente más proclive a los tratados comerciales que el Demócrata, comenzó a dividirse respecto al tema. Los representantes rurales seguían considerándose pro libre comercio, debido a las exportaciones agrícolas de sus electores; los legisladores, gobernadores y activistas del Cinturón de Óxido se inclinaron cada vez más hacia cierta forma de neoproteccionismo, parecida a la postura sindicalista de los demócratas.

Los distritos y miembros del Congreso de minoría mayoritaria, al igual que los "demócratas socialistas" —como Bernie Sanders— se mostraban indiferentes a las iniciativas del presidente, las apoyaban sin entusiasmo o se declaraban francamente en contra. O bien detestaban tanto a presidentes como Trump que se negaban a votar por cualquier cosa que propusieran o, por razones ideológicas, se sentían incómodos con esa clase de temas. Desde la difícil aprobación del TLCAN para Clinton en 1993 hasta el abandono del Acuerdo Transpacífico por parte de Trump en 2017, se han visto muchos cambios en Estados Unidos y el mundo. En parte se deben a un sistema político incapaz de seguir funcionando.

Si está descompuesto, ¿por qué no arreglarlo?

Una última manifestación de este desastre disfuncional deriva de la incapacidad del sistema para transformarse o trascender a algo distinto. Ningún sistema político lo logra con facilidad. Por definición, los intereses arraigados que se benefician de un *statu quo* determinado luchan por preservarlo. Resulta particularmente difícil actualizar un pacto político que dejó de ser útil porque las premisas en las que se basaba se volvieron obsoletas. Los responsables del cambio... también son quienes más se benefician de preservar el *statu quo*.

Tomó casi ochenta años y una guerra civil para que la joven República estadounidense superara los pactos constitucionales acordados entre las colonias esclavistas y las demás durante la década de 1780, y pasara a un esquema radicalmente distinto a partir de 1865. Ningún país lo consigue de forma correcta, y Estados Unidos quizá se encuentre peor preparado ahora que otras naciones. Enmienda su constitución con menos frecuencia que otras y adapta sus instituciones a las transformaciones demográficas, étnicas e internacionales con mayor dificultad. Existen más defensores de los compromisos y pactos fundacionales que en otros países, y a menudo se niegan a reconocer que esas transacciones sucedieron siquiera. Trátese de la Segunda Enmienda y la posesión de armas, el Colegio Electoral para elegir al presidente, o incluso el papel de la religión en la política y la separación entre Iglesia y Estado, la Unión Americana reacciona de manera lenta, reacia e incompleta a la necesidad de cambios institucionales.

El mencionado Colegio Electoral constituye un buen ejemplo. Como incluso los extranjeros lo saben, dos veces en los últimos veinte años los norteamericanos han elegido a un presidente que obtuvo menos votos que su rival: George W. Bush en 2000 y Donald Trump en 2016. Los foráneos no siempre se enteran, pero los estadounidenses sí, que eso se debe al extraño mecanismo llamado Colegio Electoral, que en esencia establece una elección presidencial indirecta. Lo que menos norteamericanos sospechan es que el Colegio Electoral representa un instrumento astuto e ingenioso, pero innoble, creado por los redactores de la Constitución para aplacar a los habitantes de los ocho estados esclavistas que fundaron la Unión junto con las otras cinco excolonias.

Se trataba de un dilema muy simple. Si el presidente se eligiera por sufragio universal directo, y los esclavos (del sur) no votaran —y por supuesto que no lo harían—, el jefe del Ejecutivo siempre sería un norteño. Si la Cámara de Representantes —la única cámara del Congreso electa por sufragio universal— lo eligiera indirectamente, violaría la separación de poderes, un principio sagrado para los autores de la Constitución. Una de las historiadoras más recientes en sumergirse en el tema, la aclamada autora Jill Lepore, deja pocas dudas sobre la naturaleza del pacto, urdido, entre otros, por James Wilson de Virginia, uno de los artífices de la Constitución.

Según Lepore, Wilson concluyó que si ni el pueblo ni el Congreso podían elegir al presidente, algún otro cuerpo debería hacerlo. Sugirió que un Colegio Electoral realizara la elección real. La medida se aprobó. Sin embargo, esa concesión exigió otra: la proporción de esclavos que se contabilizaría en el sur para determinar el número de delegados sureños en el mentado Colegio. La cantidad de delegados al Colegio Electoral no se calcularía por la población de cada estado, sino por su número de representantes en la Cámara: un miembro por cada 40 000 personas, y cada esclavo contaría como tres quintos de una persona libre. Lepore concluyó: "El Colegio Electoral fue una concesión a los esclavistas, un asunto de cálculo matemático y político".[41]

No se trató de una cuestión menor en ese entonces. Además de las conocidas anécdotas sobre la postura ambigua de Washington, Jefferson y Madison sobre la esclavitud, las cifras hablan por sí solas. Según la misma autora, "los años que siguieron a la guerra [de independencia] presenciaron la mayor importación de esclavos africanos a Estados Unidos en la historia: un millón de personas en una sola década".[42]

Ese repugnante inicio, aunque quizás inevitable, se volvió irrelevante en parte cuando se adoptó la Decimotercera Enmienda en 1865. Tras la Emancipación, los negros ya no "valían" tres quintos de un blanco, pues ya eran libres y, en teoría, disfrutaban de todos sus derechos. Además, una de las razones detrás de las leyes de Jim Crow y la supresión de votantes tras 1875 y el fin de la Reconstrucción consistió en la necesidad de los capitanes sureños del Partido Demócrata de asegurarse de que la menor cantidad posible de afroamericanos se presentara en las urnas. Todos votarían por el Partido Republicano de Lincoln, y le concederían las elecciones presidenciales y legislativas a perpetuidad.

A pesar de su obvia obsolescencia, el Colegio Electoral ha sobrevivido hasta nuestros días. Ni siquiera han prosperado las reformas modestas, como asignar votos electorales por representación proporcional, excepto en Maine y Nebraska. Los estados más pequeños y los de tamaño mediano ganan mucho, como ocurrió con Pennsylvania, Michigan y Wisconsin en 2016, cuando una diferencia de 80 000 votos en tres estados, de más de 120 millones en el país, le otorgó la presidencia a Trump. Los 22 estados más pequeños, muchos de ellos rurales, cuentan con un total de 98 votos electorales, aunque su población combinada tan sólo se equipare con la de California, que posee 55. Se pueden imaginar razones por las que los estados grandes deseen cambiar este esquema. California, Nueva York y Texas —aunque no Florida— podrían recibir con gusto el regreso a la época en la que marcaban la diferencia; ahora, en cambio, que una victoria presuma un margen enorme o uno minúsculo no incide en el conteo final. Por eso, los candidatos presidenciales rara vez hacen campaña o gastan dinero en esos estados.

La creciente crítica y el llamado a reformar el Colegio Electoral tras las elecciones de 2000 y 2016, a pesar del obvio conflicto de interés de quienes lo apoyan y se benefician de él, ha avanzado poco. Aunque algunos académicos han insistido en que el acuerdo primigenio no se pactó para aplacar a los estados esclavistas, el último intento de abolirlo fracasó a causa de la oposición de los segregacionistas sureños del Senado.

En 1966, el senador de Indiana Birch Bayh presentó una propuesta de enmienda constitucional para modificar el Colegio Electoral.

Pronto enarboló la causa de unas elecciones presidenciales directas, que recibió la aprobación de 80% de los estadounidenses, según encuestas de Gallup.[43] Para finales de 1969, con el apoyo de Richard Nixon, la Cámara de Representantes aprobó la enmienda con una mayoría abrumadora. Según Jesse Wegman, columnista del *New York Times*, "en cuanto la enmienda llegó al Senado, los segregacionistas del sur, dirigidos por Strom Thurmond, de Carolina del Sur, la bloquearon, pues sabían muy bien que el Colegio Electoral se había creado para apaciguar a los estados esclavistas. También sabían que seguía deformando la política del país a su favor, pues las leyes de empadronamiento y de votación restrictivas privaron de sus derechos a millones de votantes negros, aunque las reformas de 1965 hubieran empezado a cambiarlo. Incluso quienes lograban votar rara vez veían sus preferencias reflejadas en el resultado final. El voto popular volvería iguales sus voces y les otorgaría importancia a sus votos, y los alentaría a una mayor participación".[44] La enmienda perdió por cinco votos en el Senado en 1970, y nunca se volvió a presentar, aunque varios aspirantes presidenciales demócratas insistieron en 2019 y 2020 en que revisarían el problema si resultaban electos. Se encuentran en sintonía con el electorado: un sondeo de 2018 demostró que dos terceras partes de los norteamericanos creían que el presidente debía elegirse por voto popular.[45]

Estados Unidos no se encuentra más cerca a la eliminación del Colegio Electoral y su sustitución con elecciones directas, como todos los sistemas presidenciales del mundo (los regímenes parlamentarios se cuecen aparte), que hace dos décadas. Desde el inicio de este siglo se ha diseñado una estrategia distinta, conocida como el Pacto Interestatal de Voto Popular Nacional (NPVIC, por sus siglas en inglés). Se trata de un acuerdo entre un grupo de estados para concederle todos sus votos electorales al candidato presidencial que gane el voto popular general en los cincuenta estados, lo que elimina *de facto* el Colegio Electoral y evita el proceso de enmienda constitucional. Los estados que lo aprobaron ya incluyen a California y Nueva York, y *sólo* requiere el consentimiento de otros que sumen 270 votos electorales.

No obstante, la capacidad del sistema político existente de reformarse a sí mismo se mantiene prácticamente nula. Muchos norteamericanos contestarán que eso fue precisamente lo que buscaron los Padres Fundadores: la casi imposibilidad de modificar una constitución que sólo se ha ajustado diecisiete veces, aparte de las primeras diez enmiendas contenidas en la Carta de Derechos. Si se observan los documentos fundacionales de otros países y la cantidad de modificaciones o reemplazos que han sufrido, existen razones para respetar la sabiduría de los autores de la Carta Magna estadounidense. Pero no a este grado, en una cuestión de suma importancia, o en temas tan fundamentales como el control de armas o la pena de muerte. La razón por la que el sistema existente se muestra inamovible reside en su disfunción actual; en fechas tan recientes como la década de 1960, podían lograrse algunas reformas. Ahora, no se puede conseguir ninguna.

Como los miembros de la Cámara se eligen cada dos años, y el principio de igualdad entre estados determina la composición del Senado, no parece factible una reforma del sistema. Incluso cuestiones "sencillas", como la Enmienda de Igualdad de Derechos (de género), propuesta por vez primera en 1923 (¡!), y aprobada por la Cámara y el Senado en 1971 y 1972, aún no ha sido ratificada por las 38 legislaturas necesarias; la 37ª por fin la aprobó en 2020. Esa enmienda no implica ninguna reforma estructural del sistema político; las últimas que en realidad lo afectaron tal vez hayan sido la Decimoséptima, que permitió la elección directa del Senado, y la Decimonovena, que les otorgó el voto a las mujeres. La primera se ratificó en 1913; la segunda, en 1920.

Iniciativas como la abolición del Colegio Electoral, o introducir votación por elección clasificada, representación proporcional o facilitar candidatos independientes o de un tercer partido rara vez superan una primera etapa y nunca obtienen impulso de nuevo. Para que eso ocurriera, se requeriría una coalición reformista amplia y profunda. La probabilidad de que los habitantes de las costas, los negros, los latinos, los asiáticos y los blancos con título universitario de todos los géneros se unan en esos temas resulta rebuscada y remota. Tan sólo se requieren trece estados pequeños y conservadores para bloquear cualquier cambio constitucional, incluso si únicamente representan una fracción minúscula de la población del país. Modificar las reglas que atañen a las enmiendas constitucionales requiere... una enmienda constitucional, a diferencia de otros países, donde también se puede lograr por referéndum. Estados Unidos contempla esto último a nivel estatal, donde se conocen como *ballot iniciatives* (iniciativas de urna), pero no a nivel federal.

El electorado norteamericano no se halla dividido en dos partidos, sino fragmentado en varias grandes facciones, poderosas e intrínsecamente distintas. Incluso la predominante —es decir, la mayoría relativa blanca, de clase media, con una educación casi universitaria del centro del país— apenas alcanza el tamaño suficiente para imponer su voluntad en la Casa Blanca, el Senado o la Cámara. La transformación del electorado estadounidense, de conformarse por varones blancos como la nieve y de mediana edad a representar a una población heterogénea, diversa y atomizada, constituye un cambio muy bienvenido por quien crea en las mejores facetas de la Unión Americana. Sin embargo, trajo consigo la obsolescencia imprevista e inoportuna de un sistema político basado en la homogeneidad ateniense. No se atisba ninguna solución en el horizonte. Donald Trump es producto de esa contradicción. Habrá más.

Uno de ellos proviene del pasado. Poco a poco, con el paso del tiempo, Estados Unidos se convierte en un país con historia. Ortega y Gasset no se equivocó por completo cuando escribió, en 1930, que "el estadounidense aún no ha iniciado su historia. Vive en su propia prehistoria".[46] Hoy en día, la historia importa, y Estados Unidos se verá obligado a respetarla, conocerla y a la vez reírse de las partes de ella que merezcan la burla. Deberá aplicar una de sus virtudes y genios más poderosos: un sentido del humor autoinfligido.

Notas

[1] Floquet, Michel, *Triste Amérique: le vrai visage des États-Unis*, París, Les Arènes, 2016, pp. 206, 211.

[2] El más reciente se trata de Sitaraman, Ganesh, *The Crisis of the Middle Class Constitution: Why economic inequality threatens our Republic*, Nueva York, Alfred A. Knopf, 2017.

[3] Drutman, Lee, "American Politics Has Reached Peak Polarization", *Vox,* 24 de marzo de 2016, https://www.vox.com/polyarchy/2016/3/24/11298808/american-politics-peak-polarization.

[4] Lepore, Jill, *These Truths: A History of the United States*, Nueva York, W. W. Norton & Company, 2018, p. 325.

[5] Mak, Geert, *In America: Travels with John Steinbeck*, Londres, Harvill Secker, p. 245.

[6] Britannica, The Editors of Encyclopaedia, "United States Presidential Election of 1912", *Encyclopaedia Britannica Online,* https://www.britannica.com/event/United-States-presidential-election-of-1912.

[7] Levitsky, Steven y Daniel Ziblatt, "Why Republicans Play Dirty", *The New York Times*, 20 de septiembre de 2019, https://www.nytimes.com/2019/09/20/opinion/republicans-democracy-play-dirty.html?searchResultPosition=1.

[8] Britannica, The Editors of Encyclopaedia, "United States Presidential Election of 1932", *Encyclopaedia Britannica Online*, https://www.britannica.com/event/United-States-presidential-election-of-1932.

[9] Gates, Henry Louis (prod.), "Reconstruction: America after the Civil War", Public Broadcasting Service (PBS), abril de 2019.

[10] Jackson, Brooks, "Blacks and the Democratic Party", FactCheck.org, 3 de junio de 2019, https://www.factcheck.org/2008/04/blacks-and-the-democratic-party/.

[11] *Ibid.*

[12] *Ibid.*

[13] "Two-Thirds of Hispanic Voters Identify with or Lean toward the Democratic Party", Pew Research Center's Hispanic Trends Project, (s.d.), https://www.pewresearch.org/hispanic/2016/10/11/democrats-maintain-edge-as-party-more-concerned-for-latinos-but-views-similar-to-2012/ph_2016-10-11_politics_4-02/.

[14] "Hispanic Voters More Engaged in 2018 than in Previous Midterms", Pew Research Center, (s.d.), https://www.pewresearch.org/fact-tank/2018/11/02/hispanic-voters-more-engaged-in-2018-than-in-previous-midterms/.

[15] Nolan, James L., *What They Saw in America: Alexis De Tocqueville, Max Weber, G. K. Chesterton, and Sayyid Qutb,* Nueva York, Cambridge University Press, 2016, p. 113.

[16] Flippen, Alan, "Black Turnout in 1964, and Beyond", *The New York Times*, 16 de octubre de 2014, https://www.nytimes.com/2014/10/17/upshot/black-turnout-in-1964-and-beyond.html.

[17] "How Groups Voted", Roper Center for Public Opinion Research, https://ropercenter.cornell.edu/data-highlights/elections-and-presidents/how-groups-voted.

[18] Board, The Editorial, "Why Are Florida Republicans So Afraid of People Voting?", *The New York Times,* 10 de agosto de 2019, https://www.nytimes.com/2019/08/10/opinion/sunday/florida-vote.html, consultado el 12 de agosto de 2019.

[19] Lichtman, Allan J., *The Embattled Vote in America: From the Founding to the Present*, Cambridge, MA, Harvard University Press, 2018, p. 234.

[20] Ember, Sydney y Matt Stevens, "Bernie Sanders Opens Space for Debate on Voting Rights for Incarcerated People", *The New York Times*, 27 de abril de 2019, https://www.nytimes.com/2019/04/27/us/politics/bernie-sanders-prison-voting.html.

[21] "California", *GovTrack*, https://www.govtrack.us/congress/members/CA#representatives, consultado el 16 de febrero de 2019.

[22] Zurcher, Anthony, "US Election 2016 Results", BBC News, https://www.bbc.com/news/election/us2016/results, consultado el 22 de febrero de 2019.

[23] Nagourney, Adam y Robert Gebelof, "In Orange County, a Republican Fortress Turns Democratic", *The New York Times*, 31 de diciembre de 2018, https://www.nytimes.com/2018/12/31/us/orange-county-republicans-democrats-demographics.html, consultado el 2 de enero de 2019.

[24] "Majority-Minority Districts", Ballotpedia, https://ballotpedia.org/Majority-minority_districts, consultado el 23 de mayo de 2019.

[25] "1990 Census of Population. California Part 1", https://www2.census.gov/library/publications/decennial/1990/cp-2/cp-2-6-1.pdf, Oficina del Censo de los Estados Unidos, consultado el 12 de febrero de 2019.

[26] Mak, Geert, *op. cit.*, p. 341.

[27] Leighley, Jan E. y Nagler, Jonathan, *Who Votes Now?: Demographics, Issues, Inequality and Turnout in the United States*, Princeton, NJ, Princeton University Press, 2014, p. 1.

[28] Judt, Tony, *Ill Fares the Land*, Londres, Penguin Books, 2010, p. 88.

[29] Naipaul, V. S., *A Turn in the South*, Nueva York, Vintage International, 1990 (1989) p. 29.

[30] Ferguson, Niall, "America Is Exhausted by This New Civil War", 21 de octubre de 2018, http://www.niallferguson.com/journalism/miscellany/america-is-exhausted-by-this-new-civil-war.

[31] "OECD Statistics", OECD Statistics, https://stats.oecd.org/, consultado el 22 de marzo de 2019.

[32] Piketty, Thomas, *Le capital au XXIe siècle*, París, Éditions du Seuil, 2013, pp. 501–5.

[33] Graham, Carol, *Happiness for All?: Unequal Hopes and Lives in Pursuit of the American Dream*, Princeton, NJ, Princeton University Press, 2017.

[34] Mak, Geert, *op. cit.*, p. 115.

[35] Sitaraman, Ganesh, *The Crisis of the Middle Class Constitution*, p. 204.

[36] Fallows, James y Deborah Fallows, *Our Towns: A 100,000-Mile Journey into the Heart of America*, Nueva York, Vintage Books, 2019, p. 49.

[37] Judt, Tony, *op. cit.*, p. 64.

[38] Para más información sobre política identitaria ver *Foreign Affairs* 97.5 (septiembre–octubre de 2018) y *Foreign Affairs* 98.2 (marzo–abril de 2019).

[39] Mak, Geert, *op. cit.*, p. 349.

[40] "Demographics of the U.S. Military", Council on Foreign Relations, (s.d.), https://www.cfr.org/article/demographics-us-military, consultado el 28 de marzo de 2019.

[41] Lepore, Jill, *These Truths: A History of the United States*, Nueva York, W.W. Norton & Company, 2018, p. 157.

[42] *Ibid.*, p. 123.

[43] Wegman, Jesse, "The Man Who Changed the Constitution, Twice", *The New York Times*, 14 de marzo de 2019, consultado el 15 de marzo de 2019. https://www.nytimes.com/2019/03/14/opinion/birch-bayh-constitution.html.

[44] *Ibid.*

[45] "American Democracy in Crisis: The Challenges of Voter Knowledge, Participation, and Polarization", Public Religion Research Institute, www.prri.org/research/american-democracy-in-crisis-voters-midterms-trump-election-2018/.

[46] Ortega y Gasset, José, *Obras completas*, Madrid, Alianza Editorial, 1989, p. 160.

5

Autoconsciencia y autocrítica: historia y humor en Estados Unidos

Tal vez parezca extraño abordar juntos dos de los rasgos más destacados del mal llamado *carácter nacional norteamericano*: su ausencia de noción de la historia y su extraordinario sentido del humor. Lo primero está bien estudiado, aunque no se haya explicado bien, sobre todo conforme pasa el tiempo y lo que antes era un país joven va entrando a la madurez. Desde el aforismo atribuido a Henry James —"Si rascas en Europa, encuentras historia; si rascas en Estados Unidos, encuentras geografía"— hasta el comentario mordaz del historiador Daniel Boorstin —"Mientras que Europa es una tierra con demasiada historia y no suficiente geografía, Estados Unidos tiene poca historia y bastante geografía"—,[1] se ha vuelto una perogrullada hablar de lo irrelevante que es la historia para la vida en la Unión Americana. También se ha estudiado el humor autoinfligido de los norteamericanos, aunque, más que los extranjeros, lo han hecho los mismos estadounidenses. Oscar Wilde se burló de éste: "El humor estadounidense es un mero cuento de viajeros. No existe en realidad. De hecho, lejos de ser gracioso, el varón estadounidense es la criatura más anormalmente seria que ha existido jamás".[2]

Tal vez el sentido del humor norteamericano sea demasiado coloquial y provinciano para que alguien cuya lengua materna no sea el inglés lo entienda de verdad. Sin embargo, se ha vuelto prover-

151

bial en el mundo entero, con representantes que van desde Mark Twain hasta *Saturday Night Live*. Este capítulo está dedicado a esas dos constantes de Estados Unidos, y a su transformación a lo largo del tiempo.

Es posible que exista un vínculo entre estos dos rasgos. Tal vez los norteamericanos puedan verse a sí mismos con más ligereza gracias a que carecen de una solemnidad añeja que se origine en raíces fundacionales como la Batalla de Hastings o la coronación de Carlomagno en Aachen en el año 800 d. C. Aunque se sientan tan orgullosos de su patrimonio como cualquiera, se lo toman con menos intensidad y más desapego que quienes cargan con el *peso de la historia*. Esa distancia quizás explique por qué les cueste menos trabajo reírse de sí mismos, y consigo mismos, que a los demás.

Mi primer encuentro con esta enigmática combinación de una nula noción de la historia con un maravilloso sentido del humor autoinfligido ocurrió cuando me embarqué en un viaje peligroso, durante el cual entendí que los dos rasgos vienen de la mano. Los mejores humoristas de Estados Unidos son descendientes de migrantes y esclavos; tienen historias que el discurso oficial silencia. Mi primer libro, publicado en México en 1978, fue colaborativo. Desde entonces he sido coautor de siete títulos. El segundo fue el más difícil: trata de las relaciones México-Estados Unidos, y lo escribí a cuatro manos con un amigo norteamericano cercano. Él, Robert Pastor, fungió de consejero para Latinoamérica del Consejo de Seguridad Nacional del presidente Jimmy Carter. Tuvo un papel decisivo cuando Carter negoció la devolución del Canal de Panamá, y también diseñó y aplicó gran parte de la política norteamericana de derechos humanos en la región. Fuimos muy cercanos hasta su fallecimiento prematuro, en 2014. Tuve el privilegio de pronunciar el discurso conmemorativo cuando el gobierno mexicano le otorgó póstumamente el Águila Azteca, el mayor reconocimiento a los amigos extranjeros de México. Pastor trabajó de cerca con Carter hasta su muerte, y fue uno de los fundadores principales del Centro Carter para monitorear elecciones.

En 1986, decidimos que no podíamos escribir capítulos colaborativos sobre una relación tradicionalmente compleja y espinosa. Nuestras opiniones diferían demasiado. Así que los hicimos dobles: el punto de vista de cada autor sobre el mismo tema: las drogas, la migración, Centroamérica, el comercio, la frontera, etcétera. Y la historia... lo que provocó nuestro primer desacuerdo. Pastor, con un doctorado en economía política en Harvard, no podía entender lo que él llamaba mi obsesión con la historia. Yo no podía comprender que él descartara su importancia, sobre todo en una relación como la que estudiábamos, que se remonta a la Doctrina Monroe. Lo discutimos en Washington, la Ciudad de México, Atlanta, Nueva York y Cancún (dos veces: Cancún es el mejor lugar para escribir un libro). Nunca logró convencerme de que la actitud estadounidense de ver hacia el futuro sin preocuparse por el pasado era un modelo que los demás deberían replicar. Yo nunca logré persuadirlo de que los países con una verdadera historia propia la evocan constantemente, a veces en exceso.

Pero Pastor nunca dejó de burlarse de sus prejuicios, debilidades y contradicciones como norteamericano. Se inventó un comentario mordaz sobre la inconsciencia de sus compatriotas: son tan ignorantes de todo lo extranjero que creen que Taco Bell es la compañía de telefonía mexicana. No dejaba de hacer bromas sobre Carter, su jefe y mentor Zbigniew Brzezinski y Ronald Reagan. Su humor autoinfligido me permitió sentirme cómodo burlándome de mis paisanos, o de mis amigos sandinistas, o del difunto amigo de Pastor Omar Torrijos, el dictador panameño que recibió el Canal de manos de Carter en 1977, e incluso de los franceses en general, a quienes yo admiro y a él nunca le agradaron. Hay quienes dirán que un judío de Nueva Jersey, con un pasado económico modesto, un doctorado en Harvard y un trabajo en el Consejo de Seguridad Nacional no es un estadounidense típico. Yo contestaría que es tan típico como cualquiera.

Dos tipos de historia

El Nuevo Mundo estableció dos tipos de vínculos con la historia. Los españoles y portugueses llegaron a conquistar y saquear las riquezas de las civilizaciones preexistentes, no a sembrar ni criar ovejas, como Cortés mismo dijo. Inevitablemente les interesó que sobrevivieran los pueblos a los que vencieron, y la historia de su existencia previa. Alguien tenía que trabajar en las minas y las haciendas, y aunque hayan traído esclavos africanos a muchos enclaves coloniales, sólo sobrevivieron en unos cuantos: en el Caribe, en lo que hoy son Colombia, Perú, Ecuador y Venezuela, y en Brasil. En donde no hubo esclavitud africana, los pueblos originarios se vieron obligados a crear versiones coloniales de El Dorado. Eso implicó la llamada *otra conquista*: una domesticación espiritual, religiosa y cultural. En parte fue factible gracias a la naturaleza sedentaria, sofisticada y estructurada de las civilizaciones que encontraron, sobre todo los españoles —a diferencia de los portugueses—. El sincretismo sólo era viable si dos civilizaciones entraban en contacto y una conquistaba a la otra, pero sin aniquilar a su víctima, porque necesitaba garantizar su supervivencia. Esa necesidad provino de los requerimientos de fuerza laboral que implicaba mantener lejos a la Corona española, conforme la población criolla se expandía y se volvía más autónoma. Se preservó o, más bien, se asimiló, parte del pasado: efigies religiosas, mitos, comida, costumbres, hasta la lengua. Eso no sucedió por un respeto de los conquistadores españoles hacia sus predecesores, sino por pura conveniencia.

Los dos íconos más significativos de esta asimilación fueron el mestizaje y la Virgen de Guadalupe. Surgieron del choque, mezcla y nacimiento de distintas entidades étnicas, raciales y culturales. La historia comenzó con la Malinche y Cortés en la Nueva España, y con su hijo Martín, a veces llamado (equivocadamente) el primer mexicano. Continuó con la virgen morena que se le apareció a Juan Diego, el joven campesino que le ofreció un ramo de rosas en 1531 y rápidamente la adoptó como su santa patrona, y de todos los mexicanos a partir de entonces.

Los españoles y los portugueses sentían que tenían una misión evangélica en América, y pronto entendieron, en un ejemplo clásico, que construir una iglesia en el mismo lugar o sobre las ruinas de un templo facilitaba la conversión de los pueblos originarios. Ese complejo conjunto de valores, procesos históricos y condiciones locales —las minas en lo que hoy son México, Bolivia y Perú se encontraban a altitudes extremas, por lo que cualquier intento por utilizar esclavos africanos fracasó rotundamente— estableció un vínculo con el pasado. Además, los conquistadores y los virreyes subsiguientes iban y venían constantemente a España y Portugal, lo que fortaleció el nexo entre colonias y metrópolis.

Esa historia fue muy distinta en lo que se convertiría Estados Unidos. Los factores a ambos lados del Atlántico explican las diferencias. Los europeos que llegaron a Norteamérica casi siempre fueron colonos, no aventureros en busca de fortuna. Algunos se habían ido por motivos religiosos; otros, por razones políticas; otros más, con un propósito económico que implicaba asentarse. No estaban obsesionados, por lo menos al principio, con asegurar una fuerza laboral local necesaria para producir riqueza. Cuando el tabaco surgió como cultivo comercial en Virginia a principios del siglo XVII, los terratenientes prefirieron acudir a la esclavitud africana y no a los habitantes originarios de los territorios coloniales. Los nativos americanos no eran tan propicios a la conquista, evangelización, asimilación, sincretismo ni mestizaje como los mexicas, los incas y lo que quedaba de los mayas. Eran más bien tribus o grupos nómadas, sin estructura y aislados que, aparte del folclor de Thanksgiving y Pocahontas, mantenían poco contacto con los colonos ingleses y neerlandeses. Mientras no fueron un obstáculo a las ambiciones de los recién llegados, éstos los toleraron. En cuanto los asentamientos empezaron a extenderse tierra adentro, los metieron en reservas o los exterminaron, igual que hicieron los colonos en Chile y Argentina durante el siglo XIX.

Los colonos de Nueva Inglaterra, el Atlántico Medio y el Sur venían huyendo de su pasado y no tenían otro al cual aferrarse, ni siquiera superficialmente. Su nueva historia, pues, empieza con su

155

llegada al continente. Pero no fue una historia nacional, porque no había nación de la cual derivarla. Parafraseando a Tocqueville, Estados Unidos nació tarde, y sin historia de inicio. Obviamente, el caso extremo fue la población esclavizada: a los negros les extirparon su historia africana, y les prohibieron aprender una nueva hasta mucho después de la Emancipación.

La ausencia de historia implica la eliminación de la memoria de todos los habitantes de las trece colonias. Los pueblos originarios *olvidaron* su pasado por el impacto tremendo que les causó la llegada de los colonizadores. Los africanos *olvidaron* el suyo por el dolor que les traía. Y los colonos mismos *olvidaron* su pasado europeo porque querían distanciarse lo más posible de él. Octavio Paz lo señaló de manera elocuente: "Los Estados Unidos se fundaron sobre una tierra sin pasado. [...] De ahí que una de las direcciones más poderosas y persistentes de la literatura norteamericana, de Whitman a William Carlos Williams y de Melville a Faulkner, haya sido la búsqueda (o la invención) de raíces americanas".[3]

Los mexicanos hemos construido muchos mitos sobre la conquista española y la subsecuente colonización, y maneras infinitas de contradecirlos. Se supone que la raza mestiza, como se la llama en México, no es ni española ni indígena, sino un constructo étnico nuevo que proviene de ambas por igual. Esto es menos claro de lo que parece. Por un lado, nos referimos a los pueblos precolombinos como *nosotros* y a los conquistadores españoles como *ellos*. Por el otro, la simetría que se infiere del mestizaje formal es un tanto ficticia. Los hombres eran españoles; las mujeres, indígenas. Los primeros las deseaban; las segundas se vieron forzadas o se resignaron. En cualquier caso, un origen lo bastante común surgió a lo largo de los siglos como para que muchas naciones latinoamericanas adquirieran un fundamento en común, es decir, una historia y memoria en común. Sólo Argentina, Uruguay, partes de Chile y la región paulista de Brasil recibieron flujos migratorios, y por lo tanto quedaron parcialmente exentos de este proceso. Sí hay continuidad en esta visión del mundo, aunque sea en parte ficticia. Paz, de nuevo la resume bien:

"La ciudad de México fue levantada sobre las ruinas de México-Tenochtitlán, la ciudad azteca, que a su vez fue levantada a semejanza de Tula, la ciudad tolteca, construida a semejanza de Teotihuacán, la primera gran ciudad del continente americano".[4]

Los europeos comparten una continuidad y visión del mundo similares con las víctimas de su colonización. Los indios y los chinos tienen una historia milenaria, e incorporan el periodo colonial como una pesadilla que debe recordarse. Poseen una historia extendida en común. Los japoneses nunca fueron colonizados ni colonizaron a nadie en realidad, aparte de la ocupación militar del Extremo Oriente durante la Segunda Guerra Mundial. Comparten una historia totalmente japonesa. Eso quizá explique por qué, hace casi un siglo, sus observadores desdeñaron la falta de historia de los norteamericanos:

> En cuanto a la historia, Estados Unidos es casi demasiado insignificante para tomarlo en cuenta. Si se lo excluyera de la historia universal antes del siglo XX, su influencia ha sido tan intrascendente que apenas si se habría notado su ausencia, excepto por la luz eléctrica, inventada por Edison. [...] Las tradiciones y la historia anteriores [a la invención de la máquina de vapor] significan algo para los europeos, pero para los estadounidenses son inútiles reliquias del pasado.[5]

Uno de los muchos componentes de la idea de nación que estas sociedades cuestionan y reconstruyen sin cesar es esa historia en común, que implica, en algunas zonas más que en otras, una lengua, una religión y una etnia. Para los franceses, británicos, alemanes y españoles, pensar en el pasado, glorificarlo, esconder sus pasajes más odiosos y evocarlo constantemente como fuente de nacionalismo son formas de afirmarse como nación. La historia, por muy falsa que sea (hasta hace poco, a los niños de los multifamiliares árabes y musulmanes de las afueras de París y Marsella les enseñaban en las escuelas públicas a respetar a *nos ancêtres les Gaulois*: nuestros ancestros los galos), es un tema recurrente en el discurso político, ideológico, comercial y filosófico. Los franceses y otras nacionalidades están obsesionados con la historia porque existe. Al igual que para los mexicanos, peruanos, bolivianos, y los demás latinoamericanos, en menor medida, la historia existe porque están obsesionados con ella.

En Estados Unidos, por el contrario, no existe un fundamento en común previo a la independencia, porque no hay una historia ni memoria en común hasta bien entrado el siglo XIX. Eso no significa que distintos segmentos de la sociedad norteamericana no tuvieran un pasado compartido por sus miembros. Simplemente no podían compartirlo con otras personas que vivían en Estados Unidos y que todavía no estaban etiquetadas como ciudadanos. Jill Lepore lo entiende de manera espléndida, y da en el clavo al hablar de esa historiografía decimonónica:

> Una manera de convertir a un Estado en nación es escribir su historia. La primera historia considerable de Estados Unidos, [la obra de] diez volúmenes de George Bancroft, se publicó entre 1834 y 1874. [...] La escribió como un intento de hacer que la fundación de la Unión Americana pareciera inevitable, que su crecimiento pareciera inexorable, y que su historia pareciera antigua.[6]

Pero, en el pasaje que tan finamente cita Lepore, Bancroft también demuestra lo estrecho que puede ser ese intento:

> El origen de la lengua que hablamos nos lleva a la India; nuestra religión proviene de Palestina; algunos de los himnos que cantamos en nuestras iglesias se oyeron por primera vez en Italia; otros, en los desiertos de Arabia; otros, en los márgenes del Éufrates; nuestras artes vienen de Grecia; nuestra jurisprudencia, de Roma.[7]

Simplemente omitió a los afroamericanos, a los nativos americanos, a los chinos, a los mexicanos y a todos los demás. No creo necesario mencionar que los extranjeros que han visitado, estudiado y vivido algún tiempo en Estados Unidos no están de acuerdo con él.

Quizá Hannah Arendt lo haya explicado mejor que nadie en una entrevista que dio en 1966:

Este país no está unido por su patrimonio ni por su memoria ni por su suelo ni por su lengua ni por su origen [...] en la misma nacionalidad [...] aquí no hay nativos. Los nativos eran los indígenas. Todos los demás son ciudadanos, y sólo están unidos por una cosa... una cosa importante. Lo que los une es que te vuelves ciudadano de Estados Unidos simplemente aceptando la Constitución.[8]

Fue un milagro que por fin surgiera algo así como una nación estadounidense de esa vorágine de raíces: de los pueblos originarios; de los primeros colonos de Inglaterra y Holanda; de los afroamericanos; de las comunidades hispanas de las regiones que le arrebataron a México en 1848; del enorme flujo de migrantes de Alemania e Irlanda en las décadas de 1850 y 1860; de las grandes cantidades de migrantes chinos en California, y de la subsecuente oleada de europeos del este y del sur (sobre todo de Italia, Polonia y Hungría) más tarde ese mismo siglo. Sin embargo, fue inevitable que Estados Unidos careciera, prácticamente hasta nuestros días, de uno de los pilares básicos de una nación: un inicio en común, un pasado en común y un camino en común que lo llevara desde ese pasado hasta el presente. Como es razonable, los individuos y las sociedades tienden a desdeñar, a no subrayar o simplemente a ignorar aquello de lo que carecen. Eso es lo que los norteamericanos hacen con la historia. Citaré de nuevo las reflexiones de Santayana en *Character and Opinion in the United States*: "Lo que ha existido en el pasado, sobre todo en el pasado remoto, [al estadounidense] le parece no sólo carente de autoridad, sino irrelevante, inferior y obsoleto. Pensar en el pasado le parece una pérdida de tiempo lamentable".[9]

La historia no constituye el manantial de donde todo brota, aunque los norteamericanos hayan intentado fingir lo contrario (que su historia no es irrelevante) reconstruyendo sucesos del pasado que eran o bien insignificantes —series de televisión, discos exitosos, logros deportivos o hazañas heroicas individuales— o simplemente falsos. La historia casi nunca está presente en el discurso público ni en la retórica política —excepto por la referencia constante y a veces irritante a los Padres Fundadores—, y mucho menos en las conversaciones, negocios y entretenimiento cotidianos. Su historia es el Wild West, las plantaciones idílicas del sur, la carga contra las Colinas de San Juan y quizá la Guerra de Independencia, junto con la versión hollywoodense de la Guerra de Secesión y de la Segunda Guerra Mundial, que quizás sea el suceso más famoso en nuestros tiempos. Los mitos fundacionales son pocos y muy dispersos, en gran parte por que no son, ni pueden ser, comunes a todos. Además, el símbolo identitario de un grupo es la humillación de otro, su símbolo de opresión o causa de palabras acaloradas. Incluso la Constitución, dado que consagró la esclavitud, excluyó a los nativos americanos de la ciudadanía y consolidó la subordinación de las mujeres, carece de los atributos necesarios para unir una constelación dispar de memorias e intereses. Esto no necesariamente es específico de Estados Unidos: otras *colonias de asentamiento*, —como Canadá, Nueva Zelanda y Australia— han vivido experiencias similares.

¿A quién le importa la falta de historia?

¿Qué tiene de malo carecer de historia o ir imaginándosela al paso? Aunque fuera totalmente cierto lo que afirman innumerables europeos y latinoamericanos sobre la orfandad histórica de Estados Unidos, las consecuencias negativas no son fáciles de discernir. Quizá sólo los poetas, como el francés Paul Valéry, entiendan lo lamentable que es que "los países nuevos sin historia nos van a transmitir su idea de felicidad".[10]

Algunas de las consecuencias son obvias, por ejemplo, al diseñar y poner en práctica una política exterior. Carlos Fuentes se expresó bien al respecto, en 1983, cuando habló de las guerras centroamericanas de esa década en su discurso a los graduados de Harvard:

"Nosotros seremos los custodios de sus verdaderos intereses al ayudarles a evitar estos errores. La memoria está de nuestra parte. Ustedes [los norteamericanos] sufren demasiado de amnesia histórica".[11] Dos errores monumentales cometidos por Estados Unidos a partir de la Segunda Guerra Mundial son icónicos: Vietnam y Afganistán —Iraq también califica, pero insistiré en los primeros dos—. No sucedieron porque la gente que rodeara a los presidentes Johnson y Bush hijo sufriera de una escasez de conocimientos históricos. Las universidades estadounidenses producen y dan empleo a algunos de los mejores historiadores y académicos del mundo. Los recursos que tienen a su disposición son incomparablemente superiores a los de cualquier otro país. Muchos ocupantes de la Casa Blanca los han contratado y se han apoyado en ellos (Walt Rostow y Condoleezza Rice son ejemplos relevantes).

Pero la opinión de esos expertos no pesa mucho en la toma de decisiones de los presidentes y los secretarios de Estado y de la Defensa, sin importar lo que recomienden. Las lecciones históricas de Vietnam, desde sus conflictos con China siglos atrás hasta su resistencia contra los franceses a partir de los años veinte, deberían haber bastado para que Johnson, y Kennedy antes que él, resistieran la tentación de involucrarse. La información se encontraba disponible, al por mayor. Pero desdeñaron su pertinencia, en parte porque desdeñan la historia. Robert McNamara mismo confesó, en una de sus memorias, que: "En todos sentidos, la ignorancia que Estados Unidos tenía de la historia, lengua y cultura vietnamitas era inmensa".[12] Ese desdén, a su vez, provino de la casi nula existencia de la historia en la psique norteamericana.

Lo mismo sucedió en Afganistán. La lista de invasores extranjeros vencidos por las montañas, el clima, los guerreros tribales y el orgullo local es bastante larga. En la época moderna, tan sólo los británicos y los soviéticos ofrecen un triste ejemplo de lo cuestionable que era la idea de invadir esa región. La historia demostraba la futilidad de intentar cualquier otra cosa que no fuera perseguir a Bin Laden y tomar represalias contra el gobierno que le permitió instalarse en Tora Bora y organizar el 11 de septiembre. Insisto, no es que la gente de Bush en el Departamento de Estado y de Defensa, el Consejo de Seguridad Nacional y la CIA no contara con la asesoría de historiadores expertos. Había gente ahí, o en la academia, con todo el conocimiento e información del mundo en cuanto al peligro de hundirse en la ciénaga afgana. Pero no disfrutaban de la influencia que merecían, porque no se respetaba su conocimiento tanto como el de los demás. Tan sólo conformaban un puñado de historiadores dentro de un país y, aún más importante, dentro de una élite política, totalmente desinteresado en la historia como factor a incorporar en una decisión política. Y ese desinterés era aún más grande que en tiempos de Johnson. La guerra de Afganistán se ha convertido en la más larga en la historia de Estados Unidos, sin victoria a la vista, y muy pocos resultados frente a los enormes gastos de recursos humanos y financieros que se le han dedicado.

¿Acaso otros países con una historia más larga, y un mayor sentido de la historia, también han quedado empantanados en guerras interminables? Por supuesto: Francia y Gran Bretaña apostaron sus almas en Vietnam, Argelia y Afganistán, aunque Gran Bretaña lo haya hecho por periodos muy cortos en ambas ocasiones en Afganistán y, a fin de cuentas, los franceses se retiraron, vencidos, tanto de Vietnam como de Argelia. Además, nada demuestra que, incluso si hubiera contado con memoria y pasado, Washington habría evitado ésos y otros errores costosos. Pero la historia y el pasado sí tienen sentido, y tal vez Estados Unidos haya vivido demasiado tiempo sin ellos.

Los norteamericanos lo presienten. A veces se inventan una historia de la que carecen, hipostasían sucesos o individuos y los transforman en monumentos, celebraciones y remembranzas sin sentido. El escritor francés Bernard-Henri Lévy, en uno de los libros de viaje sobre Estados Unidos más recientes —y quizá no su mejor obra—, señala esa afición con algo de sarcasmo. Pero evoca el tercer tipo de memoria de Nietzsche para dar un argumento filosófico:

Hay una tercera memoria, que él llama *de anticuario*, y que está unida a "lo pequeño, lo restringido, lo viejo, lo a punto de volverse polvo', la memoria que proviene de "la sed ciega de coleccionar" y "la acumulación incansable de todos los vestigios del pasado", es una memoria inútil, que en vez de fortalecer a los seres humanos "los daña, ya sean hombres, pueblos o una civilización, y acaba por destruirlos". Pues ese tercer caso me parece apropiado para los Salones de la Fama omnipresentes en Estados Unidos. Esos museos que lo conservan todo, esos lugares que lo mezclan todo y no hacen distinción entre lo que merece recordarse y lo que no, esos pueblos y condados rurales en los que todos parecen haber olvidado los beneficios liberadores del olvido y en los que uno acaba aplastado por las reliquias sin sentido de cualquier tontería... todo eso es la marca de la historia de anticuario.[13]

Esta cita larga y sinuosa dice una gran verdad. En vez de historia, los estadounidenses poseen reliquias; parques de diversiones; salones de la fama de beisbol, futbol americano y basquetbol, y una infinidad de museos en los que no se guarda nada memorable, excepto en los de las grandes ciudades.

Sin embargo, ha transcurrido el tiempo. Un país joven sin memoria histórica se ha convertido, junto con el Reino Unido, en la democracia más antigua del mundo, con casi doscientos cincuenta años de edad. Presume un grado de continuidad en sus instituciones y principios que pocos disfrutan. Esos simples hechos contribuyen, junto con otros rasgos peculiares, a los albores de lo que muchos podrían considerar Historia, con mayúscula: el surgimiento de choques políticos, ideológicos, religiosos y étnicos en su nombre. Oscar Wilde se equivocó con su puntada de que "la juventud de Estados Unidos es su tradición más antigua. Ya lleva trescientos años".[14] La Unión Americana está llegando a la mediana edad.

La raza y el género entran a la refriega y, a veces, todo el país batalla con la verdad y el significado de su pasado. Cuando el pasado se vuelve algo por lo que vale la pena luchar, empieza a existir en realidad. Ese proceso empezó a finales del siglo XX. Durante las primeras décadas de este nuevo siglo, ha florecido hasta convertirse en un conflicto abierto. Como debe de ser. Los historiadores afroamericanos y los blancos que estudian la historia de la esclavitud, la Guerra de Secesión, la Reconstrucción, la redención, el racismo y el movimiento por los derechos civiles saben bien que, como dijo Crystal Fleming, "la mayoría de los ciudadanos de Estados Unidos nunca han estudiado seriamente ningún tipo de historia, mucho menos la historia racial. Si la enorme mayoría de la población ignora el pasado racista, ¿cómo podría entender el impacto que tiene ese pasado en el presente?".[15] Los autores como ella, y como Henry Louis Gates Jr., Ibram X. Kendi, Eric Foner y David Blight, junto con muchos más, afirman esto con frecuencia, y deberíamos agradecerles por hacerlo.

¿Vale la pena pelear por la historia?

Las disputas históricas pueden darse por derribar estatuas —o monumentos— de supuestos héroes confederados o por renombrar instituciones como la Escuela Woodrow Wilson de Asuntos Públicos e Internacionales de la Universidad de Princeton, o la Casa John Calhoun de Yale. El vigésimo octavo presidente de Estados Unidos quizás haya logrado más durante sus ocho años en el cargo que nadie antes que él —excepto Lincoln— o después —excepto Franklin Roosevelt—. Pero parte del precio que el expresidente de la Universidad de Princeton tuvo que pagar por seducir a los demócratas sureños y racistas en el Congreso para que aprobaran las leyes antimonopolios, el Banco de la Reserva Federal, el impuesto sobre la renta y mucho más, fue la resegregación del servicio civil estadounidense y la aplicación de prácticas estilo Jim Crow en la capital.

Yo estudié y di clases en la Escuela Woodrow Wilson, y me consideraba relativamente bien informado sobre la biografía del presidente a quien estaba dedicada, dado su profundo involucramiento en la Revolución Mexicana. No tenía idea del alcance de su racismo o, en todo caso, de la percepción y las consecuencias racistas de sus políticas. De ahí mi perplejidad inicial cuando vi el alboroto por el nombre de la escuela, pero también mi apreciación por el valor intrínseco del debate.

Esas controversias históricas se refieren sobre todo a la Guerra de Secesión y la esclavitud. Hay más de 700 estatuas en honor a figuras confederadas en todo el Sur, casi todas erigidas después de la Reconstrucción y hasta fechas tan tardías como los años cincuenta del siglo pasado. Sin embargo, los debates también aplican a episodios de discriminación y racismo dirigidos contra mexicoamericanos y a los campos de internamiento de japoneses durante la Segunda Guerra Mundial, por los que Ronald Reagan se disculpó en 1985, y que Obama llamó uno de los "capítulos más oscuros en la historia de Estados Unidos".[16] Esas discusiones incluyen revisar la mitología y fantasías de la destrucción de las comunidades amerindias, desde el Sendero de Lágrimas hasta la masacre de Wounded Knee, pasando por el teniente coronel Custer y hasta llegar a las protestas contra el oleoducto Keystone. Hay algunas cosas que ya debieron haber sucedido —bajar a Custer de su pedestal de mártir y presentarlo en su realidad de hombre despiadado, ambicioso y racista—, otras que son desconcertantes —pedir que quiten a Cristóbal Colón, un ícono de la comunidad italiana, del Círculo de Colón en Nueva York, al igual que la estatua de Juana de Arco en Nueva Orleans—, y otras más que parecen enmarañadas —devolverle el nombre de Monte Denali al Monte McKinley en Alaska, bautizado así durante su presidencia—. Los debates también incluyen una serie de reparaciones bastante retrasadas por la Ley de Exclusión de Chinos y el intento absurdo y efímero de derogar la Decimocuarta Enmienda y la ciudadanía por nacimiento o *jus soli.*

De vez en cuando, las mujeres y los trabajadores son el objeto de la controversia. En otras ocasiones, distintos grupos marginados del estilo de vida estadounidense convencional se hallan en el centro de la conversación. A veces, el vehículo elegido para traer esos temas a debate es un poco exagerado —por ejemplo, tratar de rebautizar al equipo de futbol americano de los Pieles Rojas de Washington—, pero la causa subyacente es digna de elogio. Rara vez, la batalla es francamente absurda, como en 2019, cuando la Junta Escolar de San Francisco decidió borrar el mural *Vida de Washington*, de Victor Arnautoff, porque, entre otras cosas, no había obtenido la aprobación de los nativos americanos ni de los afroamericanos, y no contribuía a "hacer que los niños se sintieran mental y emocionalmente seguros en sus escuelas. [...] Destruirlo valió la pena independientemente del costo [600 000 dólares]. [...] Es cuestión de ofrecer reparaciones".[17] Arnautoff había sido miembro del Partido Comunista y había creado varias obras de arte públicas gracias a la Administración de Obras Públicas de Roosevelt. También fue asistente de Diego Rivera en México.

Con frecuencia, lo que está en juego es más que sólo historia: exigir reparaciones por el negocio esclavista del fundador de la Universidad de Brown puede parecer exagerado. No importa: la pregunta fundamental es si esos debates o combates señalan el esperado advenimiento de la historia en el discurso estadounidense, o si simplemente son fuegos artificiales en la eterna discusión sobre la corrección política. Yo creo que es lo primero, y que es para bien. Ya era hora.

Sería injusto afirmar que otros países han actuado con más diligencia en cuestiones parecidas. Sólo un canciller alemán tan valiente como Willy Brandt pudo depositar una corona fúnebre y romper en llanto en el Memorial del Gueto de Varsovia, en 1968. A Francia le tomó décadas disculparse (bajo el presidente Jacques Chirac, en 1995) por la complicidad del Estado francés en la deportación de 76 000 judíos durante la ocupación nazi. Mucho después, se disculpó por el involucramiento directo del ejército francés en las torturas que ocurrieron durante la Batalla de Argel a finales de los años cincuenta (fue el presidente Emmanuel Macron, en 2018). Apenas en 2018, Justin Trudeau pidió perdón por la vez en que Canadá se negó a permitir que desembarcaran los refugiados judíos a bordo del vapor St. Louis, casi ochenta años antes, y también se disculpó por haberse tardado tanto en hacerlo. Pero, precisamente porque esos países —incluso Canadá, gracias a su herencia francesa— tienen una noción de historia distinta a la de Estados Unidos, dichos ejemplos demuestran la dificultad de tales gestos. Hacen que los pasos de los norteamericanos sean mucho más notables, y muestran que su consciencia está naciendo en tiempos recientes.

El dilema básico en el trato de la historia es ilustrativo y educativo: ¿cómo revisar la historia sin reescribirla? Si las estatuas que honran a la Confederación hubieran sido erigidas inmediatamente después de la Guerra de Secesión significarían una cosa. Pero implican algo muy distinto si fueron ordenadas e inauguradas décadas después, como declaración explícita de supremacía blanca. ¿Por qué ocurrió en realidad la Guerra de Secesión, por los derechos de los estados o por la perpetuación de la esclavitud y de todo el sistema económico que dependía de ella? ¿Será posible —y deseable— separar los hechos históricos (Lee fue el comandante del ejército secesionista) de una conducta inaceptable y deplorable (lideró la defensa traidora, racista y opresora de una época odiosa)? ¿Podría haber un monumento que recordara la historia y a la vez la reprendiera? ¿Es aceptable celebrar símbolos, individuos, sucesos y teorías que ignoraron o blanquearon la exterminación de prácticamente todos los nativos americanos de gran parte de Norteamérica (incluyendo partes de lo que hoy es México)?

Que estas discusiones ya no sucedan en los márgenes de la academia estadounidense, sino en los medios, política y cultura dominantes es un giro sumamente significativo, nuevo y, con toda probabilidad, bienvenido y espléndido. Desafortunadamente, no es una tendencia uniforme. Según un artículo de 2019 en *The New Yorker*, "la historia ha estado disminuyendo más rápido que cualquier otra carrera [universitaria]. [...] Corresponde a entre 1% y 2% de las licenciaturas, una caída de alrededor de un tercio desde 2011".[18] Pero no todo es triste. El mismo texto revelaba que "la historia está en auge en Yale, donde es la tercera carrera más popular, y en otras escuelas de élite, incluyendo Brown, Princeton y Columbia, donde sigue figurando entre las principales carreras declaradas".[19] Una explicación parcial de esa tendencia yace en el hecho de que la historia es una excelente puerta de entrada a la facultad de derecho y a los escaños superiores de la meritocracia.

Esta evolución ha contribuido mucho a que gradualmente se reconozca que la historia importa. Durante casi dos siglos, la respuesta usual a cualquier crítica que lamentara la falta de noción histórica de la Unión Americana ha sido voltear hacia el futuro. Estados Unidos ve hacia adelante, sólo los países *viejos* reflexionan sobre el pasado. Ahora, incluso en política exterior, los presidentes norteamericanos admiten que hay que revisar la historia. En 1999, Bill Clinton se disculpó ante el pueblo de Guatemala por el golpe de Estado financiado por la CIA contra el gobierno de Jacobo Árbenz en 1954. El secretario de Estado, John Kerry, hizo lo mismo ante Argentina en 2016. Sigue faltando el caso de Chile, donde Estados Unidos fue cómplice del golpe que derrocó a Salvador Allende, aunque Colin Powell admitiera que no era algo de lo cual enorgullecerse. Aquel episodio y muchos más serán objeto de disculpas o admisiones de culpa futuras. Inevitablemente, vendrán acompañadas, en otros casos, por exageraciones, excesos y simplificaciones, y el aplazamiento obvio de más revisiones durante los años de Trump. Ése es el precio a pagar por un acercamiento distinto a la historia.

En todas partes se están librando batallas análogas, pero quizás en ningún lugar tanto como en los libros de texto de historia o de ciencias sociales para la educación básica y media. Si dejamos de lado un momento el debate candente y centenario de la evolución contra el diseño inteligente, lo que de hecho ocurrió en los últimos tres siglos en lo que hoy son los Estados Unidos se ha vuelto un tema crucial en los últimos tiempos. Los asentamientos, la colonización, la esclavitud, la independencia, la conquista, la expansión a expensas de los demás, el verdadero papel de figuras icónicas y momentos memorables... todo esto es objeto de discusiones interminables y relativamente recientes en juntas escolares y empresas de libros de texto. Un caso bien conocido se refiere a los libros de texto de APUSH (Historia de Estados Unidos de Colocación Avanzada, por sus siglas en inglés). En algunos distritos escolares —Oklahoma, por ejemplo— se han prohibido los libros que afirmen que la Guerra de Secesión se libró por la esclavitud, no por los derechos de los estados. Otras regiones, como Texas e incluso Nueva Jersey, incluyen varios distritos que siguen usando libros de texto que insisten en que el origen de la carnicería de la década de 1860 fueron los derechos de los estados.

Algunos observadores extranjeros sugieren que la idea misma de matices es antiestadounidense, y que no habrá historia suficiente que lo cambie. Simone de Beauvoir carga algo de culpa en esto: "aceptar matices es aceptar ambigüedad de juicio, argumento y duda; esas situaciones complejas te obligan a pensar. [Los norteamericanos] quieren vivir sus vidas según la geometría, no la sabiduría. La geometría se enseña, mientras que la sabiduría se descubre".[20] Eso no es inevitable, como estamos viendo con las innumerables controversias históricas que imperan hoy en día en Estados Unidos.

Una controversia típica que involucra a los mexicoamericanos, la esclavitud y la política exterior, fue la de la referencia a los *heroicos defensores* del Álamo en 1836, durante una discusión ocurrida en 2018 sobre los libros de historia en Texas. El texto original incluía esas palabras; el comité asesor de libros de texto del estado sugirió borrar la palabra *heroicos*, porque era un "juicio de valor". Tras un largo y apasionado debate, se mantuvo el término: el gobernador, entre otras personas, ejerció demasiada presión. Esa controversia eufemística y ligeramente anómala de hecho reflejaba un debate más profundo: los defensores del Álamo... de hecho estaban defendiendo el derecho de los independentistas texanos y de los líderes de los estados del sur a tener esclavos.

Según una historia reciente de ese periodo, más de una cuarta parte de la población anglófona de Texas estaba esclavizada, y estaba creciendo más rápido que el resto. En palabras del autor, la Secesión de Texas también fue "una rebelión de esclavistas contra un régimen hostil a la esclavitud... o de manera más precisa, 'una guerra racial contra una nación mestiza'". En su mayoría, se trataba de un grupo de mercenarios, y respondían a los traficantes de esclavos de Nueva Orleans y a la *operación encubierta* del presidente Andrew Jackson para anexar el territorio mexicano.[21] El fondo aquí importa menos que el simbolismo. Casi 200 años después de los hechos, sucedió un debate entre los círculos (conservadores) estadounidenses sobre la importancia de la historia. ¿Fue la mejor manera de hacer una reevaluación de la importancia de la historia? Según yo, el método exacto —una discusión en una junta escolar por el significado de la palabra *heroicos*— es mucho menos importante que el debate mismo. También es el caso de las reparaciones por la esclavitud, que examinaremos en el capítulo 8.

Del mismo modo, si Harriet Tubman finalmente reemplaza a Andrew Jackson en el billete de veinte dólares o si Donald Trump logra anular la decisión de su predecesor importa menos que el debate que se dio por ese tema simbólico. Jackson no sólo tuvo esclavos e instigó la Ley de Remoción de los Indios y el infame Sendero de Lágrimas de las naciones cherokee. Probablemente fuera el primer presidente estadounidense en violar un tratado, con lo que inició una larga tradición. Según Simon Schama, otro inglés convertido en norteamericano, el desalojo de cinco naciones indígenas de Georgia "fue uno de los momentos más repugnantes en la historia de Estados Unidos, uno que debería eliminar a su primer motor, el séptimo presidente, de la divisa de cualquier país que se respete".[22]

El regalo divino del sentido del humor estadounidense

En Estados Unidos, el sentido del humor casi siempre funciona como sustituto de la autocrítica histórica de otros países. También sirve como un instrumento —relativamente nuevo en las costumbres estadounidenses— para tomar cierta distancia de los sucesos, peculiaridades nacionales y rasgos vergonzosos del carácter nacional. Las declaraciones generalizadas, los tratados e incluso las leyes o decretos presidenciales que hablen de historia siguen prácticamente ausentes en la Unión Americana. A nadie le gusta reconocer sus defectos, errores y pecados recientes o actuales, sobre todo a los norteamericanos. Otros países lo logran con la historia, con introspección o autoflagelándose por la humillante derrota de la selección nacional... o por crímenes contra la humanidad cometidos a pequeña o gran escala, en el pasado remoto o tan sólo hace unos años. Obama no sólo fue incapaz de disculparse por Hiroshima ni criticar el hecho; fue incapaz de hacerlo por Abu Ghraib, mucho más cercano en tiempo y espacio.

Pero el humor estadounidense puede hacer eso y más. Es inclemente, implacable y despiadado en sus críticas a la vida cotidiana, las políticas gubernamentales, las actitudes culturales, la comida, la educación y la salud en la Unión Americana. Si uno quiere ver la opinión más negativa o pesimista que albergan los norteamericanos de sí mismos, conviene escuchar a sus grandes humoristas nacionales. El *roast* es una experiencia típicamente estadounidense; la Cena de Corresponsales de la Casa Blanca, donde todos los presidentes desde Eisenhower —hasta Trump: pero que el presidente haya dejado de asistir a la cena no implica el fin del humor en Washington— se burlan de sí mismos, de sus amigos y adversarios, y reciben burlas de otros, es un fenómeno exclusivamente norteamericano. Cuesta trabajo imaginar a Charles de Gaulle, Xi Xin Ping o Vladímir Putin burlándose de sí mismos en público, mucho menos recibiendo burlas en público y en su presencia.

Para fines de este capítulo, lo interesante es el vínculo del humor con la historia, no tanto con su ausencia. Existen humoristas en otros países. Los británicos cuentan con montones, empezando por Shakespeare. Los franceses siempre han disfrutado a Molière, a Voltaire y a sus *chansonniers*; los mexicanos, a Cantinflas y las carpas. Los italianos siguen montando la sátira *La Mandragola,* de Maquiavelo, y estuvieron a punto de elegir a un comediante para que dirigiera su país; Guatemala y Ucrania sí lo hicieron. El humor seco, ácido y sutil de los ingleses es proverbial, y se ha extendido a la televisión: sólo hay que ver el original *Monty Python* y *Sí, Ministro*. Pero nadie lo hace como los estadounidenses. No tienen nada prohibido, y no lo han tenido durante más de un siglo.

Ni hay que decir que no todos los visitantes u observadores extranjeros comparten mi admiración por el humor norteamericano. Algunas personas con un sentido del humor espléndido, como el escritor italiano Beppe Severgnini, creen lo contrario: "En todo caso, los estadounidenses no cuentan con un gran sentido del humor".[23] Sin embargo, no importa qué otras características presuma el humor norteamericano, que en gran parte sea autoinfligido resalta porque pocos otros países lo practican así. Sólo un país bendecido con la confianza que Estados Unidos tiene en sí mismo podría inventar un sentido del humor así, practicarlo sin tregua e incluso *importar* a extranjeros como Trevor Noah y John Oliver para que se burlen de él todas las noches. Sólo los norteamericanos cuentan con la confianza para practicarlo a nivel personal, en su vida diaria y en la convivencia con sus pares. Ya sea que elijamos a Mark Twain como el creador del humor estadounidense, o que nos remontemos a figuras pasadas menos conocidas, el arte de reírse de uno mismo, de no tomarse en serio, de en serio divertirse con las propias debilidades es esencialmente norteamericana. Hasta que llegaron los hermanos Marx y mucho después Woody Allen, también era un humor inexportable, en parte por el idioma y en parte como resultado del sarcasmo y humildad que requiere. Así que, en cierto sentido, lo mejor de Estados Unidos sigue siendo desconocido en el resto del mundo: una ironía más de la historia.

La principal expresión del sentido del humor norteamericano radica en la comedia. Yo prefiero considerar al cómico estadounidense —desde Chaplin (a pesar de sus raíces inglesas) y Buster Keaton o Harold Lloyd hasta Jon Stewart y Stephen Colbert— como una manifestación más de ese afamado humor. Sobre todo porque no todos los cómicos norteamericanos practican un humor autoinfligido; Colbert empezó burlándose de Bush padre y de Dick Cheney, no de sí mismo.

Muchos de los primeros comediantes, por lo menos hasta el final del cine mudo, se especializaron en la comedia física, con más o menos gracia e ingenio que sus contrapartes en Gran Bretaña, Francia, Alemania y España. Por otro lado, hubo grandes humoristas tempranos, como Ambrose Bierce, que nunca actuaron: sólo escribían. Durante muchos años, el humor autoinfligido estuvo limitado por definición a la palabra escrita; el vodevil y el *burlesque* no se prestaban tan bien a esa visión de la vida y el humor. Tal vez haya iniciado cuando Mark Twain contó sus desventuras en el Viejo Oeste (en *Pasando fatigas*) y en Europa y Medio Oriente (en *Guía para viajeros inocentes*). Su gran sucesor como humorista fue H. L. Mencken, más cruel y despiadado que él, pero igual de capaz de mirarse desde fuera y sonreír. Sin embargo, el advenimiento del cine sonoro fue lo que realmente socializó esa faceta peculiar y maravillosa de los estadounidenses, empezando por los hermanos Marx.

Humor histórico, blanco y judío

Unas cuantas referencias a Twain, Will Rogers, Mencken y Groucho Marx ilustran ese humor autoinfligido, irreverente e introspectivo. Lo aplican a sí mismos, a los demás y a los estadounidenses en general. Sus comentarios son políticamente incorrectos, personales y a la vez aplicables a todos sus compatriotas (con cualquier mote que el autor use para referirse a ellos). Es comprensible que burlarse de uno mismo obtenga la mayor cantidad de risas, pero sólo prepara el escenario para los golpes más amplios. Cuando Will Rogers bromea con que: "Cuando me muera, mi epitafio, o como quiera que se llamen los letreros de las lápidas, va a decir: 'Me burlé de todos los hombres prominentes de mi época, pero nunca conocí a uno que no me cayera bien'. Eso me enorgullece tanto que no puedo esperar a morirme para que lo tallen en mármol", sólo está sentando las bases para sus reflexiones más generalizadas sobre el carácter de los estadounidenses.[24] Tal vez esas bromas revelen más que las muchas observaciones generadas por visitantes extranjeros. Rogers era más directamente político y cómico que sustancioso, pero incluso en esa vena, sus puntos de vista reflejan el meollo de su opinión sobre su país: "Apuesto a que, si nos viera, George Washington nos demandaría por decirle *padre*. [...] Estados Unidos es un país que inventa muchas cosas raras para llegar a algún lugar, pero cuando por fin llega, no se le ocurre qué hacer allá".[25]

Mark Twain es a la vez humilde sobre su propia persona y devastador con la idiosincracia estadounidense. Cuenta mansamente cómo cayó en uno de los trucos más viejos del Viejo Oeste:

> La imaginación no puede concebir cuán destruido estaba, cuán inquieto, confundido y roto interna, externa y universalmente. Sin embargo, había una multitud comprensiva a mi alrededor. "Extranjero, lo engañaron. Todos en este campamento conocemos a ese caballo. Cualquier niño, cualquier indio, le habría podido decir que iba a dar coces; es el peor demonio que haya dado coces en el continente americano. [...] Es un completo, total, genuino corcel mexicano".[*, 26]

Burlarse de sí mismo le permite el lujo o la libertad de ser un crítico devastador del carácter estadounidense.

Después de reconocer su ingenuidad e ignorancia, suelta con confianza el tipo de estereotipos negativos que ninguno de sus compatriotas ni ningún extranjero habría pronunciado sin represalias, y que incluso pocos norteamericanos se habrían atrevido a articular:

> En Estados Unidos nos apuramos. Eso está bien, pero cuando el trabajo del día está terminado, nos ponemos a pensar en pérdidas y ganancias, planeamos para el día siguiente, incluso nos llevamos las preocupaciones de negocios a la cama, y nos removemos e inquietamos por ellas

---

* Imagination cannot conceive how disjointed I was—how internally, externally and universally I was unsettled, mixed up and ruptured. There was a sympathetic crowd around me, though. 'Stranger, you've been taken in. Everybody in this camp knows that horse. Any child, any Injun, could have told you that he'd buck; he is the very worst devil to buck on the continent of America... he is a simon-pure, out-and-out, genuine d—d Mexican plug...

cuando deberíamos estar dormidos, restaurando nuestros cuerpos y cerebros maltratados. Quemamos nuestras fuerzas con esas emociones, y o bien morimos pronto o caemos en una vejez magra y macabra a una edad en la que en Europa están en sus mejores años. [...] Les damos un cuidado minucioso a los objetos inanimados, pero no cuidamos de nosotros mismos. Qué pueblo tan robusto, qué nación de pensadores seríamos, si tan sólo nos guardáramos de vez en cuando para recobrar el filo.*, 27

Quizás H. L. Mencken haya sido el más mordaz de los grandes humoristas estadounidenses —hasta que llegó Comedy Central—, pero también fue el más acerbo y amargo. Qué tan racista, antisemita y conservador se haya vuelto está abierto a debate, pero su ingenio feroz, dirigido contra todo y todos en la Tierra, es innegable, y quizás inigualable. De nuevo, que su humor ácido también fuera autoinfligido le permitió usar la misma crueldad contra los demás norteamericanos blancos (o *anglosajones*, como casi siempre los llamaba). Sus generalizaciones parecerían repugnantes en nuestros días, e incluso en los años veinte y treinta resultaban heréticas, extremas y casi histéricas. De todos modos, el hecho de que se aventurara a dirigir su sarcasmo cáustico contra su propia gente resalta el importante papel de los humoristas para describir a Estados Unidos.

Sus bromas casi siempre eran indignantes:

Pero no me disculpo por no tomar en cuenta [las buenas cualidades del anglosajón], porque prácticamente dedica toda su literatura y la mitad

---

* In America, we hurry— which is well; but when the day's work is done, we go on thinking of losses and gains, we plan for the morrow, we even carry our business ~~cares to bed with~~ us, and toss and worry over them when we ought to be restoring our racked bodies and brains with sleep. We burn up our energies with these excitements, and either die early or drop into a lean and mean old age at a time of life which they call a man's prime in Europe... We bestow thoughtful care upon inanimate objects, but none upon ourselves. What a robust people, what a nation of thinkers we might be, if we would only lay ourselves on the shelf occasionally and renew our edges.

de sus discursos a celebrarlas él mismo, y no hay ningún peligro de que queden en el olvido. [...] En ese hecho reside la primera causa de que a los demás les parezca un personaje ridículo: presume y se jacta tanto que, si en serio tuviera las virtudes combinadas de Sócrates, el Cid y los Doce Apóstoles, de todos modos exageraría los hechos y parecería un mero Bombastes Furioso. [...] La civilización estadounidense está en su nivel más bajo precisamente en las áreas en las que el anglosajón presume dominar. [...] ¿Qué características percibo con más claridad en el tipo de hombre al que llamo anglosajón? Podría responder de inmediato que hay dos que sobresalen. Una es su curiosa y aparentemente incurable incompetencia: su incapacidad congénita para hacer cualquier cosa difícil bien y con facilidad, ya sea aislar un bacilo o escribir una sonata. La otra es su asombrosa susceptibilidad al miedo y la alarma; en resumen, su cobardía hereditaria.*, 28

El hecho de que Mencken se refiriera a sí mismo como un "anglosajón de sangre purísima" le daba derecho en parte a formular juicios tan extremos. Sus comentarios sobre su propia naturaleza y defectos tornaban un poco más tolerables sus impactantes opiniones; sin embargo, en el alba de la Segunda Guerra Mundial ya había caído de la gracia de muchos lectores y editores de periódicos (a excepción del renombrado Alfred Knopf). Mencken se burlaba de sí mismo tan bien como

---

* But here I pass them over (the good qualities of the Anglo-Saxon) without apology, for he devotes practically the whole of his literature and fully a half of his oral discourse to celebrating them himself, and there is no danger that they will ever be disregarded... In this fact lies the first cause of the ridiculous figure he commonly cuts in the eyes of other people: he brags and blusters so incessantly that, if he actually had the combined virtues of Socrates, the Cid and the Twelve Apostles, he would still go beyond the facts, and so appear a mere Bombastes Furioso... Civilization is at its lowest mark in the United States precisely in those areas where the Anglo-Saxon still presumes to rule... What are the characters that I discern most clearly in the so-called Anglo-Saxon type of man? I may answer at once that two stick out above all others. One is his curious and apparently incurable incompetence—his congenital inability to do any difficult thing easily and well, whether it be isolating a bacillus or writing a sonata. The other is his astounding susceptibility to fear and alarms—in short, his hereditary cowardice.

sus colegas. Sin embargo, tal vez se haya querido más que ellos, como se ve aquí: "Yo nunca doy conferencias, no porque sea tímido o mal orador, sino simplemente porque detesto a la clase de gente que asiste a conferencias, y no los quiero conocer"[*, 29] o acá: "Todos los hombres son farsantes. La única diferencia es que algunos lo admiten. Yo lo niego".[**, 30]

Groucho Marx (junto con sus hermanos) reprodujo las cualidades de sus predecesores, pero tuvo acceso al cine, es decir, a una audiencia mucho más amplia. Sus puntadas autoinfligidas son mucho mejor conocidas que las que ya he mencionado. Algunas son legendarias: "No quiero pertenecer a ningún club que me acepte como miembro",[***] y "Esos son mis principios, y si no te gustan... pues, tengo otros".[****] Algunas, como las de Mencken e incluso las de Twain, son extraordinariamente sexistas:

> Hice una gira de recaudación durante la Segunda Guerra Mundial. [...] Estábamos recaudando dinero, y fuimos a Boston y a Philadelphia y a la mayoría de las grandes ciudades. Y llegamos a Minneapolis. No tenían un gran teatro en el que nos pudiéramos presentar, así que lo hicimos en una estación de trenes. Entonces le conté a la audiencia que yo conocía a una chica de Minneapolis. También la conocían en St. Paul, porque iba seguido a visitarme. Le decían *la Perra de las dos tortas.* Ya no vendí más bonos, pero, bueno... por lo menos ya no me dejaron presentarme otra vez.[*****]

---

[*] I never lecture, not because I am shy or a bad speaker, but simply because I detest the sort of people who go to lectures and don't want to meet them.

[**] All men are frauds. The only difference between them is that some admit it. I myself deny it.

[***] I don't want to belong to any club that will accept me as a member.

[****] Those are my principles, and if you don't like them... well, I have others.

[*****] I did a bond tour during the Second World War... We were raising money, and we played Boston and Philadelphia and most of the big cities. And we got to Minneapolis. There wasn't any big theater to play there, so we did our show in a railroad station. Then I told the audience that I knew a girl in Minneapolis. She was also known in St. Paul, she used to come over to visit me. She was known as 'The Tail Of Two Ci-

Esa modestia hacía que sus recuentos de los rasgos distintivos de los norteamericanos fueran mucho más apetecibles e incisivos: "En Estados Unidos puedes salir al aire y tomarles el pelo a los políticos, y los políticos pueden salir al aire y tomarle el pelo al pueblo".*, 31

Después de los primeros clásicos judíos, llegó Woody Allen, un personaje icónico desde los años setenta hasta los noventa, pero que quedó eclipsado por los escándalos y por su propia edad. Al igual que Groucho Marx, con quien mantuvo una breve correspondencia a mediados de los años sesenta, pudo aprovechar las ventajas de la pantalla grande. Eso lo convirtió en un producto de exportación, aunque, insisto, el sarcasmo judío, el humor autoinfligido y el ingenio cáustico no se traducen fácil. Pocas cosas duelen tanto como ver una película de Allen con subtítulos en español; no funciona bien fuera de Estados Unidos. Pero los franceses lo adoraban (ha inaugurado el Festival de Cine de Cannes en tres ocasiones) y es uno de los norteamericanos más queridos por los extranjeros.

Sus películas, entrevistas, teatro y relatos constituyen un comentario incesante sobre sí mismo, la sociedad estadounidense contemporánea, la vida, el sexo y la depresión. Representan a la vez un reflejo y un producto de mucho de lo que los extranjeros consideraban lo mejor de Estados Unidos, hasta su dramática caída en desgracia. Al igual que sus predecesores, yuxtapuso una introspección poco común, sarcástica e incluso cínica con la crítica social de su país y sus compatriotas. Se refiere menos que sus colegas a los norteamericanos en general, y es mucho menos político que ellos. Sin embargo, explica más de Estados Unidos que muchos sociólogos o politólogos, incluso con su sesgo de judío de las costas.

Tal vez Allen no haya cautivado a todo el país, pero se asomó al alma y estructura de muchas partes de éste con mayor profundidad y agudeza que los académicos, o incluso que los novelistas. Y lo que

---

ties.' I didn't sell any more bonds, but eh . . . they didn't allow me to appear anymore.
* In America you can go on the air and kid the politicians, and the politicians can go on the air and kid the people.

le permitió hacerlo fue su sentido del humor. Habría sido mucho menos interesante como escritor común y corriente. Su versatilidad como cineasta, su alcance cosmopolita y su distancia de la ciudad en la que creció y vivió, empezando como escritor y luego como cómico de monólogo, lo convirtieron en uno de los principales críticos sociales de su época o, en todo caso, en aquél al que la mayoría de los extranjeros familiarizados con Estados Unidos identificaba y mencionaba.

Algunos podrían decir —el mismo Allen lo reconoce— que sus películas y su humor eran propios de las grandes ciudades de las costas, o constructos de la zona universitaria de la Costa Este. Puede decirse que la gran mayoría de los estadounidenses lo ignoraban, o por lo menos les parecía molesto y un representante de todo lo que odiaban: Nueva York y el esnobismo judío. Definitivamente no llegó a las masas por televisión, como otros humoristas que he mencionado, o a los que decenas de millones de norteamericanos conocieron gracias al televisor: Jacky Gleason, Lucille Ball, Milton Berle e incluso Carol Burnett o Carroll O'Connor y su personaje de Archie Bunker. Pero gracias a los hermanos Marx y a quienes precedieron a Allen, como Danny Kaye, o a los que lo siguieron, como Jon Stewart, el humor judío entró a la industria dominante del entretenimiento, y siguió siendo judío a la vez que se convertía en parte esencial de Estados Unidos.

Eso también es verdad en parte de la siguiente generación de humoristas, aquellos encarnados por *Saturday Night Live*, y después por *The Daily Show* y Comedy Central. Stephen Colbert, Jon Stewart, Trevor Noah, Bill Maher y otros tantos son los nuevos Mencken, Rogers y Marx, pero con un contenido mucho más politizado, seguidores más devotos aunque no necesariamente tan extendidos (sus *ratings* no son tan altos) y una conexión con la juventud que sus predecesores quizá nunca hayan disfrutado. SNL ha sido una máquina de comedia e incubadora de montones de humoristas desde 1975. Ser exalumno de SNL —a diferencia de Alec Baldwin, el anfitrión con más apariciones hasta la fecha— es razón de orgullo. Los exalumnos desde 1975 incluyen, en orden cronológico, a: Chevy Chase, Dan Ackroyd, John Belushi, Al Franken y Bill Murray, en los años setenta; Eddie Murphy, Billie Crystal y Dana Carvey, en los ochenta; Chris Rock, Adam Sandler, Will Ferrell y Jimmy Fallon, en los noventa, y en este siglo, a Tina Fey, Kate McKinnon, Amy Poehler, Maya Rudolph, Kristen Wiig y Seth Meyers.

El reparto está completo. O, más bien, casi completo. Ahora debo hablar de la extraordinaria tradición del humor afroamericano, no sin antes disculparme por pasar por alto a las mujeres comediantes o el humor femenino, representado por figuras que van de Lucille Ball y Joan Rivers hasta Amy Schumer y Sarah Silverman. No las conozco lo suficiente.

El humor afroamericano:
de las plantaciones a la televisión

Como han escrito muchos académicos y participantes, el humor de los negros empezó durante la esclavitud, como instrumento de uso múltiple, junto con los ritos espirituales, el baile y las pantomimas. Sirvió como herramienta para las personas esclavizadas de distintas regiones de África que no compartían lengua, o que sufrieron el dolor insoportable del Pasaje del Medio en distintos periodos. También les permitió a los esclavos de las plantaciones burlarse de sus amos blancos, ya fuera a sus espaldas o incluso frente a ellos, sin miedo a que entendieran que se estaban mofando de ellos. Bajo la esclavitud, el humor afroamericano también funcionó como manera de intercambiar información cifrada, por así decirlo. Era un doble sentido por naturaleza. Debido al analfabetismo forzado de la población esclavizada, el humor inevitablemente fue oral, o físico.

Los espectáculos de *minstrel* fueron desarrollados por blancos disfrazados de negros —en lo que se conocería como *blackface*, que significa literalmente *cara de negro*—, algo justificadamente inaceptable en nuestros días, pero común en ese entonces. Fue así como

Daddy Rice —un cantante de *minstrel* llamado Thomas Dartmouth— creó al personaje teatral Jim Crow en 1828. Sin embargo,
después de la Guerra de Secesión y hacia finales del siglo XIX, los
espectáculos de *minstrel* cada vez incluían a más afroamericanos como
actores, disfrazados también con *blackface*. El ejemplo más famoso,
el hombre que ahora se conoce como el primer cómico negro, fue
Bert Williams. Entretuvo a millones de estadounidenses —negros y blancos por igual— desde la década de 1880 hasta la de 1920,
y podría etiquetarse como el primer humorista negro en cruzar la
frontera racial.

Al principio, los comediantes negros —todos orales, hasta mucho después— se presentaban ante audiencias negras. Tradicionalmente, los afroamericanos no se presentaban ante públicos blancos,
a menos de que fuera un espectáculo de *minstrel*. Cuando realizaban
un monólogo, lo diseñaban para que no generara anticuerpos. Ese
autocontrol no existía ante las audiencias afroamericanas. Un autor
lo explicó así: "Conforme pasó el tiempo y la sociedad estuvo menos segregada y fue más receptiva, ya no se consideró necesaria esa
diferenciación".[32] El principal impulso de esa evolución fue la Gran
Migración: el humor de los negros llegó al norte y, por lo menos en
parte, al público blanco.

Los espectáculos de *minstrel* empezaron a desaparecer a principios
del siglo XX. Los negros se presentaban con más frecuencia ante el
público blanco. En algunos casos, esa audiencia incluía algunos negros en rincones remotos de la sala. Incluso durante la esclavitud, el
humor "era autoinfligido, porque los esclavos mismos eran el blanco
de sus historias burlescas". El humor de los negros con frecuencia
era autoinfligido, especialmente ante las audiencias negras.[33] Es de
suponer que esos públicos disfrutaban que se burlaran de ellos. Sin
embargo, un autor de la Universidad Clark de Atlanta sugiere que
quizá no todos lo hicieran: aunque ése fuera "el origen del humor
autoinfligido de los negros,"[34] esa característica no necesariamente
complacía a todas las audiencias afroamericanas, comenzando por la
clase media negra emergente.

Originalmente, cuando el público era mixto, el humor autoinfligido rara vez incluía temas blancos o estadounidenses sin connotaciones raciales. Pero la semilla estuvo ahí desde el principio. Con el tiempo, gracias a los grandes cómicos que empezaron a presentarse ante audiencias birraciales, los comediantes negros desarrollaron una (auto)crítica mordaz de la sociedad norteamericana. Cuando alguien como Dick Gregory se burlaba del país, se estaba burlando de los blancos, pero también de los negros y de los estadounidenses en general: "Éste es el único país del mundo en el que uno puede crecer en un gueto sucio, ir a las peores escuelas, verse obligado a sentarse hasta atrás en el camión y luego ganar 5 000 dólares a la semana por contarlo".*, 35

Desde el principio, incluir humor autoinfligido fue una cuestión tensa. No todo resultaba igual de atractivo para las audiencias blancas y las negras. Después de Gregory, Sammy Davis Jr. y Redd Foxx —el primer cómico negro en presentarse ante una audiencia blanca en Las Vegas—, y los humoristas más explícitos, como Richard Pryor y Eddie Murphy, han de haber rechinado en los oídos de las audiencias blancas. Los más matizados, como Bill Cosby, podían alcanzar un público blanco con más facilidad, mucho antes de su debacle personal, profesional y ética. Cuando Pryor usaba su línea clásica —"Fui negro durante 23 años. Lo dejé: así no podía progresar"—** no era algo que los blancos le aplaudieran. Cosby era más tranquilo; algunos dirían que más blanco. Pryor empezó a burlarse de los blancos tanto como lo hacía de los negros, y la siguiente generación —personificada por Chris Rock y Dave Chappelle— básicamente la agarró contra todo mundo. Se convirtieron en críticos sociales que hablaban de racismo, pero definitivamente no se limitaron a él.

---

* This is the only country in the world where a man can grow up in a filthy ghetto, go to the worst of schools, be forced to ride in the back of the bus, then get $5,000 a week to tell about it.

** I was a nigger for twenty-three years. I gave it up—no room for advancement.

Usan un humor a la vez irreverente, iconoclasta y autoinfligi-do. Y aunque no haya duda de que forman parte de la tradición humorística afroamericana, también tocan temas universales. Rock se burla de su país: "Tenemos tanta comida en Estados Unidos que somos alérgicos a ella. ¡Alérgicos a la comida! La gente con hambre no es alérgica a un carajo. ¡¿O qué, ustedes creen que en Rwanda hay cabrones con intolerancia a la lactosa?!"".* También de los blancos: "Todas las ciudades tienen dos centros comerciales: al que van los blancos y al que solían ir los blancos".**, 36 Y de los negros, él incluido: "Vivo en un barrio tan bravo que te pueden dar un tiro mientras te están dando un tiro".*** Chappelle, quien —a diferencia de Rock, que es exalumno de SNL— sólo se paró una vez en *Saturday Night Live* al principio de su carrera televisiva, se tomó un largo descanso de la televisión y de los monólogos, aunque no del cine. Misterio-samente, se mudó a Sudáfrica unos años. Pero mantiene ese mismo tipo de humor, particularmente afroamericano. Ataca a la sociedad entera, sobre todo a los blancos, y agrede a sus compañeros negros casi sin miramientos. Con los blancos y con su propia sociedad, es devastador: "Un día se metieron a mi casa. Era buen momento para llamar a la policía, pero hmmm... nop. Era una casa demasiado fina. Era una casa muy, muy bonita, pero nunca me habrían creído que yo vivía ahí. Habrían dicho: '¡Aquí sigue el ratero!'".****, 37 Cuando habla de los blancos, es implacable: "Si eres negro, tienes que ver a Estados Unidos un poco distinto. Tienes que verlo como el tío que te pagó la

---

* We got so much food in America we're allergic to food. Allergic to food! Hungry people ain't allergic to shit. You think anyone in Rwanda's got a fucking lactose intolerance?!
** Every town has the same two malls: the one white people go to and the one white people used to go to.
*** I live in a neighborhood so bad that you can get shot while getting shot.
**** Somebody broke into my house once, this is a good time to call the police, but mmm…, nope. The house was too nice. It was a real nice house, but they'd never believe I lived in it. They'd be like 'He's still here!'

universidad, pero que te toqueteaba".* Con los negros es demoledor: "Todos los negros somos bilingües. Todos. Hablamos inglés callejero y hablamos *entrevista de trabajo*."**,[38] Y, al igual que todos sus predecesores, es despiadado cuando se burla de sí mismo: "A veces, incluso, me gusta lo que yo pienso".***,[39]

Por razones que ya expliqué y que se remontan a la esclavitud, el humor afroamericano fue totalmente oral durante un largo periodo. Pero eso empezó a cambiar desde tiempos de W. E. B. Du Bois, quien, según el aclamado novelista Paul Beatty, "tenía sentido del humor. Su ensayo de 1923, 'On Being Crazy', aunque no te mate de risa, por lo menos es un ejemplo de ese gran hombre soltándose el chongo para hacer un poco de sátira de la segregación".[40] Pocos años más tarde llegó Langston Hughes, y su *Not Without Laughter*.

Desde entonces, los autores negros surgieron uno tras otro. Y el humor negro también surgió en el cine, sobre todo, aunque no exclusivamente, en las obras clásicas de Spike Lee. Quizás el escritor afroamericano más reciente y exitoso con sentido del humor sea el mismo Beatty, cuya novela *El vendido* ganó el Premio Man Booker en 2015, aunque dieciocho editoriales lo hubieran rechazado antes de que lo publicara Farrar, Strauss and Giroud.

A pesar de su mayor identificación con las ciudades de las costas, o de su ubicación en el archipiélago universitario del núcleo de Estados Unidos, todas las encarnaciones contemporáneas del humor norteamericano entienden que no sólo se dedican a los chistes. Mantienen la tradición viva y en buen estado. Sobre todo los jóvenes, como las grandes estrellas de Comedy Central, no son tan sólo comediantes o humoristas. Dan las noticias, realizan entrevistas, hacen *roasts* en eventos respingados de Nueva York y Washington, y se han

---

* If you're black, you got to look at America a little bit different. You got to look at America like the uncle who paid for you to go to college, but who molested you.
** Every black American is bilingual. All of them. We speak street vernacular and we speak 'job interview.'
*** I enjoy my own thoughts sometimes.

convertido en punto de referencia para todo el mundo. El *New York Times* publica sus mejores líneas a diario; los políticos de cualquier facción ruegan por ir a sus programas, le ponen atención a su ironía y la elogian. En más de un sentido, son los críticos sociales de nuestros días, a pesar de su alcance relativamente restringido y de que los aborrezcan en la mayor parte de las zonas rurales. Trump y sus seguidores nunca los perdonaron.

Sin embargo, el sentido del humor nacional no les pertenece exclusivamente a los humoristas. Los estadounidenses en general son graciosos. Se ríen de sí mismos y hacen mucho humor negro, que es una capacidad satírica, irreverente y macabra para burlarse de todo: de la vida, la muerte, el placer, la enfermedad e incluso los rasgos más desagradables y molestos de la vida cotidiana y social. Nadie hace chistes en un réquiem, en un funeral ni en un velorio; los estadounidenses, sí. Se ríen de sí mismos y de sus amigos, y, por supuesto, de sus enemigos. La característica distintiva son sus bromas autoinfligidas, que contrastan con el humor de la mayoría de los demás países.

El sentido del humor norteamericano puede ser una herramienta vital para despertar su autoconsciencia. El humor tiene una manera particular de subrayar las debilidades de un país —y de un individuo—. Y, en este caso, implica reconocer la pérdida de la hegemonía total de Estados Unidos y la necesidad de proyectar su poder para atacar sus inmensos problemas internos. Un país cómodo en su propia piel tiene más peso en el mundo que uno que necesite presumir sus músculos todo el tiempo. Estados Unidos necesitará su sentido del humor más que nunca en los años venideros. Reírse de uno mismo cuando, como Muhammad Ali, *eres el mejor*, es una cosa. Hacerlo en medio de rivalidades, de una competencia feroz con los demás o cuando te acercas a la senectud, es algo muy distinto. Usar humor cuando lidias con los británicos seguramente no va a ser igual que con los chinos, que en general no son reconocidos por su comicidad, aunque sí por su ingenio. Su maravilloso sentido del humor le servirá bastante a la Unión Americana cuando se enfrente a sus retos futuros.

De manera similar, el despertar de una noción de historia es crucial para que un país, o una civilización, entienda su lugar en la historia y en el mundo. Estados Unidos está pasando de la posición de superioridad económica indiscutida que disfrutó desde la Segunda Guerra Mundial a una en la que sus rivales —la Unión Europea, y sobre todo China— ya no están tan rezagados. La transición es menos abrupta de lo que algunos creen, como espero demostrar en el siguiente capítulo. Durante ella, la historia será indispensable. La Unión Americana por fin comienza a reconocer la importancia de la historia para entenderse a sí misma. También apreciará cada vez más su utilidad para lidiar con civilizaciones milenarias como la china, que ponen un gran énfasis en la historia y, sobre todo, en el largo plazo. Quizás uno de los mayores tributos recientes a la madurez de Estados Unidos, en parte gracias a que Donald Trump admira tanto a Andrew Jackson, es la burla en Comedy Central sobre la posible presencia de Harriet Tubman en el billete de veinte dólares. También se mofan de la misma Tubman, en su papel de espía negra de la Unión. Si el sentido del humor norteamericano tradicional converge con la noción de historia estadounidense emergente, es porque las cosas están empezando a cambiar. Ahora nada, ni siquiera la historia, se le escapa al humor norteamericano, lo que lo vuelve excepcional, fulminante y admirable.

Si a eso le añadimos la amplia ventana que Estados Unidos tendrá antes de que otros actores le arrebaten su supremacía económica, se puede ser relativamente optimista ante el futuro, por lo menos en ese ámbito. Ahora nos asomaremos por esa ventana, con un enfoque ligeramente contraintuitivo.

Notas

1 Mak, Geert, *In America: Travels with John Steinbeck*, Londres, Harvill Secker, 2014, p. 63.
2 Wilde, Oscar, "The American Man", *The Court and Society Review*, 4.145, 13 de abril de 1887.

[3] Paz, Octavio, *El peregrino en su patria. Historia y política de México*, México, Fondo de Cultura Económica, (1987) 1996, p. 442.

[4] *Ibid.*

[5] Ashida, Hitoshi, "America on the Rise", en Duus, Peter y Hasegawa, Kenji (eds.), *Rediscovering America: Japanese Perspectives on the American Century*, Berkeley, CA, University of california Press, 2011, p. 93.

[6] Lepore, Jill, "A New Americanism", en *Foreign Affairs,* 28 de junio de 2019, https://www.foreignaffairs.com/articles/united-states/2019-02-05/new-ameri canism-nationalism-jill-lepore.

[7] Lepore, Jill, *These Truths: A History of the United States*, Nueva York, W. W. Norton & company, 2018, p. 10.

[8] /@indarktimes, "Hannah Arendt: America Is Not a Nation-In Dark Times", Medium, 27 de octubre de 2018, https://medium.com/@indarktimes/hannah-arendt-america-is-not-a-nation-9e3905b2dfde, consultado el 23 de abril de 2019.

[9] Santayana, George, *Character & Opinion in the United States*, Scholar Select, Nueva York, Charles Scribner's Sons, 1920, p. 169.

[10] Valéry, Paul, *Notes sur la grandeur et décadence de l'Europe*, Bibliotèque de la Pléiade, Oeuvres, volume II, París, Gallimard, 1960, p. 930.

[11] Fuentes, Carlos, "La larga noche de América Latina I", en *El Día*, 22 de mayo de 1983, México.

[12] Nolan, James L., *What They Saw in America: Alexis De Tocqueville, Max Weber, G. K. Chesterton, and Sayyid Qutb*, Nueva York, Cambridge University Press, 2016, p. 8.

[13] Lévy, Bernard-Henri, *American Vertigo*, París, Grasset, 2006, p. 386.

[14] McCormack, J. W., "The Story of Oscar Wilde in America", *Culture Trip*, 28 de marzo de 2018, https://theculturetrip.com/north-america/usa/articles/the-story-of-oscar-wilde-in-america/..., consultado el 4 de abril de 2019.

[15] Fleming, Crystal Marie, *How to Be Less Stupid about Race: On Racism, White Supremacy, and the Racial Divide*, Boston, Massachussets, Beacon Press, 2018, p. 30.

[16] Remarks by the President at Naturalization Ceremony, (s.d.), https://obamawhi tehouse.archives.gov/the-press-office/2015/12/15/remarks-president-natura lization-ceremony.

[17] Weiss, Bari, "San Francisco Will Spend $600,000 to Erase History", *The New York Times,* 28 de junio de 2019, https://www.nytimes.com/2019/06/28/opi nion/sunday/san-francisco-life-of-washington-murals.html, consultado el 19 de julio de 2019.

[18] Schmidt, Benjamin M., "The History BA since the Great Recession", 26 de noviembre de 2018, https://www.historians.org/publications-and-directo

ries/perspectives-on-history/december-2018/the-history-ba-since-the-great-recession-the-2018-aha-majors-report, consultado el 2 de marzo de 2019.

[19] *Ibid.*

[20] De Beauvoir, Simone, *America Day by Day*, Berkeley, CA, University of California Press, (1950) 2000, p. 67.

[21] Delbanco, Andrew, *The War Before the War*, Nueva York, Penguin Press, 2018, pp. 135, 144.

[22] Schama, Simon, *The American Future: A History*, Nueva York, Ecco, 2010, p. 326.

[23] Severgnini, Beppe, *Ciao, America! An Italian Discovers the U.S.*, Nueva York, Broadway Books, 2003, p. 200.

[24] Yagoda, Ben, *Will Rogers: A Biography*, Norman, OK, University of Oklahoma Press, (1993) 2000.

[25] "Will Rogers Quotes", *BrainyQuote*, https://www.brainyquote.com/quotes/will_rogers_103996, consultado el 10 de septiembre de 2019.

[26] Twain, Mark, *Roughing It,* (s.d.), *Digireads.com Publishing,* (1872) 2018, p. 100.

[27] Twain, Mark, *The Innocents Abroad,* (s.d.), Empire Books, (1869) 2012, p. 80.

[28] Mencken, H. L. y Cooke, Alistair, *The Vintage Mencken*, Nueva York, Vintage Books, (1955) 1990, pp. 129–30, 132.

[29] MacHale, Des, *Wit*, Kansas City, Andrews McMeel Publishing, (1996) 2003, p. 36.

[30] "H. L. Mencken Quotes", *BrainyQuote*, https://www.brainyquote.com/quotes/h_l_mencken_137231, consultado el 10 de septiembre de 2019.

[31] "Forbes Quotes. Thoughts on the Business of Life", *Forbes*, https://www.forbes.com/quotes/3725/, consultado el 24 de julio de 2019.

[32] Watkins, Mel, *African American Humor: The Best Black Comedy from Slavery to Today*, Chicago, IL, Lawrence Hill Books, 2002.

[33] Gordon, Dexter B., "Humor in African American Discourse: Speaking of Oppression," *Journal of Black Studies,* 29.2 (noviembre de 1998), p. 256.

[34] Banks Mason, Cheryl, *The Dynamics of Black Humor from Africa to America and the Transformation from Slavery to the Twentieth Century*, tesis de maestría, Universidad Clark de Atlanta, 2008. Atlanta, ETD Collection for AUC Robert W. Woodruff Library, 2008, https://core.ac.uk/download/pdf/9420431.pdf, consultado el 20 de junio de 2019.

[35] *Ibid.*, p. 54.

[36] "Chris Rock Quotes", *BrainyQuote*, (s.d.), https://www.brainyquote.com/quotes/chris_rock_129973, consultado el 17 de junio de 2019.

[37] "Dave Chappelle: Somebody Broke into My House Once, This Is a Good Time to Call the...", *SComedy*, https://scomedy.com/quotes/Dave-Chappelle, consultado el 10 de septiembre de 2019.

[38] "Dave Chappelle Quotes", *BrainyQuote*, (s.d.), https://www.brainyquote.com/quotes/dave_chappelle_564197, consultado el 17 de junio de 2019.

[39] "Stand-Up Comedy Quotes and Jokes", SComedy, (s.d.), http://scomedy.com/quotes?search=I enjoy my own thoughts sometimes.

[40] Beatty, Paul. "Black Humor", *The New York Times*, 22 de enero de 2006, https://www.nytimes.com/2006/01/22/books/review/black-humor.html.

6

Apple y Wall Street

La economía norteamericana ha recibido varias advertencias graves durante los últimos cuarenta años. En los años ochenta, lo que la hundiría iba a ser el gigante japonés y el *síndrome de caída de las grandes potencias*. A principios del siglo XXI, la creación del euro y la reforma de la máquina económica alemana generaron un nuevo pesimismo, a pesar del auge de los años de Clinton. En 2015, el crecimiento explosivo de China, junto con el brillante logro de haber superado a Estados Unidos en términos de PIB alrededor de 2012 (por lo menos en cuanto a paridad de poder adquisitivo), generaron interminables notas periodísticas y ensayos sobre la inminente caída del poderío y preeminencia económicos de la Unión Americana. Eso ocurrió en 2012, pero en PIB per cápita, Estados Unidos aún supera a China por casi el cuádruple.[1]

Donald Trump, como agorero en jefe, agravó el último pronóstico sombrío, a pesar de su contradictoria pomposidad de propagandista. Ninguna de esas predicciones se materializó, por lo menos a corto plazo, y no parece que ni siquiera el ascenso de China amenace la superioridad económica norteamericana (no sino hasta 2030).[2] Todo lo anterior no implica que no existan debilidades serias en el funcionamiento de la economía estadounidense, ni que algún día, como mero resultado de la demografía, China y la India no superen el PIB de Estados Unidos a precios corrientes. Sin embargo, en términos per cápita, ese momento aún resulta lejano. También si se mide con un estándar más intangible, como el de tener un *papel importante en el mundo*. Una encuesta realizada en 25 países en 2018 descubrió que 31% de los entrevistados afirmaba que Estados Unidos contaba con un papel más importante en el mundo que diez años atrás, mientras que 35% pensaba que había mantenido su importancia. Tan sólo una cuarta parte creía que tenía un papel menos importante que antes.[3]

En el caso de la India y China, se trata de una cuestión de cifras agregadas enormes. La economía estadounidense supera a todas las que aún se encuentran en la etapa de la manufactura, sin importar lo pobladas o diminutas que sean, incluso si también han avanzado a un nivel económico basado en servicios e impulsado por tecnología, o si se han unido, como la Unión Europea. Esta última se encuentra en la misma liga que Estados Unidos —en términos de tamaño y población—, pero aún no logra una estructura homóloga. Existen pocas excepciones (como Airbus) en las que una empresa *europea* —no alemana ni francesa ni italiana— compite con éxito con una norteamericana (Boeing) en algún ámbito. Europa cuenta con regiones en las que se pueden establecer comparaciones útiles, pero por definición no pueden enfrentarse a la economía estadounidense como un todo.

Que la Unión Americana ya no posea el control de la economía global que disfrutó durante gran parte del primer medio siglo tras la Segunda Guerra Mundial no significa que haya dejado de ser la economía más grande, dinámica e innovadora del planeta. Nunca debería interpretarse un debilitamiento relativo en el equilibrio de fuerzas económicas como una disminución absoluta en todos los ámbitos de la economía: productividad, avance tecnológico, tamaño corporativo y dominio monopólico, cuota y conquista del mercado.

De manera similar, si otras sociedades prefieren dividir su tiempo de trabajo y producción de una manera diferente —que a muchos de nosotros en el extranjero nos parece más atractiva—, esa preferencia no debería evitar que reconozcamos que la forma en la que lo hacen los norteamericanos sigue siendo la más seductora para millones de personas en todo el mundo. Los estadounidenses y los ingleses trabajan muchas más horas al año que los franceses o alemanes: 1 780 en la Unión Americana y 1 543 en el Reino Unido, contra 1 408 en Noruega o, contrario al estereotipo, 1 356 en Alemania.[4] Yo, en lo personal, prefiero la opción europea. Los estadounidenses tienen menos días de vacaciones, menos tiempo libre y una calidad de vida inferior. Esa alternativa no me resulta atractiva. Pero si pudieran elegir, miles de millones de personas preferirían la opción norteamericana, porque pueden ver los resultados en tiempo real, todos los días, en su vida cotidiana.

Continuidad constante

Hay una pregunta que fascina a los extranjeros: ¿por qué casi 150 años después del gran auge de inventores como Bell, Edison, los Wright y demás, Estados Unidos sigue dominando en innovación tecnológica? Aún genera increíbles avances para la vida de las personas de todo el mundo. Desde los logros en la venta minorista de Sears Roebuck y Montgomery Ward, a finales del siglo XIX, o de los negocios de bienes de consumo domésticos, como el de Isaac Singer (quien podría considerarse el fundador de la primera multinacional de la historia), y ni hablar del parteaguas que provocó Ford durante la primera década del siglo XX, el capitalismo norteamericano nunca ha perdido el paso. Ahora, Apple, Alphabet, Amazon, Facebook y Microsoft son los equivalentes de las corporaciones construidas por los genios de los siglos XIX y XX, y aún son estadounidenses.

Medidas por ganancias, cinco de las diez principales compañías tecnológicas del mundo son norteamericanas, las primeras cuatro, por márgenes enormes; las otras cinco son chinas.[5] La perspectiva *a la distancia* se concentra en lo que perdura del ingenio, innovación y logros educativos estadounidenses en los más altos niveles. El punto de vista *interno*, que comparten muchos observadores de la evolución de su propio país, percibe el vaso medio vacío. Pero no existe una sola área de actividad económica, tecnológica, militar, de conquista espacial o de inteligencia artificial en la que una entidad norteamericana no ocupe el primer lugar; quizás la única excepción sea la energía renovable. Tal vez otros países encuentren nichos, o planeen para el mediano plazo con mayor previsión, recursos y enfoque. Pero en todos los ámbitos, Estados Unidos, por medio de un individuo, una institución o una empresa, se mantiene a la cabeza. Eso se debe, entre otras cosas, a lo que la autora italiana Mariana Mazzucato llama el Estado Emprendedor: el involucramiento del gobierno federal en la economía por medio de una multitud de canales e instrumentos.[6]

En 1925, a medio camino entre el final de la Primera Guerra Mundial y el inicio de la Gran Depresión, las diez compañías más grandes del mundo en términos de ganancias eran norteamericanas. En 2018, de las diez principales empresas no extractoras del mundo, seis eran estadounidenses.[*] Eso se debió en parte a la destrucción causada por la Gran Guerra en Europa, pero también al enorme tamaño de aquel país al otro lado del Atlántico. A partir de 1870, la compañía de ferrocarriles Pennsylvania Railroad se convirtió en la empresa más grande del mundo, y continuó así hasta finales de los años veinte. En 1917, US Steel era la acerera más grande del mundo, a pesar del tamaño considerablemente mayor de los fabricantes de armas europeos. La telefónica American Telephone and Telegraph era la segunda compañía más grande de Estados Unidos, y una de las diez principales del mundo. En 1900, la petrolera Rockefeller Standard Oil Company era la empresa número uno del mundo por capitalización de mercado, y conservó su puesto tras la subdivisión impuesta por el gobierno en 1907. En 1920, su empresa derivada, Standard Oil of New Jersey, se mantenía en primer lugar. Durante 77 años, desde 1931 hasta 2007, General Motors fue el mayor fabricante de automóviles del mundo,

---

[*] Las cinco compañías estadounidenses no extractoras son: Walmart, Apple, Berkshire Hathaway, Amazon, United Health Group y McKesson. Lbelanger225, "Fortune 500", *Fortune*, 30 de julio de 2019, https://fortune.com/fortune500/, Lbelanger225, consultado el 5 de agosto de 2019. "Global 500", *Fortune*, 30 de julio de 2019, https://fortune.com/global500/2019, consultado el 5 de agosto de 2019.

y a lo largo de los años cuarenta, la firma más grande de Estados Unidos y del mundo. Desde entonces, ningún otro negocio ha igualado su tamaño en relación con el PIB del país. IBM se unió al club de los líderes mundiales a mediados de los años cincuenta, y dominó la industria de la computación hasta 1980, cuando nuevos titanes entraron a la competencia.[7] En 1980, las diez empresas principales del mundo seguían siendo estadounidenses. En 2015, la cifra había caído a siete, pero las otras tres eran paraestatales chinas.

Los extranjeros que atan cabos y detectan la continuidad en estos aspectos específicos se maravillan ante la ventaja casi perpetua que han conservado los norteamericanos. A veces les desconcierta la longevidad del proceso, aunque la hayan explicado con éxito. Una cosa es la innovación tecnológica; los alemanes, británicos y franceses vencieron a los estadounidenses en muchos ámbitos clave a finales del siglo XIX y principios del XX: automóviles, cinematografía, televisión, etcétera. Otra cosa es el capitalismo y los negocios: nacieron en Gran Bretaña; su crianza ideológica ocurrió en Francia. Alemania generó su expresión más sofisticada al crear el primer complejo industrial-militar (junto con Japón), el primer Estado de bienestar y la primera alianza duradera entre capital y Estado.

Estados Unidos no alcanzó ninguna de esas etapas hasta mucho después. Pero fue la primera y única economía y sociedad moderna en fusionar los dos procesos: innovación tecnológica y negocios; invenciones y ganancias; ingeniería y economía; administración (con personas como Frederick Taylor) e imaginación creativa. Obviamente, no todos los inventos se transformaron en empresas lucrativas. No todos los negocios exitosos se originaron en el ingenio de sus fundadores. Pero esa alianza, o sinergia, se afianzó en tantos sectores de la economía y la sociedad que, sumada a la magnitud y riqueza natural de Estados Unidos, se volvió casi inevitable que eclipsara a todo lo demás. Un viajero chino lo expresó así en 1918: "No importa de qué rama de la ciencia se trate, en cuanto se transmite a Estados Unidos, los norteamericanos usan sus talentos para imitarla, ponerla en práctica y desarrollarla".[8]

Esto permanece hasta nuestros días, con el legendario *garage* de Steve Jobs; el dormitorio en Harvard de Zuckerberg y el hecho de que haya abandonado sus estudios; los 250 000 dólares que le dieron sus padres a Jeff Bezos para fundar Amazon en 1995, y que Michael Dell también haya dejado la universidad a los veinte años. Cualquier país puede producir un genio; muchos han creado negocios modernos y lucrativos. Ningún otro ha unido ambas circunstancias durante siglo y medio como Estados Unidos. Existe algo en la naturaleza o el ADN del capitalismo norteamericano que lo posibilita, a diferencia de las economías del resto del mundo.

La amplitud y ritmo de introducción de la tecnología estadounidense en la industria, hogares, inversión y consumo tras la Segunda Guerra Mundial fueron asombrosos. La tendencia continuó después de los años sesenta, cuando Europa occidental y Japón ya se habían recuperado de la destrucción causada por el conflicto. Persistió hasta pasada la década de 1980, cuando las reformas de China empezaron a mostrar resultados. Se dio no sólo mucho más rápido que en cualquier otro país, sino también al mismo ritmo, o a uno incluso mayor que el teléfono, el automóvil o la radio a finales del siglo XIX o principios del XX.

Son bien conocidos los ejemplos contemporáneos que presenta Robert Gordon, un historiador económico de la Universidad del Noroeste que los compara con el pasado de Estados Unidos. Sin embargo, continúan provocando fascinación en el extranjero: la computadora central que rápidamente derivó en sistemas de reservación de líneas aéreas; en compañías de seguros de vida; en la banca y sus subderivados, como las tarjetas de crédito, cajeros automáticos y etiquetas y escáneres de códigos de barras; en la fotocopiadora, introducida en 1959; en la calculadora electrónica, y, obviamente, en la computadora personal, en 1981. El internet se unió a esas innovaciones a principios de los años noventa, y la banda ancha llegó unos años después. Según Gordon, en 2013, 85% de los hogares norteamericanos poseían una computadora y disfrutaban de acceso a internet, que para esa fecha era casi exclusivamente por banda ancha.[9]

Algunos extranjeros se preguntan de nuevo: ¿por qué en Estados Unidos y no en otro lugar? China, por lo menos hasta ahora, no ha logrado combinar esos dos rasgos del capitalismo norteamericano. Todavía no hay inventos chinos recorriendo el planeta. Las grandes compañías chinas presentes en muchos países, aparte de las inversiones de las llamadas empresas paraestatales en materias primas e infraestructura vinculada a éstas, aún son escasas y espaciadas. Huawei es el ejemplo mejor conocido, en parte por ser prácticamente el único; la rivalidad o conflicto actual con Estados Unidos por la 5G y las líneas troncales en muchos países parece un buen predictor de lo que sucederá, pero que aún no ha ocurrido a gran escala. Las estructuras políticas y administrativas de China no parecen favorecer esa clase de combinación, al menos no de momento.

Tal vez Japón haya pasado por una etapa análoga en los años ochenta, pero resultó efímera. Persiste en casos muy específicos —por ejemplo, en la industria automotriz—, pero no como fenómeno generalizado. La ventaja estadounidense se ha mantenido tan poderosa que se ha trascendido a sí misma, como diría Hegel. El *smartphone* es un constructo norteamericano, desarrollado por una empresa estadounidese, pero se construye fuera de la Unión Americana, y cada vez es más frecuente que lo fabriquen negocios no norteamericanos (Samsung, LG, Huawei, etcétera). Sin embargo, es percibido como un producto típico de Estados Unidos. Debido a que los empleos directos e indirectos creados por esa manufactura y las ganancias generadas por su venta ya no están basados en la Unión Americana, podría decirse que se trata de una percepción equivocada. Nos enfrentamos a una discusión de décadas sobre si las corporaciones multinacionales cuentan con un hogar o una nacionalidad; yo tiendo a seguir creyendo que sí.

Una evolución similar sucedió antes con la computadora, luego la laptop y ahora las tabletas. Al igual que con la máquina de coser a finales del siglo XIX, no parece que importe mucho dónde se realice el proceso final. Lo importante es que la creación, desarrollo, lanzamiento y publicidad del producto *sean estadounidenses*. Decir que un iPhone está "Diseñado en Estados Unidos" y "Hecho en China" no dista mucho de hablar de una máquina de coser Singer diseñada en Chicago y fabricada en Escocia en 1895. En 1863, Singer inauguró una planta en Bridgeport, Inglaterra, con una producción que alcanzó 1 400 máquinas al día a principios de la década de 1870. Luego, en 1885, la fábrica Kilbowie en Escocia reemplazó la producción de Bridgeport. La empresa inauguró una fundidora en Alemania en 1883, y abrió su fábrica rusa en Podolsk en 1900. ¿Qué la diferencia de Apple?

A partir de los años cuarenta, una característica quizá loable, pero incómoda, ha sido un rasgo distintivo del capitalismo estadounidense. Ha engendrado una extraña mezcla de horror y admiración entre los extranjeros, simpaticen o no con el proyecto norteamericano. Desde su entrada a la Segunda Guerra Mundial, y en particular a partir del Proyecto Manhattan, Estados Unidos estableció una simbiosis entre ciencia, ingeniería, tecnología y equipo militar (y *software*, por medio de internet) que ha conseguido logros encomiables en múltiples ámbitos.

Esa simbiosis se puede rastrear a inicios del siglo XX, cuando los médicos militares Walter Reed y William Gorgas prácticamente erradicaron la fiebre amarilla de Cuba y Panamá para detener las altas tasas de mortalidad durante la Guerra Hispano-Estadounidense y la construcción del Canal de Panamá. En ambos casos se trató de empeños militares. Los médicos del ejército iniciaron experimentos de investigación en Cuba con un equipo dirigido por Reed, con los doctores James Carroll, Arístides Agramonte y Jesse William Lazear.[10] Demostraron con éxito la *hipótesis del mosquito*: la fiebre amarilla fue el primer virus con transmisión por mosquitos comprobada. En *Entrepreneurial State*, de Mazzucato, se describe una implicación más amplia de ese proceso, que consistió en las enormes sumas que el gobierno federal asignó a partir de 1938 a los Institutos Nacionales de Salud, para investigar y desarrollar medicamentos.[11]

La bomba atómica fue el resultado más espectacular de esa notable sinergia. Reunió a varios genios, empezando por Oppenheimer, pero incluyendo a todos los ganadores del Premio Nobel que trabajaron en Chicago. Se mezclaron administración —con el involucramiento del ejército norteamericano y el liderazgo del general Leslie Groves y Oppenheimer— y recursos financieros —gracias a la dirección del gobierno de Estados Unidos—. Por último, el proyecto ilustró la capacidad de la Unión Americana de convertir el prototipo de Los Álamos en un aterrador arsenal en un breve periodo. Ese patrón de cooperación continuó durante toda la Guerra Fría, a veces de manera infame (la tecnología de cohetes y misiles en asociación con el ingeniero nazi Wernher von Braun) y a veces de forma admirable (con Kennedy y la carrera a la Luna de la NASA). Persiste hasta nuestros días, con las investigaciones actuales para lograr un ejército de alta tecnología que deshumanice las guerras, por ejemplo, pero eso también se puede aplicar a un uso civil en algún momento.

Los dos ejemplos más recientes y menos tóxicos son la computadora central, desarrollada por el Departamento de Guerra de la Universidad de Pennsylvania y publicada con el horrible acrónimo ENIAC, que por sus siglas en inglés significa Computador e Integrador Numérico Electrónico, en 1947, e internet, nacido de la Agencia de Proyectos de Investigación Avanzados del Pentágono, o ARPANET, a finales de los años sesenta, y gracias a Tim Berners-Lee, el inventor británico de la World Wide Web. Ningún país en el mundo ha podido, ni podrá pronto, amalgamar todos los ingredientes necesarios para formar productos tan acabados que puedan beneficiar a una empresa, a una nación o incluso a la humanidad entera.

La famosa comparación de patentes también resulta muy ilustradora. No es un equivalente perfecto de la innovación, pero podemos tomarla como un sustituto suficiente. En 1900, de los cinco países principales del mundo que depositaban peticiones de patente (Estados Unidos, Gran Bretaña, Francia, Bélgica y Alemania), los solicitantes norteamericanos obtuvieron poco menos de 40%. En 1920, la cifra cayó a 30%. En 1950 se disparó a 44%, sobre todo por la destrucción causada por la Segunda Guerra Mundial en los demás países líderes. Pero las cifras más interesantes provienen de fechas posteriores.

En 1980, cuando la hegemonía norteamericana comenzaba a declinar, Estados Unidos perdió su primer lugar ante la Unión Soviética, ante Japón en 2000 y ante China en 2015, pero mantuvo una proporción muy similar de patentes mundiales concedidas: 34%, 34% y 25%, respectivamente. El último descenso se debió en gran medida a la entrada de China a la ecuación.[12] Entre 1920 y 2015, la proporción de patentes norteamericanas entre los líderes mundiales pasó de aproximadamente un tercio del total a un cuarto: durante un siglo entero mantuvo un grado de continuidad que parece difícil de creer.

Eso no significa que el liderazgo estadounidense vaya a durar para siempre en todos los ámbitos, ni en los mismos que antes. Repito: aunque sólo se deba a las dimensiones de China y la India, el liderazgo de la Unión Americana en tecnología, patentes, innovación y tamaño de empresas no persistirá de manera indefinida. China lo alcanzará más rápido en algunas áreas —quizá la tecnología verde— que en otras. Pero hay una gran diferencia entre esta evolución *natural*, que tiene que ver con demografía y desarrollo, y cualquier declive debido al desempeño excepcional de los demás. En cuanto varios países dominen la manufactura de teléfonos inteligentes, el uso de la venta minorista en línea, la difusión de redes sociales y los motores de búsqueda, surgirán compañías norteamericanas que encabecen el progreso en otros ámbitos: inteligencia artificial, biogenética, robótica, etcétera, aunque China las supere de vez en cuando en áreas específicas, como la tecnología verde y el reconocimiento facial. Estados Unidos parece poseer una ventaja inherente, casi innata, que le ha permitido mantenerse a la vanguardia durante más de un siglo y medio en prácticamente todos los ámbitos de la vida moderna. Cualquier extranjero plantea, de nuevo, una pregunta obvia: ¿de dónde proviene tal ventaja?

¿Por qué? Explicaciones adicionales

La respuesta anterior, que involucra la combinación de genio individual e innovación colectiva con cierto tipo de capitalismo es válida, pero parcial. Existen otras explicaciones complementarias, aunque insuficientes cada una por sí sola. Incluyen el tamaño del país, su apertura al resto del mundo, el reconocimiento social y el prestigio de los inventores —hombres y mujeres autoforjados—, un sistema fiscal que fomenta ese reconocimiento social y la naturaleza especial de un sistema educativo particular.

El tamaño importa. El mercado norteamericano es inmenso gracias a que Estados Unidos ha sido una sociedad de clase media desde principios del siglo xx. No sólo se trata de un producto de la demografía, el territorio y la inmigración, sino también del poder adquisitivo, es decir, del resultado de multiplicar todos los factores anteriores. Ford pudo vender millones de Modelos T porque había millones de norteamericanos capaces de comprarlos, millones de migrantes de camino a las costas de Estados Unidos y un territorio infinito que habitar. Las cadenas de tiendas departamentales, las constructoras, los fabricantes de electrodomésticos y de aviones podían ofrecer sus productos a escala masiva porque el mercado nacional ya existía a escala masiva. Bill Gates pudo instalar decenas de millones de sistemas operativos Windows en todas las computadoras posibles porque contaba con decenas de millones de consumidores que las necesitaban. En una fecha tan reciente como 2018, a pesar del increíble ascenso de China y la India en ese ámbito, Apple vende más iPhones en Estados Unidos que en cualquiera de esos dos países. Sus ventas norteamericanas superaron las de cada país de la Unión Europea y Japón (alrededor de 50 millones de unidades en Estados Unidos contra menos de 40 millones en Gran Bretaña, Japón, China, Alemania y Francia, en ese orden). En 2017, Apple vendió catorce veces más dispositivos en Estados Unidos que en la India.[13]

También resulta significativo que el mercado norteamericano de capitales sea más vasto que cualquier otro, y que la mayoría de los demás sumados. En Estados Unidos, si inventas algo, lo transformas en un avance tecnológico y luego urdes un plan de negocios razonable, te enfrentarás a muchos menos obstáculos para encontrar el capital y producir tu nuevo artilugio, servicio o aplicación que en otras partes del mundo. La Bolsa de Nueva York posee un valor de capitalización de mercado más alto que las bolsas combinadas de Londres, Fráncfort, Tokio y Shanghái: 21 billones de dólares contra 17 billones de las otras cuatro juntas.[14] En Estados Unidos hay más dinero disponible, y es más fácil de obtener. Tal vez las empresas norteamericanas escondan sus ganancias en Irlanda, pero cotizan en Wall Street, y ahí lanzan sus OPI. Se estrenan más OPI cada año en Nueva York que en todas las demás ciudades juntas.[15] Si añadimos Silicon Valley y los fondos de capital de riesgo, la disponibilidad de capital en Estados Unidos aún eclipsa a la del resto del planeta.

La magnitud de ese mercado constituyó el mayor incentivo para cualquiera que quisiera inventar algo y transformarlo en una mercancía capitalista, en la terminología de Marx. Implicaba producir algo, un aparato o artefacto, que millones de personas pudieran comprar y que produjera dinero. A pesar de una desigualdad creciente, el mercado estadounidense se ha seguido expandiendo, en parte gracias a la inmigración y en parte debido a la inclusión gradual de quienes ya habían llegado, aunque a un ritmo más lento que antes. A su manera, ese mercado se ha mantenido relativamente protegido. No por medio de aranceles o incluso de barreras no arancelarias, sino por su vastedad.

El comercio exterior representa una proporción menor del PIB de Estados Unidos que de cualquier otro país rico, incluso si en términos absolutos sea comparable al de muchos. La industria automotriz norteamericana no exporta muchos vehículos a Europa occidental, Japón ni China. Mercedes y BMW, y ni hablar de Toyota y Honda, exportan millones de coches todos los años a Estados Unidos. Pero la industria automotriz norteamericana podría sobrevivir incluso si quedara condenada a fabricar sólo para su mercado interno, a pesar de que, para muchos extranjeros, incluyéndome a mí, los autos alemanes superen por mucho a los Buicks, Cadillacs y Lincolns. Pero ningún fabricante sobreviviría sin el mercado estadounidense.

Permitir la entrada de coches extranjeros es lo de menos. La apertura de Estados Unidos al resto del mundo, a pesar de todos los episodios nacionalistas, proteccionistas y persecutorios del último siglo y medio, ha marcado una enorme diferencia en cuanto a convertir inventos en ganancias. Ese tipo de capitalismo apenas sobreviviría si no hubiera innumerables inventores de muchos países que buscaran fortuna en la Unión Americana. No habría florecido sin la hospitalidad hacia los migrantes, pues, de otra manera, los inventores no se habrían arriesgado a dejar sus países natales. Si nadie en Estados Unidos hubiera recibido bien sus productos, servicios, actitud y experimentación, no hubieran prosperado.

A los estadounidenses les encanta experimentar con todo; no siempre logran el éxito, pero nunca son pesimistas ni fatalistas. Cuando era niño, recuerdo haber pasado un año en casa de un amigo alemán de mis padres en Fort Lee, Nueva Jersey, a principios de los años sesenta. Se había casado con una poblana de educación modesta, había votado por Nixon en 1960, detestaba a Kennedy y era de lo más conservador posible sin cruzar varias líneas rojas. También poseía un gran taller en el sótano, con innumerables tornos, taladros, prensas y otros dispositivos. Pasaba los días inventando cachivaches inútiles, pero nunca perdía el entusiasmo ni la esperanza de algún día dar en el clavo. Frank Grosseborger resumía a la perfección la idea antes expuesta: era un extranjero, casado con una extranjera, recibido por Estados Unidos con los brazos abiertos, experimentando constantemente, sin éxito, pero sin desesperar.

No se trata de algo meramente personal, como querría el folclor norteamericano, ni limitado a las celebridades como Alexander Graham Bell y Jan Koum, el inventor ucraniano de Whatsapp. Innumerables extranjeros han ideado productos extraordinarios en la Unión Americana. Algunos murieron pobres y otros se volvieron inmensamente ricos, pues transformaron sus inventos en tecnología y luego en bienes o servicios. Según tres académicos que han estudiado el tema con cuidado:

> los nacidos en el extranjero eran más frecuentes entre los inventores activos en Estados Unidos que entre la población no inventora. Esto

concuerda con que la entrada a la invención era relativamente abierta, comparada con profesiones como la medicina y el derecho, que requerían cierto grado de asimilación cultural o calificación formal.[16]

Todos los niños de la Unión Americana conocen la saga y repiten la narrativa de los héroes de la invención. He aquí una lista corta: Nikola Tesla, corriente alterna, Serbia; Charles Feltman, hot dogs, Alemania; Ralph Baer, videojuegos, Alemania; Levi Strauss, mezclilla, Alemania; James Kraft, queso procesado, Canadá; Serguéi Brin, Google, Rusia; Elon Musk, todo, Sudáfrica; Andrew Grove, chip microprocesador e Intel, Hungría; Enrico Fermi, primera reacción nuclear controlada, lo que llevó a la bomba atómica, Italia; Carl Djerassi, pastilla anticonceptiva, Alemania; Jan Koum, Whatsapp, Ucrania. Ya mencioné a Bell.

El sistema de patentes norteamericano, junto con el código fiscal, también contribuyó bastante al proceso de convertir inventos en dólares. El esquema de patentes se diseñó desde el inicio para ser distinto al de Europa: más rápido, barato, simple y accesible. El sistema fiscal, quizás de manera involuntaria, facilitó que los barones ladrones se volvieran respetables, al inducirlos o forzarlos a donar grandes sumas a fundaciones y filantropía en general. La existencia de impuestos sobre la herencia o el patrimonio consumó la transformación de los Carnegie, Ford, Rockefeller y Guggenheim de finales del siglo XIX y principios del XX, quienes pasaron de ser explotadores brutales de la clase obrera a mecenas altruistas de las artes, universidades, investigación e incluso la paz mundial, al estilo de los Medici.

Algo muy parecido ocurrió a finales del siglo XX y principios del XXI con Buffet, Gates, Zuckerberg, Bezos y otros. Si un inventor se puede convertir en magnate, y este último puede ser reconocido y apreciado como pilar de los segmentos más nobles de la sociedad, el círculo se cierra. El inventor se transforma en ídolo, en héroe, en un gran hombre o mujer, a quien los demás buscan emular. ¿Cuántos Jobs, Brins y Musks existen en Europa, y cuando aparecen, como Richard Branson, no los *norteamericanizan* de inmediato? En Estados Unidos, existen un enorme reconocimiento y alabanza sociales para los grandes inventores, los grandes emprendedores y los inmensamente ricos. Eso no ocurre en ningún otro lugar, aunque existan casos específicos en todos lados: en China, la India, Brasil, Japón y Europa. Sin embargo, en esos países nos encontramos ante ejemplos individuales. En la Unión Americana, se trata de un fenómeno social e histórico.

Por último, educa a tus hijos

Nuestra última posible explicación de esta notable continuidad de la preeminencia de Estados Unidos en innovación y tecnología yace en la peculiar naturaleza de su sistema educativo. Es peculiar por la conjunción simultánea y contradictoria de varios hechos bien conocidos, que expondremos a continuación.

En primer lugar, los estudiantes norteamericanos sistemáticamente obtienen peores resultados en las pruebas educativas internacionales que sus pares en los demás países ricos. En segundo lugar, el sistema de educación superior de élite de Estados Unidos es el más exitoso del mundo, según cualquier medida: investigación, premios Nobel, publicaciones académicas, carreras exitosas para sus graduados, recursos disponibles para incontables actividades. En tercer lugar, aunque la terminación del bachillerato haya alcanzado su pico prácticamente en un 100% hace algunos años, la tasa de graduación en universidades públicas de cuatro años se ha estancado en alrededor de 32%, excepto por los asiaticoamericanos e indioamericanos.[17] La cantidad relativa de estadounidenses que obtienen un título universitario de cuatro años se ha empantanado, y podría disminuir en los próximos años. En cuarto lugar, el sistema de dos o tres niveles de la educación norteamericana, desde el bachillerato hasta el doctorado, se está consolidando y volviendo cada vez más rígido. La tasa de retorno promedio de una educación de universidad técnica de dos años es prácticamente nula, aunque algunos de sus defensores afirmen que pueda alcanzar 20%.[18] Eso también sucede en muchas universidades de cuatro años de bajo nivel. Por último, uno de los rasgos adicionales de la educación superior en Estados Unidos que la distingue de la europea y de la mayor parte de las latinoamericanas, asiáticas y africanas es el sistema de *colleges*, o lo que a veces se llama *la estructura de artes liberales*.

Arranquemos con este último factor. A diferencia de Francia, México o Japón, donde los egresados del bachillerato —en general a los 18 años— deben elegir de inmediato su carrera y entrar a una facultad de derecho, ciencias, filosofía o negocios, en Estados Unidos, la mayoría de las universidades les permiten a los estudiantes esperar hasta su tercer año para elegir una especialidad. Incluso entonces, no se trata de una elección irrevocable, como en los países antes mencionados. En la Unión Americana, un joven entrará a la facultad de medicina, por ejemplo, a los 22 o 23 años; en España, a los 18. Tras haber sometido a mis hijos a ambos sistemas, y en las mejores universidades de México y Estados Unidos, puedo declarar que la vía norteamericana es mucho más saludable y amigable. Les permite a los jóvenes posponer decisiones de vida dolorosas e irreversibles tres años más, cambiar de parecer (hasta cierto punto) y ser personas más completas cuando entiendan qué quieren hacer con su vida.

Sin embargo, el sistema norteamericano tiene una desventaja: la educación universitaria de cuatro años, a excepción de las treinta instituciones más prestigiosas, tiende a conformar un remedio para un bachillerato deficiente, y deja a sus graduados con una formación más universal, pero menos profunda, que la de sus pares en el extranjero. Entre el final de los exámenes de educación media como el *vestibular* brasileño, los *A-levels* británicos, el *baccalauréat* francés o el *Abitur* alemán, y un título de tres o cuatro años, un europeo típico de 22 o 23 años estará más perturbado por las decisiones que tomó que su equivalente en Estados Unidos. Pero el graduado alemán, brasileño o indio también escribirá mejor, se encontrará más cerca de adquirir una profesión y en general poseerá un nivel educativo más alto que su contraparte norteamericano, a menos de que este último se haya graduado de un bachillerato privado de alta calidad o de una de las treinta universidades principales.

La comparación de los estudiantes de élite estadounidenses con los de otras partes del mundo puede resultar más difícil. Mi impresión es que los norteamericanos salen perdiendo. Un escritor y profesor brasileño que emigró a la Unión Americana lo expresó así:

> La universidad en Estados Unidos está planeada para ser el momento en el que los estudiantes exploren el sentido de las cosas. Por medio de su plan de estudios general, obtienen acceso a la sabiduría colectiva de la civilización humana. En teoría, eso debería ayudarles a adquirir las herramientas necesarias para contemplar su alma y reflexionar sobre la forma de sus vidas. En Brasil, por el contrario, la universidad era de un utilitarismo estricto. En mis tiempos, la licenciatura era un título terminal basado en requerimientos de carrera más que en la autoexploración. Aprendías un oficio y procedías a dedicarte a él. Mis dos licenciaturas —derecho y teología— me permitieron poca introspección y mucha práctica profesional.[19]

No obstante, los norteamericanos abordarán sus elecciones de vida con la mente más abierta y serán más flexibles y experimentales, pues aún no habrán decidido una carrera, o apenas lo estarán haciendo. Los estadounidenses estarán buscando, tentando, dudando y, en épocas recientes, aguardando el momento oportuno, gracias a los años que se toman entre una etapa y otra. Eso inevitablemente crea una atmósfera en la que abundan la invención y la innovación, al igual que las empresas audaces y de fracaso frecuente, y en la que algunos modelos de negocios o parteaguas triunfan. Los cambios tecnológicos futuros del capitalismo moderno estallarán en medicina y farmacéutica, en robótica e impresión en 3D, en ciencia de datos e inteligencia artificial en general, y en vehículos autónomos. Ese formato de educación superior le permitirá a Estados Unidos mantener o incluso ampliar su ventaja en innovación. Si se tratara del único factor, esa diferencia no garantizaría su liderazgo; aunada a los siguientes, será casi seguro que lo logre, si ciertos obstáculos no lo impiden. El exceso de deuda estudiantil sin duda forma parte de ellos. La construcción de cualquier tipo de socialdemocracia o Estado de bienestar avanzado en Estados Unidos durante los próximos años deberá incluir un retorno a la educación superior gratuita y de calidad para todas las personas que aspiren a ella.

Los dos siguientes factores van de la mano, y en cierto sentido representan dos caras de la misma moneda. También confirman las tesis básicas esbozadas antes. En 2015, entre los treinta países ricos de la OCDE (a excepción de México, Chile, Turquía y Colombia), la Unión Americana quedó en 28° lugar en matemáticas, 18° en ciencias y 20° en lectura en las pruebas PISA, realizadas entre 540 000 estudiantes de quince años en todo el mundo.[20] Si se correlacionan los resultados con el PIB per cápita, debió haber clasificado entre los cinco primeros lugares. Dados los ya altos niveles de desigualdad en Estados Unidos en general, en comparación con otros países ricos, y en el logro educativo en particular, si se retirara el percentil superior de la Unión Americana, las cifras resultarían peores. Son particularmente decepcionantes entre negros, latinos y blancos en estados pobres.

La situación se agrava cuanto más sube uno por la escala educativa. Quienes obtengan resultados bajos o malos a sus quince años (alrededor de primer grado de bachillerato) o bien no se graduarán (una minoría) o terminarán el bachillerato, pero no buscarán un título universitario, o terminarán en una universidad técnica, en la que recibirán educación vocacional o técnica. En 2010, 40% de los 18 millones de estudiantes de educación superior en Estados Unidos asistían a una universidad técnica de dos años.[21] Esa proporción creció en más de un tercio desde los años setenta. En 2017, sólo 14% de los inscritos en universidades técnicas se graduaron en dos años.[22] Poco más de 20% terminará en tres años, y menos de 30% lo logrará en cuatro. Algunos especialistas cuestionan estas cifras, con el argumento de que los estudiantes de universidades técnicas necesitan más tiempo para graduarse o se transfieren a instituciones de cuatro años, pero los cuentan como si hubieran abandonado sus estudios. 40% de los alumnos inscritos entra de inicio en por lo menos un curso de regularización, y 25% trabaja tiempo completo y asiste a la escuela también tiempo completo.[23] No contarán con las herramientas que sus pares en otros países de la OCDE adquieren y usan —excepto las minorías de esos lugares—. Tampoco disfrutarán de los beneficios de un Estado de bienestar de la cuna a la tumba. Además, sus bases educativas provocarán que les resulte más difícil aprender nuevas habilidades, profesiones o incluso oficios simples cuando cumplan cuarenta o cincuenta años.

Algunos estudiosos del sistema o nivel técnico son menos pesimistas. James y Deborah Fallows, por ejemplo, visitaron la Universidad Técnica de Mississippi Oriental en 2014. Escribieron:

> Los programas modernos de carrera técnica que comenzábamos a ver por todo el país, por el contrario, aspiran a ayudar a las personas a evitar la trampa del salario mínimo en tiendas minoristas o el sector servicios. Las preparan para empleos mejor pagados, como técnico de reparación calificado; personal de servicios médicos, y diversos puestos en la construcción y en el diseño, en fábricas modernas avanzadas, en las fuerzas policiales y en otras categorías de *salario digno*. Muchas de esas escuelas operan de manera natural bajo un principio de bien público disperso. No cuentan con un método para saber dónde terminarán trabajando sus alumnos en diez o veinte años.[24]

Sin embargo, esas bases posibilitan nuestro tercer factor. Quizá sea una exageración —pero también una verdad— afirmar que el sistema de élite de Estados Unidos existe gracias a los demás niveles. Algunos norteamericanos de todo tipo —no sólo aristócratas blancos descendientes del Mayflower— pueden asistir a bachilleratos públicos o privados de gran calidad, luego a universidades de élite y al final entrar a los mejores programas de posgrado gracias a que otros muchos no lo logran. Todos los países cuentan con un sistema educativo de por lo menos dos niveles —India posee sus siete ITT y todo lo demás; Francia, sus *grandes écoles*; Gran Bretaña, Oxbridge, el Imperial College y la LSE; Brasil, la USP en São Paulo, etcétera—, pero el sistema estadounidense parece mucho más segregado y polarizado.

Alrededor de ocho mil alumnos se gradúan todos los años de las universidades de la Ivy League —muchos de ellos con apoyo financiero—, mientras que cientos de miles asisten a sistemas universitarios públicos, estatales o técnicos de baja calidad que cuestan poco, pero que nadie quiere pagar.[25] Según el presidente de la Universidad Técnica de La Guardia, en Nueva York, en 2016 "se donaron más de 4 000 millones de dólares a la educación superior, pero una cuarta parte de esa filantropía se destinó a sólo veinte instituciones. Las universidades técnicas, que cuentan con casi la mitad de todos los estudiantes, tan sólo recibieron una pequeña fracción".[26]

El grado de elitismo es sorprendente, incluso comparado con el de los franceses, británicos e indios. Según el sociólogo Roger Geiger, a principios del siglo XXI, tan sólo diez escuelas reclutaron a 20% de los estudiantes clasificados en los primeros cinco centiles (o percentiles) de los exámenes de ingreso nacionales (SAT); 41 escuelas recibieron a la mitad.[27] La dicotomía no es necesariamente entre público y privado. Al menos los sistemas universitarios públicos de California, Texas, Michigan, Virginia y Wisconsin son de clase mundial. Por el contrario, montones de universidades privadas son empresas fraudulentas con la única meta de ganar dinero, a pesar de estar registradas como organizaciones sin fines de lucro. La diferencia principal radica en los recursos financieros y fiscales disponibles para el nivel de élite, como resultado del dinero inaccesible para las demás instituciones. Además, en ocasiones, el nivel inferior se convierte en combustible de bajo costo para el superior: profesores adjuntos sin plaza ni seguridad laboral, técnicos de laboratorio, semiingenieros de bajo nivel, etcétera.

¿Sobreviviría el sistema de élite sin la otra cara de la moneda? Es difícil saberlo, pero la idea de que no lo lograría no resulta descabellada. En especial si se considera el contraste entre las donaciones por estudiante en lugares como Harvard y Princeton y los magros recursos fiscales disponibles para los sistemas públicos y las universidades de menor prestigio en la mayor parte de los estados de la Unión. A los ricos y a los famosos, junto con el *establishment* económico, político y social, no les afecta que el país pague pocos o nulos impuestos para financiar la educación superior pública. El sistema de élite ya cubre sus necesidades —grandes para los estándares internacionales, pero modestas considerando el tamaño del país—; produce a la élite militar, política, empresarial, diplomática, cultural, administrativa y de inteligencia indispensable para perpetuar el *statu quo*.

El sistema de élite cuenta con una enorme cantidad de recursos por estudiante o instructor de la que no disfruta ningún otro país del mundo. El primer contraste que uno nota cuando imparte clases en las instituciones de élite de Estados Unidos —en vez de en México o en Francia, en mi caso— reside en la increíble disparidad de dinero y oportunidades disponibles para los alumnos de la Unión Americana (extranjeros o nacionales): becas de intercambio o de investigación, bibliotecas asombrosas, laboratorios sofisticados e índices extraordinarios de estudiantes por instructor. Nada se le compara en ningún otro lugar. Quienes abandonaron Harvard, como Jobs y Zuckerberg, o se graduaron de Princeton, como Bezos, disfrutaron de ventajas incomparables durante su paso por la universidad con las que no contaron sus pares de élite en otros países, sin mencionar a otros estadounidenses o estudiantes extranjeros en instituciones normales de cualquier sitio.

Debido al tamaño y a los recursos generales de Estados Unidos, eso implica que, de inicio, el acervo de inventores, magos tecnológicos o innovadores, y de emprendedores con la educación apropiada es mayor que el de cualquier otro lugar, incluso que el de China, por el momento. No sólo se trata de la cantidad de estudiantes de licenciatura y doctorado con títulos en ciencias e ingenierías, sino también de los graduados de negocios, derecho e incluso medicina. Algunos países producen más de alguna de esas categorías —sobre todo la India y China—, pero ninguno de todas. No sólo cuenta la cantidad, aunque no se trate de algo insignificante, sino también la calidad.

Entre 1904, cuando se inauguraron los premios Nobel, y 2018, los estadounidenses recibieron 368 galardones en todos los campos. Francia obtuvo 62; Alemania, 107; Gran Bretaña, 132; Japón, 26; China, 9; todos juntos, un total similar.[28] Una cuarta parte de estos ganadores había nacido en el extranjero.[29] Es verdad que por cada historia de éxito filmada en Hollywood existen innumerables fracasos o casos de pasividad resignada. Dada su demografía, es probable que China y la India alcancen el nivel de Estados Unidos a largo plazo. Sin embargo, construir un sistema de educación superior como el de la Unión Americana y su sintonía perfecta con el capitalismo estadounidense podría tomar mucho tiempo. Un crítico germanoamericano de la escuela *declinista* señaló que 17% de los doctorados en ciencia e ingenierías del mundo se otorgan en la Unión Americana, que cuenta con 5% de la población. Aunque los extranjeros obtengan una gran proporción de estos totales, la mayoría se queda en Estados Unidos tras conseguir su título: 92% de los candidatos chinos; 81% de los indios.[30]

Sin embargo, ese sistema estelar esconde una debilidad. La matrícula de las instituciones de dos años se encuentra en aumento, al igual que la de las universidades de cuatro años en el sistema estatal, mientras que las cifras de la élite —digamos, de las principales treinta universidades— se han estancado. En 1990, había 5.1 millones de personas inscritas en universidades menores o técnicas, y 8.3 millones en universidades de cuatro años.[31] A principios del siglo XXI, existían 6 millones de estudiantes en programas de dos años, y 7.2 millones en programas de cuatro. En 2010, las cifras eran 7.8 millones y 10.2, respectivamente.[32] Como porcentaje de la población total, el grupo de cuatro años ha disminuido, y el de dos años ha crecido un poco. Si se considera que parte del grupo de cuatro años incluye instituciones pobres o débiles del sistema estatal que casi deberían clasificarse con las de dos años, el contraste con el nivel de élite resulta impresionate.

Éste, por su parte, se estancó. Salvo pocas excepciones (Cornell, la UCLA, la UC Berkeley, USC, la Universidad de Virginia, la Universidad de Michigan y la Universidad de Nueva York), las treinta mejores universidades cuentan con una matrícula típica de unos 6 000 estudiantes, y entre 1 000 y 1 500 graduados al año.[33] Eso no ha cambiado en más de medio siglo. Entre 1970 y 2019, la matrícula total de las treinta mejores escuelas se mantuvo casi estable. Pero la población, el *establishment*, el mundo corporativo y la administración pública del país crecieron sustantivamente durante el mismo periodo. En algún punto, o bien el segundo y el tercer nivel deben mejorar de forma drástica, o el de élite se debe expandir, como quizá ya ocurra en ciertas regiones. En este caso, el tamaño también importa.

Quien apueste al inminente crepúsculo de la preeminencia tecnológica de Estados Unidos, y de su ventaja en innovación, educación superior y el tamaño de su sector empresarial, se va a decepcionar. Cuando los extranjeros ven que los norteamericanos se lamentan por la edad de oro pasada, o porque su liderazgo se halla en peligro, o incluso por la supuesta paridad con China, casi siempre les desconcierta su inclinación por ver amenazas y declive cuando nadie más las detecta (recuerden la brecha de misiles en 1960). Jeffrey Sachs por supuesto tiene razón al subrayar que la tasa de patentes de China ya casi alcanza a la de la Unión Americana, y que ahora "produce más doctorados en ciencia e ingenierías que Estados Unidos".[34] China también alberga una población casi cinco veces mayor a la de la Unión Americana.

Algunos estadounidenses anhelan que su país vuelva a ser grandioso; en este ámbito, por lo menos, muchos extranjeros creen que lo sigue siendo, para bien o para mal. Lo que les preocupa es que Estados Unidos use su superioridad tecnológica de la misma manera en la que sigue proyectando su poderío militar. Visto desde fuera, lo que es bueno para la Unión Americana no necesariamente lo es para el resto del mundo. El pragmatismo y la hipocresía con los que aborda cuestiones fundamentales como la inmigración y las drogas (los temas del siguiente capítulo) reflejan su poderío actual o semi-hegemonía, al igual que recuerdan su ingenio al momento de lidiar con problemas irresolubles.

Notas

[1] "The Trouble with Putting Tariffs on Chinese Goods", *The Economist*, 16 de mayo de 2019, https://www.economist.com/special-report/2019/05/16/the-

trouble-with-putting-tariffs-on-chinese-goods, consultado el 19 de mayo de 2019.

[2] Nye, Joseph, "China Will Not Surpass America Any Time Soon", *Financial Times*, 19 de febrero de 2019, https://www.ft.com/content/7f700ab4-30 6d-11e9-80d2-7b637a9e1ba1, consultado el 20 de febrero de 2019.

[3] Wikw, Richard; Stokes, Bruce; Poushter, Jacob; Silver, Laura; Fetterolf, Janell y Devlin, Kat, "Trump's International Ratings Remain Low, Especially Among Key Allies", 6 de diciembre de 2018, https://www.pewresearch.org/global/2018/10/01/trumps-international-ratings-remain-low-especially-among-key-allies/, consultado el 10 de marzo de 2019.

[4] "Employment-Hours worked", OECD *Data*, (s.d.), https://data.oecd.org/emp/hours-worked.htm.

[5] "America still leads in technology, but China is catching up fast", *The Economist*, 16 de mayo de 2019, https://www.economist.com/special-report/2019/05/16/america-still-leads-in-technology-but-china-is-catching-up-fast.

[6] Mazzucato, Mariana, *The Entrepreneurial State: Debunking Public vs. Private Sector Myths*, New York, Public Affairs, 2015. p. 29.

[7] Hooper, Gary, "The Three Greatest American Companies of All Time", The American Business History Center, 26 de julio de 2019, https://americanbusinesshistory.org/the-three-greatest-american-companies-of-all-time/.
Britannica, The Editors of Encyclopaedia, "United States Steel Corporation", *Encyclopaedia Britannica*, https://www.britannica.com/topic/United-States-Steel-Corporation.
"American Telephone and Telegraph Company", *International Directory of Company Histories*, 2019, https://www.encyclopedia.com/books/politics-and-business-magazines/american-telephone-and-telegraph-company.
"Standard Ogre", *The Economist*, 23 de diciembre de 1999, https://www.economist.com/business/1999/12/23/standard-ogre.

[8] Hualong, Tang, "The Contradictory American Character", en *Land without Ghosts: Chinese Impressions of America from the Mid-Nineteenth Century to the Present*, Arkush R., David y Ouf-fan Lee, Leo (eds.), Berkeley, CA, University of California Press, 1989, p. 126.

[9] Gordon, *Gordon, Robert J., The Rise and Fall of American Growth: The U.S. Standard of Living since the Civil War*, Princeton, NJ, Princeton University Press, 2016, p. 455.

[10] Johnson, Welkin, "A Matter of Timing: Yellow Fever and the Mosquito Hypothesis", *Small Things Considered*, https://schaechter.asmblog.org/schaechter/2009/12/a-matter-of-timing-yellow-fever-and-the-mosquito-hypothesis.html, consultado el 19 de agosto de 2019.

[11] Mazzucato, Mariana, *op. cit.*, p. 75.

[12] Intellectual Property Statistics, https://www.wipo.int/ipstats/en/, consultado el 24 de abril de 2019.

[13] "Apple iPhone Sales by Year 2007–2018", *Statista*, https://www.statista.com/statistics/276306/global-apple-iphone-sales-since-fiscal-year-2007/, consultado el 15 de mayo de 2019.

McDermott, Jennifer, "US iPhone Sales Statistics 2012–2016", *Finder US*, 2 de junio de 2019, https://www.finder.com/iphone- sales-statistics, consultado el 15 de mayo de 2019.

Faigle, Philip; Stahnke, Julian y Blickle, Paul, "Apple: Why the iPhone Costs Us Billions", *Zeit*, 23 de octubre de 2015, https://www.zeit.de/wirtschaft/un ternehmen/2015-10/iphone-apple-taxes-europe, consultado el 5 de mayo de 2018.

González, Carlos, "Las ventas de iPhone caen en Europa ¿es esto lo que quiere ocultar Apple?", *ADSLZone*, 6 de noviembre de 2018, https://www.adslzone. net/2018/11/06/apple-ventas-caida-europa-18/, consultado el 15 de mayo de 2019.

[14] "Las grandes bolsas del mundo: BBVA", BBVA Noticias, 17 de abril de 2018, https:// www.bbva.com/es/grandes-bolsas-mundo/, consultado el 13 de abril de 2019.

Cots, Pepe, "10 principales bolsas de valores del mundo y sus índices", *Rankia*, 25 de enero de 2019, https://www.rankia.mx/blog/mejores-opiniones-mexi co/3479166-10-principales-bolsas-valores-mundo-sus-indices, consultado el 13 de abril de 2019.

[15] "Hong Kong slips behind New York and Nasdaq in five-month global IPO rankings, as trade war takes a toll on sentiment", *South China Morning Post*, 4 de junio de 2019, https://www.scmp.com/business/banking-finance/arti cle/3012950/hong-kong-slips-behind-new-york-and-nasdaq-five-month, consultado el 21 de junio de 2019.

[16] Akcigit, Ufuk; Grigsby, John y Nicholas, Tom, "Immigration and the Rise of American Ingenuity", *American Economic Review: Papers and Proceedings,* 107.5 (mayo de 2017), pp. 327–31.

[17] "United States-OECD Data", OCDE, https://data.oecd.org/united-states.htm, consultado el 21 de agosto de 2019. "QS Higher Education System Strength Rankings (HESS) 2018", Top Universities, 7 de agosto de 2018, https://www. topuniversities.com/system-strength-rankings/2018?utm_source=websi te&utm_medium=blog&utm_campaign=rankings, consultado el 21 de mayo de 2019. "Digest of Education Statistics, 2013", página principal del Centro Nacional de Estadísticas Educativas (NCES), parte del Departamento de Educa-

ción de los Estados Unidos, https://nces.ed.gov/programs/digest/d13/tables/dt13_326.10.asp, consultado el 21 de agosto de 2019. "Federal Government Publishes More Complete Graduation Rate Data", College Search & Scholarships: College Decision Resources, https://www.cappex.com/articles/blog/government-pu blishes-graduation-rate-data, consultado el 21 de junio de 2019.

[18] Mellow, Gail O., "The Biggest Misconception about Today's College Students", *The New York Times*, 28 de agosto de 2017, https://www.nytimes.com/2017/08/28/opinion/community-college-misconception.html.

[19] H. B. Cavalcanti, *Almost Home. A Brazilian-American's Reflections on Faith, Culture, and Immigration*, University of Wisconsin Press, 2012, p. 97.

[20] "PISA Results in Focus", PISA 2015, OCDE 2018, www.oecd.org/pisa/pisa-2015-results-in-focus.pdf, consultado el 20 de abril de 2019.

[21] "Digest of Education Statistics, 2013", página principal del Centro Nacional de Estadísticas Educativas (NCES), parte del Departamento de Educación de los Estados Unidos, https://nces.ed.gov/programs/digest/d11/tables/dt11_241.asp, consultado el 21 de agosto de 2019.

[22] Chen, Grace, "The Catch-22 of Community College Graduation Rates", *Community College Review*, 18 de noviembre de 2010, https://www.communitycollegereview.com/blog/the-catch-22-of-community-college-graduation-rates, consultado el 16 de febrero de 2019.

[23] "Digest of Education Statistics, 2017", página principal del Centro Nacional de Estadísticas Educativas (NCES), parte del Departamento de Educación de los Estados Unidos, https://nces.ed.gov/programs/digest/d17/tables/dt17_311.40.asp?current=yes, consultado el 21 de agosto de 2019.

[24] Fallows, James y Fallows, Deborah, *Our Towns: A 100,000-Mile Journey into the Heart of America*, Nueva York, Vintage Books, 2019, pp. 126-7.

[25] Mellow, Gail O., *op. cit.*

[26] *Ibid.*

[27] "Unraveling America?", The James G. Martin Center for Academic Renewal, 13 de junio de 2016, https://www.jamesgmartin.center/2012/09/unraveling-america/.

[28] Dillinger, Jessica, "Nobel Prize Winners by Country", *WorldAtlas*, 30 de octubre de 2015, https://www.worldatlas.com/articles/top-30-countries-with-nobel-prize-winners.html, consultado el 21 de agosto de 2019.

[29] Joffe, Josef, *The Myth of America's Decline: Politics, Economics, and a Half Century of False Prophecies,* Nueva York, W. W. Norton & Company, (2013) 2014, p. 205.

[30] *Ibid.*, 203.

[31] Snyder, Thomas, "120 Years of American Education: A Statistical Portrait", página principal del Centro Nacional de Estadísticas Educativas (NCES), parte del Departamento de Educación de los Estados Unidos, 19 de enero de 1993, Gráfica 24, https://nces.ed.gov/pubsearch/pubsinfo.asp?pubid=93442.

[32] The Condition of Education-Postsecondary Education-Postsecondary Students-Undergraduate Enrollment-Indicator May (2019), Gráfica 5, https://nces.ed.gov/programs/coe/indicator_cha.asp, consultado el 22 de agosto de 2019.

[33] "The 10 Best Universities in America", U.S. News & World Report, *U.S. News & World Report*, https://www.usnews.com/best-colleges/rankings/national-universities, consultado el 11 de julio de 2019. "Brown University", Factbook | Office of Institutional Research, https://www.brown.edu/about/administration/institutional-research/factbook, consultado el 22 de agosto de 2019. "Everyone", Everyone | Registrar's Office, https://registrar.stanford.edu/everyone, consultado el 22 de agosto de 2019. "Harvard at a Glance", Universidad de Harvard, https://www.harvard.edu/about-harvard/harvard-glance, consultado el 22 de agosto de 2019. "Historical Enrollment", University Registrar, https://registrar.uchicago.edu/data-reporting/historical-enrollment/, consultado el 22 de agosto de 2019. Person, "6,665 Degrees and Certificates Awarded at Harvard's 368th Commencement", *Harvard Gazette*, 29 de mayo de 2019, https://news.harvard.edu/gazette/story/2019/05/6665-degrees-and-certificates-awarded-at-harvards-368th-commencement/, consultado el 22 de agosto de 2019. "University Enrollment Statistics | Office of the Registrar", Universidad de Princeton, https://registrar.princeton.edu/enrollment, consultado el 22 de agosto de 2019.

[34] Sachs, Jeffrey, *A New Foreign Policy: Beyond American Exceptionalism*, Nueva York, Columbia University Press, 2018, p. 158.

7

El pragmatismo y la hipocresía de Estados Unidos: drogas e inmigración

En general se considera de mal gusto y políticamente incorrecto, por lo menos en los círculos liberales de Estados Unidos, agrupar las drogas y la inmigración. A fin de cuentas, eso fue justo lo que hizo Donald Trump cuando propuso su muro: invocar imágenes de mexicanos y centroamericanos *ilegales* entrando a raudales por la frontera cargados de fentanilo, heroína y cocaína de México, China y Sudamérica. Un congresista particularmente molesto usó la metáfora de mexicanos ilegales con "pantorrillas como melones" contrabandeando drogas a la Unión Americana.

Hablar de ambos temas en conjunto tan sólo refuerza opiniones como la de Trump, ¿o no? De manera similar, referirse al pragmatismo y a la hipocresía como dos rasgos distintivos y relacionados de Estados Unidos equivale a reforzar estereotipos: uno de ellos —el pragmatismo— se ha exagerado, aunque a muchos norteamericanos y a sus simpatizantes en el extranjero les deleite; y la otra —la hipocresía— no le gusta a nadie, pero a menudo se critica en exceso. A fin de cuentas, la hipocresía puede resultar loable, cuando funciona.

Sin embargo, en este capítulo abordaremos la inmigración y las drogas en conjunto, sobre todo porque la actitud de Estados Unidos hacia ellas es a la vez pragmática e hipócrita. Además, después del comercio, se trata de dos de las interfaces más importantes entre la

219

Unión Americana y el resto del mundo, y lo han sido durante muchos años (obviamente, la inmigración desde mucho antes que las drogas). En ambos frentes, Estados Unidos manifiesta una estrategia muy pragmática, junto con una postura totalmente cínica que irrita a personas y países de todo el mundo. Molesta en particular a quienes deben tratar estos temas de forma directa con Washington. Trump es más desagradable en cuanto a inmigración que sus predecesores, como Ronald Reagan y su esposa respecto a las drogas, pero en ambos casos se trata de un patrón que se remonta algún tiempo.

Para los líderes mexicanos, no existen dos problemas tan intrincados como las drogas y la inmigración en su trato con Estados Unidos. De vez en cuando ocurre una guerra comercial o una negociación; en ocasiones, se produce una amenaza a la seguridad. Durante los últimos sesenta años, quizá tres o cuatro crisis o desacuerdos diplomáticos han complicado las relaciones entre los dos países. Pero las drogas y la inmigración han existido desde que tengo memoria, o desde que empecé a estudiar estas cuestiones. Para mí, este asunto inicia con mi padre, quien fue secretario de Relaciones Exteriores de 1979 a 1982; mi hermano, quien fungió como subsecretario de Relaciones Exteriores de 1988 a 1994, y yo, que desempeñé el mismo cargo de gabinete que mi padre entre 2000 y 2003. Sin importar lo razonables y amistosas que fueran nuestras contrapartes en Washington, esos temas rebasaban su sensibilidad, y nuestra paciencia y destreza para negociar (o la falta de ellas). Quienquiera que haya estado involucrado con estos temas en la agenda bilateral por lo menos desde mediados de los años sesenta sabe muy bien que desafían cualquier solución a corto plazo. Se pueden manejar o administrar, pero no resolver.

Incluso al tratar con alguien tan sensible a la inmigración como mi colega y amigo Colin Powell —hijo de migrantes jamaiquinos—, la presión que sufre un secretario de Estado norteamericano en este tema es enorme. Si su jefe simpatiza con la causa de la reforma migratoria —como George W. Bush—, puede intentar resistir tendencias en otras áreas del gobierno. Pero sólo hasta cierto punto. Si el presidente es fundamentalmente amigo de México, como no cabe duda respecto a George H. W. Bush, de todos modos se ve forzado con frecuencia a escuchar a los vaqueros de Washington: la Administración para el Control de Drogas (DEA, por sus siglas en inglés), lo que entonces se llamaba Servicio de Inmigración y Naturalización (INS, o ICE-CBP después, siempre por sus siglas en inglés) y los extremistas en el Congreso.

De manera inevitable, interlocutores como ellos y muchos otros, en particular cuando creen en la amistad con sus colegas mexicanos, terminan recurriendo a la bienvenida herramienta de un discurso de doble cara. Se ven obligados a escupir una enorme cantidad de tonterías en público, en especial cuando testifican ante el Congreso, sobre *ilegales*, cárteles de drogas, crimen y violencia. Al mismo tiempo, no debemos poner demasiada atención a esas gracias, porque también tienen que negociar una enorme cantidad de asuntos adicionales con nosotros. La única manera de lograr ese equilibrio delicado y frágil es con pragmatismo e hipocresía. En otro texto he tratado la mezcla mexicana de esas dos actitudes; aquí me concentraré en la estadounidense.

Inmigración: medio legal, medio tolerada

La esencia de la hipocresía norteamericana respecto a la inmigración se puede reducir a la famosa o infame distinción entre lo que las personas en Estados Unidos, sobre todo en el bando conservador, suelen llamar inmigración *ilegal* y su contraparte legal. Los liberales, los extranjeros y los académicos tienden a usar otros términos: *migrantes no autorizados*, *migrantes indocumentados*, *personas sin papeles* (una suerte de galicismo). La Unión Americana, por lo menos desde la Ley de Orígenes Nacionales de 1924, y quizá remontándose hasta la ya mencionada Ley de Exclusión de Chinos de la década de 1880, ha establecido una distinción entre los dos tipos de inmigración. Insiste —en la medida en que podemos hablar en singular— en que los estadounidenses apoyan y dan la bienvenida a la inmigración *legal*, es decir, a los extranjeros que lleguen al país con los documentos adecuados y que los mantengan en orden durante su estancia, ya sea de unos meses o de por vida.

Deben entrar de forma adecuada, comportarse de forma apropiada y "seguir las reglas": se trata de "los buenos", excepto cuando dejan de serlo, o cuando las reglas cambian. De pronto, ciertas nacionalidades ya no son bienvenidas y su rechazo se inscribe en la ley, de manera directa o elíptica. En otras ocasiones, se establecen límites a ciertas categorías (refugiados, por ejemplo, o musulmanes procedentes de ciertos países). En otros momentos, las personas que contaban como legales se transforman en *ilegales* (como los *dreamers* o DACA, o la gente bajo Estatus de Protección Temporal que de pronto lo pierden). Así, lo que solía considerarse legal puede dejar de serlo de manera abrupta.

José Vasconcelos, el secretario de Educación mexicano posrevolucionario y responsable de los gloriosos murales en Palacio Nacional y la Secretaría de Educación mexicana, recordaba en sus memorias otra época, en la que no sólo cruzaba el río Bravo a diario para ir a la escuela, sino en la que

> podíamos viajar libremente sin pasaportes ni trámites. Ni se concebía en aquellos felices tiempos de la preguerra que nadie coartase el derecho de entrar libremente a cualquier país del mundo [...]. La única desazón en el cruce de la línea divisoria [entre Estados Unidos y México] era el contraste del bienestar, la libertad, la sonrisa que eran la regla en el lado anglosajón, y la miseria, el recelo, el gesto policíaco que siguen siendo regla del lado mexicano.[1]

Por el contrario, muchos norteamericanos supuestamente se oponen o aborrecen la inmigración indocumentada porque Estados Unidos es un país de leyes. Pero las leyes las inventan los humanos, no los dioses, y o bien cambian, o se aplican de distinta manera en diferentes momentos. Se pueden redactar de tal manera que se permita evadirlas. Por ejemplo, apenas en 1929 las leyes prohibieron entrar a Estados

Unidos a menos de que ocurriera por puntos de ingreso legales y preestablecidos. Antes de eso, los mexicanos en particular podían simplemente cruzar la frontera a pie cuando quisieran. Durante todo el Programa Bracero, desde 1942 hasta 1964, hubo menos migración no autorizada desde México hacia Estados Unidos que antes o después, porque en su mayoría se trató de migración legal. Nadie se veía obligado a colarse ilegalmente a la Unión Americana: a causa de la Segunda Guerra Mundial, la demanda de mano de obra mexicana era insaciable. Eso no implicó que no expulsaran del país a los mexicanos sin papeles que hubieran entrado antes de 1942, o a aquéllos cuyos documentos expiraron durante el programa. En 1954, deportaron a cientos de miles durante la Operación Espalda Mojada.

Por lo tanto, un primer aspecto de la hipocresía y el pragmatismo norteamericanos respecto a la inmigración se deriva de la débil aplicación, muchas veces falsa y nunca rigurosa de la Ley, con mayúscula. Hoy en día, los agentes del ICE se abstienen de programar redadas en los restaurantes del Soho en Manhattan para arrestar a los milenials canadienses, franceses, alemanes y neerlandeses que se han quedado más tiempo del autorizado en el país (entre noventa días y seis meses). Pero sí acechan alrededor de las iglesias y juzgados en los que se congregan los mexicanos o centroamericanos para atraparlos y deportarlos. Las leyes son las mismas, pero su aplicación, no. Cuando las autoridades estadounidenses desean permitir la entrada a alguien, o permitir que se quede, encuentran la manera de lograrlo; cuando su meta es mantener fuera del país a otras personas, o sacarlas, también lo consiguen.

Uno de los ejemplos más notables del pragmatismo/hipocresía de Estados Unidos respecto a la inmigración es la infame Cláusula de Texas. En 1952, durante una de las renegociaciones del Programa Bracero, el Congreso aprobó la Ley McCarran-Walter, en la que decidió penalizar a quienes *albergaran* a migrantes indocumentados, pero no a quienes los *emplearan*. Este deslinde se decretó a insistencia de la delegación del Congreso de Texas, de ahí el nombre. La lógica subyacente era que podría resultar ilícito ser un *ilegal* o *albergar* a uno, pero no emplearlo. Así lograrían contratar mano de obra barata y no calificada sin ningún riesgo de conducta criminal.

El pragmatismo y la hipocresía caracterizaron la conducta del Congreso en ese entonces. Muchos estados necesitaban mano de obra mexicana para el pesado trabajo de la cosecha, pero en la era de McCarthy y el Terror Rojo, un electorado cada vez más conservador exigió respeto a la ley y políticas migratorias más duras. Así que el Congreso encontró el punto medio, y el presidente Truman accedió. Todos contentos, incluyendo a los aproximadamente 250 000 mexicanos que entraron por la vía legal a la Unión Americana cada año hasta 1964.

Sin importar los escasos méritos y horribles desventajas del Programa Bracero, la Cláusula de Texas fomentó el aumento de indocumentados trabajando en Estados Unidos. Muchos braceros excedieron sus permisos de trabajo, trajeron a familiares y se difuminaron en la zona gris del trabajo y la contratación legal/ilegal. Cuando el programa terminó en 1964, después de que casi cinco millones de mexicanos habían llegado a la Unión Americana a trabajar durante sus 22 años de existencia, muchos no volvieron a casa. Y como Lyndon Johnson, texano, no quería deportarlos, nació una gran clase marginada de indocumentados. Veinte años después, Ronald Reagan y los congresistas Peter Rodino y Romano Mazzoli, junto con el senador Alan Simpson, intentaron remediar la situación: produjeron otra gema maravillosa de pragmatismo/hipocresía para atacar el dilema insoluble.

Lo que se conocería como la Ley de Reforma y Control de la Inmigración (IRCA, por sus siglas en inglés) concedió amnistía —directa o indirecta— a varios millones de migrantes no autorizados y, entre otras cosas, revocó la Cláusula de Texas. Contratar a un trabajador indocumentado no se convirtió en delito, pero todos los empleadores se vieron obligados a pedir y archivar una copia de la tarjeta o número de Seguro Social de cada empleado o de su permiso de residencia (llamadas Green Cards a pesar de haber sido siempre blancas); no hacerlo constituía un delito. Pero no se obligaba al empleador a verificar la autenticidad de esos papeles. Así que surgió una industria entera de falsificación de documentos, que producía tarjetas de Seguro Social y permisos de trabajo falsos.

En 1990, cuando yo impartía clases en la Universidad de California en Berkeley y escribía una columna para *The Los Angeles Times* y *Newsweek International*, decidí publicar un artículo sobre esos falsos documentos. Le pedí a mi asistente, un activista mexicoamericano de Michoacán y San José, que nos consiguiera un *dealer* y comprara los papeles necesarios al precio del mercado. Las dos publicaciones pagaron la factura, no sin antes preocuparse por estar financiando un acto ilegal (falsificación de papeles oficiales). Ambas columnas aparecieron con una breve descripción del proceso de compra, junto con una foto de los dos documentos, y mi nombre claramente impreso en ellos.

Todo lo que un empleador necesitaba hacer para cumplir con las nuevas reglas migratorias era pedir mis documentos, sacarles una fotocopia, y colocarlos en su archivero. Si un agente del entonces INS se presentaba un día y preguntaba si sus empleados hispanoablantes con cara de mexicanos eran *legales*, el jefe simplemente le mostraba las copias de su archivo. Si el agente decidía que se trataba de documentos falsos, o si llegaba siquiera a revisarlos, podría arrestar a los trabajadores mexicanos, pero no a su empleador norteamericano. El primero había cometido un delito al entrar y residir en Estados Unidos sin permiso, pero su empleador no. Si eso no puede calificarse a la vez como pragmático e hipócrita, no sé qué sí.

Las expresiones recurrentes de hipocresía y pragmatismo proceden todas de la misma tensión subyacente. Los norteamericanos necesitan mano de obra barata para cosechar sus cultivos, construir sus obras, cuidar de sus hijos y jardines, lavar platos en sus restaurantes y arreglar sus cuartos de hotel. Esperan que el precio de los bienes y servicios que les brindan los trabajadores indocumentados se mantenga lo más bajo posible. Pero otros estadounidenses prefieren seguir creyendo que su país se maneja con leyes, que los migrantes no autorizados deprimen los salarios y reducen los derechos laborales, y que los migrantes mexicanos y centroamericanos atentan contra el llamado credo estadounidense (el argumento de Samuel Huntington), como tratamos de definirlo en una nota al pie hace algunas páginas. La única manera de cuadrar el círculo es poner muchas leyes en papel, aplicarlas de forma selectiva y esporádica, y resignarse a la contradicción mediante la combinación mágica de pragmatismo e hipocresía.

A veces, el pragmatismo gana. La amnistía de Reagan y varios esfuerzos por lograr una reforma migratoria integral en tiempos de G. W. Bush y Obama son ejemplos de ello. Otras, la hipocresía triunfa, como con el aumento de la migración "legal" desde México bajo Obama y Trump, mientras el primero deportaba a más mexicanos que cualquiera de sus predecesores y el segundo despotricaba y escupía arrebatos violentos sobre muros y violadores mexicanos.

Entre 2000 y 2009, este último el año de la Gran Recesión, la cantidad de admisiones de no inmigrantes, sobre todo de visas H-1B para profesionales con trabajos especializados, y de H-2A y H-2B para empleos agrícolas y otros servicios, aumentaron de 440 359 a 545 387.[2] Pero, en 2017, la cifra había alcanzado 1 068 419, alrededor del doble.[3] Para los mexicanos, las cifras aumentaron de 68 434 en 2000 a 192 217 en 2009, y a 507 071 en 2017, un incremento de casi diez veces en 17 años.[4] Para ciertas categorías, existe una diferencia entre cifras absolutas, aunque no para aumentos relativos. Por ejemplo, las *admisiones* de H-2A pasaron de 283 580 en 2015, a 412 820 en 2017, un aumento de 50%. Por su parte, las *visas* H-2A emitidas aumentaron de 89 274 en 2014 a 196 409 en 2018, un incremento de 100%.[5] La discrepancia se deriva de que las visas cuentan con validez de tres años. Un trabajador temporal con esa clase de visado puede ir y venir durante tres años con el mismo documento. Por eso, pueden registrarse varias *admisiones* por cada *visa* contada.

De manera similar, la cantidad de migrantes legales y permanentes que entraban a Estados Unidos pasó de 841 002 en 2000 a 1 183 818 en 2016, un aumento de casi 50%.[6] Esa cifra incluye a los recién llegados y el cambio de estatus de las personas que ya se encontraban en Estados Unidos. Poco menos de la mitad eran latinoamericanos, de los cuales 50% eran mexicanos.

Por cierto, estas cifras explican en parte la llamada tesis de *cero neto* sobre la migración indocumentada mexicana. Menos mexicanos *ilegales* entran a la Unión Americana, porque muchos más *legales* lo logran. Desde 2007, el año cumbre de la población total de mexicanos indocumentados en Estados Unidos, el flujo ilegal de mexicanos comenzó a decrecer, pero la inmigración temporal *legal* aumentó de 235000 a 507000: dos veces y media más.[7] Según una encuesta del gobierno mexicano, eso probablemente subestime las salidas no autorizadas: entre 2009 (el año de la Gran Recesión en la Unión Americana) y 2014, 720000 mexicanos emigraron a Estados Unidos; entre 2013 y 2018, se marcharon 760000.[8]

Otra manera implícita de desmentir la hipótesis del *fin de la migración mexicana* se encuentra en la evolución de las remesas enviadas al país de origen. Han aumentado de 25000 millones de dólares en 2008, uno de los años de mayor flujo, justo antes de la Gran Recesión, a 33500 millones en 2018. Resulta difícil suponer que la misma cantidad de mexicanos —y ni hablar si se tratara de menos— estén enviando un tercio más de dólares diez años después.[9] La necesidad de trabajadores en la economía norteamericana, y la persistencia de la brecha salarial entre Estados Unidos y los países de migrantes, casi garantiza que un inmenso flujo desde éstos hacia aquél persistirá durante un plazo indefinido, con altas y bajas. La legalización parsimoniosa ha sido la respuesta pragmática e hipócrita a esta ecuación básica.

Lo que los estadounidenses quieren

Abundan los ejemplos de la naturaleza contradictoria de lo que distintos norteamericanos anhelan con respecto a la inmigración. Uno típico involucra las plantas empacadoras de carne de Iowa. Por razones históricas, miles de mexicanos y laosianos trabajan en ellas, en tareas peligrosas, desagradables y mal pagadas (para estándares norteamericanos). Las comunidades tradicionales de la región no estaban acostumbradas a tener extranjeros viviendo en su seno, sobre todo tratándose de foráneos morenos, hispanoablantes, católicos y futboleros a los que nunca habían visto en sus vidas. Con el tiempo, muchos de los sentimientos racistas se desvanecieron, y hoy en día la gente en pueblos como Storm Lake se lleva muy bien con los de fuera. En algún lugar, de alguna manera, los habitantes anglosajones blancos tradicionales comprendieron o sospecharon que los mexicanos podían o bien trabajar en las empacadoras de carne en Iowa o en las mismas plantas en México, pero que se trataba de una o de la otra. Los estadounidenses no iban a ocupar esos empleos, pero si las plantas se desplazaban al sur de la frontera, destruirían una comunidad entera. Mientras que si se quedaban en Iowa con mexicanos trabajando sin autorización, los beneficios para la comunidad también permanecerían.

¿No existirá manera de regularizar, legalizar u ofrecer una amnistía a esos mexicanos? Llevan casi quince años trabajando en Iowa. En teoría, la figura de la amnistía existe, pero el Congreso no ha aprobado una desde 1986. Conceder una amnistía y una vía a la ciudadanía parece la solución lógica, pero también implica que los empacadores también manden traer a sus familias desde México, se empadronen y probablemente elijan a los demócratas para el Congreso y la Casa Blanca. A los republicanos les disgustan ambas consecuencias de la amnistía; por eso la rechazan con tanta firmeza, desde tiempos de Reagan. Así que la solución real y pragmática, no la ideal, consiste en el limbo legal y moral en el que viven los mexicanos de Storm Lake, con la consecuente hipocresía respecto a lo que mencionábamos sobre Estados Unidos como una nación de leyes.

Por cierto, el distrito legislativo que abarca Storm Lake, a los mexicanos, a los laosianos y las plantas empacadoras de carne está representado en Washington por Steve King, a quien se suele considerar el integrante más prejuicioso, racista, estridente e infame de la Cámara de Representantes. Lo condenaron por discurso de odio, con denuncias de sus pares, pero sus votantes lo volvieron a elegir. Ellos coexisten con la hipocresía de las plantas pestilentes y peligrosas: conviven con mexicanos y mandan al Congreso a alguien que los odia. Una experiencia similar ocurre con los migrantes guatemaltecos, por ejemplo, también en plantas empacadoras de carne, pero de Morgan-town, Carolina del Norte.

Allentown, la tercera ciudad más grande de Pennsylvania, nos ofrece otro caso análogo. La antigua ciudad del Cinturón de Óxido que James y Deborah Fallows visitaron en su hermoso libro *Our Towns*, prácticamente no tenía habitantes latinos en 1980; ni siquiera los contaban. En el año 2000, una cuarta parte de sus residentes eran hispanos. En 2010, el porcentaje alcanzó 42%, y en 2017, más de la mitad de la población era latina.[10] En otras palabras, durante cuarenta años, el crecimiento se dio de manera exponencial, al igual que la novedad, el miedo inicial y la consiguiente cohabitación. Todo esto sucedió en una ciudad cerca de Hazleton, Pennsylvania, donde ocurrió uno de los grandes momentos de pánico antimigrantes de principios de la década de 2000. La pequeña comunidad minera fue la primera en el país en aprobar normas municipales que prohibían vivir ahí a los migrantes, lo que desató protestas en el pueblo y en toda la región. Los tribunales finalmente las derogaron. Hoy en día, la mitad de la población es latina. No todas las oleadas repentinas de latinos han provocado las mismas reacciones, incluso en pueblos vecinos; sin embargo, una vez que los hispanos se asientan, el rechazo, el racismo y el ostracismo disminuyen de manera significativa.

Existe un *carácter nacional* específico de los latinoamericanos que emigran a Estados Unidos, aunque el tipo de reacciones que desaten sea similar en Europa. Casi 60% de todos los migrantes, permanentes o temporales, autorizados o no, provienen del sur de la frontera de la Unión Americana, no del otro lado del océano. Una gran mayoría de los migrantes que se asientan en los países ricos de Europa provienen del otro lado de un solo mar —el Mediterráneo—, como trabajadores, refugiados o familias reunidas (Europa del este también fue un factor a tomar en cuenta durante algún tiempo). La llegada de tantas personas tan distintas y provenientes de lugares tan lejanos ha provocado reacciones negativas, hostiles e inquietantes en Europa y Estados Unidos. Canadá quizá sea el único país rico que ha evitado una fuerte reacción racista y xenófoba a la migración, por lo menos hasta ahora. Tal vez se deba a su generosa e ingeniosa política de refugiados, que permite que los individuos o las comunidades los patrocinen. Estados Unidos y Europa no son Canadá, aunque tengan similitudes, con respuestas análogas a retos o nuevas situaciones en común. Pero también albergan diferencias profundas, como veremos.

Cuestión de suerte

Estados Unidos siempre ha sido más abierto, acogedor y tolerante con los extranjeros que Europa. Una encuesta realizada por el Pew Research Center en 2018 comprueba esta impresión de manera concluyente. Los investigadores plantearon la siguiente pregunta: "En su opinión, ¿deberíamos permitir que más migrantes se mudaran a nuestro país, menos migrantes, o aproximadamente la misma cantidad que ahora?". Encuestaron a 27 países. La mediana de *menos migrantes* fue de 45%. La menor cantidad de respuestas *antimigrantes* se dio en Japón, con 13% (lo que quizá resulte contraintuitivo, dada la historia de Japón y su estereotipo de nación antimigrantes), seguido de Canadá, con 27% y... de Estados Unidos, con 29%.[11]

A pesar del advenimiento de Donald Trump, una de las razones por las que esta verdad se mantiene corresponde a lo que podríamos etiquetar como la parte emisora, en vez de la receptora. Los millones de latinoamericanos que han llegado a la Unión Americana durante los últimos cuarenta años como migrantes permanentes y autorizados, como refugiados, como trabajadores indocumentados, como víctimas de desastres naturales, o como hijos de todos los anteriores viven una inserción más sencilla en la sociedad estadounidense que los habitantes del Magreb, el África subsahariana, Turquía o Siria en Europa. Tal vez no tanto como lo proclama este migrante brasileño, pero incluso esta exageración resulta sintomática:

Cuando los inmigrantes brasileños llegan a Estados Unidos, los recibe la agradable sorpresa del nivel de respeto con el que los tratan la comunidad empresarial y las autoridades gubernamentales. Encuentran un grado de civilidad que rara vez vivieron en casa de parte de esas autoridades; y eso a pesar de que quizá no sean aún fluidos en inglés o siquiera ciudadanos de este país.[12]

Esa delicada característica se puede distorsionar con facilidad y convertir en la otra cara de la moneda de Samuel Huntington. Él creía que los latinoamericanos, a diferencia de los grupos u oleadas de migrantes previos, eran más difíciles de asimilar porque no compartían el credo estadounidense. Sin embargo, otras personas —en la otra cara— se sentirán tentadas a creer que los hispanos se asimilan con más facilidad a Estados Unidos que los árabes o los africanos a Europa, porque los norteamericanos comparten muchos más atributos con los latinos que los europeos con los visitantes que se han asentado en sus países. Existe algo de verdad en esa impresión, pero el asunto no es tan sencillo. Existen otras diferencias entre la experiencia europea y la norteamericana.

La primera, y quizá la más relevante, consiste en que la migración de latinos a Estados Unidos ha ocurrido desde por lo menos finales del siglo XIX. Las comunidades preexistentes de mexicanos —sin incluir a las anteriores a 1847—, centroamericanos, cubanos o puertorriqueños alientan a otras personas a unírseles. Lo mismo ocurrió con las oleadas anteriores, pero prácticamente todas se detuvieron después de un tiempo; eso no sucederá pronto con los latinoamericanos. Ellos crean así un flujo permanente, que puede crecer o encogerse en cualquier momento, y también volver mucho más suave y menos traumática la llegada y la inclusión para todos los involucrados. El idioma, la comida, la religión, el entretenimiento, los valores y las costumbres de los recién llegados ya los esperan en su destino.

Eso empezó a ocurrir en Europa a mediados de los años sesenta y principios de los setenta, pero a menor escala y con brechas más grandes que cerrar. En cualquier caso, una mejor analogía sería con los trabajadores temporales italianos, españoles y portugueses que contribuyeron a la reconstrucción de Europa durante la posguerra y hasta finales de los años setenta, cuando volvieron a casa o se asentaron de forma definitiva en Alemania, Países Bajos, Francia, Bélgica, etcétera. La inmigración estaba más impulsada por la demanda, estaba más diversificada y en teoría debía ser menos permanente que en Estados Unidos. Los argelinos llegaron a Francia; los caribeños, indios y paquistaníes a Gran Bretaña; los turcos, a Alemania; los indonesios y marroquíes a Países Bajos. A todos ellos los buscaron los países receptores, hambrientos de mano de obra, todos acompañaron a migrantes del sur de Europa, y a todos los "importaron" temporalmente, o al menos eso creían. Tras la crisis del petróleo de 1973 y una serie de debates en aquellos países, junto con el auge económico italiano y la entrada de España y Portugal a la CEE en los años ochenta, ocurrió lo contrario. Entonces, el proceso de importar mano de obra de otros lugares "terminó en el asentamiento permanente de los trabajadores temporales que cada vez eran menos blancos, menos cristianos y menos europeos".[13] Y podríamos añadir: menos temporales.

Los europeos del sur volvieron a casa, pero los demás, no. Los programas de trabajadores temporales pronto se convirtieron en permanentes, y grandes cantidades de migrantes de otros países árabes y africanos empezaron a llegar. Eso, al principio, desató discusiones amplias, rara vez carentes de alusiones racistas, sobre el multiculturalismo, el islam y las mujeres, y la integración. Una nueva erupción de incidentes, como los *Versos satánicos* de Salman Rushdie en Gran Bretaña y el velo en Francia fomentaron el debate. Tras el 11 de septiembre y sus secuelas en Europa occidental, el tema del terrorismo surgió en las mismas discusiones. En 2010-2011, quedó claro que los líderes europeos enfrentaban un reto monumental. Las albercas municipales en los pueblos de Francia, tan comunes como las panaderías, fueron la ilustración más simple del caso. Las mujeres francesas musulmanas empezaron a exigir que les apartaran horarios especiales; los hombres y mujeres franceses no musulmanes protestaron. Ambos contaban con la razón y la ley de su lado; no existía una solución ideal. El dilema aún persiste.

La cantidad de jóvenes que contaban con lo que Angela Merkel etiquetó como un *trasfondo migratorio* aumentaba. Las expresiones más radicales del islam desplazaban a las formas tradicionales y moderadas; por otro lado, las sociedades "europeas" locales (*"les français de souche"*, llamó Nicolas Sarkozy a sus compatriotas) toleraban cada vez menos las diferencias con el islam que ya no consideraban meramente religiosas. "El multiculturalismo fracasó", declaró Merkel, y la mayoría de los europeos blancos y cristianos coincidieron: el creciente radicalismo islámico en Europa, la crisis en Siria, el Estado Islámico y el terrorismo parecían amenazas graves. También creían cada vez más que sus valores liberales, seculares y occidentales se encontraban bajo amenaza por las sociedades multiculturales que ellos mismos habían construido. Sólo aceptarían una integración que impusiera el liberalismo para todos, les gustara o no.

Pero era igual de evidente que, como escribió Rita Chin en *The Crisis of Multiculturalism in Europe*, "en todo el continente, en cada país, la población europea es innegablemente multiétnica, y esa característica aumenta día con día. [...] Ya no queda espacio para fingir que los países de Europa van a volver a un estado imaginario e idealizado de homogeneidad étnica y cultural".[14] En parte a causa de su tamaño, en parte gracias a su propia historia de inmigración y a la ausencia de una conexión colonial con los países emisores (excepto Puerto Rico), en parte debido a la inexistencia de un *norteamericano étnico* (a diferencia de la mayor parte de Europa), en parte como resultado de su pragmatismo e hipocresía, pero en parte también por las características de múltiples oleadas migratorias de hispanos, Estados Unidos se enfrenta a un reto mucho menos intrincado.

A los norteamericanos que residen en regiones donde nunca se vieron latinos antes de los años ochenta tal vez les haya sorprendido descubrir personas tan extrañas que en vez de jugar futbol con un ovoide, lo hicieran con un balón redondo y los pies. Muchos, en Ohio, o el centro de Pennsylvania, o Kansas y Nebraska, al principio tal vez hayan temido que no lograrían coexistir nunca con tan extraño deporte, sobre todo si venía acompañado de un idioma incomprensible, comida picante indigerible y una religión que adora a una virgen de piel morena. Pero pasado el susto inicial, muchos tal vez se hayan alegrado al descubrir que los recién llegados compartían su entusiasmo por los deportes, aunque no se tratara de los mismos. A los salvadoreños les enloquece tanto el futbol soccer como a los nativos de Alabama la liga universitaria de futbol americano.

De manera similar, descubrieron, o descubrirán pronto, que aunque la mayoría de los estadounidenses no sean católicos practicantes, la religiosidad de los mexicanos y centroamericanos no difiere mucho de la de sus anfitriones. No sólo se trata de una cuestión de cristianismo. Los latinos son muy devotos, pero cuentan con una noción o tendencia muy clara de separar sus creencias de su vida cotidiana y, por lo tanto, la Iglesia y el Estado. No es muy distinto a los protestantes y muchas otras religiones en Estados Unidos, aunque tal vez no todas: los mormones, los evangelistas de los Últimos Días, los judíos ortodoxos y otras denominaciones mezclan prescripciones existenciales con convicciones religiosas. Los católicos, incluso los más conservadores y dogmáticos, rara vez lo hacen. Los norteamericanos quizá no se den cuenta de cuán fácil resulta que varias religiones coexistan en un solo país si provienen del mismo origen (el cristianismo), como ocurre en Estados Unidos; esto se debe a que cuentan con fes muy similares. Esta situación es mucho más simple que cuando una religión funciona como forma de vida, y debe cohabitar con otras que no, como sucede en Europa —una Europa que, como describiremos en el capítulo siguiente, es más secular que nunca—.

El islam en muchas de sus expresiones actuales en Europa y en el mundo musulmán incluye una larga lista de reglas de conducta tan respetables como cualquier otra (excepto las que conciernen a las mujeres), pero que se inmiscuye mucho más en la vida cotidiana que un conjunto de creencias y convicciones meramente religiosas. La separación entre Iglesia y Estado y entre confesión y conducta cotidiana son principios muy arraigados en la psique estadounidense y en las instituciones del país, con las salvedades que examinaré en el siguiente capítulo. Por lo tanto, las comunidades pequeñas, dinámicas y moderadas de arabeamericanos o musulmanes ubicadas en ciertos lugares (en Texas, Illinois, Michigan) encajan a la perfección con el marco general de leyes y costumbres del país. Por muchas razones, no se consideran una amenaza; incluso la distancia geográfica contribuye a ello.

Hoy en día, existe una mayor diversidad en el islam que antes, tanto entre sunitas y chiitas como al interior de esas tradiciones. Algunas facciones o sectas controlan mucho más la vida cotidiana (y a las mujeres) que otras. Del mismo modo, los migrantes musulmanes en Europa han cambiado y evolucionado en su comprensión del islam y de la vida en general conforme se han asimilado (a grados distintos), pues ahora cuentan con menos controles religiosos en la vida cotidiana. Sin embargo, las diferencias con Estados Unidos aún son abismales. La estructura receptora es distinta en tamaño e historia; llegan grupos más grandes, y, lo más importante, los latinos encajan mejor con la Unión Americana. Tal vez no les agrade oírlo, pero los estadounidenses deberían agradecer su suerte. De hecho, en general lo hacen, aunque nunca lo reconozcan.

Tal vez la nueva ola de migrantes hispanos o latinos resulte más difícil de incluir que las anteriores, pues es mayor que aquéllas por lo menos en términos absolutos, y con ésta casi el 20% de la población de Estados Unidos —o 56 millones de personas— tiene origen hispano o latino. Pero sin duda será más fácil de integrar que quienes han cruzado el Mediterráneo durante el último medio siglo. Hoy en día, la gran mayoría de los migrantes en Europa occidental son musulmanes que practican sobre todo el islam sunita. En todo el mundo se discute sobre la compatibilidad de la *sharía* y de muchas prácticas, leyes, regulaciones y visiones del mundo sunitas con el liberalismo europeo. Ocupan un rango que abarca desde una visión antigua, desarrollada por Huntington en su *Clash of Civilizations* (1993), hasta la comparación reciente que hizo Niall Ferguson del dilema europeo con la caída del Imperio Romano.[15]

En 1987, el primer ministro francés, Jacques Chirac, un conservador gaullista, pero de ninguna manera un extremista de derecha, creó una *Commission de la nationalité* (Comisión de la Nacionalidad), constituida por una pluralidad de expertos en todos los ámbitos relevantes. Entre otros puntos, la *Commission* concluyó que "la introducción de un elemento islámico en la comunidad nacional francesa implica una aceptación de los musulmanes en Francia de las reglas y leyes de un Estado republicano y, sobre todo, secular. Para el islam, eso representa un gran trastorno. El Estado francés no puede ceder en esta demanda".[16] El debate sobre el velo sucedido en Francia desde 1989 también ilustró el dilema, en el que ambos bandos tenían razón. Un manifiesto publicado en 1989 en *Le Nouvel Observateur*, firmado por intelectuales progresistas que incluían a Régis Debray, Robert Badinter, Alain Finkielkraut y Elizabeth de Fontenay, refleja la intensidad de la situación: "La escuela constituye los cimientos de la República. [...] Por eso, la destrucción de la escuela conllevará la caída de la República".[17]

En un mundo ideal, la lenta y dolorosa modernización de los países del África del Norte, África subsahariana y Medio Oriente se convertiría en un ingreso democrático, próspero y rápido a la modernidad, que cambiara algunos hábitos y conservara otros. De manera similar, en un mundo ideal, los argelinos, turcos, marroquíes y paquistaníes —por mencionar tan sólo a los grupos más grandes y antiguos— de segunda o tercera generación no sufrirían discriminación en sus países de llegada, ni carecerían de empleo, educación, seguridad, atención médica y oportunidades en general. En tal caso, millones de jóvenes musulmanes no se radicalizarían, ya fueran sirios, iraquíes, argelinos o marroquíes en sus países de origen o en los de destino. Pero tal situación parece ilusoria. Europa tendrá que cohabitar con una religión que es mucho más que una religión: es una forma de vida, una serie de leyes y edictos, una forma de educación y un programa político. Los estadounidenses, en general, no se enfrentan a ese dilema.

¿Cómo encajan el pragmatismo y la hipocresía en todo esto? Muy sencillo. En primer lugar, a pesar de toda la retórica y prácticas odiosas de la última década respecto a las deportaciones, muros fronterizos y separación de familias, la Unión Americana aún recibe a una creciente cantidad de migrantes permanentes o temporales autorizados, provenientes sobre todo de México y Centroamérica. Su economía los necesita, al igual que una sociedad que le debe gran parte de su calidad de vida a la mano de obra no calificada del extranjero, como las niñeras, los repartidores y quienes participan en la producción de frutas y verduras baratas.

En 2017, 42% de todas las visas de migrantes y de las personas que obtuvieron un estatus permanente legal en Estados Unidos provenía de México, Centroamérica y algunos países sudamericanos.[18] Existe un sesgo a favor de esas regiones. No se trata de un resultado explícito de las razones antes mencionadas, sino de la proximidad, la inercia y las comunidades preexistentes. Y, además, en algunos lugares, tal vez se deba a cierta aceptación tácita de la afinidad cristiana y occidental antes mencionada. Sin embargo, esa tendencia no está inscrita en piedra, y Trump, al tratar de reducir o eliminar la reunificación familiar como determinante clave para admitir migrantes nuevos y reemplazarla con un sistema de puntos basado en méritos, está intentando debilitar ese vínculo, y tal vez lo logre.

Salarios, miedo y demografía

La estrategia migratoria pragmática persistirá en Estados Unidos, aunque los momentos de histeria sugieran lo contrario. Todos los años les pregunto a mis estudiantes de primer año en la Universidad de Nueva York si aceptarían un trabajo de verano en un restaurante de Manhattan como garroteros por nueve dólares la hora, diez horas al día, con poco o nada de aire acondicionado bajo el sol abrasador de la temporada. Todos dicen que no. Cuando les planteo la misma pregunta con un salario el doble o triple de alto, parecen más dispuestos. Pero siempre hay alguno que comprende un hecho esencial. Si se duplica o triplica el salario del empleado peor pagado, algún aumento equivalente debe ocurrir para el resto del personal: los meseros, los cocineros, la *hostess*, el *maître*. La cena se encarecerá y algunos clientes ya no podrán pagarla, los consumidores no estarán contentos y los políticos lo saben. Hacerse de la vista gorda es una respuesta eficaz.

El mismo fenómeno aplica a los llamados *bienes o servicios no co-* *merciables,* es decir, aquéllos que no se pueden subcontratar en otros países, y que los norteamericanos no desean realizar a un salario que los trabajadores indocumentados aceptan con entusiasmo. Esos trabajadores lo seguirán haciendo, con o sin la hipocresía norteamericana, mientras siga existiendo una brecha salarial entre sus países y Estados Unidos, independientemente de los demás factores que intervienen en su decisión de emigrar: crimen, violencia, sequía, guerras, familia, etcétera.

En la industria automotriz mexicana, la joya de la corona de la historia de globalización del país, el salario promedio para un obrero en 2018 sumaba alrededor de 450 dólares al mes. En las plantas no sindicalizadas del sur de la Unión Americana, donde los tabuladores son más bajos que en el Cinturón de Óxido sindicalizado, un obrero se lleva a casa entre 15 y 20 dólares la hora, sin prestaciones. Con prestaciones y horas extras, en el norte del país, su salario puede alcanzar más de 40 dólares la hora. Un mexicano tendría que ser tonto para no pensar en irse, aunque en su país gane un salario digno (en términos mexicanos) y sepa que no terminará en una línea de ensamblaje de Detroit.

Muchos factores influirán en su decisión, y la marea crecerá y bajará, como ha sucedido desde hace más de un siglo. Pero la disposición a emigrar prevalecerá mientras no se cierre la brecha salarial. Durante los últimos veinticinco años, a pesar de las promesas del TLCAN, firmado en 1994, la brecha no ha disminuido. Y la sed de mano de obra barata no calificada de la economía norteamericana no se ha saciado, incluso en los casos menos imaginables.

Un largo artículo sobre la industria de lácteos del norte del estado de Nueva York publicado en el *New York Times* en 2019 nos brinda otro ejemplo de la combinación de demanda, pragmatismo e hipocresía. También revela el daño infligido cuando se abandonan la hipocresía o el pragmatismo para satisfacer a los extremistas. A uno de los granjeros entrevistados le preocupaba que si la policía de tránsito multaba a alguno de sus trabajadores indocumentados, su granja entera se expondría a una auditoría migratoria. O si los agentes migratorios detenían a uno de sus empleados sin papeles en el estacionamiento de un supermercado, los demás podrían huir. Y si su mano de obra indocumentada desapareciera de la noche a la mañana, ¿quién la reemplazaría? "Me quita el sueño", confesó. "Hay gente por ahí que dice: 'Mándenlos a casa y construyan un muro'. Pero verían anaqueles vacíos en las tiendas si eso sucediera".[19] O el precio de la leche subiría, y muchos niños serían infelices. De ahí la hipocresía. Según el *Times*, la industria de lácteos en el norte del estado de Nueva York sólo ha sobrevivido gracias a los migrantes indocumentados.

Existe una fuerte dosis de hipocresía en la actitud de los norteamericanos hacia la inmigración pasada y presente. Los extranjeros indocumentados no votan; los migrantes naturalizados sí. A excepción parcial de la diáspora cubanoamericana, los hispanos votan abrumadoramente por el Partido Demócrata, y al parecer lo seguirán haciendo, sobre todo tras los años de Trump. Si los alrededor de doce millones de residentes no autorizados de Estados Unidos hubieran iniciado la vía hacia la ciudadanía gracias a cualquiera de los intentos fallidos de una reforma migratoria ocurridos desde 2001, muchos de ellos votarían pronto, o ya habrían ejercido ese derecho. Ya que la mitad de esa cifra son mexicanos, y 75% son hispanos, la desventaja para el Partido Republicano a nivel nacional o en una cantidad significativa de estados resultaría devastadora.

En vez de afirmarlo abiertamente —de hecho, George W. Bush sí se lo comunicó con todas sus letras a Vicente Fox, a principios de 2001—, los conservadores y otros republicanos prefieren expresar ese miedo estrictamente electoral con el mantra de "fórmate al final de la fila", aunque, por ejemplo, no exista una fila en Latinoamérica para el reasentamiento de refugiados procedentes de los países de la región. Hasta 2020, la única manera de solicitar asilo consistía en presentarse en la frontera con Estados Unidos.

Según ese punto de vista, la gente que entró a la Unión Americana de manera ilegal no debería disfrutar de ningún privilegio comparada con quienes *siguieron las reglas*, es decir, con quienes solicitaron su reunificación familiar y esperaron diez años hasta que por fin los admitieran. La verdadera razón es electoral. Los nuevos ciudadanos votarían como sus familias o predecesores: con una participación baja pero creciente, y más de dos tercios a favor de los demócratas. Sin embargo, es cierto que el aforismo de *cumplir las reglas* ha generado un sentimiento antimexicano en muchos ámbitos, quizás incluso entre los ciudadanos hispanos.

En el último análisis, el pragmatismo y la hipocresía triunfarán, por una razón fundamental. Estados Unidos es el único país rico —incluso si tomamos en cuenta a China— cuya población no está envejeciendo de forma drástica. Si Alemania hubiera mantenido su postura de admitir refugiados sirios y afganos, podría haberse unido al club; de cualquier manera, permitieron la entrada de un millón de refugiados, en parte por razones demográficas. La explicación de la singularidad demográfica de la Unión Americana recae en la inmigración, en dos sentidos. En primer lugar, como mero resultado de las entradas. Entre los migrantes recién llegados, los trabajadores temporales, los beneficiarios de un cambio de estatus e incluso el flujo no autorizado, la población estadounidense está creciendo más que otras, a una tasa más alta que la natural. Por lo tanto, envejece más lento.

En segundo lugar, los nuevos inmigrantes, en particular pero no exclusivamente aquéllos provenientes de Latinoamérica, cuentan con tasas de natalidad más altas que las de la población general, y que los grupos demográficos tradicionales en Europa. Así que aumentan el crecimiento poblacional al criar más hijos que los norteamericanos establecidos, por lo menos durante la primera generación.

La edad mediana actual de la población estadounidense es de 38 años; en Japón, es de 47; en Alemania, de 47, y en Italia, de 45. Tan sólo China, un país mucho más pobre, cuenta con una edad mediana menor que la de Estados Unidos: de 37.5 años, es decir, apenas más baja, y está aumentando debido a las consecuencias de la política previa de un solo hijo.[20] La causa: la inmigración. La estrategia: pragmatismo e hipocresía. Tal vez los sectores blancos, sin educación universitaria, pueblerinos y envejecidos de la sociedad norteamerica-

na no distingan las ventajas de una población general que no envejece gracias a los mexicanos, filipinos, indios y centroamericanos. Pero
ellos también son beneficiarios indirectos.

Las drogas y el mundo

La misma estrategia funcional, eficaz y duradera también subyace a la
actitud y políticas de Estados Unidos respecto a las drogas. Al igual
que otras reflexiones sobre los norteamericanos, debe matizarse. En
primer lugar, la Unión Americana no siempre ha tenido la misma
política de drogas, aunque ésta haya variado poco desde 1971. En segundo lugar, no todas las partes de Estados Unidos siguen exactamente la misma vía. California legalizó la marihuana para uso médico a
principios de los años noventa y muchos estados la han seguido desde
entonces; varios incluso han permitido su uso recreativo. En tercer
lugar, distintos sectores de la sociedad norteamericana albergan posturas diferentes respecto a las drogas y a la política gubernamental,
y están cambiando con rapidez, a veces en direcciones opuestas.

En esencia, Estados Unidos administra un consumo de drogas a
gran escala dentro de su territorio, y presiona a los demás países a que
libren una guerra contra las drogas en los suyos. Ese doble enfoque se
practicaba incluso antes de que Nixon declarara la guerra contra las
drogas en 1971 y creara la Administración para el Control de Drogas (DEA, por sus siglas en inglés) en 1973. Como casi todo el mundo
sabe, esa guerra surgió a partir de las protestas contraculturales en
contra de la guerra de Vietnam de los años sesenta y principios de los
setenta, y la rebelión de la juventud que sacudió a muchos países,
incluyendo a Estados Unidos.

La primera crisis seria entre México y Estados Unidos a causa de
las drogas sucedió en 1969, cuando Washington puso en práctica lo
que llamó Operación Intercepción. Básicamente cerró la frontera
entre los dos países hasta que el gobierno mexicano "hiciera más"
para contener el flujo de drogas hacia el norte. En ese entonces, el

problema se centraba en la marihuana desde México y la heroína desde Turquía y Afganistán a través de Europa. Hoy en día, se trata de heroína y fentanilo desde México y China; de cocaína desde Perú y Colombia, y de heroína, que aún proviene de Afganistán. Poco ha cambiado en realidad.

La faceta pragmática de la doble estrategia implica administrar el consumo de drogas, o la *demanda*, al interior de la Unión Americana. Esa tarea requiere una dosis considerable de hipocresía; de ahí la otra faceta. Ni el gobierno federal ni los estados o ciudades se hallan dispuestos ni son capaces de perseguir y procesar a todos los consumidores, *dealers* y distribuidores mayoristas de drogas. No se trata tan sólo de un problema presupuestario, aunque ese factor sí sea una preocupación importante. Requeriría un espacio físico enorme para la encarcelación en masa a largo plazo, mucho mayor a las cifras actuales, a pesar de contar con la tasa de encarcelamiento más alta del mundo, por mucho, impulsada en parte por los crímenes relacionados con drogas. Implicaría sobrecargar el sistema penal y transformar a los usuarios esporádicos en criminales endurecidos gracias a sus años en la cárcel. Pero también requeriría cierto grado de invasión a la privacidad, control territorial y vigilancia que los norteamericanos no tolerarían. Sobre todo porque el subtexto racista resultaría innegable, como lo demostró la discriminación presente en las condenas a los poseedores de polvo de cocaína —blancos—, comparadas con las de los usuarios de *crack* —negros—, hasta que las corrigieron los tribunales.

En 2017, 30.5 millones de estadounidenses usaron alguna droga ilegal —sobre todo marihuana— *durante el mes anterior a que los encuestaran*. Alrededor de 50 millones de norteamericanos ingieren algún tipo de sustancia ilegal *al menos una vez al año*. Aproximadamente 40 millones de estadounidenses fuman yerba *por lo menos una vez al año*. Alrededor de 6 millones inhalan o se inyectan cocaína por lo menos una vez durante ese periodo, y poco menos de un millón consume heroína.[21] Cualquier estimado del valor del mercado de drogas ilícitas en Estados Unidos será muy cuestionable; según la Oficina de la Política Nacional para el Control de Drogas, alcanzó los 100 000 millones de dólares en 2013.[22]

Si los norteamericanos se tomaran en serio el control de drogas, además de organizar campañas de educación masivas, tendrían que arrestar, enjuiciar, sentenciar y encarcelar a todos los individuos que violen la ley, en los guetos o en Wall Street, en las universidades de la Ivy League y en los hospitales de Maine y Vermont. Y desmantelar múltiples redes: según un sondeo realizado en 2018 entre 130 000 personas de cuarenta países, la entrega de una línea de cocaína toma menos tiempo que la de una pizza, ya sea en Estados Unidos, Brasil, Países Bajos, Dinamarca, Inglaterra, Escocia, Colombia o República Checa.[23]

Todos los años les planteo otra pregunta a mis alumnos en NYU. ¿Cómo reaccionarían sus padres si la policía universitaria ejecutara inspecciones sorpresa de los dormitorios, en las que entrara y cateara sin orden judicial y arrestara a quien tuviera drogas en su habitación? Algunos, con padres conservadores, contestan que a los suyos no les molestaría. Pero la mayoría siente que sus padres protestarían y quizás incluso los sacarían de la escuela. Uno podría esperar, casi con seguridad, la misma reacción ante pruebas sin advertencia en cualquier momento y lugar: bachilleratos, hospitales, oficinas grandes o bancos, compañías de seguros y comercios, centros comerciales, cines y salas de conciertos. ¿Suena absurdo? Por supuesto: es por eso que ningún presidente, gobernador ni alcalde, ni siquiera los más duros e ideologizados, ha contemplado una política de ese tipo durante el último medio siglo.

Además, si Estados Unidos realmente esperara eliminar su consumo nacional de drogas, requeriría también un esfuerzo monumental para prohibir la entrada de narcóticos al país. Ese intento tendría que concentrarse en los puntos de entrada a la Unión Americana, no en los centros de cultivo y procesamiento por todo el mundo. Muchos de esos puntos de entrada se ubican en la frontera México-Estados Unidos, pero otros más se encuentran en la frontera con Canadá, en aeropuertos y terminales marinas. El costo de patrullar esa cantidad de accesos no supervisados, al igual que el tiempo desperdiciado en realizar registros en cruces fronterizos y aeropuertos, resulta prohibitivo. El esfuerzo por combatir la corrupción —al interior de la DEA, la Guardia Costera, la Oficina de Aduanas y Protección Fronteriza y la TSA en los aeropuertos— también sería titánico, y muy intrusivo: ¿quién inspecciona a los inspectores? Los costos comerciales, de las contrataciones y capacitación federales, de desplegar tropas en la frontera y, claro, de construir un muro, serían inaceptables para la gran mayoría de los norteamericanos.

El aspecto más esclarecedor de la insistencia de Donald Trump en construir un muro en la frontera entre México y Estados Unidos —a veces para disuadir a los migrantes, a veces para bloquear las drogas— recae en la imposibilidad de financiarlo. En cierto sentido, Trump tenía razón. Si los norteamericanos quieren evitar que entren drogas a su país, deben construir un muro figurado y literal a su alrededor, lo que no sólo implica gastar una fortuna, sino enviar un mensaje distinto al resto del mundo: no se acerquen. La mayoría de los estadounidenses, con razón, rechaza este plan.

La pregunta que surge de estas nociones descabelladas es obvia. Si las leyes existentes sólo pueden aplicarse de manera selectiva, esporádica e injusta, ¿por qué no cambiarlas? La legalización de la marihuana, para fines médicos o recreativos, estado por estado o a nivel federal, lleva décadas en la agenda. Un creciente porcentaje de la opinión pública ahora la apoya. Gallup empezó a hacer encuestas al respecto desde 1970. A partir de entonces, el apoyo a la legalización de la marihuana ha crecido de 12% a 31% en el año 2000, y a 64% en 2019.[24] Tres presidentes de Estados Unidos han confesado haberla fumado de jóvenes. Innumerables estudios demuestran que la yerba no es más dañina que el tabaco y el alcohol. Sin embargo, tan sólo una cuarta parte de los estados ha modificado sus estatutos; apenas 30% de la población vive en estados que la hayan legalizado, y la probabilidad de una legalización federal es sombría. Eso para la marihuana. La posibilidad de que ocurra con la cocaína, heroína, metanfetaminas y ahora el fentanilo parece aún más funesta.

La razón no es difícil de detectar. Todos los países ricos, con algunas excepciones, como Suecia, han pasado hacia la tolerancia o legalización *de facto*, algunos —Portugal, Uruguay, Canadá— de manera más explícita que otros. Pero la legalización *de jure* de todas las drogas en toda su cadena productiva, desde el cultivo hasta el consumo, existe en muy pocos países. La explicación radica en el conservadurismo subyacente de la mayoría de las sociedades modernas (y no tan modernas). No sólo es una cuestón de los republicanos y la derecha: las comunidades negras y sus representantes casi siempre se oponen a la legalización (el caso más reciente se dio en Nueva Jersey), porque temen que asolará a su electorado.

Estados Unidos no está solo, excepto por el tamaño de su mercado —por mucho el más grande del mundo—, por su capacidad para imponer políticas a los demás países y por su poder para influir en la cultura de otras sociedades. Los norteamericanos están lejos de permitir la legalización total de la producción, distribución y consumo de todas las drogas a nivel federal. Por eso, la ley sólo se puede adaptar muy poco a la realidad, y esa realidad no se puede transformar. Así que la situación se *controla* con pragmatismo e hipocresía, y los atavismos conservadores quedan complacidos con el encarcelamiento en masa de personas de color.

Los departamentos de policía locales de todo Estados Unidos practican políticas de cateo individual con obvios sesgos raciales, en particular en grandes ciudades con un vasto sector afroamericano o hispano. Sin embargo, por lo general permiten que el narcomenudeo proceda, siempre y cuando se respeten ciertas reglas implícitas. Éstas incluyen mantener la violencia bajo control; no vender cerca de las escuelas; abstenerse de otros delitos menores y, sobre todo, nunca atacar a oficiales de la policía. He visto a agentes del Departamento de Policía de Nueva York patrullar Washington Square por la noche, donde abundan los *dealers*, y simplemente hacerse de la vista gorda, siempre y cuando cumplan con esas normas tácitas. Sobra decir que, salvo pocas excepciones (Ferguson a las afueras de St. Louis, por ejemplo), han pasado décadas desde la última vez en que las autoridades enviaron a la Guardia Nacional o a las fuerzas armadas a los guetos o barrios bajos para aplicar leyes antidrogas que todos reconocen que no se pueden aplicar. O a las colinas de Mendocino, al norte de

245

California, donde los exleñadores, *hipsters*, empresarios y ahora también compañías, todos blancos, cultivan marihuana de forma ilegal, y nadie los molesta nunca. De hecho, parecería que, sin importar si gobierna Obama o Trump, se despliegan más recursos federales para hacer redadas en lugares de trabajo y combatir la inmigración que para combatir los varios tipos de producción ilegal de drogas.

El ingrediente del encarcelamiento en masa en el dúo pragmatismo-hipocresía no sólo satisface el conservadurismo norteamericano por razones de control de drogas. En 1980, arrestaron a 580 000 personas por cargos relacionados con drogas. En 2014, la cifra alcanzó 1.6 millones.[25] Las sentencias obligatorias, al igual que los niveles más altos de pobreza y desempleo, la discriminación de las fuerzas policiales y una educación deficiente en las comunidades negras y latinas implican de manera casi inevitable que una proporción mucho más alta de personas de color termine en prisión. Las drogas tan sólo constituyen una parte de ese reto.

De vez en cuando, la derecha estadounidense se agita mucho por el tema de las drogas. Ocurrió a principios de los años setenta, en reacción a las revueltas de la década anterior y de los estragos que los narcóticos infligían en los veteranos de guerra. Sucedió de nuevo a mediados de los años ochenta, cuando una serie de trágicas muertes de alto perfil por sobredosis de cocaína o *crack* inundaron los medios. Nancy Reagan aprovechó la oportunidad para su campaña de "Sólo di que no". Donald Trump también parecía reaccionar a una nueva histeria en ciertos sectores respecto a la *epidemia de opiáceos*, que mató a más de 75 000 estadounidenses en 2017 en regiones antes no afectadas del país, y con grupos demográficos que diferían de los pánicos anteriores. Los políticos perciben de manera instintiva cuando una porción significativa de la opinión pública de pronto clama que *hagan algo*. El encarcelamiento en masa ha sido una respuesta. Otra ha consistido en culpar a los demás, y encaja a la perfección con el dúo pragmatismo-hipocresía.

Hagan algo... pero no en mi territorio

Culpar a los demás, en este contexto, suele llamarse de otro modo. En política de drogas, casi siempre se refiere al lado de la oferta, es decir, al cultivo y producción de drogas *fuera* de Estados Unidos. Por lo menos desde los años sesenta, esa estrategia ha constituido un eje importante de la política antidrogas de la Unión Americana, y lo más probable es que continúe así. También es el blanco de las críticas, escepticismo e irritación extrema de los extranjeros respecto a la hipocresía estadounidense, que supera con creces su admiración por su pragmatismo. Las razones son fáciles de discernir.

Por lo menos desde principios de los años sesenta, Washington ha ejercido una vigorosa política de control de drogas fuera de sus fronteras. Ésta se ha basado en una combinación de recursos que abarcan programas de erradicación de drogas —incluyendo fumigaciones que atentan contra la salud— y esquemas de sustitución de cultivos. Ha implicado una presencia militar en muchos países, con el propósito de encontrar y destruir campos y laboratorios. Procura impedir los *narcovuelos* y el transporte marítimo o terrestre de distintas drogas, sobre todo desde Sudamérica, pasando por Centroamérica y México hacia Estados Unidos. Y ha seguido una estrategia de persecución a los capos de los cárteles, cuyo mejor ejemplo es la ejecución de Pablo Escobar en Colombia en 1994. La larga cacería del Chapo Guzmán es otro caso análogo.

Washington ha brindado ayuda a varios países para cumplir con sus metas, a cambio de imponerles sus políticas, como sucedió en el Plan Colombia entre 1999 y 2016. Ha integrado agentes de la DEA, la CIA y el Departamento de Defensa a múltiples entornos: Bolivia en los años ochenta y noventa; la Base de la Fuerza Aérea en Manta, Ecuador; muchos escenarios colombianos, y docenas si no es que cientos de oficiales estadounidenses en Centroamérica y México.

Donde considera que otros intereses importan más que el control de drogas, como en Afganistán tras el 11 de septiembre de 2001, prefiere no tocar el cultivo de la amapola. Eso ha permitido que ese país siga siendo uno de los mayores productores de heroína del mundo, a pesar de la presencia de cientos de miles de tropas norteamericanas durante casi veinte años. La superficie de cultivo de amapola se triplicó en Afganistán entre 2003 y 2009, a pesar de que la mayor parte de los sembradíos se encontraran en manos de los talibanes, el supuesto enemigo de Estados Unidos. Washington también ha secuestrado a jefes de cárteles en otros países para enjuiciarlos en su territorio. De manera similar, ha impuesto políticas de extradición a varios países, lo que genera mucha más violencia local que si los juicios se celebraran... de manera local.

Aunque finja combatir la corrupción generada por las drogas en muchos países —no sólo en Latinoamérica—, la estrategia de Estados Unidos casi siempre la ha agravado. Al brindar grandes sumas de dinero y "equipo", como helicópteros Blackhawk y sistemas de radar de punta a fuerzas policiales o ejércitos que no estaban preparados para contar con esos recursos, esa clase de políticas propician la corrupción. Washington también ha alentado, u obligado, a los servicios de seguridad a librar una guerra contra las drogas que muy pronto se convierte en una pesadilla de derechos humanos. La mayoría del personal disponible en las fuerzas de seguridad de muchos de esos países cuenta con un entrenamiento lamentable en lo que respecta al debido proceso y los derechos humanos.

En resumen, Estados Unidos espera que los países productores de drogas, o por los que las drogas pasan de camino al mercado más grande del planeta, hagan exactamente lo que los estadounidenses se niegan a hacer en casa. Los norteamericanos quieren que otros gobiernos desplieguen a sus fuerzas armadas en sus montañas y sus costas, pero se rehusan a desplegar *sus propias* fuerzas armadas en las ciudades del interior, o a lo largo del lado estadounidense de la frontera; a realizar pruebas de control de drogas generalizadas; a mandar tropas federales o a la DEA a estados que han legalizado la marihuana, a pesar de la prohibición federal, y a detectar plantíos con tecnología satelital.

En tiempos más recientes, Washington ha intentado combatir su epidemia de opiáceos y fentanilo presionando a China y a Xi Xinping para que controlen los cargamentos de esa sustancia hacia Estados Unidos, de manera directa o a través de México. Ha chantajeado a las autoridades chinas para que tomen medidas contra los laboratorios de fentanilo y lo clasifiquen como sustancia controlada. Beijing no se había mostrado particularmente receptivo a esas demandas, y se preguntaba —con discreción— por qué Donald Trump no lidia con la crisis de opiáceos en casa: "Estados Unidos debería adoptar una estrategia integral y balanceada para reducir y suprimir su enorme demanda de fentanilo y otras drogas similares lo antes posible. Cuando menos norteamericanos usen fentanilo, no quedará mercado para éste".[26] Eso declaró Liu Yue Jin, subdirector de la Comisión Nacional de Control de Narcóticos de China. Podría haber estado citando cualquiera de los cientos de declaraciones mexicanas de los últimos cincuenta años.

La crisis de opiáceos se desarrolló sobre todo al interior de Estados Unidos, aunque la legalización de la marihuana haya empujado a los cárteles mexicanos a enfatizar el cultivo de amapola y la producción de heroína. Las grandes empresas farmacéuticas, los médicos y el gobierno federal se combinaron o coludieron para entregar inmensas cantidades de analgésicos a quienes los necesitaran, y a muchos que no los requerían. Luego restringieron las recetas para los pacientes o individuos que sufrían de dolor o ansiedad y que no podían pagar los precios del mercado negro, con lo que los empujaron hacia la heroína y ahora el fentanilo, ambos más económicos.

Según un análisis,

en un esfuerzo por atacar la sobreprescripción de opiáceos, quienes diseñan las políticas públicas han montado una serie de intervenciones en el lado de la oferta. Éstas han incluido redadas contra proveedores e instalaciones sin escrúpulos, límites y normas a las recetas, reforzar los sistemas de monitoreo de recetas, reformular algunos analgésicos opiáceos para volverlos más difíciles de abusar, y empujar (o amenazar) a los médicos para que reduzcan la cantidad y dosis de sus recetas.[27]

Algunos de esos esfuerzos sí han resultado exitosos para reducir la sobreprescripción y disminuir o controlar las muertes por sobredosis con sustancias legales. Sin embargo, han causado consecuencias imprevistas que agravaron el problema inicial. Como resultado de la alta dependencia provocada por tales sustancias, los consumidores que perdieron el acceso a las sustancias controladas por la vía legal acudieron a las alternativas más baratas, accesibles y potentes del mercado negro, sobre todo la heroína y el fentanilo ilícito. Pero si crear ese ejército de adictos provino de un inmenso error bienintencionado, cortarles el suministro resultó aún peor. Un estudio reciente descubrió que 53% de los adictos a los opiáceos de la Unión Americana iniciaron con analgésicos de receta que les facilitó un amigo o familiar.[28]

¿Por qué debería China esforzarse por limitar o impedir la producción y los cargamentos hacia el extranjero de una droga parcialmente lícita según sus leyes, para ayudar a un país y gobierno que no se ha mostrado particularmente cordial durante los últimos años? Tras una reunión con el líder chino en Buenos Aires hacia finales de 2018, Donald Trump anunció que su contraparte había acordado "detener el suministro de fentanilo". Se trata de prácticamente la misma declaración que Xi pronunció en 2016, cuando Obama se vanaglorió de que China tomaría "mayores medidas" para bloquear los cargamentos de fentanilo hacia las costas norteamericanas. Los chinos parecen haber copiado la estrategia mexicana desde los años setenta hasta 2006: decir que sí, pero no cuándo ni cómo ni dónde.

La negativa china fue tan clara que, a principios de 2019, los demócratas introdujeron una legislación en el Senado para prohibir los cargamentos de fentanilo desde China y México. El senador Schumer, de Nueva York, proclamó que el Congreso quería un "acuerdo firmado y aplicable, un plan sólido o un compromiso genuino. [...] Debemos presentarle a China una consecuencia dura pero justa respecto a la oleada de fentanilo que entra a Estados Unidos".[29]

En numerosas ocasiones, Beijing ha clasificado varios componentes del fentanilo como sustancias controladas. Los productores entonces acuden a componentes no indexados para mezclar nuevas sustancias, lo que prolonga los procedimientos de control. Según *The New York Times*, eso permite "a los productores chinos de drogas ilícitas crear nuevos derivados de fentanilo más rápido de lo que se pueden controlar".[30] Justamente así han reaccionado los productores de drogas de todo el mundo a la presión norteamericana desde finales de los años sesenta. Los chinos son más reservados que otros, pero la esencia de su actitud parsimoniosa es la misma: ¿por qué hacer el trabajo sucio de Washington? En abril de 2019, China colocó todas las variantes del fentanilo en una lista de sustancias controladas, en vez de prohibir las nuevas versiones de la droga cuando llegaran al mercado. Eso prohibió la exportación de todas las variedades de la droga.[31]

El argumento que suelen blandir en respuesta las autoridades o la sociedad norteamericana en general consiste en que se trata de sustancias ilegales que infligen un daño enorme a los jóvenes de Estados Unidos, y cada vez más a los viejos. Algún día, los países productores se volverán consumidores. Eso no ha ocurrido. Los chinos tienen su solución al consumo interno: la pena de muerte. En otros países intervienen factores distintos: la familia, los precios, las políticas de distribución de los cárteles. Ésos y otros obstáculos han garantizado que prácticamente ningún país productor se haya convertido en un consumidor importante, lo que no implica que no exista consumo en absoluto (Afganistán podría ser una excepción reciente).

Sin embargo, lo más importante es que los países productores o de tránsito contestan que el costo de cumplir con las políticas estadounidenses también es exorbitante. Desde que se inició la guerra contra las drogas en México en 2006, han muerto más de 250 000 mexicanos, hay 40 000 desaparecidos, la imagen del país en el mundo se ha destruido, y todo en vano. Muchos mexicanos preguntan, tal vez de manera cínica y desalmada, pero también bastante lógica: ¿qué nos importan los jóvenes afroamericanos de Newark, o los blancos viejos de Vermont?

Además, como demuestran los acontecimientos recientes en Estados Unidos y otros lugares, la definición de *legal* no sólo es dinámica, sino relativa. La marihuana era ilegal; ya no lo es en muchos países y estados. La oxitocina con receta se considera legal; sin receta, no. Las tropas norteamericanas toleran la producción de heroína en Afganistán, pero la prohiben y atacan en las sierras de Guerrero y Sinaloa. Muchas drogas de diseño se producen en la Unión Americana; el celo con el que las combaten no es parejo en todo momento y en todo lugar.

Durante el juicio del Chapo Guzmán en Nueva York en 2018-2019, el sistema penal estadounidense trabajó a la perfección excepto cuando los testigos de la fiscalía empezaron a denunciar la corrupción de expresidentes y funcionarios antidrogas mexicanos. Entonces el juez, casi con certeza a petición de Washington, prohibió más discusión o preguntas a esos testigos. Sabía —y lo declaró— que crearían serias complicaciones de política exterior y seguridad nacional para el Ejecutivo en sus relaciones con México. Llevar al Chapo ante la justicia era una cosa; perseguir a los aliados, amigos o compinches de Estados Unidos en México era algo muy distinto. No es de extrañar que no todos se tomen las proclamas de la Unión Americana sobre el Estado de derecho y la santidad del sistema penal tan a pies juntillas como sus beneficiarios.

Las autoridades norteamericanas casi siempre quedan acorraladas por sus contrapartes cuando les preguntan: ¿Y qué hay de la demanda, o el consumo, en Estados Unidos? La respuesta ha permanecido igual desde el periodo del presidente Jimmy Carter: sí, debemos hacer algo; sí, existe una responsabilidad compartida; sí, pronto lanzaremos una campaña importante contra las drogas en nuestro país.

Para 2019, la composición del consumo de drogas en Estados Unidos había variado de forma significativa. Las fuentes de suministro del mercado norteamericano también han cambiado. Pero sus dimensiones generales se mantienen similares. Ninguno de los esfuerzos para reducir la demanda, o prohibir la oferta, ha logrado nada. La tesis de que podría ser peor no funciona. Existen pocos casos del dúo pragmatismo-hipocresía que irriten más a los extranjeros que su manifestación en el tema de las drogas, la postura de Washington en el control de drogas fuera de sus fronteras y cómo maneja el problema en casa.

¿Hacia dónde dirigir el control de drogas?

Existe poco desacuerdo respecto a la futilidad de la guerra contra las drogas, tanto en Estados Unidos como en el extranjero. Según algunos cálculos, ésta cuesta más de un billón de dólares, y sus resultados son prácticamente nulos.[32] El único argumento a favor es que no hay alternativa. De hecho, existen muchas, en varios países, para algunas drogas o para todas, para toda la cadena o sólo para el consumo: un mercado regulado y legal, como en Portugal, Uruguay, Canadá y otros lugares. A los extranjeros no los engaña ese mal argumento —la falta de alternativa—, y sospechan que, en última instancia, la inercia institucional y complacer a los conservadores y a la hipocresía pragmática son los verdaderos motivos de la tragedia.

Las desventajas de la postura prohibicionista son tan claras que sólo otras consideraciones podrían haber empujado a nueve presidentes norteamericanos consecutivos a seguir un camino que no conduce a ninguna parte. Fue un historiador, no un diseñador de políticas públicas, quien urdió un espléndido resumen de los mejores argumentos contra la guerra contra las drogas. Isaac Campos recurre a lo que la académica Eva Bertram denomina *la paradoja de las ganancias*. Aumentar esfuerzos para librar la *guerra contra las drogas* sólo logra volver más atractiva la industria de narcóticos:

> Una mayor prohibición y la erradicación del suministro de drogas causan un aumento en los precios. En teoría, eso debería deprimir la demanda, pero también produce un efecto a la alza en la oferta. Nuevos productores entran al mercado para beneficiarse del mayor potencial de ganancias. Entonces, el aumento en la producción disminuye los precios. Todo eso se complica más por la naturaleza transnacional de la industria, por la disparidad en riqueza entre los consumidores norteamericanos y los campesinos productores, y porque 90% del valor añadido en el mercado ocurre en Estados Unidos.[33]

Desmantelar el *establishment* burocrático del control de drogas sería una tarea titánica. Éste posee innumerables ramificaciones federales (que van mucho más allá de la DEA), y manifestaciones en los estados, condados y ciudades, todas interesadas en proseguir con una política fallida que beneficia a las agencias involucradas. Ese *establishment* incluye a los sindicatos policiales y a la industria de las prisiones privadas, que no son grupos de presión menores. Los presidentes norteamericanos y sus asesores más cercanos están demasiado bien informados y son lo bastante inteligentes como para no entender esa ecuación básica. También reconocen su impotencia —política, ideológica, administrativa— para cambiar el rumbo. Se resignan a seguir como siempre, a la inercia histórica que reciben al asumir el cargo, y adoptan la opción predeterminada. Ocurre lo mismo que con la inmigración. Combinan el pragmatismo, que consiste en no cambiar nada que funcione de manera aceptable, con la hipocresía, que implica fingir que se cree en lo que se está haciendo para que la parte pragmática de la política nunca resulte demasiado evidente. ¿Es ésta la mejor manera de manejar las políticas de drogas e inmigración? Obviamente, no. ¿Es la única manera y, también, la forma típica de actuar de Estados Unidos? Sin duda.

Notas

[1] Vasconcelos, José, *Ulises criollo*, México, Ediciones Botas, 1935 (3a ed), p. 392.

[2] "Yearbook 2009", Departamento de Seguridad Nacional, 6 de junio de 2019, https://www.dhs.gov/immigration-statistics/yearbook/2009, consultado el 22 de junio de 2019.

[3] "Table 25. Nonimmigrant Admissions by Class of Admission: Fiscal Years 2015 to 2017", Departamento de Seguridad Nacional, 6 de noviembre de 2018, https://www.dhs.gov/immigration-statistics/yearbook/2017/table25, consultado el 22 de junio de 2019.

[4] "Yearbook 2000", Departamento de Seguridad Nacional, Gráfica 38, 6 de junio de 2019, https://www.dhs.gov/immigration-statistics/yearbook/2000, consultado el 22 de junio de 2019. "Yearbook 2009", Departamento de Seguridad Nacional, Gráfica 32, 6 de junio de 2019, https://www.dhs.gov/immigration-statistics/yearbook/2009, consultado el 22 de junio de 2019. "Table 32. Nonimmigrant Temporary Worker Admissions (I-94 Only) by Region

and Country of Citizenship: Fiscal Year 2017", Departamento de Seguridad Nacional, 8 de noviembre de 2018, https://www.dhs.gov/immigration-statistics/yearbook/2017/table32, consultado el 22 de junio de 2019.

5 "Table 25. Nonimmigrant Admissions by Class of Admission: Fiscal Years 2015 to 2017", Departamento de Seguridad Nacional, 6 de noviembre de 2018, https://www.dhs.gov/immigration-statistics/yearbook/2017/table25, consultado el 22 de junio de 2019. Departamento de Estado de los Estados Unidos, Gráfica XVI(B), https://travel.state.gov/content/travel/en/legal/visa-law0/visa-statistics/annual-reports/report-of-the-visa-office-2018.html, consultado el 22 de junio de 2019.

6 "Table 1. Persons Obtaining Lawful Permanent Resident Status: Fiscal Years 1820 to 2016", Departamento de Seguridad Nacional, 18 de diciembre de 2017, https://www.dhs.gov/immigration-statistics/yearbook/2016/table1, consultado el 22 de junio de 2019.

7 "Yearbook 2008", Gráfica 32D, Nonimmigrant Admissions 2008, Departamento de Seguridad Nacional, 6 de junio de 2019, https://www.dhs.gov/immigration-statistics/yearbook/2008. "Table 32. Nonimmigrant Temporary Worker Admissions (I-94 Only) by Region and Country of Citizenship: Fiscal Year 2017", Departamento de Seguridad Nacional, 8 de noviembre de 2018, https://www.dhs.gov/immigration-statistics/yearbook/2017/table32.

8 "Crece migración legal a EU", *Reforma*, 9 de mayo de 2019, p. 4.

9 "Ingresos por remesas", Banco de México, www.banxico.org.mx/SieInternet/consultarDirectorioInternetAction.do?accion=consultarSeries, consultado el 28 de mayo de 2019.

10 "Census Profile: Allentown, PA", Census Reporter, (s.d.), https://censusreporter.org/profiles/16000US4202000-allentown-pa/.

11 "Many Worldwide Oppose More Migration-Both into and out of their Countries", Pew Research Center, (s.d.), https://www.pewresearch.org/fact-tank/2018/12/10/many-worldwide-oppose-more-migration-both-into-and-out-of-their-countries/.

12 Cavalcanti, H. B., *Almost Home. A Brazilian-American's Reflections on Faith, Culture, and Immigration*, University of Wisconsin Press, 2012, p 97.

13 Chin, Rita, *The Crisis of Multiculturalism in Europe: A History*, Princeton, NJ, Princeton University Press, 2017, p. 82.

14 *Ibid.*, p. 303.

15 Ferguson, Niall, "Paris and the Fall of Rome", *The Boston Globe,* 16 de noviembre de 2015, https://www.bostonglobe.com/opi nion/2015/11/16/paris-and-fall-rome/ErlRjkQMGXhvDarTIxXpdK/story.html.

16 Chin, Rita, *op. cit.*, pp. 82 y 174.

[17] *Ibid.*, p. 199.

[18] "Table 3. Persons Obtaining Lawful Permanent Resident Status by Region and Country of Birth: Fiscal Years 2015 to 2017", Departamento de Seguridad Nacional, 2 de octubre de 2018, https://www.dhs.gov/immigration-statistics/yearbook/2017/table3. https://travel.state.gov/content/dam/visas/Statistics/Non-Immigrant-Statistics/NIVDetailTables/FY17NIVDetailTable.pdf.

[19] Goldbaum, Christina, "Trump Crackdown Unnerves Immigrants, and the Farmers Who Rely on Them", *The New York Times,* 18 de marzo de 2019, https://www.nytimes.com/2019/03/18/nyregion/ny-farmers-undocumented-workers-trump-immigration.html, consultado el 18 de marzo de 2019.

[20] "Countries by Median Age 2018", http://worldpopulationreview.com/countries/median-age/, consultado el 7 de mayo de 2019.

[21] "Reports and Detailed Tables From the 2017 National Survey on Drug Use and Health (NSDUH)", Informes y Gráficas Detalladas de la Encuesta Nacional sobre el Uso de Drogas y la Salud (NSDUH) de 2017 | CBHSQ, https://www.samhsa.gov/data/nsduh/reports-detailed-tables-2017-NSDUH, consultado el 22 de agosto de 2019.

[22] Kilmer, Beau; Sohler Everingham, Susan S.; Caulkins, Jonathan P.; Midgette, Gregory; Liccardo Pacula, Rosalie; Reuter, Peter; Burns, Rachel M.; Han, Bing y Lundberg Russell, *How Big Is the U.S. Market for Illegal Drugs?*, Santa Monica, CA, RAND Corporation, 2014, https://www.rand.org/pubs/research_briefs/RB9770.html.

[23] "Cokeinoes! Cocaine Delivered Faster than Pizza", *Global Drug Survey,* https://www.globaldrugsurvey.com/gds-2018/cokeinoes-cocaine-delivered-faster-than-pizza/, consultado el 22 de julio de 2019.

[24] "Illegal Drugs", *Gallup,* 25 de julio de 2019, https://news.gallup.com/poll/1657/illegal-drugs.aspx, consultado el 30 de julio de 2019.

[25] Coyne, Christopher J. y Hall, Abigail R., "Four Decades and Counting: The Continued Failure of the War on Drugs", *Cato Institute* 12, abril de 2017, www.cato.org/publications/policy-analysis/four-decades-counting-continued-failure-war-drugs#full, consultado el 24 de abril de 2019.

[26] Jiang, Steven, "China Lectures the US on Opioid Crisis", CNN, 26 de junio de 2018, https://edition.cnn.com/2018/06/25/asia/china-us-opioid-crisis-intl/index.html, consultado el 30 de enero de 2019.

[27] Beletsky, Leo y Davis, Corey S., "Today's Fentanyl Crisis: Prohibition's Iron Law, Revisited", *International Journal of Drug Policy 2017,* http://fileserver.idpc.net/library/Todays-fentanyl-crisis-prohibitions-iron-law-revisited.pdf.

[28] Dwf_admin, "Prevalence of Illegal Drug Use in the US among People Aged 12 or Older", *Drug War Facts,* 16 de septiembre de 2018, https://www.drugwarfacts.org/node/2593, consultado el 16 de mayo de 2019.

[29] Balsamo, Michael, "Schumer Announces Fentanyl Sanctions Bill before China Talks", Public Broadcasting Service (PBS), 10 de febrero de 2019, www.pbs. org/newshour/nation/schumer-announces-fentanyl-sanctions-bill-before-china-talks, consultado el 24 de abril de 2019.

[30] Wee, Sui-Lee, "Trump Says China Will Curtail Fentanyl. The U.S. Has Heard That Before", *The New York Times*, 3 de diciembre de 2018, www. nytimes.com/2018/12/03/business/fentanyl-china-trump.html, consultado el 26 de abril de 2019.

[31] Myers, Steven Lee, "China Cracks Down on Fentanyl. But Is It Enough to End the U.S. Epidemic?", *The New York Times*, 1 de diciembre de 2019, https:// www.nytimes.com/2019/12/01/world/asia/china-fentanyl-crackdown.html ?smid=nytcore-ios-share, consultado el 5 de diciembre de 2019.

[32] Coyne, Christopher J. y Hall, Abigail R., *op. cit.*

[33] Campos, Isaac, *Home Grown: Marijuana and the Origins of Mexico's War on Drugs*, (s.d.), University of North Carolina Press, (2012) 2014, p. 230.

8

Raza y religión en Estados Unidos

Muchos rasgos sobresalientes de la sociedad norteamericana la distinguen de otras —ricas y menos ricas—, aunque compartan cada vez más atributos. Dos de sus características más distintivas en el grupo de países ricos residen en la raza y la religión. Podría parecer una afirmación absurda: todos los miembros de la OCDE y prácticamente todas las sociedades enfrentan retos en esos ámbitos. ¿Qué tiene de especial Estados Unidos?

Para empezar, se trata del único país rico en el que la cuestión de la raza proviene de una "condición previa": la esclavitud. Los franceses, británicos, belgas, españoles y portugueses ejercieron y explotaron la esclavitud en sus excolonias y posesiones actuales, pero nunca en casa; España la practicó de forma marginal en la península ibérica hasta el siglo XVI; Brasil, Cuba, Colombia y los antiguos dominios portugueses en África también la padecieron durante varios siglos, pero sólo Brasil la ejerció como nación independiente. Esos países, incluyendo a Brasil hoy en día, se enfrentan a problemas distintos a los de la Unión Americana: pobreza, desigualdad, violencia y corrupción. No resultan comparables con Estados Unidos. Aunque uno de los exégetas de Borges sostenga que la esclavitud "es el vínculo asesino que une norte y sur" en *Historia universal de la infamia*, el poeta enumera "infinitos hechos" de ambas partes del hemisferio atribuibles a ella.[1]

De hecho, Estados Unidos debe enfrentar un doble desafío: el del pecado original de la esclavitud en su territorio *y* el de la raza y el racismo generados mediante la inmigración y la conquista. Es cierto que existió otro pecado anterior a la esclavitud y que prosiguió después de la emancipación: la expropiación de las tierras de los pueblos originarios. Pero se trata de una tragedia distinta. Ningún otro país ha padecido la esclavitud *y* el racismo durante un periodo tan prolongado como la Unión Americana. La complejidad de tal prueba resultaría desalentadora para cualquier sociedad; quizá se muestre particularmente formidable para una que se construyó desde cero. Incluso más si la proyección de su cultura popular por todo el mundo, desde el cine a principios del siglo xx hasta Facebook en nuestros días, implica que millones de personas en el planeta entero inspeccionan cada arruga, cada mancha, cada oscuridad y horror, cada regresión, estancamiento o tropiezo.

La religión se antoja como un caso análogo, obviamente no por las connotaciones perniciosas e inaceptables del racismo, sino por la singularidad estadounidense. En todo caso, según el consenso tradicional, los norteamericanos son más religiosos que las personas de otros países ricos, y que un grupo importante de naciones pobres. Cada métrica y medida arroja resultados variados y, como veremos, tal vez la definición de religión en Estados Unidos resulte más amplia y dúctil que en otros lugares. Pero incluso las naciones antes profundamente católicas, como Irlanda, votan por el aborto en un referéndum, un resultado que no necesariamente triunfaría en la Unión Americana. En España, la Iglesia ha perdido casi todo su poder durante los últimos veinte años. La diversidad de religiones, la asistencia a servicios religiosos, la creencia en el cielo y el infierno, el surgimiento de megaiglesias en décadas recientes: todos estos rasgos parecen distinguir a Estados Unidos, e innumerables observadores los han identificado. La pregunta es si se mantienen así hasta nuestros días.

En otras palabras, junté estas dos características singulares de la Unión Americana en un solo capítulo por su... singularidad. Ningún otro país rico debe afrontar el enorme potencial y fortuna que la diversidad étnica acarrea; ninguna otra sociedad rica debe manejar los inmensos retos que conlleva. Por otro lado, no cabe duda de que la religiosidad norteamericana ha contribuido a impulsar al país hasta donde se encuentra; pero tal vez se haya transformado en su opuesto: un obstáculo para el progreso futuro.

El método que he decidido emplear entraña cierta lógica; obviamente, no soy el único observador que ha procedido de esta manera. *A Turn in the South*, de V. S. Naipaul, constituye una revisión de la raza y la religión en los estados del sur de la Unión Americana. Sabía que esa dupla aparecería en su hermoso cuaderno de viaje, y decidió proceder en consecuencia: en el sur, y en el resto del país, la raza y la religión van de la mano, casi siempre de maneras insondables. Naipaul las une desde el principio, de una forma puramente impresionista, que espero transmita su intuición:

> Así que empecé a sentir los placeres de la reunión religiosa: los placeres de la fraternidad, la unión, la formalidad, el ritual, la ropa, la música. [...] Lo sorprendente fue la formalidad, que estas personas negras habían derivado de tantas fuentes. [...] Tortura y lágrimas, suerte y dolor: éstos eran los motivos de esa religión, de esa unión vinculante y consoladora. [...] Todo sucede en la iglesia.[2]

El drama de la raza a ojos extranjeros

Al igual que con la inmigración y las drogas, el pragmatismo y la hipocresía también caracterizan en parte la estrategia de Washington para tratar uno de los temas más sobrecogedores para los extranjeros interesados en Estados Unidos: la raza. Aunque el racismo exista en innumerables países, y muchas veces resulte más agudo y odioso que en la Unión Americana, las contradicciones presentes en este país lo convierten en un tema particularmente difícil de tratar para los foráneos. Los autores clásicos lidiaron con la esclavitud en tiempo real. Los intentos más recientes, como los de Gunnar Myrdal y Bernard-Henri Lévy, han resultado o bien monumentales y esclarecedores, o poco dignos de memoria.

El economista sueco Gunnar Myrdal comprendió la cuestión del pragmatismo y la hipocresía cuando se refirió a lo que llamó el sistema de castas norteamericano:

> Poseen el poder político para que el sistema de castas sea legal y ordenado, con el consentimiento de los negros o sin él. Pero prácticamente nunca se oirá que los blancos planteen tales propuestas, y mucho menos discutirán y planearán seriamente tal cambio. No pueden permitirse poner en entredicho el Credo Estadounidense. Tal vez existan las castas, pero no se pueden reconocer. [...] El blanco puede humillar al negro; puede frustrar sus ambiciones; lo puede matar de hambre; lo puede empujar al vicio y al crimen; puede a veces golpearlo e incluso matarlo; pero no posee la condición moral para convertir la subyugación de los negros en algo legal y aprobado por la sociedad. Contra eso no sólo se yerguen la Constitución y las leyes, que podrían cambiarse, sino también el Credo Estadounidense, que se encuentra firmemente arraigado en su corazón.[3]

Eso lo escribió durante la Segunda Guerra Mundial, cuando la contradicción entre el Credo Estadounidense y la realidad de las relaciones raciales se volvió más patente que nunca desde la Guerra de Secesión: la Unión Americana combatió el nazismo con un ejército segregado.

Al haber vivido en muchas partes del mundo desde la infancia, he estado expuesto a la realidad del racismo en innumerables ocasiones. Estoy familiarizado con el racismo dirigido contra los norteamericanos de origen mexicano; contra los mexicanos recién llegados a Estados Unidos; contra los pueblos originarios en México por parte de la mayoría mestiza y las minorías europeas, y contra los árabes y los africanos en Europa. Pero pertenezco a las élites de mi país que no parecen mexicanas; sólo soy objeto de comentarios racistas en Estados Unidos por mi nombre. Por lo tanto, no puedo decir que haya entrado en contacto con el drama del racismo en la Unión Americana, en particular contra los negros. Sin embargo, en algún momento de mi infancia, encontré una cepa poderosa de antirracismo, que involucraba en particular a los afroamericanos. Provino de mi madre. Ella nació de padres judíos cerca de Vilna, estudió en Bruselas y emigró a México en 1939, donde vivió, intermitentemente, hasta su muerte en 1984. Por supuesto, se encontraba familiarizada con el antisemitismo —los nazis ejecutaron a sus padres en 1941—, pero no conocía indicios de racismo antinegro, antiasiático o antiárabe. Nunca lo presenció sino hasta llegar a México. Aquí, mi madre adquirió una intensa sensibilidad hacia tema durante los primeros años en su país adoptivo. Empezó a transmitírmela después, en Nueva Jersey, Manhattan y sobre todo, en Egipto, donde vivimos tres años. Mis compañeros del Colegio Americano provenían todos de Estados Unidos, casi todos hijos de expatriados liberales, y rara vez tenían comentarios racistas contra los árabes. Medio siglo después, mi mejor amigo en ese lugar, Bob Bauer, se convertiría en consultor jurídico de Obama en la Casa Blanca. Pero algunos de mis compañeros de juego *sí* eran racistas, y mi madre me advertía de ellos constantemente, me elogiaba cuando discutía con ellos y me defendía cuando me atacaban.

Descubrí las raíces de su potente antirracismo años después. Me desconcertaba un poco su pasión por todos los aspectos afroamericanos de la cultura estadounidense: música, literatura, protesta, victorias y derrotas. Durante sus primeros años en México, desarrolló una relación sumamente cercana con un escritor, poeta y líder comunista haitiano: Jacques Roumain. Fue uno de los antecesores poéticos de la *negritud*, un movimiento que florecería más tarde en las Antillas Francesas y África Occidental, y un romántico total, que murió de forma prematura en 1944. Langston Hughes, fundador del Renacimiento de Harlem e ícono de los afroamericanos hasta nuestros días, tradujo muchas de sus obras al inglés. Roumain y él eran amigos cercanos, en parte, quizá, porque Hughes vivió en México a principios de la década de 1920.

La traducción del poeta estadounidense de la obra maestra de Roumain, *Gobernadores del rocío*, se convirtió en un clásico de la literatura negra del Caribe. Resulta probable que mi madre nunca haya conocido a Hughes, pero quedó hondamente impresionada por la pasión que sentía Roumain por su país, por la lucha de los negros en Estados Unidos y por el orgullo que sentía por la cultura popular de Haití. Yo heredé mucha de esa pasión, y aunque sé que no sustituye todas mis lagunas y faltas en este campo, agradezco a mi madre, a Roumain y a Hughes por su ayuda indirecta, distante y abstracta para entender el racismo de nuestra época. Y por presentarme a sus sucesores, como Richard Wright y Paul Beatty.

En *America Day by Day*, de 1954, Simone de Beauvoir dedica casi cincuenta páginas a lo que llama "la cuestión negra. Se apoya en sus impresiones al viajar en un autobús Greyhound de Houston a Savannah y Richmond, y en los escritos de Myrdal, que acaban de ser publicados. No hay ni que decir que le escandalizó lo que vio, leyó y escuchó, ni que concluyó con razón que "todos, incluso los conservadores racistas, reconocen que se trata de uno de los problemas más difíciles a los que se deben enfrentar los Estados Unidos, sin importar qué metas tengan en mente".[4] Sus descripciones resultan por momentos lacerantes, esclarecedoras y personales, lo que demuestra una vez más que las opiniones de los extranjeros sobre la raza en Estados Unidos quizá constituyan la mayor condena de la experiencia norteamericana, de la contradicción más flagrante y odiosa entre la promesa del país al momento de su fundación y su realidad casi doscientos cincuenta años después. De Beauvoir resume así su reacción a la belleza y el horror de una comunidad clásica del sur:

> Entre las azaleas en flor, las viejas casas inactivas y los niños jugando, las estatuas de los grandes esclavistas que crearon la ciudad y lucharon por ella consolidan su gloria. Pero alrededor de esta Savannah muerta existe otra ciudad viva, donde los nietos de los esclavos padecen vidas sin gloria, llenas de pobreza y odio: un cinturón negro alrededor de una ciudad blanca.[5]

Tras Obama y Trump: a favor del pecado original

Se esperaba que el advenimiento de un presidente negro no sólo cambiara a fondo el tema de la raza en la sociedad norteamericana, sino también lo que el resto del mundo opinaba de ella. La reacción nacional que desató Obama, a pesar de sus mejores esfuerzos, demuestra que se trataba de esperanzas ingenuas. Henry Louis Gates Jr. sugirió al respecto:

> Pensándolo en retrospectiva, alrededor de dos años después de la elección de Donald J. Trump, la idea de que un negro en la Casa Blanca —y en una presidencia tan exitosa como la suya— podría augurar el final del tema de la raza y el racismo parece ingenua y ahistórica. [...] ¿Quién habría predicho que la elección del primer presidente negro se convertiría en un punto focal para desatar un aumento drástico de la expresión pública de algunos de los más antiguos, desagradables y vulgar aspectos de la animosidad de la supremacía blanca contra los negros?[6]

Resulta obvio que Obama no fue responsable de esa situación; tal vez haya hecho más por la causa de los afroamericanos que cualquier otro presidente desde Lyndon Johnson. Sin embargo, su sucesor volvió aceptable el racismo explícito en muchos círculos de la sociedad norteamericana. Ahora, el tema de la raza resulta más presente que nunca en Estados Unidos. El debate sobre el peso de la historia y la esclavitud se muestra más actual que nunca. La discusión de políticas públicas para superar los obstáculos hasta ahora insalvables para lograr la igualdad entre razas se ha vuelto más intratable que antes, aunque se deba a que se han intentado tantas estrategias en vano.

Aunque la cuestión de la raza abarque a todas las personas de color en la Unión Americana, incluyendo a grupos más allá de los afroamericanos, como los hispanos, asiaticoamericanos y nativos americanos, entre otros, me concentraré en cómo afecta al segmento de la sociedad en el que más han pensado los extranjeros. A excepción de la tragedia de los nativos americanos, que empezó a principios del siglo xvi, el racismo contra los negros constituye la manifestación más antigua de ese odioso sentimiento e ideología en el continente norteamericano. Debido a la esclavitud, resultó la más malvada y dañina, lo que no significa que los migrantes chinos y mexicanos o los nativos americanos no hayan recibido, en distintos momentos de la historia, un trato igualmente aborrecible. Un observador mexicano muy versado, obsesionado con lo que él llamaba el advenimiento de la "raza cósmica", detectó el racismo antiasiático presente en muchos círculos estadounidenses a finales de los años cuarenta. Vasconcelos lo describió así:

> En los Estados Unidos rechazan a los asiáticos; [...] lo hacen porque no les simpatiza el asiático, porque lo desdeñan y serían incapaces de cruzarse con él. Las señoritas de San Francisco se han negado a bailar con oficiales de la marina japonesa, que son hombres tan aseados, inteligentes y, a su manera, tan bellos, como los de cualquiera otra marina del mundo. Sin embargo, ellas jamás comprenderán que un japonés pueda ser bello.[7]

La supremacía blanca contra los afroamericanos constituye la parte menos fluida de la ecuación, pues oleadas sucesivas de migrantes asiáticos y latinos llegaron a la Unión Americana y empezaron a ascender por la escala social. La disparidad entre ellos y los blancos ha disminuido, mientras que la brecha entre blancos y afroamericanos persiste, sin haber cedido durante los últimos cincuenta años. En 2019, los ingresos familiares medios generales en Estados Unidos se estimaban en 50% más altos que los de los negros, una diferencia casi idéntica a la de medio siglo antes. Pero los de los asiaticoamericanos resultaban 50% más altos que los de todos los norteamericanos, y muy por encima de los de los blancos. Los latinos, por su parte, habían superado a los afroamericanos por casi 30%. La brecha entre latinos y blancos no ha variado mucho desde 1970 —ha disminuido 5%—, pero eso se debe en parte al flujo de mexicanos indocumentados entre finales de los años ochenta y 2008, que llegan con bajos ingresos y riqueza.

Las cifras para la *riqueza* mediana por hogar se muestran análogas.[8] En 2014, los blancos sumaban 130 800 dólares; los hispanos, 17 530; los afroamericanos, 9 590.[9] Otro dato muestra la misma tendencia: la proporción de familias latinas con un patrimonio neto cero o negativo cayó de 40% a 33% entre 1983 y 2016.[10]

Por último, conforme los latinos en particular se convierten en minorías grandes o en grupos de minoría mayoritaria en muchos estados, y aunque la discriminación persista incluso en California, se ha logrado un progreso innegable. Lo mismo no parece aplicar a los negros. Resulta absurdo y doloroso pensar siquiera en términos de *más o menos* racismo, en particular en tiempos antimexicanos y antimigrantes. Pero el dilema básico de Estados Unidos se mantiene igual que hace ochenta años con Myrdal, hace ciento cincuenta años tras la Reconstrucción, y cuatrocientos años, cuando arrojaron a los primeros esclavos a las playas de Virginia.*

El contraste entre el pecado original y la virtud original ayuda a enmarcar el dilema al que se ha enfrentado Estados Unidos desde que los británicos llevaron a los primeros esclavos a Jamestown, Virginia, en 1619. Si la esclavitud constituyó un pecado original no sólo por su maldad intrínseca y su naturaleza indeleble, sino también por su participación estructural en todo el experimento norteamericano —como el tabaco, el azúcar y el algodón—, entonces las políticas necesarias para borrar sus consecuencias resultan de un solo tipo, su-

---

* No soy insensible a los matices del uso de los términos *afroamericano* y *negro*. Teju Cole, el novelista afroamericano de padres nigerianos que imparte escritura creativa en Harvard resume algunos de ellos de manera elocuente: "'Negro americano' significaba negro descendiente de esclavos. En términos del discurso estadounidense, no se trataba de todas las personas negras del mundo: se trataba de algo muy localizado en la situación de Norteamérica. Ser negro en Estados Unidos, ese tenor localizado de 'negro', se debe aprender, [...] como Obama aprendió a ser negro, como los negros británicos que viven en Los Ángeles aprenden a ser negros, como los jamaiquinos en Brooklyn, los haitianos en Miami, los eritreos en Washington y los gambianos en el Bronx aprenden a ser negros". Al igual que con los términos *latinos* e *hispanos*, para los fines de estos pasajes, voy a usarlos como sinónimos, sin ignorar por ello las opiniones divergentes sobre el tema.

poniendo que podamos concebirlas: radicales, extremas, duraderas e inmediatas. En cambio, si 160 años después de aquel primer arribo, la Declaración de Independencia, la Constitución y todo el andamiaje institucional erigido por los Padres Fundadores crearon las condiciones que pueden expiar ese pecado original, gracias a la extrema virtud de la fundación, entonces existe la esperanza. El gradualismo podría triunfar en algún momento.

La tesis del pecado original recorre el siguiente tren de pensamiento. La esclavitud fue ontológicamente decisiva en las plantaciones de tabaco de Virginia, al igual que en las de algodón y azúcar en el sur profundo hasta 1865. Resultó crucial para el surgimiento de la Revolución Industrial en Inglaterra —los telares de Lancashire son inconcebibles sin algodón; y el algodón sin esclavitud, también—, al igual que para la industrialización del norte de Estados Unidos. Exportar esclavos desde las regiones superiores hacia las inferiores de lo que se convertiría en la Confederación se volvió indispensable para la supervivencia de la esclavitud. Expandir la cantidad de estados esclavistas —por ejemplo, a Texas, tras 1847— constituyó una condición necesaria de su persistencia.

Encontrar la manera de que las colonias que dependían de la esclavitud para su subsistencia aceptaran unirse a una unión mayoriariamente no esclavista fue la clave para el pacto que creó al país en 1787. De manera más irónica que cínica, Gilberto Freyre, el sociólogo brasileño ya citado, subrayó un punto clave sobre la complejidad del acuerdo de 1787:

Se creó y desarrolló en el sur de los Estados Unidos, desde el siglo XVII al XVIII, un tipo aristocrático de familia rural mucho más parecido al del norte del Brasil anterior a la abolición, que a la burguesía puritana de la otra mitad de la Unión, de origen asimismo anglosajón, pero influida por un régimen económico diferente. Casi los mismos hidalgos rústicos, caballerescos a su manera; orgullosos del número de esclavos y de la extensión de las tierras, multiplicándose en hijos, crías y muleques; regodeándose con amores de mulatas; jugando a los naipes; divirtiéndose en riñas de gallos; casándose con niñas de dieciséis años; empeñándose en pleitos por cuestiones de tierras; muriendo en duelos por culpa de mujeres; emborrachándose con ron en grandes comidas de familia; grandes pavos con arroz, asados por *old mammies* expertas en las artes del horno; jaleas, budines, guisos, dulces de pera, manjares de maíz.[12]

Tras la Reconstrucción, las leyes de Jim Crow y la supresión de votantes fueron decisivas para mantener la supremacía blanca en el sur hasta pasada la era de Roosevelt. Un académico citado por Henry Louis Gates Jr. señala que el consumo global de algodón se duplicó entre 1860 y 1890, y luego se duplicó otra vez para 1920.[13] El sur produjo más algodón tras la Guerra de Secesión que antes de ella. El truco con el que prácticamente reinstauraron la esclavitud fue la aparcería, que ataba a los libertos a las plantaciones de algodón, y, en menor grado, el arrendamiento de convictos. La aparcería en particular fue posible debido a la decisión de Washington de interrumpir la reforma agraria, y de no aplicar el derecho a poseer tierras a los libertos. La tierra existía: más de 340 000 hectáreas confiscadas por el Gobierno Federal, sobre todo por William Sherman en Georgia y Carolina del Sur. Vale la pena recordar que la Ley de Asentamientos Rurales de 1862 concedió millones de hectáreas de tierra casi de manera exclusiva a blancos.[14] Sin tierras, los esclavos recién emancipados quedaron casi condenados al peonaje por contrato de la aparcería. Así perduró la supremacía blanca en el sur.

También constituyó el secreto de mantener coaliciones conservadoras, empresariales, antiobreras y anti-Estado de bienestar en Washington, ya se tratara de republicanos o de demócratas. El *sur sólido* se mantuvo demócrata hasta los años sesenta, pero también resultaba profundamente conservador. Incluso Roosevelt tuvo que plegarse ante los racistas en el Congreso, en el Senado y en la Suprema Corte, quienes lograron frustrar muchos de sus programas. Excluyeron a los trabajadores agrícolas y del hogar de la Ley de Seguridad Social de 1935: en otras palabras, a dos terceras partes de los trabajadores negros del sur en ese entonces. No todos coinciden en que la explicación de esa exclusión resida sólo en aplacar a los congresistas y senadores sureños, racistas y demócratas que se habrían opuesto al Seguro Social si éste cubría a los negros del sur. Pero muchos académicos sostienen ese punto de vista. Esa exclusión persiste de manera marginal en algunos estados, lo que demuestra la terrible eficacia de esa medida de hace casi un siglo.

Desde esta perspectiva, la idea de que la vieja Confederación era otro país, "separado, pero igual", que no afectaba en realidad lo que ocurría en el resto del territorio, excepto por experiencias como la Gran Migración o la Primera y Segunda Guerra Mundial, resulta totalmente falsa. El sur formaba parte del norte; el racismo existía en todo el país; el legado de la esclavitud no terminaba en la línea Mason-Dixon. El pecado original se perpetuó mediante la política, la economía y la actitud social de la República entera.

Si damos un salto en el tiempo, existe un hilo lógico hipotético que corre desde la esclavitud hasta el Black Lives Matter y la brutalidad policial contra los jóvenes negros (y contra la gente de color en general) en la década de 2010. Las cifras son abrumadoras, e ilustran el siguiente argumento. Entre 2010 y 2012, "los jóvenes negros varones contaban con una probabilidad 21 veces más alta de morir a manos de la policía que sus contrapartes blancos".[15] Hace años, el reclutamiento de agentes policiales en muchos, si no es que en todos, los condados y ciudades pasó a basarse en el mérito. Ahora depende de pruebas de entrada o de exámenes de competencia para el servicio público y una serie de raseros idénticos para todos. El objetivo era volver más justo el reclutamiento y, en particular, librarlo de discriminación, dada la prevalencia del racismo en muchos departamentos de policía pequeños y medianos de todo el país. Se creyó que con esas prácticas, todos, incluyendo a las personas de color y en especial a los afroamericanos, disfrutarían de las mismas oportunidades para obtener el empleo que desearan, sin discriminación. Las cosas no ocurrierron así.

Los blancos y los negros compitieron por los mismos empleos en las mismas comunidades, incluso si algunas eran abrumadoramente negras, con una minoría blanca. Desafortunadamente, los candidatos blancos tendieron a obtener mejores puntajes en esos exámenes que los negros, por las mismas razones por las que los blancos viven en mejores circunstancias económicas, les va mejor en las pruebas SAT para entrar a la universidad y casi siempre ganan más por el mismo trabajo que los negros: ellos y sus padres recibieron una mejor educación, residen en mejores vecindarios, pertenecen a familias más unidas, etcétera. Se trata precisamente de las mismas razones que llevaron a la introducción de la acción afirmativa en muchas universidades privadas a finales de los años sesenta, y subsecuentemente en las públicas.

El resultado de las nuevas reglas de reclutamiento policial resultó excepcionalmente perverso: policías blancos en barrios de negros. El mejor ejemplo, debido a su alta visibilidad, surgió en Ferguson, Missouri, pero no es del único. En las grandes ciudades, el reto podía enfrentarse rotando agentes, formando parejas de oficiales y siguiendo los preceptos de la acción afirmativa. Sin embargo, en las comunidades más pequeñas, si la mayor parte de la fuerza policial estaba integrada por blancos, era inevitable que los agentes blancos patrullaran barrios de afroamericanos. Pero no estaban equipados para lidiar con los desafíos a los que se enfrentaban. Su nivel educativo, capacitación, miedos y atavismos... en resumen, su racismo, matizado o no, los convertía en malos candidatos para patrullar barrios negros a menudo marginados y violentos. De ahí los asesinatos, de ahí el movimiento Black Lives Matter, de ahí las dificultades de encontrar respuestas a lo que parecen problemas insolubles.

El argumento a favor de las reparaciones

Tocqueville fue profético en este tema, al igual que en muchos otros (no en todos, por cierto). Nunca subestimó el enorme peso que la historia de la esclavitud acarrearía para la Unión Americana:

El más temible de todos los males que amenazan el porvenir de los Estados Unidos nace de la presencia de los negros en su suelo. [...] Entre los modernos, el hecho inmaterial y fugitivo de la esclavitud se combina de la manera más funesta con el hecho material y permanente de la diferencia de raza. [...] La ley puede destruir la servidumbre; pero sólo Dios puede hacer desaparecer sus huellas.[16]

Esa lógica subyace a la exigencia de reparaciones de escritores afroamericanos como Ta-Nehisi Coates y candidatos demócratas en 2019 como Elizabeth Warren o Cory Booker, así como muchas otras personas. También se encuentra tras la HR 40, una propuesta de ley que exige un estudio formal de reparaciones para los afroamericanos (el 40 es por "40 acres y una mula", la falsa promesa hecha a los libertos tras la Guerra de Secesión). El representante John Conyers la presentó durante casi tres décadas a la Cámara de Representantes, pero nunca fue aprobada.[17] En su versión de 2019, que contemplaba trece millones de dólares para estudiar el asunto, recibió el apoyo de casi sesenta representantes demócratas, incluyendo a la presidenta, Nancy Pelosi, y de once candidatos demócratas a la presidencia.[18]

La emancipación eliminó la esclavitud, pero no sus consecuencias, ni sus condiciones, sobre todo la supremacía blanca y el racismo antinegro. La tesis del pecado original y de las reparaciones establece que durante los más de ciento cincuenta años posteriores a la Guerra de Secesión, el legado de la esclavitud ha permanecido con tal resiliencia que sólo una importante revisión de las relaciones raciales y las políticas públicas logrará un cambio. La conversación es distinta de la que afecta a los asiaticoamericanos o a los latinos. Con ellos, nunca existió un pecado original que dejara una huella omnipresente y distorsionara cualquier esfuerzo por avanzar de forma gradual e incremental. Por lo tanto, las cifras que reflejan la brecha entre esas minorías y los blancos han tendido a converger, aunque de manera muy lenta, sobre todo para los hispanos.

Tras la abolición y la Reconstrucción, el legado de la esclavitud se fortaleció pronto. Primero vinieron las leyes de Jim Crow, la privación de derechos, los linchamientos, el Ku Klux Klan y la segregación aguda en el sur. Luego, cuando ocurrió la Gran Migración y más de 6 millones de afroamericanos se mudaron al norte, "los negros de todo el país quedaron fuera del mercado hipotecario legítimo", el mecanismo de mayor acumulación de riqueza de la historia del país.[19] La discriminación y la segregación barrial, escolar y laboral desde antes de la Primera Guerra Mundial hasta las décadas de 1940 y 1950 garantizaron que incluso en grandes ciudades con hegemonía del Partido Demócrata como Chicago, la brecha entre negros y blancos permaneciera infranqueable y abismal. Según Coates, "los negros y los blancos no habitan la misma ciudad. Los ingresos per cápita promedio de los vecindarios blancos de Chicago suman casi el triple que los de sus barrios negros. [...] Un barrio negro con una de las mayores tasas de encarcelamiento contó con una tasa más de 40 veces más alta que el vecindario blanco con la tasa máxima".[20]

Poco ha cambiado con los años. La brecha de ingresos entre hogares negros y blancos apenas se ha movido desde 1970. Incluso tras la Ley de Derechos Civiles y la Ley de Derecho al Voto de los años sesenta, de Medicare y Medicaid, de la acción afirmativa a partir de los años setenta, de un presidente negro durante dos periodos y de alcaldes negros en muchas ciudades, incluyendo Nueva York, Chicago y Los Ángeles, las estadísticas se mantienen en una obstinada inmovilidad. Ha surgido una clase media negra, pero reside en vecindarios de menor calidad de vida y peores servicios que las familias blancas con los mismos ingresos y riqueza. El desempleo entre los negros, para los graduados de la universidad y quienes no cuentan con un título, supera por mucho al de los blancos. La cantidad de negros que viven bajo el umbral de pobreza resulta incomparablemente mayor a la de blancos en esas condiciones. En lo que respecta al nivel educativo, el índice de encarcelamiento nacional, la mortalidad infantil, las estadísticas de salud y acceso a atención médica, y todos los demás indicadores, los negros y los blancos viven en países distintos, aunque no separados. Según un equipo de economistas que sondearon la movilidad de los norteamericanos nacidos entre 1978 y 1983, los hijos negros de padres ricos sufrieron una pasmosa movilidad descendente en comparación con los blancos. Prácticamente no existe transmisión intergeneracional de riqueza entre ellos.[21]

En 1962, antes de las grandes reformas de la década, la *riqueza* promedio de los hogares blancos alcanzaba un nivel siete veces superior al de sus contrapartes negros. En 2019, la riqueza media de los hogares negros sumó 138 000 dólares; para los blancos, 933 000, o siete veces más: exactamente el mismo múltiplo que en 1962.[22] La propiedad de vivienda, el instrumento clásico de creación de riqueza en una sociedad de clase media, también se mantuvo en el mismo lugar que en 1968: 42%, comparado con el 73% de las familias blancas dueñas de su hogar.[23] El *ingreso* medio de los hogares negros, en contraposición a la riqueza, alcanza los 34 000 dólares al año; para los blancos, constituye 68 000 dólares, exactamente el doble.[24] Coates presenta una conclusión lapidaria: "Ignorar que una de las repúblicas más antiguas del mundo se erigió sobre cimientos de supremacía blanca, fingir que los problemas de una sociedad dual son los mismos que los del capitalismo no regulado, equivale a cubrir el pecado del saqueo nacional con el de la mentira nacional. La mentira ignora que reducir la pobreza en Estados Unidos y acabar con la supremacía blanca no son lo mismo".[25]

Haciendo a un lado nuestra exclusión de los asiaticoamericanos y los latinos de esta breve discusión de la raza en la Unión Americana, podemos mencionar que la familia blanca media posee 41 veces más riqueza que la familia negra media, pero *tan sólo* 22 veces más que la familia latina media.[26] La proporción de familias latinas con patrimonio neto cero o negativo disminuyó de manera significativa.[27] Se podría añadir que tanto negros como blancos continúan subestimando la brecha de riqueza e ingresos que los separan. Según un estudio realizado por la Universidad de Yale en 2017, la distancia entre percepción y realidad puede alcanzar el 25%: la gente cree en una brecha más estrecha que la real.[28]

Los extranjeros que han revisado esta lacerante pregunta han contestado de distintas formas. Algunos se muestran más sensibles que otros. Myrdal no formuló así el dilema, pero queda claro que se encontraba indeciso respecto a su esperanza para el futuro. Parecía creer que la idea de que "el problema de los negros se resolvería con el paso del tiempo" era falsa, incluso si algunos académicos y políticos serios así lo hubieran creído hasta ese momento y aún lo siguieran creyendo después. Pensaba, siendo uno de los creadores del Estado de bienestar sueco, en la "ingeniería social", que, en 1942, se refería —quiero pensar— a una revisión total de las instituciones, políticas públicas y algo parecido a un nuevo *New Deal.* Hoy en día, creo, se encontraría entre los reformistas radicales.

No todos están de acuerdo. El escritor y profesor de derecho de la Universidad de Cornell Aziz Rana, por ejemplo, considera que Myrdal formaba parte del "bando del credo", quienes creían que la brecha entre la realidad racial de Estados Unidos y su credo igualitario se resolvería de forma gradual, lenta y dolorosa, pero sin duda alguna, a favor del credo.[29] En 1904, Weber, un alemán más draconiano, se mostraba "absolutamente convencido de que el problema de la 'línea de color' constituirá el problema primordial del futuro, aquí y en el resto del mundo".[30]

Un académico extranjero más reciente ha dado vaivenes entre los dos enfoques sobre la raza en la Unión Americana. Primero, Bernard-Henri Lévy describe Atlanta —una ciudad que visitó en su viaje de 2004 por Estados Unidos— en términos elogiosos: "Aquí estoy en Atlanta, un ejemplo de desegregación pacífica, [...] un símbolo de emancipación exitosa, [...] prueba viva de que el racismo, la estupidez y el crimen se pueden resolver bajo el capitalismo, y de que se ha pasado la página".[31] El subtexto es que si esto es posible en la ciudad natal de Martin Luther King, lo mismo puede suceder en cualquier otro lugar, aunque el proceso requiera más tiempo y dolor.

Luego mantiene una larga conversación con el jefe de la oficina del *Wall Street Journal* en Atlanta, quien de inmediato le comparte historias sobre la perpetuación de la esclavitud tras la Emancipación bajo otras formas, sobre Jim Crow y la manera en la que se realizaron las encuestas de los últimos esclavos supervivientes. Lévy entonces se pregunta: "¿Y si esta feliz fachada, esta imagen de una ciudad negra sin amargura ni complejos, fuera justo eso: una fachada, con una hermosa laguna mental en el centro?".[32] No ofrece ninguna respuesta.

Tampoco lo hace Naipaul, quien pasó más tiempo en la ciudad y salió de ella con una impresión similar, ambivalente: "Pero aquí en Atlanta [...] se circunscribió el poder [negro]. Y tal vez la misma dignidad que la política de la ciudad le ofreció al negro lo volvió más consciente de la gran riqueza circundante y del verdadero poder de la Atlanta blanca. Por lo que la política de la ciudad habrá parecido un juego, una forma de drenar el enojo de los negros. Al igual que la legislación de los derechos civiles les entregó derechos sin dinero ni aceptación, quizá la política de la ciudad les dio puestos sin poder, y estimuló otro tipo de ira, insaciable".[33] Ambos autores manifiestan la misma duda respecto al progreso racial, incluso en una ciudad supuestamente ejemplar como Atlanta. Una creciente cantidad de estadounidenses albergan esas mismas dudas.

¿Qué piensan los norteamericanos del estado actual de las relaciones raciales en Estados Unidos? Se declaran ambivalentes, pero muestran una tendencia hacia una mayor preocupación y división que hace una o dos décadas. Para empezar (y como era de esperarse), los negros y los blancos ven las cosas muy distinto. En encuestas realizadas durante los últimos cincuenta o sesenta años, los negros han mostrado una apreciación bastante más pesimista de las relaciones raciales, de las causas de la discriminación y la desigualdad, y de las políticas para mejorar la situación que los blancos. En 2017 se dio la opinión más negativa de negros y blancos sobre las relaciones raciales desde los disturbios de Los Ángeles en 1992 (a causa de la golpiza que le propinó la policía a Rodney King). En ese entonces, sólo 20% de los negros y 25% de los blancos declararon que las relaciones raciales en general eran buenas.[34]

Las cifras positivas aumentaron y alcanzaron su cenit durante el primer periodo de Obama, cuando 59% de los negros y 65% de los blancos albergaban una opinión optimista. Sin embargo, para 2017, tan sólo 28% de los negros tenían una opinión positiva, y 40% de los blancos. Al terminar 2017, los blancos, hispanos y negros pensaban que las relaciones raciales se encontraban peor que antes. Los afroamericanos, comprensiblemente, fueron los más sombríos. La situación se polariza más cuando el encuestador pregunta si el país necesita continuar realizando cambios para lograr la igualdad racial. Durante los primeros quince años de este siglo, alrededor de la mitad creía que sí, y la otra, que no. Pero para finales de 2017, la brecha se abrió de forma considerable: 61% consideraba que se requerían más cambios, mientras que 35% suponía lo contrario. Al desglosarse entre demócratas y republicanos, la polarización se agudiza. Más del 80% de los estadounidenses que se consideraban demócratas o afines pensaban que se requerían más cambios, contra sólo 32% de los republicanos.

Respecto a la pregunta clave sobre cuál es la razón por la que los afroamericanos no pueden salir adelante en Estados Unidos, la discriminación racial o lo que los encuestadores llaman "la condición de los negros", la diferencia se ha ampliado. En 2010, justo después de que Obama tomara posesión, 67% de los norteamericanos creían en "la condición de los negros": sólo 18% culpó a la discriminación racial. Cuando Obama terminó su mandato, a finales de 2017, la cifra de "discriminación racial" se había disparado a 41%, mientras que el porcentaje que señalaba a los negros como responsables de su condición cayó a 49%.[35]

Obama marcó una gran diferencia, pero no necesariamente logró que la gente creyera que la discriminación racial estaba disminuyendo en Estados Unidos. Al final, tras haber caído durante varios años —a principios del siglo XXI—, el apoyo a la acción afirmativa aumentó de nuevo. En fechas recientes, 71% de los norteamericanos concluyeron que los programas de acción afirmativa en las universidades resultan positivos.[36] Ante los fallos de la Suprema Corte, algunos podrían preguntar: ¿y qué? De hecho, esos cambios en la opinión pública podrían sentar las bases para una reforma mucho más amplia, ya sea educativa o en otros ámbitos.

El mayor obstáculo que enfrenta cualquier tipo de cambio radical en la sociedad estadounidense para reparar por fin el daño causado por la esclavitud radica en la actitud de los blancos. En 2014, tras la publicación del ensayo de Coates, la mitad de los norteamericanos blancos creía que la esclavitud no contribuía en absoluto a los bajos niveles de riqueza promedio de los negros.[37] Sólo 14% consideraba que la esclavitud constituía un factor importante.[38] Por el contrario, la mitad de los afroamericanos lo consideraba un factor importante, y sólo 14% creía que no representaba un factor en absoluto.[39] En otras palabras, las dos gráficas eran la imagen contraria en el espejo, la una de la otra. Y si alguien preguntaba si deseaban una solución extrema, como reparaciones en forma de transferencias a descendientes de esclavos, un minúsculo 6% de los blancos lo aprobaba, contra casi 60% de los negros.[40] En 2014, a los estadounidenses no les gustaba la idea de reparaciones para los negros ni para los nipoamericanos detenidos durante la Segunda Guerra Mundial, por ejemplo. Sólo aprobaban las reparaciones de los alemanes a los judíos que hubieran sobrevivido al Holocausto.[41] Un libro reciente de Susan Neiman, *Learning from the Germans*, ha profundizado en la comparación.[42]

Para resumir el estado de la opinión en 2019, un especialista de Gallup expresó las cosas de la siguiente manera: "Sólo 18% de los negros se encuentran satisfechos con la manera en la que los tratan en este país, comparados con la mitad de los blancos, que afirman que les satisface la manera en la que tratan a los negros. Más de la mitad de los negros creen que reciben un peor trato que los blancos por parte de la policía, en tiendas y centros comerciales y en el trabajo. Alrededor de la mitad de los negros dicen que los negros son tratados menos favorablemente en tiendas de barrio, restaurantes y al recibir atención médica".[43]

Las reparaciones son en realidad una representación o una palabra de moda para referirse a una estrategia más amplia, ambiciosa y universal para corregir los horrores del pasado, expiar los pecados y trabajar de manera efectiva por un futuro mejor. También podrían limitarse a reconocer los errores del pasado, según algunas interpretaciones. Pero en general parten de la premisa de que lo que se ha realizado hasta ahora, digamos, desde los años de Kennedy y Johnson, no ha funcionado, aunque ciertas medidas o políticas en específico hayan resultado más exitosas que otras. Varios académicos han intentado desarrollar los detalles de lo que implicaría una revisión profunda del estado actual de las cosas, aunque la mayoría imaginan un nuevo Estado de bienestar, con capítulos específicos para los afroamericanos y, quizá, para otras minorías discriminadas. Incluiría reparaciones, pero no se limitaría a éstas.

William Darity, por ejemplo, ha argumentado que ofrecer transferencias sin atacar las estructuras subyacentes que han evitado que los negros generen riqueza no funcionaría. Él prefiere una "cartera de reparaciones". Se refiere a una combinación de transferencias individuales y propuestas raciales como vales para la adquisición de activos financieros, seguro médico gratuito o educación universitaria gratuita para los negros, o un fondo fiduciario exclusivo para afroamericanos. También aboga por un programa educativo que enseñe a todos los estadounidenses la historia completa de la esclavitud y sus secuelas, lo que ayudaría al país a comprender el daño causado.[44]

The Economist elogió otra de sus propuestas, formulada junto con su colega Darrick Hamilton, por la posibilidad de que reduzca la brecha de herencia entre negros y blancos. Algunos economistas especulan que ahí yace el factor más importante de perpetuación de la desigualdad. Sugieren, junto con líderes demócratas como Cory Booker, "bonos para bebés", o una cuenta en un fideicomiso para todos los niños nacidos en la Unión Americana.[45] No se podría acceder a ella hasta la mayoría de edad, y el gobierno la alimentaría cada año, con depósitos mayores para las familias más pobres.

¿Resulta factible una ambición tan valiente y grandiosa a mediano plazo? Probablemente no, a menos que ocurran cambios drásticos en Estados Unidos. El resumen de Karl Marx en su carta a Abraham Lincoln para felicitarlo por su reelección en 1864 refleja la magnitud de la transformación de ese entonces: "Los obreros de Europa cuentan con la convicción de que, al igual que la Guerra de Independencia de Estados Unidos inició una nueva era del ascenso de la burguesía, la guerra contra la esclavitud de Estados Unidos logrará lo mismo para el proletariado. Consideran un signo de la época por venir que Abraham Lincoln, hijo honrado de la clase obrera, obtuviera la misión de dirigir a su país en la lucha sin par por el rescate de una raza en cadenas y la reconstrucción de un mundo social".[46]

Sin embargo, también resulta cierto que las tensiones en el *statu quo* han crecido en lo que concierne al tema de la raza, quizás a niveles intolerables. La elección de Obama despertó esperanzas enormes en todo el mundo, pero las mayores se dieron entre los afroamericanos. Algunas se cumplieron; otras quedaron reemplazadas por frustración e incluso desesperanza. Por eso vale la pena revisar el otro punto de vista, que tal vez personifique Obama mismo, y que podemos llamar el enfoque de la virtud original.

La virtud original, o mantener el rumbo (correcto)

Aziz Rana resumió el segundo enfoque, el de la virtud original, de manera sucinta: "Este modelo de reforma rechazó la necesidad de cualquier ruptura fundamental con el pasado, pues podría interpretarse como la continuación de la historia de Estados Unidos en vez de una corrección radical de su rumbo. En vez de reestructurar el tejido social, el propósito de la reforma consiste en que más personas cuenten con acceso a los bienes existentes: terminar con la discriminación formal, brindar las mismas oportunidades a elementos dignos de la comunidad negra, eliminar todos los techos de cristal basados en raza o género".[47] El término *virtud original* puede usarse de manera sincera —no irónica—, porque se puede argumentar —y se ha hecho— que los Padres Fundadores, sus documentos e instituciones, sus teorías y su práctica generaron la posibilidad de superar el pecado original de la esclavitud.

La Constitución, la Declaración de Independencia, la Carta de Derechos, el pacto del Colegio Electoral de 1787, todos estos documentos consagraron la esclavitud y su función en la sociedad y la economía de Estados Unidos en su conjunto. Pero también posibilitaron otros cambios, como la Guerra de Secesión, la Emancipación, la Reconstrucción, el *New Deal*, la Ley de Derechos Civiles y la elección de Obama. Las transformaciones fueron terriblemente lentas y parciales. Son insuficientes, sin embargo, a lo largo de los años, la situación de los afroamericanos ha mejorado en términos absolutos, aunque no en relación con los blancos, hispanos o asiaticoamericanos.

Desde esa perspectiva, los importantes avances que han sucedido se derivan del mismo origen: un sistema político, económico y legal que, con el tiempo, permitió e incluso garantizó que se eliminaran los rasgos más indignantes del nacimiento de la República. Se requirió una guerra, el movimiento por los derechos civiles, batallas legales y disturbios, mucho dolor y tristeza, pero al final se logró la justicia. Aún quedan muchos retos desalentadores, pero las mismas instituciones que permitieron el progreso hasta ahora garantizan que se mantenga el rumbo apropiado.

No sólo ha surgido una clase media negra, sino que se ha ampliado hasta conformar más de una tercera parte de la población afroamericana. Hoy en día, más negros que nunca antes en la historia asisten a la universidad, votan y son electos, en todos los niveles: ciudades, legislaturas estatales, palacios de gobierno, el Capitolio y la Casa Blanca. Cada vez se encuentran mejor representados en los negocios, los medios de comunicación, las profesiones de altos ingresos, el entretenimiento y la academia. El efecto acumulativo de las principales reformas del último medio siglo ha sido real y significativo. El plan es continuar por el mismo camino, reparando lo que no ha funcionado de forma efectiva y persistiendo en lo que sí.

Según sus partidarios, este enfoque implica, entre otras políticas, que la acción afirmativa en la educación y los contratos gubernamentales para las pequeñas empresas debería continuar y ampliarse. La discriminación y las tasas de encarcelamiento, el reclutamiento de policías y las políticas policiales deberían combatirse y revisarse constantemente. Deben prohibirse las formas persistentes de discriminación bancaria e hipotecaria, así como la segregación de viviendas, poniendo especial atención especial a ciertos grupos desfavorecidos, como madres solteras, niños pequeños o ancianos.

Pero las sugerencias de los seguidores del gradualismo y la persistencia no se limitan a recomendaciones específicas para los afroamericanos. También proponen reformas importantes para *todos* los estadounidenses, pues contarán con un efecto desproporcionadamente favorable para las personas de color y ventajas obvias en la construcción de apoyo político. Medicare para todos; educación gratuita en universidades públicas o técnicas; despenalización de ciertas drogas, guarderías universales; licencia de maternidad y paternidad; fin a las sentencias obligatorias y la reforma del sistema penal; revisar la conducta policial en ciudades grandes; permitir que el gobierno federal intervenga directamente en casos atroces de racismo, brutalidad o incompetencia: todas esas reformas al Estado de bienestar norteamericano parecen razonables, factibles, tal vez costosas, pero no impagables para una sociedad de una riqueza tan grande.

En este enfoque, se requieren pasos incrementales, debates nacionales y tiempo. Tales medidas resultan necesarias para reducir la desigualdad en todo Estados Unidos: entre blancos y personas de color; entre negros, y entre blancos. Desde ese punto de vista, el reto fundamental consiste en desmantelar las políticas que han agravado la desigualdad desde 1980, y poner en práctica otras que la reduzcan para todos los norteamericanos.

Esa forma de pensar parece muy sensata. Además, el argumento a favor del gradualismo se fortalece por la resistencia u oposición total a la alternativa. No parece existir un consenso inminente, ni siquiera la esperanza de uno a mediano plazo, a favor de una perspectiva más radical. Ciertamente, cuando los extranjeros sienten la ira y desesperación de los negros en las manifestaciones contra la brutalidad policial, o de los latinos que viven en condiciones no mucho mejores a las de sus padres o abuelos antes de emigrar, resulta fácil denunciar el pragmatismo o incluso el cinismo implícito en la estrategia incremental de los reformistas. Al observar la increíble polarización del electorado estadounidense, de acuerdo con la cual los blancos votaron por márgenes enormes a favor de Trump en 2016 —una diferencia de 37% entre varones blancos sin educación universitaria, y de 9% entre mujeres blancas (contra una mujer blanca)— y los negros, latinos y asiaticoamericanos lo hicieron por márgenes mucho mayores a favor de Clinton, resulta difícil descartar la necesidad o inevitabilidad del enfoque del "pecado original".[48]

Pero sólo reconocer el lamentable *statu quo* no constituye un argumento suficiente a favor del cambio necesario y deseable. Los norteamericanos han utilizado distintas herramientas en diferentes momentos para lograr la transformación que su sociedad reclama. A excepción de la Guerra de Secesión, se ha tratado de herramientas moderadas, graduales y demoradas. Algunos observadores externos, familiarizados tanto con Estados Unidos por haber vivido ahí, como con la esclavitud, la cuestión racial y la conquista por haberlas presenciado de primera mano en sus propios países, concluyeron hace casi 150 años que la "virtud original" no funcionaba. Hacia allá apuntaba José Martí en 1894: "Lo que ha de observar el hombre honrado es, precisamente, que no sólo no han podido fundirse, en tres siglos de vida común, o uno de ocupación política, los elementos de origen y tendencia diversos con que se crearon los Estados Unidos, sino que la comunidad forzosa exacerba y acentúa sus diferencias primarias, y convierte la federación innatural en un estado, áspero, de violenta conquista".[49]

Lo más probable es que el terrible caos de las relaciones raciales en Estados Unidos sólo mejore con tiempo y paciencia. No se trata de la vía que yo prefiero. Pero no parece que exista una tercera opción, otro camino fuera del radical e imposible o el incrementalista y hasta ahora fútil.

¿Quién más se considera el país de Dios?

No poseo ninguna revelación especial sobre el papel de la religión en Estados Unidos, soy un ateo de madre judía y padre anticlerical, proveniente de un país católico. Así que sólo ofreceré algunos apuntes especulativos y reflexivos sobre el tema, ligeramente estructurados y sin aspirar a una gran originalidad. Sin embargo, la omnipresencia de la cuestión resulta demasiado imponente como para omitir un comentario al respecto.

La religiosidad de los norteamericanos siempre ha dejado perplejos a los visitantes y analistas del extranjero, en parte por su diversidad, su ubicuidad, su fuerza —que alcanza a veces la estridencia— y el impacto político del que ha disfrutado siempre. Curiosamente, los observadores chinos contaban con una opinión singular y contraria: "Algunos visitantes chinos mencionaron que los estadounidenses les resultaban mucho menos religiosos de lo que esperaban por su contacto con los misioneros en China".[50]

No es que la Iglesia, o iglesias, carezcan de influencia política en otros lugares. Existen pocos países en el mundo —tal vez China y Japón— en los que no la poseen. Pero la mayoría de los extranjeros, y muchos norteamericanos, admitirían de inmediato que a pesar de la inicial y radical separación oficial entre Iglesia y Estado en la República, escasas naciones le conceden un papel político tan importante a la religión como Estados Unidos. Su historia, su intensidad, sus creencias y su pluralismo religioso representan un factor innegable para explicar esta peculiaridad.

Originalmente, casi todos los nuevos norteamericanos eran protestantes (la colonia de Maryland constituía una excepción, y como tal no duró mucho: en 1715 prohibió el culto católico, a los sacerdotes y que los católicos compraran tierras). Resulta evidente que los nativos americanos y los esclavos no profesaban esa fe, pero según una fuente reciente, quienes llegaron desde Europa eran en un 98% protestantes.[51] Según Tocqueville, esa configuración fue un factor clave en la creación de la democracia norteamericana: "La mayor parte de la América inglesa ha sido poblada por hombres que, después de haberse sustraído a la autoridad del Papa, no se habían sometido a ninguna supremacía religiosa. Llevaban, pues, al Nuevo Mundo un cristianismo que yo no podría pintar mejor que llamándolo democrático y republicano. Esto favoreció singularmente el establecimiento de la República y de la democracia [...]. Desde el principio, la política y la religión se encontraron de acuerdo, y después no dejaron de estarlo".[52]

Durante los siguientes doscientos años, esa homogeneidad cambió de manera significativa, al igual que la proporción de estadounidenses que no se declaran religiosos. Para la década de 1830, según estimaciones de Tocqueville, ya existían más de un millón de católicos irlandeses y polacos en la Unión Americana. A Estados Unidos siempre le ha costado asimilar el catolicismo —irlandés, italiano, polaco, mexicano—, pero lo ha logrado de manera adecuada durante los últimos dos siglos. La diferencia con el islam en Europa resulta obvia; en el capítulo anterior sugería algunas explicaciones.

Eso no alteró la ecuación básica para el pensador francés, pues rechazó la noción de que esa diversidad pudiera debilitar a la religión o a la democracia. Por el contrario. Para él, que no admiraba el catolicismo de Europa, los católicos norteamericanos formaban "la clase más republicana y más democrática que haya en los Estados Unidos".[53] Según Tocqueville, esa nueva virtud original, junto con otra —la supuesta separación de Iglesia y Estado— aseguró la supervivencia y fuerza a largo plazo de la religión: "En Norteamérica la religión es un mundo aparte, en donde el clérigo reina, pero de donde tiene buen cuidado de no salir nunca; dentro de sus límites conduce la inteligencia; fuera de ellos, deja a los hombres entregados a sí mismos, y los abandona a la independencia y a la inconstancia propias de su naturaleza y de la época".[54] Otras personas —hoy en día y hace doscientos años—expresarían la misma noción de forma distinta. Ya que ninguna religión contó nunca con una ventaja legal, ni se volvió totalmente dominante en términos demográficos ni espirituales, todas coexistieron más o menos en paz. Y de manera intensa, por cierto, o eso parece desde tiempos inmemoriales.

Cada vez que los extranjeros se sorprenden ante lo religiosos que parecen ser los estadounidenses, comparados con los ciudadanos de otros países ricos, tienen razón, al menos en primera instancia. Mario Vargas Llosa, quien conoce bien Estados Unidos, ha expresado su asombro ante ciertos datos que encontró a principios de este siglo: "Cada fin de semana, unos 120 millones de ciudadanos estadounidenses asisten a oficios religiosos, es decir, más de los que en el curso de todo un año acuden a los estadios y gimnasios a ver o practicar algún deporte, una estadística que desbarata el antiquísimo lugar común según el cual éste es un país materialista, donde la obsesión por el dinero y el cultivo del cuerpo ha sofocado la vida del espíritu".[55]

285

Al parecer, los norteamericanos sí son más religiosos, en todos los sentidos, que las personas de otros países ricos. Mucho más que los habitantes de naciones profundamente católicas como Italia, o de sociedades como Japón, Francia, Alemania y Suecia. Comparados con Gran Bretaña, para tomar un ejemplo de mayor cercanía cultural con Estados Unidos, más de la mitad de los británicos admiten que no reza nunca, mientras que sólo 18% de los norteamericanos confiesan lo mismo.[56]

Los estadounidenses también resultan más religiosos que los habitantes de muchos países pobres. Según la Encuesta Mundial de Valores, la religiosidad norteamericana se muestra incluso un poco más alta que la de Irán. Sólo los países musulmanes, como Indonesia o Egipto, o países pobres de otras religiones, como India, Sudáfrica y Brasil, cuentan con tasas más altas de asistencia semanal a servicios religiosos.[57] Del mismo modo, sería inconcebible que en 2009, año en el que un sondeo reveló que casi 50% de los estadounidenses habían vivido una experiencia religiosa o mística, se diera una estadística similar en cualquier país de Europa.[58] Ni siquiera en Irlanda o Polonia, tal vez los más religiosos del continente. De manera semejante, existe, según informes, un lugar de culto por cada 800 habitantes, un nivel de densidad inaudito en cualquier otro sitio.

Un primer balance

La religiosidad confesa de los norteamericanos es profunda e intensa. Según la Encuesta de Cuestiones de Fe realizada por Robert Putnam, 83% de los habitantes de Estados Unidos reportan que pertenecen a alguna religión; 40% declaran que asisten a servicios religiosos casi todas las semanas o con mayor frecuencia.[59] Resulta igual de significativo que 80% de los norteamericanos se manifiesten "totalmente seguros" de que existe Dios; 60%, de que hay un cielo, y casi la mitad de que existe el infierno.[60] Estos datos son más significativos que los de asistencia a un lugar de culto, pues existe un debate serio entre los especialistas en la materia sobre la fiabilidad de las encuestas de autoinforme sobre la participación real en la vida religiosa. Uno imaginaría que la gente cuenta con menos incentivos para mentir sobre sus *creencias* religiosas que sobre sus *prácticas*.

De nuevo, estas cifras son mucho más altas que sus equivalentes en países ricos, y más cercanas a las que encontramos en países pobres no islámicos (Brasil y Sudáfrica) o en naciones musulmanas por tradición, como Egipto, Irán o Indonesia. En México, un país que suponemos muy religioso, donde cada vez que el papa viene de visita millones de personas salen a las calles a saludarlo, las cifras son: 36% asiste a misa por lo menos una vez a la semana; la mitad afirma que existe el infierno (aunque no con total certeza). Sólo 20% de los mexicanos recibe asesoría de sus sacerdotes para tomar decisiones importantes. Poco más de la mitad se consideran religiosos.[61] En contraste con Estados Unidos, en México existe una fuerte correlación entre religiosidad y nivel educativo y de ingresos: los menos educados y más pobres se declaran significativamente más religiosos que el resto de la población.[62]

Al amigo y adversario de Napoleón, el Duque de Talleyrand, uno de los primeros visitantes extranjeros en comentar las costumbres norteamericanas, allá en 1794, le sorprendió que Estados Unidos contara con "treinta religiones, pero un solo platillo: carne con papas". El juicio culinario tal vez resultara falso (sobre todo si se toma en cuenta a los nativos americanos y a los afroamericanos), pero el otro no. La Encuesta de Cuestiones de Fe agrupa tres religiones bajo el rubro de protestantes evangélicos, que abarca tanto al difunto Billy Graham como a las megaiglesias y a los pentecostales. Todos ellos constituyen poco menos de 30% de la población de Estados Unidos; los católicos suman alrededor de 23%; quienes no profesan ninguna religión conforman un 17%, y en aumento; los protestantes tradicionales (entre ellos bautistas, episcopales, metodistas, luteranos y presbiterianos), 13%; los protestantes negros, 8%; los judíos y mormones, entre 2% y 3%.[63]

Pocos países del mundo, ni siquiera la India, abarcan una variedad comparable de religiones. Brasil, un país tan diverso como Estados

Unidos en muchos sentidos, y donde las iglesias evangélicas han florecido en décadas recientes, sigue siendo católico en un 65%. Tan sólo una quinta parte de los brasileños pertenecen a iglesias evangélicas, con la misma diversidad que en la Unión Americana, aunque se hayan convertido en grupos de presión inmensamente poderosos en tiempos recientes. La membresía de muchas denominaciones norteamericanas se ha mantenido relativamente estable durante el último medio siglo, con dos excepciones contradictorias: los protestantes evangélicos y los católicos.

La cantidad de católicos no latinos disminuye con rapidez, por razones que van de la demografía a los escándalos. Sin embargo, el segmento hispano ha crecido de forma exponencial. Su base de apoyo principal —los migrantes latinos— se ha ampliado enormemente. Los hispanos se declaran abrumadoramente católicos, aunque la traducción de creencias a práctica tal vez resulte tan intrincada como en sus países de origen. 60% de los católicos en Estados Unidos son latinos.[64] De manera análoga, aunque el porcentaje de protestantes evangélicos haya empezado a caer a partir de mediados de los años noventa, aumentaron los seguidores de las llamadas iglesias no confesionales o megaiglesias, al igual que quienes no profesan ninguna religión. Putnam lo explica así: "Lo que las iglesias evangélicas han perdido en parroquianos durante las últimas dos décadas [en 2008] se ha compensado con el celo de sus feligreses".[65] En años recientes, la asistencia también ha disminuido en las iglesias protestantes negras.

La pregunta realmente compleja en materia de religión en Estados Unidos —que muchos académicos han planteado, con distintas respuestas— es: ¿qué significa exactamente *religión* en este contexto? ¿Se trata tan sólo de una forma de capital social, como sugirió Putnam en *Bowling Alone*, hace más de veinte años? ¿Es una manifestación más de las famosas "asociaciones voluntarias" de Tocqueville, que enfatizó como uno de los rasgos más innovadores y atractivos de la joven república? ¿Es otra expresión de destreza para hacer dinero, por un lado, y de credulidad, por otro? ¿Constituye un mecanismo adicional de autoayuda, como parece que sucede con las megaiglesias de

Saddleback, Willow Creek, la Lakewood Church de Joel Osteen y muchas más? ¿O todas las anteriores?

Desde la perspectiva de un extranjero, resulta difícil admitir al pie de la letra muchas características de la religiosidad estadounidense tal como las articulan los discursos dominantes, tanto históricos como actuales. Casi siempre las religiones aparecen como mitos, o como versiones icónicas de tendencias o coyunturas más complicadas. Existen excepciones, por supuesto. El carácter excepcional del protestantismo negro, por ejemplo, no representa un mito ni un invento del discurso histórico oficial. Desde la Emancipación, y antes de ella en algunos casos, las distintas iglesias afroamericanas constituyeron una fuente fundamental de consuelo, apoyo, inspiración y lucha para millones de feligreses. Surgieron sobre todo durante la Reconstrucción, y el periodo que después se llamó la Redención del Sur, cuando se desvanecieron las inmensas esperanzas provocadas por la ocupación militar del sur por parte de las tropas del norte. El final de la Reconstrucción en la década de 1870 provocó una enorme ola de violencia contra los negros, la privación de sus derechos, la aparcería y el arrendamiento de convictos, el antimestizaje, los Códigos Negros, la línea de color y Jim Crow. Ante esa arremetida, los libertos se refugiaron en las iglesias, escuelas y universidades negras.

También fueron iglesias singulares en otros sentidos. Como advirtió un observador noruego siglo y medio después al respecto de la religión norteamericana en general, pero sobre todo en relación con las iglesias negras del sur: "La profundidad de la religión en Estados Unidos no yace en el arte ni en la representación sino, obviamente, en la música". Por supuesto, las mismas iglesias desempeñaron un papel crucial en el movimiento por los derechos civiles de los años sesenta, al igual que en los debates, durante la segunda década del siglo XXI, al interior de las comunidades afroamericanas y entre ellas y el resto del país. Pero otros mitos de la religiosidad estadounidense resultan más difíciles de creer de manera literal.

Tal vez la religión constituya un rasgo de la diversidad de la Unión Americana, más que una señal de uniformidad, como muchos han creído desde principios del siglo XIX. Esto no se debe de forma exclusiva a la existencia y crecimiento de muchas iglesias, ni a los individuos no religiosos, sino también a la variada intensidad de la religión entre distintos grupos de estadounidenses y en momentos diferentes de la historia. La asistencia al templo constituye un indicador inconfundible de la intensidad de la religiosidad, pero incluso ese dato implica un autoinforme. Lógicamente, debe existir cierta renuencia por parte de las personas que se consideran muy religiosas a admitir que en realidad no acuden con tanta frecuencia. Los académicos toman en cuenta ese sesgo, pero no resulta fácil de cuantificar. Qué significa en realidad la asistencia es algo aún más complicado de medir o calificar.

Cuando alguien va a un evento en una megaiglesia en sábado y domingo, ¿en realidad *va a la iglesia* de la misma manera en que un judío visita el templo, un católico asiste a misa o un afroamericano acude a la iglesia de su elección? ¿O se trata de un evento familiar, una combinación de escuela dominical para los niños, encontrarse con los amigos en un lugar común, buscar soluciones a los retos y adversidades de la vida diaria y quizás incluso de un consuelo político?

No pretendo sugerir que ciertos grupos en Estados Unidos no sean intensamente religiosos, ni que la mayoría de sus habitantes no lo fueran en cierta etapa de la historia. Según un historiador, "los resurgimientos [...] de las décadas de 1820 y 1830 —conocidos como el Segundo Despertar— añadieron un fundamento religioso a la celebración de la autosuperación y la autodeterminación. [...] Esos resurgimientos abrieron la religión a la participación de las masas [...] lo que reflejó la democratización de la política".[66] Antes de que iniciara el Segundo Despertar, apenas 10% de la población pertenecía a alguna iglesia. Cuando terminó, la cifra se había disparado a 80%.[67] Otras coyunturas análogas han surgido de manera intermitente.

Los europeos, canadienses y latinoamericanos, aunque tiendan más al catolicismo que los estadounidenses, muestran menor asistencia a las iglesias, pero se trata de una presencia mucho más uniforme. Todas las personas que van a misa en domingo hacen prácticamente lo mismo. Sin importar el parámetro que se prefiera para medir la religiosidad, éste calibrará un objeto similar. Los norteamericanos realizan diversas actividades en sus lugares de culto de acuerdo con su etnia —los afroamericanos en las iglesias protestantes, los latinos en las católicas—; los protestantes tradicionales, por su parte, llevan a cabo actividades similares entre sí, pero diferentes a los demás. Los protestantes evangélicos y los devotos de las megaiglesias se involucran en prácticas religiosas que suelen ser muy distintas de las de los demás. Desde lejos, podría parecer que se tratara de formas de asociación para no jugar solos. Reemplazan formas previas de participación cívica que se extinguieron por razones generacionales, o instrumentos de autoayuda, que casi podrían prescindir de sus aspectos confesionales. Pero entonces perderían la seducción o el atractivo del "mercado religioso", que apela a la arraigada creencia en Dios de los estadounidenses.

Un segundo vistazo... y una conclusión diferente

Una de las superficiales que llevan a algunos extranjeros, empezando por mí, a creer que parte de la religiosidad norteamericana es más superficial de lo que sugieren las cifras y la mitología, consiste en la brecha entre las prescripciones religiosas para la vida cotidiana y la naturaleza real de ésta. Existen múltiples ejemplos que se pueden comparar de manera útil entre países. En 2018, sólo 30% de los estadounidenses entre 18 y 34 años estaban casados; en 1978, la cifra sumaba 59%.[68] Gran parte del cambio se dio hacia el hecho de vivir con una pareja. Así, en 2013, dos terceras partes de todas las parejas casadas habían vivido juntas antes del matrimonio, una proporción que se duplicó a lo largo de los 25 años anteriores.[69] Comparada con otras naciones, Estados Unidos se ubica en el grupo que le corresponde, por su riqueza y modernidad.

En España, por ejemplo, en teoría una nación muy católica, 48% de las parejas casadas viven juntas antes de su boda. En Francia, poco menos de 60% de las parejas habían vivido juntas antes del matrimonio o nunca se casaron: menos que en Estados Unidos. Alemania mostraba una cifra equivalente, inferior a 50%. Gran Bretaña ocupa un lejano primer lugar en estos asuntos: en 2010, cuatro de cada cinco personas había vivido con su pareja antes de casarse. Esas cifras corresponden todas a la mitad de la segunda década de este siglo. Constituyen la nueva normalidad.[70] Incluyen parejas que cohabitan y nunca se casaron. Las parejas estadounidenses en esa categoría abarcan desde profesionistas jóvenes y prósperos, o incluso estudiantes, hasta familias de escasos recursos que cohabitan bajo un mismo techo por razones económicas, aparte del afecto que puedan o no albergarse.

Los índices de divorcio en Estados Unidos también superan a los de los demás países ricos que supuestamente cuentan con tasas de religiosidad más bajas, definidas de acuerdo con cualquiera de los métodos mencionados anteriormente. Esto se debe en parte a la proliferación de las uniones civiles en varios países europeos, pero de todos modos resulta sintomático. La Unión Americana experimentó 3.6 divorcios por cada mil habitantes en 2016; significativamente más que todas las demás naciones ricas (Francia, Alemania y Canadá se encontraban todas en 2.2 o 2.3); las cifras de divorcios como porcentaje de matrimonios, opuestos a las uniones civiles, se asemejan.[71]

De igual forma, la cantidad de abortos por mujer en edad fértil es mucho más alta en Estados Unidos que en la mayor parte de Europa Occidental, donde el tema no ha constituido un asunto de debate de política pública ni de controversia desde hace décadas. En 2015, se dieron 17.1 abortos por cada mil mujeres norteamericanas de entre 15 y 39 años. De los países ricos, sólo Francia (20.7), Reino Unido (20.2), Noruega (16.5) y Nueva Zelanda (18.1) tenían cifras comparables.[72] Los países con tasas mucho más altas —Rusia, Cuba, China— reflejan una combinación de factores, como el aborto como forma común de anticoncepción (Cuba, Rusia, Rumania) y la antigua política china de un solo hijo por familia. Quizás esto resulte particularmente relevante, pues la correlación más significativa para los índices de divorcio corresponde a la paridad de ingresos, y Estados Unidos es más desigual hoy en día que las naciones europeas, Canadá y Japón.

La cohabitación, el divorcio y el aborto no constituyen síntomas necesarios de falta de religiosidad, pero tienden a ser mal vistos por la mayoría de las iglesias, con la posible excepción de los protestantes liberales. Sucedió lo mismo con el matrimonio homosexual cuando quedó legalizado en toda la Unión Americana, y donde en teoría provocó un rechazo generalizado de las iglesias conservadoras, sobre todo las protestantes evangélicas. Sin embargo, el aumento de las cifras en Estados Unidos se parece mucho al cambio en otros países del Atlántico Norte. En España, en 2005, se dieron 1 269 matrimonios homosexuales; la cantidad subió a 4 726 en 2018. El mismo año, se registraron en Francia 6 000 matrimonios homosexuales. En países no católicos más pequeños, como Dinamarca y Países Bajos, se celebraron 480 y 1 502, respectivamente.[73] En Estados Unidos, con aproximadamente cinco a seis veces la población de Francia, la cifra que reportó Gallup en 2015 fue de 123 000: veinte veces más alta que la francesa, y treinta veces más que la española.[74] En 2018, se estima que la cantidad total de matrimonios del mismo sexo en la Unión Americana haya alcanzado los 650 000.[75] Se espera que el censo de 2020 plantee preguntas más específicas sobre el asunto, para que contemos con estadísticas más precisas.

Mientras tanto, la tendencia resulta innegable. En otras palabras, puede que los estadounidenses se declaren más religiosos que sus pares en los países ricos. Tal vez asistan a la iglesia con mayor frecuencia que los habitantes de otros miembros de la OCDE. Pero las prácticas, hábitos y comportamientos reales de los estadounidenses resultan o bien muy similares a los de estas sociedades o bien considerablemente "menos religiosos" o más atrevidos al momento de desafiar la ira de la ortodoxia religiosa. Si quisiéramos extender un poco más este argumento, existe un contraste enorme entre la existencia de leyes secas explícitas en ciertas ciudades y estados norteamericanos —Kansas, Mississippi y Tennessee— y el volumen de alcohol que de hecho se consume en los condados correspondientes.

Por el contrario, la religiosidad estadounidense está marcada por una peculiaridad bien conocida de la que carecen otros países. Los fieles en Estados Unidos *cambian* de religión con frecuencia, mucho más que sus contrapartes en otros países ricos. Si se incluyen las conversiones entre denominaciones protestantes, en 2014, 42% de los adultos norteamericanos había cambiado de religión en algún momento de su vida. Cuando se cuenta el protestantismo como un solo conjunto, 34% de los estadounidenses se identificaba con un grupo religioso distinto de aquél en el que había crecido.[76] En países con menos diversidad religiosa, las cifras resultan mucho más bajas, como era de esperarse: Brasil, 27%; México, 12%; Argentina, 18%.[77] Pero la Unión Americana se ubica por debajo de países ricos con configuraciones religiosas más diversas.

Los motivos de cambio son diversos. En ciertos casos, la conversión se da para acomodarse a la fe de un cónyuge; en otros, la gente abandona una iglesia de forma más o menos definitiva (el caso de los católicos anglicanos, por ejemplo) debido a motivos históricos y generacionales, o por escándalos. El cambio puede darse en hijos de padres con distintas religiones que se mueven de una a otra al llegar a la adultez. Estas cifras fluctúan por segmento social. Los afroamericanos y los católicos latinos se muestran más *fieles* a su fe inicial que los protestantes blancos: el vínculo entre identidad étnica y religiosa persiste. Según Putnam, la tendencia a la conversión aumentó durante el siglo XX, como era de esperarse. La intensidad del apego de los norteamericanos a la religión ha empezado a disminuir.

La religión ya no es lo que solía ser

Putnam y otros estudiosos del paisaje religioso estadounidense han detectado una tendencia fundamental que opera en tiempos recientes. Apenas hace veinte años, los académicos extranjeros no la notaron. El politólogo francés Denis Lacorne, en su *Religion in America*, casi la descarta. Respecto al "secularismo: definido como 'ausencia de una creencia religiosa'", señaló que es bastante raro en la Unión Americana.[78] Sólo existe una "secularización progresiva" en Estados Unidos, conforme la gente más vieja y religiosa fallece y los grupos demográficos más jóvenes se distancian de la religión. Los mismos observadores también han presenciado un *vaciamiento* del centro religioso. Más norteamericanos pasan o bien a no profesar ninguna religión, o bien a volverse más devotos, comprometidos o incluso extremistas en sus creencias religiosas. El centro moderado y tradicional, con la excepción de los católicos latinos, se va reduciendo con rapidez. Esta tendencia, o mi creencia en su existencia, no debe confundirse con ninguna forma de lamentación por la pérdida de la espiritualidad estadounidense. Muchos extranjeros, como Qutb ("Estados Unidos ha olvidado el espíritu, que no vale nada aquí") y Aleksandr Solzhenitzyn lamentan esa pérdida; yo la celebro, hasta donde mi sospecha de ella se basa en hechos.[79]

Sin embargo, lo que estos estudiosos no siempre se plantean, y que sólo un extranjero con cierta familiaridad con el asunto podría formular, es: ¿se están volviendo más seculares los estadounidenses, o están reportando actitudes que antes se mostraban renuentes a confesar de forma explícita?

Conforme nos acercamos a la década de 2020, los norteamericanos más jóvenes, con un nivel educativo más alto, más información a su disposición y que viven en mayor proporción en centros urbanos, ¿se mostrarán más dispuestos a reconocer ante los encuestadores que no se consideran tan religiosos como sus padres o abuelos? Los votantes de California en los años ochenta (o los de Virginia o los de las Carolinas) no querían compartir sus verdaderas opiniones racistas con los encuestadores, pero en cuanto se encontraban ante la urna, actuaban según sus convicciones. Les contestaban a los encuestadores que votarían por Thomas Bradley, el exalcalde negro y demócrata de Los Ángeles, pero eligieron a un republicano blanco de derecha. ¿Existe un "efecto Bradley" en los autoinformes sobre religión en Estados Unidos? El experto francés citado antes sospechó esto hace años, cuando habló acerca de la frecuencia de asistencia a la iglesia en Estados Unidos: "La práctica semanal real es por lo tanto menor que la declarada".[80]

Si la actitud de los norteamericanos continúa su evolución por la vía que han trazado los expertos, sobre todo entre los jóvenes; si empiezan a reflejar las creencias y costumbres de sus pares en otros países ricos, en vez de mantenerse atípicos; si la polarización religiosa actual se agudiza, pero el ala evangélica extremista disminuye su tamaño aunque no reduzca su pasión; entonces podría resultar útil plantear esta pregunta de manera científica. Una respuesta positiva implicaría que incluso en este aspecto los estadounidenses se parecen cada vez más al resto de los habitantes de los países ricos. También significa que Octavio Paz se equivocó al escribir en los años setenta que "el fundamento religioso de la democracia norteamericana no es visible ahora pero no por ello es menos poderoso. Más que un cimiento es una raíz enterrada; el día que se seque, se secará ese país".[81]

Si la respuesta resulta afirmativa, una explicación posible recaería en el carácter baladí de uno de los rasgos más elogiados y difundidos del excepcionalismo religioso de Estados Unidos, como lo han señalado desde Tocqueville hasta Mak. La famosa separación entre *Iglesia y Estado*, es decir, la ausencia de una religión patrocinada o protegida por el gobierno, como lo estipula la Primera Enmienda, podría —tal vez— distinguir a Estados Unidos de otros países. También puede ser que haya surgido ahí antes que en otros lugares. Pero nunca existió una separación hermética, total y a prueba de balas entre *religión y política*. En efecto, incluso la primera muralla es más baja y frágil de lo que nos imaginamos.

La Declaración de Independencia invoca a Dios (el Creador) como fuente e inspiración de derechos, metas y orientación. Los presidentes de Estados Unidos —al igual que casi todos los servidores públicos, incluyendo a los miembros de la Suprema Corte— juran sobre una Biblia (o su equivalente para cualquier otra religión) antes de entrar en funciones. Los testigos, acusados y miembros del jurado se presentan ante el juez y juran decir la verdad, etcétera, "que Dios te cuide". Los billetes norteamericanos emitidos a partir de 1957 incluyen la leyenda "En Dios confiamos". Por esta misma época, inició la tradición en las escuelas públicas de empezar el día repitiendo el

Juramento de Lealtad, que se refiere a "una sola nación sometida ante Dios". Y como todos los ciudadanos naturalizados de la Unión Americana saben, el juramento que pronuncian al obtener la ciudadanía termina con "que Dios me ayude". Indagaremos en la cuestión del diseño inteligente y el creacionismo en el siguiente capítulo; por ahora, basta con mencionar que a nivel estatal, donde se redactan, eligen e imprimen los libros de texto en Estados Unidos, existen muchas opiniones religiosas oficiales que se busca que los niños lean y asimilen.

La Unión Americana estableció una separación que impide la consagración de una única religión sobre las demás. Sin embargo, también reconoció la preeminencia oficial y patrocinada por el Estado de *la religión como tal* sobre la no religión, el ateísmo o el agnosticismo. Esa diferencia implica que la explicación tradicional de la religiosidad estadounidense como producto de la neutralidad del Estado sólo sea parcialmente correcta. La exención de impuestos a las iglesias constituye un reflejo de esa ambigüedad. Todas las organizaciones de beneficencia se hallan exentas, pero también las iglesias, por ser iglesias; la tesis de la neutralidad del Estado sólo resulta válida de manera parcial. El Estado que construyeron los norteamericanos los incitó a ser religiosos en general, si bien no a pertenecer a ninguna iglesia en particular. En 2005, este hecho fue parcialmente reconocido por el juez David Souter —y desaprobado por la Suprema Corte— al redactar la opinión de la mayoría en el caso *Condado de McCreary vs ACLU de Kentucky*: "Al mostrar la intención de favorecer a la religión, el gobierno envía a los no adeptos el mensaje de que no constituyen miembros de pleno derecho de la comunidad política, y el mensaje colateral a los adeptos de que resultan miembros favorecidos".[82]

Así que, por un lado, no debería sorprendernos que tras casi 250 años de patrocinio estatal de la religión, los estadounidenses se muestren más religiosos que otras nacionalidades. Pero, por otra parte, dada su sospecha y escepticismo congénito hacia todo lo estatal, esa religiosidad tal vez no se encuentre tan arraigada como esperaríamos. Bryce, a pesar de sus pasajes elogiosos sobre la supuesta separación entre Iglesia y Estado en Estados Unidos, lo comprendió con lucidez, aunque tendiera a minimizar sus reservas: "No existe una Iglesia establecida. [...] Pero en varios estados aún subsisten requisitos religiosos. Vermont y Delaware declaran que todas las sectas deben mantener alguna forma de culto religioso, y Vermont añade que deben celebrar el Día del Señor. Seis estados del sur excluyen de cargos públicos a cualquiera que niegue la existencia de un Ser Supremo. Además de ellos, Pennsylvania y Tennessee declaran no apto para el servicio público a quien no crea en Dios. Maryland y Arkansas incluso los consideran incompetentes como jurados y testigos. No se puede afirmar, por tanto, que la neutralidad del Estado resulte completa en teoría".[83]

La imbricación de religión y política desde el nacimiento de la República es más trascendente. Al pasar de los siglos, la religión se ha colocado en diversos bandos de múltiples divisiones ideológicas y políticas. Favoreció la abolición de la esclavitud, obviamente, pero también la prohibición del alcohol. Apoyó con fervor al movimiento por los derechos civiles, pero también combate el aborto. Se opuso a algunas guerras —Vietnam, Centroamérica—, pero también luchó contra el matrimonio homosexual. Incluso usar la palabra religión, en singular, resulta equivocado. Ciertas iglesias han adoptado ciertas posturas a lo largo del tiempo; otras se han ubicado en trincheras opuestas.

Los mormones tendían a enarbolar las causas más conservadores, como los protestantes evangélicos de nuestros días. Los judíos, antes de 1947, se concentraban en cuestiones progresistas y, a partir de entonces, en la solidaridad con Israel, entre otras causas. Los protestantes negros, de manera lógica, han enfocado su participación política en la defensa y promoción de las causas afroamericanas, pero no necesariamente de otros temas que podrían considerarse afines: derechos laborales para todos, inmigración, oposición a decisiones de política exterior injustificables. Así, resulta casi imposible encontrar un momento en la historia de Estados Unidos en el que algún personaje religioso, o alguna iglesia, no se involucrara a fondo en una controversia política de la época. Y la política, por supuesto, se encuentra esencialmente en el ámbito del Estado.

Al pasar de los años, casi todas estas iglesias han intentado convencer o forzar al Estado —en términos norteamericanos, al gobierno— para que interviniera a su favor. Querían abolir la esclavitud o imponer la templanza. Defender los derechos civiles o prohibir el aborto y el matrimonio homosexual. Mantener la segregación en el sur. Movilizar a blancos y negros a favor de la desegregación en el sur. En otras palabras, las iglesias de Estados Unidos constantemente buscan el involucramiento del Estado a favor de sus causas o creencias, sin importar en qué consistan éstas. Quizá pocas iglesias norteamericanas hayan tratado de convertirse en una Iglesia *oficial*, como la Iglesia de Inglaterra o la Iglesia Católica Romana. Pero prácticamente todas han luchado por que el Estado defienda, adopte y materialice sus puntos de vista. Tal vez esto resulte más cierto en años recientes que antes. Y es claramente distinguible en la política estadounidense actual.

Existe una enorme identificación entre blancos de más de 45 años, protestantes evangélicos y votantes de Trump. Por el contrario, se puede detectar un conjunto más amplio de protestantes negros, católicos latinos, grupos no religiosos y protestantes tradicionales progresistas alineados con el Partido Demócrata en cualquier segmento del electorado, pero sobre todo en las costas. Según una encuesta realizada por Gallup en 2017, "los estadounidenses muy religiosos se muestran más proclives a aprobar el desempeño de Donald Trump en la presidencia. [...] La relación entre religiosidad y aprobación de Trump se da sobre todo entre blancos no hispanos. La aprobación de Trump alcanza 64% entre blancos muy religiosos, el doble que entre blancos no religiosos".[84] Para bien o para mal, Trump ha transformado lo que se llamaba guerras culturales en guerras religiosas. En última instancia, nunca fueron culturales, sino políticas; al grado de que Ronald Reagan y George W. Bush también recurrieron a esa estrategia, aunque con menos intensidad. Por lo menos, ahora resulta transparente.

Conforme se polariza la vida política en Estados Unidos, al parecer sucede lo mismo con la religión, en un contexto bien definido de religiosidad en declive en la sociedad en su conjunto. Cada bando lucha por involucrar al Estado a favor de sus convicciones o intereses, ya se trate de la elección de un miembro de la Suprema Corte, construir un muro en la frontera con México, expulsar a los musulmanes del país o revertir el fallo de *Roe vs. Wade*. Sólo los especialistas pueden determinar en realidad si esta politización de la religión es más aguda que antes. Desde la perspectiva a la distancia de un observador externo, ciertamente lo parece. Permanecen las siguientes preguntas: ¿se trata del producto de una mayor intensidad de la religiosidad estadounidense? ¿Es el resultado de la llamada "secularización progresiva", que permite que más personas admitan su religiosidad contradictoria? ¿La secularización constituye una consecuencia inevitable de la modernidad, como lo expresó Weber tras su visita a Estados Unidos?[85] ¿O presenciamos el último grito de júbilo de una sociedad que nunca fue tan religiosa como lo declaraba, pero ahora descubre que la vida misma vuelve cada vez más difícil, si no imposible, la implementación de sus creencias religiosas? ¿Puede coexistir ese último suspiro con una mayor participación política de algunos segmentos religiosos extremistas?

Putnam lo expresó así hace veinte años: "Los estadounidenses asistimos con menos frecuencia a la iglesia que hace tres o cuatro décadas, y las iglesias a las que acudimos se involucran menos con el resto de la comunidad".[86] *The Economist* concluye algo parecido: "Estados Unidos se encuentra en una vía al secularismo que ya se halla muy avanzada en Europa Occidental. [...] Las cifras de Gallup sugieren que los demócratas ya son tan poco religiosos como los británicos".[87]

Eso parece. La Unión Americana se asemeja cada vez más a otros países ricos en lo que a religión se refiere; las apariencias y las cifras unilaterales resultan engañosas, incluso en la era de Trump. Al igual que avanza la demografía favorable a las minorías, a las costas y a los centros urbanos, Estados Unidos perderá lo que queda de su excepcionalidad religiosa de forma gradual. Como vehículo de promoción de posturas políticas periféricas y resistencia al cambio social *libe-*

ral, resulta inevitable que la *diferencia religiosa* de la Unión Americana pierda potencia.

Ante su creciente convergencia con otros países ricos en tantos ámbitos —algunos de los cuales tratamos, otros no—, Estados Unidos se verá forzado a revisar, y tal vez adoptar, soluciones en común a los retos que comparte con otros países ricos. La esencia de los cientos de páginas anteriores radica en un hilo fundamental: la Unión Americana se asemeja de forma lenta pero segura a todos los demás, es decir al resto del mundo rico y a los vastos sectores de clase media de las naciones no tan ricas. Se está volviendo realmente moderno y poco excepcional, si excluimos los casos extremos de la diferencia —o excepción— estadounidense, que examinaremos a continuación.

Notes

[1] Díaz, Hernán, *Borges, Between History and Eternity*, Nueva York, Continuum Publishing Corporation, 2012, p. 93.
Borges, Jorge Luis, *Obras completas*, vol. 1. Buenos Aires, Sudamericana, 2011, p. 577.

[2] Naipaul, V. S., *A Turn in the South*, Nueva York, Vintage International, 1990 (1989), p. 15.

[3] Myrdal, Gunnar y Bok, Sissela, *An American Dilemma: the Negro Problem and Modern Democracy*, T. 1, Transaction Publishers, 1996, p. 1009.

[4] De Beauvoir, Simone, *America Day by Day*, Berkeley, CA, University of California Press, (1950) 2000, p. 248.

[5] *Ibid.*, p. 235.

[6] Gates, Henry Louis, *Stony the Road: Reconstruction, White Supremacy, and the Rise of Jim Crow*, Nueva York, Penguin Group USA, 2019, pp. 2, 4.

[7] Vasconcelos, José, *La raza cósmica*, México, Editorial Porrúa, (1952) 2017, p. 16.

[8] "Claritas-Median-HHI-by-Race-Ethnicity-Feb2019", Marketing Charts, https://www.marketingcharts.com/charts/median-household-income-race ethnicity-2019/attachment/claritas-median-hhi-by-race-ethnicity-feb2019.

[9] Amadeo, Kimberly, "How to Close the Racial Wealth Gap in the United States", *The Balance*, 25 de junio de 2019, http://www.thebalance.com/racial-wealth-gap-in-united-states-4169678, consultado el 22 de abril de 2019.

[10] "Report: Dreams Deferred", Institute for Policy Studies, 22 de marzo de 2019, https://ips-dc.org/racial-wealth-divide-2019/, consultado el 19 de abril de 2019.

[12] Freyre, Gilberto, *Casa-Grande y Senzala*, trad. de Darcy Ribeiro, Caracas, Biblioteca Ayacucho, 1985, pp. 346-347.

[13] Gates, Henry Louis, *op. cit.*, p. 16.

[14] Fleming, Crystal Marie, *How to Be Less Stupid about Race: On Racism, White Supremacy, and the Racial Divide*, Boston, Massachusetts, Beacon Press, 2018.

[15] Kendi, Ibram X., *Stamped from the Beginning: The Definitive History of Racist Ideas in America*, Nueva York, Nation Books, 2016, p. 1.

[16] Tocqueville, Alexis de, *La democracia en América*, trad. de Luis Cuéllar, México, Fondo de Cultura Económica, (1835) 1957, capítulo x.

[17] Lockhart, P. R. "The 2020 Democratic Primary Debate over Reparations, Explained", *Vox*, 19 de junio de 2019, www.vox.com/policy-and-politics/2019/3/11/18246741/reparations-democrats-2020-inequality-warren-harris-castro.

[18] Stolberg, Sheryl Gay, "At Historic Hearing, House Panel Explores Reparations", *The New York Times,* 19 de junio de 2019, https://www.nytimes.com/2019/06/19/us/politics/slavery-reparations-hearing.html, consultado el 30 de junio de 2019.

[19] Coates, Ta-Nehisi, "The Case for Reparations", *The Atlantic,* 22 de junio de 2018, https://www.theatlantic.com/magazine/archive/2014/06/the-case-for-reparations/361631/, consultado el 8 de marzo de 2019.

[20] *Ibid.*

[21] "The Sons of Slaveholders Quickly Recovered their Fathers' Wealth", *The Economist*, 4 de abril de 2019, https://www.economist.com/united-states/2019/04/04/the-sons-of-slaveholders-quickly-recovered-their-fathers-wealth, consultado el 28 de abril de 2019.

[22] "The Black-White Wealth Gap Is Unchanged after Half a Century", *The Economist,* 6 de abril de 2019, https://www.economist.com/united-states/2019/04/06/the-black-white-wealth-gap-is-unchanged-after-half-a-century, consultado el 12 de abril de 2019.

[23] *Ibid.*

[24] "EPI analysis of Current Population Survey Annual Social and Economic Supplement Historical Poverty Tables (Table H-5 and H-9) Figure A", de: "E. (s.d.), Real Median Household Incomes for All Racial Groups Remain Well Below their 2007 Levels", https://www.epi.org/blog/real-median-household-incomes-racial-groups/, consultado el 3 de marzo de 2019.

[25] Coates, Ta-Nehisi, *op. cit.*

[26] Collins, Chuck, "New Study Says the Median Black Family Will Have Zero Wealth by 2082", *In These Times*, 31 de enero de 2019, https://inthesetimes.

com/working/entry/21705/race-wealth-gap-black-family-inequality-white-economy-united-states, consultado el 10 de junio de 2019.

[27] "Wealth Gaps Rise to Record Highs between Whites, Blacks, Hispanics", Pew Research Center's Social & Demographic Trends Project, 15 de abril de 2014, https://www.pewsocialtrends.org/2011/07/26/wealth-gaps-rise-to-record-highs-between-whites-blacks-hispanics/. "Board of Governors of the Federal Reserve System", "Recent Trends in Wealth-Holding by Race and Ethnicity: Evidence from the Survey of Consumer Finances", https://www.federalreserve.gov/econres/notes/feds-notes/recent-trends-in-wealth-hold ing-by-race-and-ethnicity-evidence-from-the-survey-of-consumer-finances-20170927.htm, consultado el 22 de agosto de 2019.

[28] Kraus, Michael W., "How Fair Is American Society?", *Yale Insights*, 18 de septiembre de 2017, https://insights.som.yale.edu/insights/how-fair-is-ameri can-society, consultado el 22 de agosto de 2019.

[29] Rana, Aziz, "Race and the American Creed", no. 1, 28 de septiembre de 2016, https://nplusonemag.com/issue-24/politics/race-and-the-american-creed/.

[30] Nolan, James L., *What They Saw in America: Alexis De Tocqueville, Max Weber, G. K. Chesterton, and Sayyid Qutb*, Nueva York, Cambridge University Press, 2016, p. 88.

[31] Lévy, Bernard-Henri, *American Vertigo*, París, Grasset, 2006, p. 265.

[32] *Ibid.*, p. 268.

[33] Naipaul, V. S., *op. cit.*, p. 58.

[34] "Most Americans Say Trump's Election Has Led to Worse Race Relations in the U.S.", Centro de Investigaciones Pew para el Pueblo y la Prensa, 26 de diciembre de 2018, https://www.people-press.org/2017/12/19/most-americans-say-trumps-election-has-led-to-worse-race-relations-in-the-u-s/.

[35] "Views on Race, Immigration and Discrimination", Centro de Investigacio-nes Pew para el Pueblo y la Prensa, 18 de septiembre de 2018, https://www.people-press.org/2017/10/05/4-race-immigration-and-discrimination/, con-sultado el 22 de junio de 2019.

[36] Newport, Frank, "The Harvard Affirmative Action Case and Public Opi-nion", *Gallup.com*, 5 de agosto de 2019, https://news.gallup.com/opinion/po lling-matters/243965/harvard-affirmative-action-case-public-opinion.aspx, consultado el 20 de agosto de 2019.

[37] Moore, Peter, "Overwhelming Opposition to Reparations for Slavery and Jim Crow", *You-Gov*, (s.d.), https://today.yougov.com/topics/politics/articles-re ports/2014/06/02/reparations?utm_source=link_newsv9&utm_campaign= item_247 178&utm_medium=copy.

[38] *Ibid.*

[39] *Ibid.*

[40] *Ibid.*

[41] *Ibid.*

[42] Neiman, Susan, *Learning from the Germans: Race and the Memory of Evil*, Nueva York, Farrar, Straus, and Giroux, 2019.

[43] Newport, Frank, "Reparations and Black Americans' Attitudes About Race", *Gallup*, 1 de marzo de 2019, https://news.gallup.com/opinion/polling-matters/247178/reparations-black-americans-attitudes-race.aspx, consultado el 2 de abril de 2019.

[44] Lockhart, P. R., *op. cit.*

[45] "The Black-White Wealth Gap Is Unchanged after Half a Century", *The Economist*, 6 de abril de 2019, https://www.economist.com/united-states/2019/04/06/the-black-white-wealth-gap-is-unchanged-after-half-a-century, consultado el 2 de mayo de 2019.

[46] Marx, Karl, "Marx's Letter to Abraham Lincoln", https://www.marxists.org/history/international/iwma/documents/1864/lincoln-letter.htm.

[47] Aziz Rana, *op. cit.*

[48] Coates, Ta-Nehisi, "The First White President", *The Atlantic*, 22 de mayo de 2018, https://www.theatlantic.com/magazine/archive/2017/10/the-first-white-president-ta-nehisi-coates/537909/, consultado el 19 de noviembre de 2018.

[49] Martí, José, "La verdad sobre los Estados Unidos", Centro de Estudios Martianos, 2020, http://www.josemarti.cu/publicacion/la-verdad-sobre-los-estados-unidos/, consultado el 2 de mayo de 2020.

[50] Arkush, R. David y Ou-fan Lee, Leo, *Land without Ghosts: Chinese Impressions of America from the Mid-Nineteenth Century to the Present*, Berkeley, CA, University of California Press, 1989, p. 6.

[51] Waldman, Steven, *Sacred Liberty: Americas Long and Bloody Struggle for Religious Freedom*, Nueva York, HarperOne, 2019, p. 33.

[52] Tocqueville, Alexis de, *op. cit.*, capítulo IX.

[53] *Ibid.*, capítulo IX.

[54] *Ibid.,* capítulo V.

[55] Vargas Llosa, Mario, "Tribuna: A Dios rogando", *El País*, 30 de abril de 2005, https://elpais.com/diario/2005/05/01/opinion/1114898407_850215.html, consultado el 17 de junio de 2019.

[56] Davies, Bess Twiston, "Half of Britons Pray, Says Survey", *The Times*, 13 de enero de 2018, https://www.thetimes.co.uk/article/half-of-britons-pray-says-survey-5hlm95brv, consultado el 22 de agosto de 2019.

[57] Putnam, Robert D. y Campbell, David E., *American Grace: How Religion Divides and Unites Us*, Nueva York, Simon & Schuster, 2012, p. 9.

"How Often Do You Attend Religious Services", wvs Database, http://www.worldvaluessurvey.org/WVSOnline.jsp?WAVE=6&COUNTRY=875, consultado el 15 de abril de 2019.

[58] "Many Americans Mix Multiple Faiths", Pew Research Center's Religion & Public Life Project, 11 de febrero de 2014, https://www.pewforum.org/2009/12/09/many-americans-mix-multiple-faiths/, consultado el 21 de julio de 2019.

[59] Putnam, Robert D. y Campbell, David E., *op. cit.*, p. 7.

[60] *Ibid.*, p. 9.

[61] Flores Dávila, Julia Isabel, *Sentimientos y resentimientos de la nación*, Universidad Nacional Autónoma de México-Instituto de Investigaciones Jurídicas, (Los mexicanos vistos por sí mismos. Los grandes temas nacionales), México, Universidad Nacional Autónoma de México, 2015, pp. 330-341.

[62] *Ibid.*, p. 329.

[63] "Religion in America: U.S. Religious Data, Demographics and Statistics", Pew Research Center's Religion & Public Life Project, 11 de mayo de 2015, https://www.pewforum.org/religious-landscape-study/, consultado el 19 de agosto de 2019.

[64] Putnam, Robert D. y Campbell, David E., *op. cit.*, p. 300.

[65] *Ibid.*, p. 107.

[66] Foner, Eric, *The Story of American Freedom*, Nueva York, W.W. Norton & Company, (1994) 1999, pp. 55, 57.

[67] Lepore, Jill, *These Truths: A History of the United States*, Nueva York, W.W. Norton & Company, 2018, p. 190.

[68] Oficina del Censo de EUA, "For Young Adults, Cohabitation Is Up, Marriage Is Down", Oficina del Censo de Estados Unidos, 15 de noviembre de 2018, https://www.census.gov/library/stories/2018/11/cohabitaiton-is-up-marriage-is-down-for-young-adults.html, consultado el 9 de mayo de 2019.

[69] Manning, Wendy D. "Cohabitation and Child Wellbeing", *The Future of Children*, 2015, https://www.ncbi.nlm.nih.gov/pmc/articles/PMC4768758/, consultado el 9 de mayo de 2019.

[70] Aunión, Juan Antonio, "El matrimonio en España es solo cuestión de tiempo", *El País*, 15 de octubre de 2015, https://elpais.com/politica/2015/10/12/actualidad/1444669104_299557.html, consultado el 12 de mayo de 2019. "Le couple dans tous ses états non-cohabitation, conjoints de même sexe, pacs....", Le Couple dans tous ses états—insee première—1435, https://www.insee.fr/fr/statisti ques/1281436, consultado el 12 de mayo de 2019. "Cohabitation, Marriage, and Union Instability in Europe", Institute for Family Studies, https://ifstudies.org/blog/cohabitation-marriage-and-union-instability-in-europe, consultado el 13 de mayo de 2019.

[71] "What Do Marriage and Fertility Have to Do with the Economy?", Sustain Demographic Dividend, http://sustaindemographicdividend.org/wp-content/uploads/2012/07/SDD-2011-Final.pdf, consultado el 26 de abril de 2019.

[72] Abortion Rates by Country (list by Country), http://www.johnstonarchive.net/policy/abortion/wrjp336abrate2.html, consultado el 16 de agosto de 2019.

[73] "Homosexual Marriages in France 2013–2018", *Statista*, https://www.statista.com/statistics/464227/number-same-sex-marriages-france/, consultado el 17 de abril de 2019. "Instituto Nacional De Estadística", Instituto Nacional De Estadística, https://www.ine.es/dynt3/inebase/index.htm?padre=1128&capsel=3650, consultado el 17 de abril de 2019. Instituto Nacional De Estadística, "Notas De Prensa", Movimiento Natural De La Población (MNP), Indicadores Demográficos Básicos (IDB), 19 de junio de 2019, ine.es/prensa/mnp_2018_p.pdf, consultado el 22 de julio de 2019. "Denmark: Number of Marriages between Two Same-Sex Partners 2012–2018", *Statista,* https://www.statista.com/statistics/578822/marriages-between-two-same-sex-partners-in-denmark/, consultado el 30 de julio de 2019. "Netherlands: Number of Marriages, Straight and Same-Sex 2008–2018", *Statista,* https://www.statista.com/statistics/520171/number-of-straight-vs-same-sex-marriages-in-the-netherlands/, consultado el 13 de agosto de 2019.

[74] AP. "Same-Sex Marriages in U.S. since Supreme Court Ruling Estimated to Be 123,000", cbs News, 22 de junio de 2016, https://www.cbsnews.com/news/same-sex-marriages-us-supreme-court-ruling-estimate/, consultado el 16 de abril de 2019. Jones, Jeffrey M. "In U.S., 10.2 percent of LGBT Adults Now Married to Same-Sex Spouse", *Gallup*, 7 de febrero de 2018, https://news.gallup.com/poll/212702/lgbt-adults-married-sex-spouse.aspx, consultado el 16 de abril de 2019.

[75] "LGBT Demographic Data Interactive", enero de 2019, Los Ángeles, CA, Instituto Williams, Facultad de Derecho de la Universidad de California en Los Ángeles.

[76] Lipka, Michael, "10 Facts about Religion in America", Pew Research Center, 27 de agosto de 2015, https://www.pewresearch.org/fact-tank/2015/08/27/10-facts-about-religion-in-america/.

[77] "A Change of Heart?", Pew Research Center's Religion & Public Life Project, 10 de noviembre de 2014, https://www.pewforum.org/2014/11/13/chapter-1-religious-switching/pr_14-11-13_latinamerica-01-01/.

[78] Lacorne, Denis, *Religion in America: A Political History*, Nueva York, Columbia University Press, (1966) 2014, p. 147.

[79] Nolan, James L., *op. cit.*, p. 201.

[80] *Ibid.*, p. 209.

[81]   Paz, Octavio, *México en la obra de Octavio Paz*. Tomo 1: *El peregrino en su patria: Historia y política de México*, México, Fondo de Cultura Económica, 1992, p. 421.

[82]   Lacorne, Denis, *op. cit.*, p. 159. Ver también: *McCreary County v. Unión Americana de Libertades Civiles de Ky.*, 545 U.S. 844 (2005), Justia Law.

[83]   Bryce, James V., *The American Commonwealth*, vol. 2, Londres, The Macmillan Company, (1888) 1904, p. 696.

[84]   Newport, Frank, "2017 Update on Americans and Religion", *Gallup*, 14 de marzo de 2018, https://news.gallup.com/poll/224642/2017-update-americans-religion.aspx, consultado el 3 de julio de 2019.

[85]   Nolan, James L., *op. cit.*, p. 101.

[86]   Putnam, Robert D., *Bowling Alone: The Collapse and Revival of American Community*, Nueva York, Simon & Schuster, 2000, p. 79.

[87]   "American Religion Is Starting to Look Less Exceptional", *The Economist*, 27 de abril de 2019, https://www.economist.com/united-states/2019/04/27/american-religion-is-starting-to-look-less-exceptional.

9

Lo imperdonable: el encarcelamiento en masa, la pena de muerte, las armas y el diseño inteligente

Existen pocos lugares comunes tan frecuentes y superficiales como el que sostiene que X grupo —que significa *extranjeros*, ya sean mexicanos, alemanes, franceses, irlandeses, etcétera— posee una "relación de amor-odio" con Estados Unidos. Al igual que la mayoría de las perogrulladas, resulta a la vez verdadera e irrelevante. Lo que no significa que extranjeros específicos no hayan expresado una gran admiración y afecto por la Unión Americana, para después sucumbir a un desencanto radical. Tras la veneración vino el rechazo; tras el asombro, la decepción; tras la estima, el odio. Entre las muchas razones de semejantes giros sentimentales, resalta de manera directa o implícita la violación de Estados Unidos a su contrato con el liberalismo y la tolerancia. Mientras que esos dos son los rasgos más atractivos y sobresalientes por los que incontables visitantes, refugiados, migrantes y meros observadores le han tomado cariño a la Unión Americana, lo más frecuente ha sido también que la mayor hostilidad surja cuando se descartan o se les falta al respeto.

Tomemos por ejemplo a Thomas Mann, quien llegó a Estados Unidos en 1938 y partió, amargado, en 1952. Ya había ganado el Premio Nobel de Literatura (en 1929) y era una celebridad de talla mundial cuando empezó a impartir clases en Princeton. Según uno de sus biógrafos, su actitud inicial hacia la tierra adoptiva de su exilio

309

fue cálida y agradecida: "Mann reaccionó de forma muy positiva a Estados Unidos, y señaló: 'para mí, es una bendición echar raíces en esta tierra, y cada nuevo vínculo confirma mi sensación de estar en casa. [...] La gente me parece amigable hasta el punto de resultar generosa, en comparación con los europeos; me siento cómodo y acogido en su seno'".[1] Siguió pensando así durante la guerra, e intentó convencer a los norteamericanos y a Roosevelt (quien lo invitó a cenar y a pasar la noche en la Casa Blanca en 1941) de entrar al conflicto. Mann disfrutó de una vida holgada en Estados Unidos, primero en la Costa Este, y luego en Hollywood, junto con un numeroso grupo de exiliados alemanes y europeos dedicados a las artes. Sus vínculos con la industria cinematográfica y con la izquierda lo pusieron en la mira del Comité de Actividades Antiestadounidenses de la Cámara en una fecha tan temprana como 1947. A partir de entonces, lo persiguieron el FBI y el macartismo, más aún tras su defensa de los Rosenberg (electrocutados por espionaje en 1953), Paul Robeson y W. E. B. Dubois.

Cuando se marchó, detestaba a la Unión Americana y a sus habitantes; de nuevo en palabras de su biógrafo:

Se dio un cambio radical entre las primeras impresiones positivas que expresó Mann sobre Estados Unidos y su respuesta amarga y furiosa a los maliciosos ataques personales que sufrió. En privado los llamaba cacerías de brujas, pues combinaban los peores rasgos del carácter norteamericano: "una asquerosa exhibición de puritanismo primitivo, odio, miedo, corrupción y superioridad moral. [...] La atmósfera tensa y enfermiza de este país me oprime y me tengo que armar de fuerzas, a pesar del temblor que me provocan los nervios, para defenderme de detestables y mortales ataques en mi contra. [...] No deseo descansar mis huesos en esta tierra desalmada a la que nada debo, y que no sabe nada de mí".[2]

O tomemos a Jean-Paul Sartre. Por un lado, al final de la guerra, durante su estancia en Nueva York como corresponsal de *Le Figaro* y de

Combat, le encantó Estados Unidos, y se esforzó incluso por minimizar el racismo y la segregación: "Sí, los negros de Chicago viven en chozas; no es justo ni democrático. Pero muchos de nuestros obreros blancos viven en chozas incluso más miserables. Esas injusticias nunca nos parecieron un defecto de la sociedad estadounidense, sino un indicio de las imperfecciones de nuestros tiempos".[3] También elogió al país como pocos antes que él, combinando críticas contra Europa, su admiración por Faulkner y Dos Passos, y la belleza del paisaje:

> Lo que nos fascinó en serio, como pequeñoburgueses europeos que éramos, de padres profundamente apegados a la tierra de nuestras granjas, intelectuales atrincherados de por vida en París, fue el flujo constante de hombres a través de un continente entero, el éxodo de todo un pueblo a los vergeles de California, la errancia sin esperanzas del héroe de *Luz de agosto* y las almas sin raíces arrastradas por las tormentas de *El paralelo 42*.[4]

Por el otro lado, el existencialista francés se convertiría, veinte años después, en uno de los críticos más feroces no sólo de la Guerra de Vietnam ni del gobierno norteamericano, sino de su sociedad misma, y dedicaría muchos números de *Les Temps Modernes* a condenar todo lo estadounidense.

A otros visitantes nunca les gustó el país, y lo declararon con vehemencia, incluso con estridencia, aunque hayan pasado años ahí, no tanto escribiendo, sino de vacaciones o rumiando el destino de Estados Unidos, y el suyo propio. Rudyard Kipling es un buen ejemplo, sobre todo porque sus *American Notes* carecen de toda corrección política, cortesía e incluso tacto. Tras su primera visita, antes de asentarse cuatro años en Vermont, viajó de San Francisco a Nueva York y tuvo mucho que comentar sobre su travesía. Sobre Chicago, escribió:

> Tras haberlo visto, deseo con urgencia no verlo nunca más. Está habitado por salvajes. Su agua es el agua del Hugli, y su aire es tierra. También afirma ser la ciudad "jefe" de Estados Unidos. [...] Me recomendaron

ir al hotel Palmer House, que está todo cubierto de placa de oro y espejos, y donde encontré una sala enorme de mármol teselado abarrotada de gente hablando de dinero y escupiendo en todas partes. Otros bárbaros entraban y salían corriendo de ese infierno con cartas y telegramas en las manos, y otros más se hablaban a gritos.[5]

Y sobre la Unión Americana en general:

Eso me hace observar a su interesante nación con la misma escalofriante curiosidad que le concedería a un caníbal papú que arrancara a mordidas el cuero cabelludo del cráneo de su madre. ¿Eso les transmite alguna idea? Me hace considerarlos a todos ustedes unos paganos —paganos de verdad, no a los que les envían misioneros—, criaturas con otra carne y sangre que la mía.[6]

Qué bueno que no les dijo a sus lectores lo que de verdad pensaba...

Pensemos ahora en una de las primeras observadoras de la Unión Americana, quien pasó casi un año allá, en 1827-1828. Frances Trollope declaró muchas cosas buenas de la nueva república, pero al concluir su estancia, no se esforzó por esconder su opinión:

Sospecho que lo que he escrito dejará claro que no me gustan los Estados Unidos. Ahora, como sucede que conocí allá a ciertos individuos que me inspiran afecto y admiración, mucho mayores que el afecto y admiración que provocan los meros conocidos, y como declaro que el país resulta agradable a los ojos, y repleto de los dones de la abundancia, me siento obligada a preguntarme por qué no me gusta. De buen grado investigaría, y confesaría a los demás, por qué ni su belleza ni su exuberancia bastan para neutralizar, o suavizar en gran medida, el desagradable resabio que el conjunto de sus recuerdos ha dejado en mi mente. [...] No hablo de ellos, sino de la población en general, la que una ve en la ciudad y en el campo, entre los ricos y los pobres, en los estados esclavistas y en los libres. No me agradan. No me agradan sus principios. No me agradan sus modales. No me agradan sus opiniones.

[...] Pero cuando un nativo de Europa visita los Estados Unidos, la más extraordinaria especie de tiranía se confabula en su contra; y hasta donde mis lecturas y experiencias me permiten juzgar, nunca otro país ha ejercido tal tiranía contra los extranjeros.[7]

Una última diatriba proviene de un anarquista mexicano, Ricardo Flores Magón, precursor de la Revolución mexicana y aliado del sindicato norteamericano Industrial Workers of the World —los *wobblies*—, y quien murió en la Prisión de Leavenworth en Kansas, a inicios de los años veinte. En un discurso en Texas en 1908, vapuleó a sus anfitriones estadounidenses, quienes, en repetidas ocasiones y sin lugar a dudas, lo maltrataron hasta su muerte:

¿Quién de vosotros no ha recibido un ultraje en este país por el solo hecho de ser mexicano? ¿Quién de vosotros no ha oído relatar los crímenes que a diario se cometen en personas de nuestra raza? ¿No sabéis que en el sur de este país no se permite que el mexicano se siente en la fonda al lado del americano? ¿No habéis entrado a una barbería donde se os ha dicho mirandoos de arriba abajo: aquí no se sirve a mexicanos? ¿Y habéis contado, siquiera, el número de mexicanos que han subido a la horca en este país o han perecido quemados por brutales multitudes de gente blanca?[8]

El vínculo directo entre estas reacciones (podrían añadirse muchas más) y la violación estadounidense de su juramento de tolerancia y liberalismo no resulta directo ni obvio. Pero estos sentimientos, al igual que sus raíces, son sintomáticos, aunque varíen con el tiempo. Los viajeros han admirado o criticado otros rasgos de la experiencia norteamericana; pocos han generado la virulencia expresada en estas citas. La mayoría de los observadores extranjeros pueden explicar y entender —no justificar ni aprobar— casi todo lo acaecido en los dos siglos y medio de existencia de Estados Unidos. Cada uno señala sus excepciones, como es natural. Para mí, existen cuatro que no soporto. Sin ningún orden en particular, se trata del encarcelamiento en masa, la posesión de armas, la pena de muerte y el diseño inteligente o creacionismo. La inclusión de esa última noción tal vez sorprenda a algunos lectores, ya que provoca un daño mucho menor que las demás. Explicaré esa anomalía. Lo que sigue es el rechazo de un extranjero de estos desafortunados desencuentros entre lo que Estados Unidos representa y lo que practica, ya sea como derivados de otras características o como excepciones *per se*.

Escribo esto en un momento en el que algunos quizá consideren que existen muchas facetas más objetables de la vida de los norteamericanos. La era de Trump ha exacerbado muchos aspectos negativos de la realidad de Estados Unidos, sobre todo para los extranjeros víctimas de sus abusos, ya sea en su propio país o en el de Trump. Me veo forzado a admitir que la violación de las reglas de tolerancia y liberalismo de la Unión Americana ha avanzado mucho desde 2016, y ahora abarca mucho más que las excepciones a las que me refiero en las siguientes páginas. Nos encontramos en años terribles para Estados Unidos, sus vecinos, sus amigos e incluso sus adversarios o rivales. Contar la historia de estos tiempos oscuros y realizar una evaluación de daños es una tarea necesaria que sólo se llevará a cabo cuando termine este periodo. Mientras tanto, prefiero concentrarme en cuatro temas cruciales, en parte porque me temo que persistirán cuando haya pasado la tormenta.

El encarcelamiento en masa

El encarcelamiento en masa arrancó en la década de 1970, en parte como resultado de una serie de leyes en varios estados que se resumen en sentencias mínimas obligatorias. También proliferaron las leyes de "tres *strikes* y ponchado". En el estado de Nueva York, se conocen como Leyes Rockefeller; en otros estados, variaron en su intensidad, pero no en su intención. Procuraban encarcelar a todos los delincuentes posibles, por todas las ofensas posibles, durante todo el tiempo posible. Eran el síntoma de tendencias más profun-

das, sobre todo de la retórica policiaca con racismo subliminal que inició Richard Nixon, y de la ola de criminalidad —real, aunque desigual— que creían que azotaba al país. Conforme aumentó el número de cárceles y de presos, también creció el poder de la industria carcelaria privada.

Se ha estudiado mucho el fenómeno, pero cuatro aspectos de esa odiosa política merecen comentario. En primer lugar, el crecimiento del encarcelamiento en masa desde mediados de los años setenta hasta nuestros días se ha dado de forma exponencial. En segundo, es un fenómeno radicalmente excepcional entre países ricos, e incluso entre los pobres. En tercero, afecta de manera desproporcionada a las personas de color. Por último, conlleva consecuencias a largo plazo, pues la población carcelaria, cuando sale libre, carga con el estigma de su tiempo en prisión.

En 1972, la población carcelaria total de Estados Unidos sumaba poco menos de 200 000 personas; en 2019, tocó los 2.2 millones, después de haber alcanzado su cenit en 2009, con casi 2.5 millones. En palabras de un especialista:

> El sistema penal norteamericano mantiene a casi 2.3 millones de personas en 1 719 prisiones estatales, 109 penales federales, 1 772 correccionales juveniles, 3 163 reclusorios locales y 80 reclusorios en tierras indígenas, así como en prisiones militares, centros de detención migratorios, centros de compromiso civil, hospitales psiquiátricos estatales y prisiones en los territorios estadounidenses.[9]

El aumento fue de casi trece veces. A partir de 2009 ha ocurrido una disminución constante, pero minúscula y gradual: de alrededor de 7% en total, o poco menos de 0.5% al año.[10] Aunque muchos celebren esa caída, resulta diminuta comparada con la que sería necesaria para que Estados Unidos alcanzara los bajos niveles de otros países ricos.

Se ha producido un aumento concomitante en los recursos gastados anualmente en prisiones, en la cantidad de cárceles (para lidiar con la crisis de hacinamiento), en la población al interior del sistema correctivo, en la cantidad de cadenas perpetuas y en la población con antecedentes penales que se mantiene bajo vigilancia del sistema correctivo (en libertad condicional o provisional). Todas esas cifras estadísticas se han expandido enormemente desde principios de los años setenta, cuando Nixon declaró su guerra contra las drogas, y sobre todo tras 1980, cuando Ronald y Nancy Reagan declararon la suya. Nunca ha habido otro momento en la historia de la Unión Americana con totales similares ni aumentos análogos. Se trata de un horror sin precedentes que proviene en parte de delitos relacionados con las drogas, la mayoría de ellos, delitos menores y sin violencia. Durante las últimas décadas, el aumento de tales crímenes penados con cárcel ha seguido de cerca el de la población encarcelada. Actualmente, hay más personas cumpliendo más sentencias por delitos relacionados con drogas. Hoy en día, 20% de todos los prisioneros y 50% de los que se encuentran en cárceles federales fueron condenados por delitos relacionados con drogas.[11] Y entre los consumidores y *dealers*, también existe el sesgo racial que describiremos más adelante: se encarcela a los blancos por delitos relacionados con cocaína en polvo; a los negros, por delitos relacionados con *crack*.

Una explicación central reside en el alza de la delincuencia durante las décadas de 1970 y 1980; un ciclo que no se limita a Estados Unidos. Durante esas décadas, hubo un enorme pico de conducta criminal. Muchos norteamericanos se enardecieron tanto que estaban dispuestos a adoptar casi cualquier medida para lidiar con lo que consideraban una crisis. Algunos lectores recordarán el *spot* sobre Willie Horton que George H. W. Bush usó contra Michael Dukakis en 1988, en el que asoció al candidato demócrata con un asesino encarcelado que cometió otros crímenes espantosos durante un permiso de fin de semana.

Al parecer, una tercera razón se encuentra en el poder de las fiscalías, incluso cuando las tasas de criminalidad empiezan a disminuir. Como sugiere un artículo reciente sobre el tema:

Al entregarles una discrecionalidad enorme a los fiscales —para estándares del resto del mundo, algunos de ellos serían mejor descritos como políticos, pues obtienen su puesto por elección popular y son sensibles a las necesidades de sus votantes, incluyendo una medida de éxito vinculada con meter gente a prisión—, les dimos la libertad de encarcelar a quien quisieran durante el tiempo que desearan.[12]

Esos fiscales, por varias razones, incluyendo el riesgo de perder un juicio en casos con sentencias largas, prefirieron obtener declaraciones de culpabilidad por medio de la coerción, incluso en casos con sentencias más cortas.

Se trata de una tendencia sin parangón a nivel global. Ningún país del mundo para el que contemos con estadísticas fidedignas sufre de un azote comparable. Estados Unidos alberga a un 5% de la población mundial, y a casi una cuarta parte de sus reclusos.[13] Su tasa de encarcelamiento es entre cinco y diez veces más alta que las de los otros países ricos: nueve veces más alta que la de Alemania; ocho veces más alta que la de Italia; cinco veces más alta que la del Reino Unido, y quince veces más alta que la de Japón. Ni siquiera China, con uno de los regímenes autoritarios más brutales del mundo, supera a la Unión Americana. En términos per cápita, China encarcela a una cuarta parte de la gente que Estados Unidos; Rusia, a un tercio.[14] En su cenit, había "más personas bajo 'supervisión correctiva' en Estados Unidos —arriba de seis millones— que en el Archipiélago Gulag de Stalin en su apogeo".[15]

Por supuesto, existen múltiples explicaciones de la inmensa brecha entre las tasas de encarcelamiento de Europa, Canadá y Japón, y la que tiene la Unión Americana. Una consiste en el derecho a portar armas. Ocurren aproximadamente la misma cantidad de *agresiones* en Nueva York y Londres; sin embargo, la cifra de *asesinatos* en Nueva York, en su mayoría con armas de fuego, es mucho mayor. Otro factor, tal vez más relevante, es la duración de las sentencias. Según varias fuentes citadas hace algunos años por *The New York Times*:

La mera cantidad de sentencias impuestas aquí no situarían a Estados Unidos en el primer puesto de las listas de encarcelamiento. Si éstas se compilaran basadas en admisiones anuales per cápita, varios países europeos superarían a la Unión Americana. Pero en Estados Unidos, las estancias en prisión son mucho más largas, por lo que la tasa de encarcelamiento total aumenta. En la Unión Americana, los robos a casa habitación causan condenas de 16 meses en promedio, comparados con 5 meses en Canadá y 7 en Inglaterra.[16]

También existe una correlación —difícil de cuantificar, pero real— entre color de piel y duración de la sentencia.

Muchos de esos análisis mencionan elementos adicionales. Evidentemente, la obsesión de los norteamericanos con la lucha contra las drogas se encuentra entre ellos. Como ya mencionamos, el peculiar atributo de la democracia estadounidense de nombrar fiscales y jueces por elección popular y someterlos a la sensibilidad de la opinión pública es otro. En cierto sentido, la cuestión racial es otro factor. La pregunta que pocas personas quieren plantear es si el encarcelamiento en masa afecta a los afroamericanos y a los latinos de forma desproporcionada; es obvio que sí. La verdadera incertidumbre contrafáctica consiste en saber si, en ausencia de personas de color en Estados Unidos, las tasas de encarcelamiento se mantendrían tan altas. No porque las personas de color sean más proclives a violar la ley, sino porque las encarcelan más que a los blancos por ser... de color. Esa noción, aparentemente absurda, podría ser correcta. Dado el racismo de Estados Unidos, si todo el país fuera blanco como la nieve, la población carcelaria tal vez sería similar a la de otros países ricos. Los blancos no permitirían cifras comparables para ellos mismos, pero la persecución discriminatoria de delitos, consecuencia de la discrecionalidad de policías y fiscales, también es un factor importante detrás de la alta tasa de encarcelamiento en Estados Unidos.

Además, se trata de un círculo vicioso. El enorme crecimiento de la población carcelaria llevó a un aumento espectacular en la cantidad de prisiones privadas. En cuanto surgieron, el negocio carcelario se convirtió, junto con los sindicatos de celadores y otros grupos de presión, en una parte interesada en mantener un nivel alto de encarcelamiento. Las prisiones vacías no generan dinero.

Por último, quizá como resultado de niveles más altos de violencia que en otros países de la OCDE, por motivos históricos, sociales, culturales e incluso psicológicos, los estadounidenses están dispuestos a pagar un precio más alto por lo que consideran un remedio a esa violencia. Las tasas de *criminalidad* de Canadá suben y bajan en relativa simetría con las de Estados Unidos. Pero sus tasas de *encarcelamiento* son infinitamente más bajas. ¿Permitirían los canadienses los índices norteamericanos? ¿Con sus consecuencias presupuestarias y étnicas a largo plazo? Al parecer, no. Los ciudadanos de la Unión Americana parecen dispuestos a aceptar todos los efectos del encarcelamiento en masa. O más bien: los votantes blancos, anglos, de clase media, sin educación universitaria y de más de cincuenta años al parecer toleran tener una enorme población carcelaria de afroamericanos e hispanos a cambio de niveles más bajos de violencia, suponiendo que la correlación resultara válida. Más tarde volveré a esta correlación.

Sin embargo, no se puede enfatizar lo suficiente la tercera característica del encarcelamiento en masa, y tiene que ver precisamente con la raza. Según un cálculo, uno de cada tres niños negros nacidos hoy puede esperar terminar en la cárcel durante su vida, al igual que uno de cada seis latinos... comparados con uno de cada 17 niños blancos.[17] Se trata simplemente de la expresión extrema de lo que todo el mundo sabe. El encarcelamiento en masa no sólo afecta más a los afroamericanos y a los latinos que a los blancos, sino que lo hace de manera desproporcionada con respecto al porcentaje de la población estadounidense que representan. Los negros conforman 12% de la población y 33% de los reclusos. Los hispanos constituyen 16% de los habitantes del país y 23% de los reos. Aunque los afroamericanos e hispanos adultos sumen cerca de 28% de la población de Estados Unidos, fueron 56% de los convictos en 2017.[18] Dos terceras partes de las personas en cadena perpetua son personas de color. Para todos los varones nacidos en la Unión Americana en 2001, la probabilidad de encarcelamiento es de uno de cada nueve, una tasa extraordinariamente alta comparada con las de otros países ricos. ¡Para los varones negros, repito, fue de uno de cada tres![19]

No albergo dudas de que existe un sesgo racial en el encarcelamiento en masa, y uno que me duele en particular: gran parte de la población hispana tras las rejas es de origen mexicano. El motivo es evidente: los *latinos* conforman una porción grande de los reclusos, y las personas de origen mexicano constituyen una gran parte de la población hispana. Es dudoso que alguien trate de encarcelar mexicoamericanos *per se*. Se trata simplemente de un hecho, y de una consecuencia de la política penal en su totalidad.

Existe una discusión sobre si este sesgo racista se debe a la raza o a la clase, pero es un debate aún más problemático que el racial. Se puede argumentar que la población carcelaria es predominantemente negra y latina porque en cualquier país, en cualquier momento, los pobres tienen mayores probabilidades de terminar tras las rejas que el resto de la sociedad. Y en la sociedad norteamericana, como he enfatizado sin cesar, los pobres son predominantemente negros e hispanos, o los negros y los hispanos son más pobres que el resto de la población. Así que se puede argumentar que el encarcelamiento en masa no está dirigido contra los afroamericanos y los latinos, sino contra los pobres, que de casualidad son también negros e hispanos, aunque la tasa de encarcelamiento de blancos pobres también sea "anormalmente" alta. Ya sea a causa de la raza, la pobreza, las drogas, los barrios bajos o las familias desunidas, un sesgo racial y/o étnico innegable ha caracterizado a la aplicación de la ley en Estados Unidos desde principios de los años setenta, con consecuencias indiscutibles.

La tasa de encarcelamiento de varones afroamericanos jóvenes es tan elevada que las consecuencias para las familias, mujeres y niños negros no se pueden eludir ni descartar. Se trata de cientos de miles de niños sin padre, esposas sin marido y madres sin hijos que les ayuden con el paso de los años. Celebro que la tendencia general a la baja —de una lentitud desesperante— en el encarcelamiento se refleje en particular en las tasas de latinos y afroamericanos. Sin embargo, la brecha entre las personas de color y los blancos es de tal amplitud, y el nivel desde el que el declive comienza, tan alto, que la reducción apenas puede brindarle esperanzas a nadie, incluso si la prefiramos a su contrario. No existe otro país en el mundo que enfrente un reto de esta magnitud o impacto.

Por último, el encarcelamiento en masa conlleva secuelas a largo plazo. Cada año, 650 000 hombres y mujeres de todo el país regresan de la cárcel a sus comunidades. Se enfrentan a casi cincuenta mil restricciones legales federales, estatales y locales que les dificultan la reintegración a la sociedad.[20] Más de diez millones de personas entran a reclusorios (es decir, a centros de detención en ciudades y condados, casi siempre por una sola noche) todos los años.[21] En otras palabras, la cantidad de personas que entra en contacto con la cárcel cada año, de una forma u otra, resulta asombrosa. Pero se pone peor.

Los expertos discuten acaloradamente qué constituye con exactitud la expresión "contar con antecedentes penales" en Estados Unidos. ¿Se trata sólo de un arresto, sin sentencia? ¿Se trata de la sentencia? ¿Consiste en pasar tiempo en un reclusorio antes de la fianza, el juicio y la absolución? Según la definición más amplia —no necesariamente correcta, pero la más citada—, casi una tercera parte de la población adulta en edad laboral cuenta con antecedentes penales. Dos centros de investigación distintos, el Brennan Center for Justice y The Sentencing Project, han estimado que entre 70 y 100 millones de norteamericanos están registrados en el Índice de Identificación Interestatal del FBI. El Brennan Center asegura que:

> Estados Unidos ahora alberga aproximadamente la misma cantidad de personas con antecedentes penales que graduados de programas universitarios de cuatro años. Si todos los arrestados de la Unión Americana formaran un país, se convertiría en el 18° más grande del mundo, por encima de Canadá, Francia y Australia. La cantidad de norteamericanos con antecedentes penales en nuestros días es más alta que la población total del país en 1900.[22]

En otras palabras, los efectos del encarcelamiento en masa no se desvanecen de pronto en cuanto se sale de prisión. Existe todo un universo de personas libres que siguen pagando el precio de su encarcelamiento, a un enorme costo para ellos y para el país. Los estudiosos extranjeros del sistema carcelario norteamericano, como Michel Foucault, lo entendieron hace décadas:

> Pero la cárcel [en Estados Unidos] no sólo es punitiva; también es una de las herramientas del proceso de eliminación. La cárcel es la eliminación física de la gente que sale de ella, que muere en ella —a veces de forma directa; otras, indirecta—, porque no puede conseguir trabajo, no tiene medios de subsistencia y ya no puede formar una familia. Al pasar de una cárcel a otra, de un delito a otro, la gente en realidad termina físicamente eliminada.[23]

Mencioné el costo de miles de restricciones en general. Uno específico consiste en los obstáculos al empleo que enfrentan a diario los exconvictos. No todas las personas con "antecedentes penales" afrontan tales dificultades, y en tiempos recientes se han diseñado varias políticas para eliminar las revisiones de antecedentes excesivamente rigurosas (o superficiales). Sin embargo, a alguien con cualquier tipo de antecedente puede resultarle insoportablemente complicado encontrar trabajo, en especial si se trata de un afroamericano o de un hispano. Una encuesta señala que cinco años tras salir de prisión, dos terceras partes de los exreclusos siguen desempleados.[24]

Una segunda consecuencia yace en la privación de derechos, que discutí en el capítulo 4. Poco más de seis millones de estadounidenses no pueden votar en su país por ser exconvictos o por encontrarse tras las rejas; el total de exconvictos suma aproximadamente la mitad de esa cifra.[25] Durante la campaña presidencial de 2019-2020, surgió un debate sobre si los ciudadanos encarcelados deberían tener derecho al sufragio, en contraste con los exconvictos, que obviamente deberían tenerlo. Aunque sea un debate válido, el hecho de que un grupo tan grande de personas no tenga derecho al voto, sabiendo que una cantidad desproporcionada de ellas son negros y latinos, debería invitar a muchos a reflexionar sobre las consecuencias electorales del encarcelamiento en masa. La única razón por la que tantos miembros de la sociedad perdieron sus derechos por haber estado en la cárcel es que encarcelaron a tantos.

Toda la discusión sobre supresión de votantes por la privación de derechos de exconvictos o convictos terminaría si existieran tan pocos convictos o exconvictos que su sufragio resultara irrelevante. Esperemos que el referéndum de Florida mencionado antes contribuya a tal cambio. Aún no lo hemos logrado.

Una tercera consecuencia, particularmente perniciosa, del encarcelamiento en masa está relacionada con la educación. En muchos estados, y a nivel federal de manera indirecta, los exconvictos no se consideran elegibles para becas como las Pell Grants, para la acción afirmativa, para el pase automático ni para otras formas de apoyo educativo. A veces, las restricciones se hacen explícitas, pero lo más frecuente es que ocurran *de facto*. De cualquier manera, pueden resultar devastadoras y, entre otros factores, son causantes de reincidencia.

El encarcelamiento en masa también tiene consecuencias a largo plazo para la salud y la estructura familiar. Tal vez lo más importante sea que la proporción de encarcelamiento en masa que corresponde a crímenes menores no violentos de posesión de drogas representa un enorme costo para la sociedad estadounidense. Encarcelaron por delitos menores a personas pobres, poco educadas y tal vez con cierta propensión al crimen, pero que sin duda no eran delincuentes endurecidos. En prisión, se convirtieron en otra cosa: criminales duros, que, al salir libres, se transforman en un pequeño ejército de *bad hombres,* sin que sean responsables de ese cambio.

No existe justificación alguna para esta excepción norteamericana. Algunas personas objetarán que el estallido de las tasas de criminalidad de los años setenta y ochenta y su posterior declive en los noventa explican y justifican con creces el encarcelamiento en masa. Para que eso fuera cierto, habría que comprobar que la caída del crimen durante el último cuarto de siglo fue resultado del encarcelamiento en masa. Según un estudio realizado en 2015 por el Brennan Center for Justice, las tasas de criminalidad a la baja no se pueden atribuir al encarcelamiento en masa. Por otro lado, Steven Levitt demostró en un artículo de 2004 que por lo menos 58% de la disminución de crímenes violentos en la década de 1990 se debió a la saturación de las prisiones.

Los defensores del encarcelamiento en masa tendrían que comprobar que el costo de la detención generalizada supera al del crimen mismo, y que no hay alternativas preferibles. No se ha demostrado ninguna de las dos cosas. No se ha establecido la relación causal. Existen muchos factores, desde el auge económico de la era de Clinton hasta la inmigración masiva —lo que implica menores tasas de criminalidad; un fenómeno bien documentado—, además de más y mejores fuerzas policiales en muchas ciudades.

Todo lo que sabemos, casi cincuenta años después del inicio de la política de encarcelamiento en masa, es que ningún otro país en el mundo siguió la misma vía. Algunos países ricos cuentan con peores cifras de criminalidad que Estados Unidos; otros, no. La tasa de homicidios norteamericana es entre tres y cuatro veces más alta que la de las naciones más grandes de la OCDE. Pero las cifras de robos, agresiones graves y robo de vehículos son comparables, a excepción de Japón, que posee las tasas más bajas de cualquier sociedad rica.[26] Desafortunadamente, existe una explicación posible y probable de los datos de homicidios de Estados Unidos: se llama la Segunda Enmienda, y la analizaré más adelante.

Las consecuencias del encarcelamiento en masa han sido devastadoras para amplios sectores de la sociedad norteamericana. La contradicción entre estas infames políticas y decisiones, por un lado, y el liberalismo y tolerancia clásicos de Estados Unidos, por el otro, es flagrante, poderosa e inadmisible para el resto del mundo. Es uno de los últimos obstáculos poderosos a la instauración de la modernidad en la Unión Americana.

La pena de muerte

Aunque se trate de un tema distinto, la pena de muerte en Estados Unidos está inevitablemente asociada con el encarcelamiento en masa. Parece poner en evidencia la misma actitud de los norteamericanos respecto al crimen y el castigo. Refleja sus opiniones sobre la retribución y sus ideas falsas sobre lo que funciona y lo que no en una sociedad determinada, en un momento dado, en un tema específico.

Excepto durante un breve periodo en la década de 1970, la pena capital se ha aplicado en Estados Unidos desde su independencia. Se ha usado en tribunales militares; fuera del marco de la ley (en linchamientos); con fines políticos (los Rosenberg); para aplacar turbas; para complacer a sectores de la sociedad conservadores y virulentos, y violando los compromisos internacionales de la Unión Americana (sobre todo la Convención de Viena sobre Relaciones Consulares). Ahora mismo, 2 700 personas esperan su ejecución en Estados Unidos.[27]

Sólo otro país rico aplica la pena capital: Japón (y Taiwán, si se le considera un país aparte). Todos los demás la han abolido *de facto* o *de jure* durante los últimos treinta o cuarenta años. Además de Japón, los pocos países democráticos que la mantienen son la India (donde rara vez se usa), Jordania, Indonesia y Jamaica. China, por mucho el perpetrador más asiduo, ejecuta a más personas al año que todos los demás países combinados. Estados Unidos se encuentra en compañía de países como Corea del Norte, Cuba, Irán, Siria, Sudán y Arabia Saudita.

La pena de muerte se suspendió *de facto* en la Unión Americana entre 1972 y 1976, cuando la Suprema Corte desechó cuarenta estatutos estatales que establecían pautas o condiciones para su aplicación. Entre 1967 y 1977, cuando un pelotón de fusilamiento en Utah mató a Gary Gilmore, famoso por una novela de Norman Mailer, prácticamente se suspendieron las ejecuciones en el país. Pero a partir de entonces, para efectos prácticos, la Suprema Corte dictaminó que la pena de muerte era constitucional. No se aplicó para crímenes federales entre 1964 y 2000, pero se reinstauró en un caso en 2003. En años recientes, la cantidad de muertes por decisión estatal ha disminuido de forma considerable, y un número creciente de estados ha prohibido la pena máxima en los hechos, aunque sin argumentos legales.

Al igual que el encarcelamiento en masa, en Estados Unidos, la pena de muerte no ignora el color de piel, ni para los acusados/perpetradores ni para sus víctimas. De las alrededor de 1 500 ejecuciones realizadas entre 1976 y 2019, 43% se aplicaron contra personas de color (34% de afroamericanos y 9% de hispanos). 45% de todos los condenados a muerte en 2018 eran negros o latinos. En 2001, más de cincuenta mexicanos esperaban su ejecución. Cuando México demandó a Estados Unidos en la Corte International de Justicia de la Haya (CIJ) en 2003, uno de sus principales argumentos consistió en la diferencia de resultados cuando los extranjeros acusados de delitos terribles contaban con acceso a asesoría, intérpretes y protección consular. México ganó la demanda. La administración de Bush admitió su derrota, pero entonces Texas, donde se localizaba la mayoría de los mexicanos condenados a muerte, contestó que su estado no formaba parte del tratado que había creado a la CIJ. La Suprema Corte respaldó al estado de la estrella solitaria, y pasó el asunto al Congreso. Si este último consideraba que los estados se encontraban obligados por compromisos internacionales asumidos por el gobierno federal, debía declararlo. El Congreso no lo ha hecho, y probablemente no lo haga en muchos años.

Los legisladores, jueces o votantes de otros países ricos han rechazado todos los argumentos presentados por los partidarios estadounidense de la pena capital. No es un disuasor de crímenes violentos: como ya vimos, Estados Unidos tiene una tasa de homicidios más alta que la de otros países. Tampoco se trata de una medida popular (como si eso fuera un argumento a favor): los norteamericanos se han debatido entre el apoyo y el rechazo a la pena de muerte desde que existen las encuestas. Que muchos estados la hayan abolido en años recientes en realidad no es un dato relevante: la enorme mayoría de las ejecuciones se realizan en un número limitado de estados partidarios de la pena capital, como Texas, Oklahoma, Florida, Louisiana y Arkansas. El primero de ellos produce la mitad de las ejecuciones de todo el país.

Otras explicaciones que ofrecen los norteamericanos cuando se les cuestiona su estado excepcional en el asunto son simplemente tontas.

Una de las primeras es falsa, aparte de inhumana: las ejecuciones cuestan menos que la cadena perpetua. No cuestan menos, porque ningún condenado acude al patíbulo por voluntad propia. Todos los sentenciados luchan hasta el final, y, para los estados, el precio del litigio acaba siendo mucho más alto que el del mantenimiento.

La siguiente explicación, la de que se trata de un asunto estatal, y cada estado puede decidir lo que desee al respecto, resulta anacrónica e insostenible en un mundo globalizado. Desde 1648, los Estados-nación han sido los únicos actores en asuntos internacionales y en derecho internacional. La cuestión de los actores no estatales ha adquirido relevancia en tiempos recientes, pero no los "derechos de los estados" tal como se entienden en Estados Unidos. Ni siquiera los catalanes pretenden aislarse del mundo; por el contrario, esperan algún día —en vano, creo yo— convertirse en un nuevo miembro de la Unión Europea. La cuestión de los derechos de los estados de la Unión Americana en cuanto a derechos humanos fundamentales —en una palabra: la esclavitud— se resolvió en 1865. Que Texas nunca haya firmado la Convención de Ginebra es un argumento de lo más débil y provinciano.

Hay otra afirmación que resulta más complicada. Incluye tres ejes: retribución, disuasión y el carácter violento de la sociedad norteamericana. El caso extremo de la retribución reside en el bien conocido y despreciable derecho que algunos estados conceden a los familiares de víctimas de asesinato: presenciar la ejecución del perpetrador. Es verdad que los ingleses decapitaban o destripaban en público a los condenados a muerte. La Revolución francesa inventó la guillotina para ejercer el terror entre las masas; los mexicas celebraban sacrificios humanos en los templos de Tenochtitlan, y, mucho antes, Roma crucificó a los primeros cristianos, y a otras personas más. En Estados Unidos, la última ejecución pública ocurrió en Kentucky en 1936, cuando 20 000 personas presenciaron el ahorcamiento de un hombre negro acusado de violar y asesinar a una mujer blanca. Ése es el punto. Hoy en día nadie cree que fueran ideas geniales; en algunos países éstas prácticas se suprimieron hace siglos, y en otros, hace décadas.

Arabia Saudita e Irán organizan decapitaciones, lapidaciones y ahorcamientos públicos, pero no se trata precisamente de modelos a seguir para el resto del mundo.

La retribución implica que el crimen se perpetró contra el entorno de la víctima, no contra la sociedad ni el Estado. Esto es falso. Los crímenes se cometieron contra la sociedad. Sólo la sociedad, mediante el Estado y la ley, puede decidir qué clase de retribución se requiere, si es que se requiere alguna. La cárcel es el castigo por violar la ley, no una retribución por causarle daño a alguien, por doloroso que resulte admitirlo. La ley no se inspira en la venganza; tampoco en la regla del ojo por ojo. La proporcionalidad del castigo por el delito cometido tiene límites. Ningún Estado, ni siquiera los más salvajes, castiga tortura con tortura, violación con violación ni secuestro con secuestro.

La disuasión también es un argumento falso, por razones bien conocidas. Para empezar, no se sostiene. Todos los países ricos que han abolido la pena de muerte tienen tasas de crímenes violentos, en especial de homicidios, más bajas que las de Estados Unidos.[28] Sólo Japón posee bajos niveles de violencia y mantiene la pena capital, aunque rara vez recurra a ella. Además, ningún país que haya abolido la pena de muerte durante el último medio siglo ha sufrido un incremento en su tasa de criminalidad, ni en su cantidad de homicidios.

Lo mismo ha ocurrido en la Unión Americana. Los estados que eliminaron la pena capital *de jure* o *de facto*, como Massachusetts a partir de 1947, cuentan con tasas de crímenes violentos más bajas o similares a las de los estados que la mantuvieron, como Texas y Oklahoma.[29] De hecho, las tasas de homicidio son más bajas en estados sin pena de muerte.[30] No se ha establecido una correlación negativa entre crímenes violentos, ni entre crímenes en general, y la pena de muerte en Estados Unidos. Y tiene sentido: el factor del miedo que subyace en la idea de la disuasión no parece relevante para el tipo de criminales que comete delitos castigados con la muerte. No buscan en Google varios crímenes posibles antes de cometerlos para averiguar cuáles no se encuentran sujetos a la inyección letal o a la silla eléctrica. Además, el hecho de que un porcentaje relativamente menor de sentencias por homicidio terminen en pena de muerte socava su efecto disuasorio. Por suerte.

El último argumento es la historia. Algunas personas (quienes en este caso afirman que la historia sí importa) argumentan que la Unión Americana está apegada a ciertas tradiciones que forman parte de su carácter nacional. Tal vez estas tradiciones la conviertan en un país atípico, pero así son las cosas. Existen explicaciones históricas para la persistencia de la pena capital, y, para quienes sostienen esta opinión, resultan perennes o inamovibles. Tal vez al resto del mundo no le guste, pero los norteamericanos seguirán aplicando la pena de muerte cuando mejor les parezca, por las razones que prefieran. A su manera particular, la pena capital forma parte del credo estadounidense. No estoy exponiendo un hombre de paja, sino una línea argumentativa implícita en gran parte de la narración de *La canción del verdugo*, que Mailer escribió en 1979, cuando la ejecución de Gary Gilmore reinició la pena de muerte en Estados Unidos. Según esa narrativa, la Unión Americana es una sociedad más violenta que otras, por múltiples motivos de todo tipo.

Este argumento son puras patrañas. Dependiendo del momento, la mitad de la población estadounidense, o un poco más, se declara a favor de la pena capital; la otra mitad, o un poco menos, la reprueba. Se trata de una proporción análoga a las detectadas en otros países ricos antes de la abolición. En algunos se observó un cambio en las cifras tras la abolición; en otros, se mantuvieron constantes. En este aspecto, Estados Unidos no destaca por su excepcionalidad. Además, la Unión Americana misma ha vivido periodos relativamente largos sin ejecuciones. Ha pasado por fases —como los años treinta— en las que se llevaron a cabo muchas, pero también por épocas con un número moderado de ejecuciones. No existe un patrón histórico claro que pueda apoyar ninguna de las dos posturas, salvo por la existencia de la pena capital misma. De manera similar, hay estados en los que no han colgado, gaseado, electrocutado ni inyectado a nadie en más de un siglo, como Michigan, Wisconsin y Maine, y otros en los que se practica con frecuencia. Los habitantes de Rhode Island, Connecticut u Oregon son tan típicamente norteamericanos como los de Florida o Nebraska (donde, por cierto, se prohibió la pena de muerte en 2017).

Y la sociedad estadounidense no es más violenta que otros países ricos. Simplemente acepta políticas, actitudes y anacronismos que otras naciones han eliminado. Tal vez parezca desagradable mencionarlo así, pero de Alemania, por ejemplo, tampoco puede decirse que cuente con un historial de no violencia. Los británicos en Irlanda del Norte, los franceses en Argelia, los belgas en el Congo y los neerlandeses en Indonesia no fueron precisamente unos santos. Ni hablar de Rusia en cualquier etapa de su historia, un país que abolió la pena de muerte en 1999. Además, todos esos países usaron la pena capital antes de abolirla y, con pocas excepciones, no les va peor sin ella ni se arrepienten de haberla prohibido.

Por último, la mejor refutación del excepcionalismo estadounidense como motivo para mantener la pena de muerte reside en un hecho simple. Cada vez más estados de la Unión están descartando las ejecuciones. Durante la última década, de una forma u otra, Connecticut, Delaware, California, Pennsylvania, Colorado, Illinois, Maryland, Nebraska, Nuevo México y Washington, entre otros, prohibieron la pena capital. Pronto, la mitad de los estados —con más de la mitad de la población— dejarán de practicar la pena de muerte; de los más poblados, sólo Texas y Florida la mantendrán. La tendencia parece inconfundible. Si resultara contraria al espíritu de Estados Unidos, no estaría ocurriendo.

La Unión Americana no posee un ADN violento histórico ni congénito que justifique esta aberración. Si acaso, la aplicación de la pena de muerte de manera desproporcionada contra acusados pobres, negros o latinos la vuelve más aceptable para muchos norteamericanos; cabe la duda de si sobreviviría si se ejecutara a todos los asesinos, incluyendo a los blancos. La única explicación real proviene de la inercia, y de la incapacidad de cambio, que a su vez emana de un sistema político disfuncional. La Suprema Corte no contará con una mayoría opuesta a la pena de muerte sino hasta dentro de muchos años. El Congreso, por todas las razones revisadas en el capítulo 4, no avanzará en esa dirección. Ningún presidente se atreverá a actuar de forma unilateral, suponiendo que pudiera.

Así que la pena capital perdurará, como la criminalización de la marihuana, hasta que se marchite y desaparezca estado por estado; tal vez sea un resultado lógico para una nación tan descentralizada, federalista y diversa. Como señaló Stephen Pinker, "en Estados Unidos, la pena de muerte no se está aboliendo, sino que se está cayendo a pedazos".[31] Mientras tanto, se mantiene como una de las puestas al día pendientes del país: otro ejemplo de su tendencia a insistir en retrasarse respecto al resto del mundo moderno.

Las armas

Es evidente que la posesión de armas representa una obvia causa posible de los dos fenómenos anteriores. El encarcelamiento en masa —por lo menos la parte derivada de los crímenes violentos— y la pena de muerte por homicidio resultan difíciles de separar de la aplicación actual de la Segunda Enmienda y el derecho de los norteamericanos a portar armas.

Al parecer, el único otro país del mundo que consagra la posesión de armas en su constitución es Guatemala. México cuenta con una disposición similar, pero los millones de mexicanos que poseen armas ilegales la ignoran por completo. Una característica de Estados Unidos, aparte de la cuestión racial, que tiende a resultar odiosa y desconcertante para los extranjeros es la disponibilidad y proliferación de todo tipo de armas de fuego en el país, la cantidad de personas que las poseen, y el increíble aumento de tiroteos masivos perpetrados por individuos que podrían haberlas adquirido de manera legal. Quienes reportan, analizan y especulan sobre episodios trágicos como Columbine y Newtown no encuentran una explicación a este fenómeno. No es excusa que tragedias similares sucedan en otros lugares, como Noruega, Nueva Zelanda y Londres. Ocurren a pesar del control de armas, no como resultado de su ausencia. Hace medio siglo, el historiador norteamericano Richard Hofstadter se lamentaba de que "Estados Unidos resulta único por ser la única nación moderna industrializada que aún mantiene una cultura de las armas de fuego".[32] Este lamentable rasgo posee un origen histórico, como uno de los dispositivos tecnológicos esenciales de la construcción de la nación y de la expansión hacia el oeste, junto con el ferrocarril y el alambre de púas. Resulta difícil imaginar la conquista de México, del Oeste y del Suroeste sin una cultura de las armas colectiva e individual.

Los norteamericanos no siempre han sido tan apegados a las armas. Los hogares tan sólo empezaron a almacenarlas a gran escala a partir de 1850, en parte gracias a cambios tecnológicos: los primeros revólveres Colt y rifles Remington; las pistolas de repetición; los cartuchos de percusión anular. La Guerra de Secesión requirió una producción en masa, y disminuyó los precios debido al aumento de los rendimientos a escala. Entre 1860 y 1865, los precios se redujeron en una cuarta parte. En otras palabras, una cosa era tener derecho a portar armas, pero una distinta ejercerlo. "La investigación de los inventarios domésticos de 1765 y 1790 demuestra que sólo 15% de los hogares estudiados poseían armas de fuego".[33] La Segunda Enmienda no se convirtió en ley porque ya todo el mundo poseyera armas. Por el contrario, la gente empezó a adquirirlas muchos años tras su adopción.

Las cifras resultan asombrosas y familiares. Si se toman en cuenta todos los tipos de armas, puede que existan más armas de fuego que personas en Estados Unidos, niños incluidos. Los estimados de la cantidad total de armas varían entre 265 millones y 390 millones. Si nos atenemos a las pistolas, que por definición no se adquieren para la caza, los norteamericanos poseen casi 120 armas cortas por cada 100 individuos. Canadá y Finlandia, los dos siguientes lugares en la lista —excluyendo a naciones en guerra como Yemen—, tan sólo alcanzan poco más de 30 armas cortas por cada 100 habitantes. La mayoría de los países norteños con poca cacería se encuentran mucho más abajo en la tabla: Reino Unido cuenta con 5 pistolas por cada 100 habitantes; Japón, prácticamente con ninguna.[34] Estados Unidos alberga a alrededor de 5% de la población mundial, y 42% de las armas de propiedad civil en el planeta.[35]

Estas cifras tienen una correlación estrecha con los homicidios con arma de fuego. Como ya describí en relación con el crimen en general, la Unión Americana cuenta con la tasa de homicidios con arma de fuego más alta de cualquier país rico, con creces.[36] Sólo las naciones en guerra o los países latinoamericanos como Honduras, Venezuela, Colombia, México y Brasil, por ejemplo, poseen cifras de homicidios con armas de fuego más altas; Turquía, Irán, Jordania e incluso Iraq presumen números más bajos.[37] Se puede discutir hasta el infinito la relación causal. Estados Unidos padece tasas de homicidios más altas porque posee más armas, o posee más armas porque padece de tasas de homicidios más altas. Sin importar la dirección de la causalidad, las dos cifras son excepciones radicales entre los países ricos.

El mismo tipo de correlación existe entre estados. Quienes cuentan con el porcentaje más alto de posesión de armas —Alaska, Arkansas, Idaho y Wyoming— también presentan la mayor cantidad de muertes con arma de fuego por cada 100 000 habitantes. Esto se vuelve particularmente revelador si se considera que Estados Unidos no padece una tasa de crímenes no violentos o *sin* armas de fuego excepcionalmente alta; los datos tan sólo cambian al introducir la violencia *con* armas de fuego. Mencioné la comparación entre Nueva York y Londres en cuanto a agresiones y robos. Nueva York cuenta con menos de estos delitos que Londres si no hay armas involucradas, pero si se toman en cuenta las armas de fuego, su cantidad de robos y agresiones supera de manera sorprendente a la de la capital británica. Parece una evaluación justa afirmar que más armas equivale a más violencia con armas. La correlación más trágica parece implicar a los suicidios: cuantas más armas existan, mayor será el total de suicidios. En resumen, un estudio de la Escuela de Salud Pública de Harvard concluyó:

La disponibilidad de armas constituye un factor de riesgo para los homicidios, tanto dentro de Estados Unidos como en países de ingresos
altos. [...] Donde existen más armas, los hombres y las mujeres cuentan
con un riesgo más alto de homicidio, en especial de homicidio con
arma de fuego. [...] Los estados con niveles más altos de posesión de
armas en hogares obtuvieron tasas más altas de homicidios con armas
de fuego y de homicidios totales.[38]

Por lo tanto, también se producen muchos más tiroteos masivos en
Estados Unidos que en cualquier otro país comparable. Los argumentos viles que a veces sostienen los defensores de las armas, Donald Trump incluido, de que esas tragedias sucedieron porque no
había nadie presente con un arma para detenerlas, o de que el asesino
habría logrado comprar un arma incluso con una revisión de antecedentes, o de que "las personas matan a otras personas, no las armas"
les parecen insostenibles a una audiencia no norteamericana. Baste
decir que, según una fuente autorizada, en Estados Unidos ocurre
alrededor de un tiroteo masivo al día, definido como un acontecí-
miento en el que dispararon a cuatro o más personas, sin importar la
cantidad de muertes.[39] Cada tiroteo masivo genera una oleada menor
—o poderosa— de reacción pública a favor del control de armas. Esa
oleada se disipa tan pronto como surge, y no se hace nada al respecto.
En 2004, George W. Bush y el Congreso incluso dejaron que expi-
rara la propuesta de ley contra fusiles de asalto que Clinton presentó
en 1994.

De todos modos, dada la cantidad de armas en manos de gente
que no debería poseerlas, una pregunta razonable sería: ¿por qué los
norteamericanos no se matan en cantidades mucho mayores? Se me
ocurren por lo menos dos respuestas. Trump ofrece una: el hecho de
que exista tanta gente armada explica por qué no se da incluso más
violencia de la que ya abunda. La otra es un poco menos cínica: los
norteamericanos sí respetan la ley, y saben bien que, salvo pocas excepciones estrechamente definidas, dispararle a alguien se considera
ilegal. Flaco consuelo, tal vez, pero podría ser peor.

Muchos observadores y gobiernos extranjeros sienten que la industria armamentística norteamericana, en particular la de armas cortas, disfruta de un impacto desproporcionado en la regulación de las armas. Es cierto que durante el primer periodo de Obama, por ejemplo, los fabricantes de armas duplicaron su producción.[40] Entre 2006 y 2017, los civiles de Estados Unidos compraron 122 millones de armas de fuego nuevas o importadas.[41] Sería lógico que esos resultados y perspectivas de negocios empujaran a la industria hacia una oposición rabiosa y obstinada contra cualquier tipo de control de armas. De manera similar, otros grupos de presión, sobre todo la Asociación Nacional por los Rifles (NRA, por sus siglas en inglés), combaten a muerte los controles. No cabe duda de que la influencia exagerada de la NRA en la política norteamericana ha contribuido en gran medida a la epidemia de las armas. Los grupos de presión monotemáticos, junto con varias peculiaridades involuntarias aunque justificadas de la política identitaria, son un rasgo distintivo del sistema político actual.

El carácter disfuncional del sistema político norteamericano prácticamente garantiza que cualquier cambio en este ámbito, al igual que con la pena de muerte, no se encuentre cerca. La sobrerrepresentación de los estados rurales, así como la de los conservadores y poco poblados aún subsiste y neutraliza cualquier posibilidad de derogar la Segunda Enmienda. Se destina demasiado dinero a medidas más modestas, como reinstaurar la prohibición de fusiles de asalto, revisiones significativas de antecedentes, eliminar aceleradores de disparos (se hizo por decreto, pero no lo aprobó el Congreso) o suprimir las exportaciones ilegales de armas a México. Desde el escándalo del operativo *Rápido y furioso*, durante el cual la administración de Obama permitió que se enviara un cargamento ilegal de armas a México para rastrear y arrestar a los perpetradores y beneficiarios, se ha hablado mucho de la venta ilegal de armas a México. Aunque sea escandaloso ver lo poco que Estados Unidos hace al respecto, la idea de que los fabricantes de armas norteamericanos obtienen ganancias inmensas de esas ventas resulta un poco exagerada.

El tema se ha convertido en un nuevo debate, esta vez, ideológico y polarizado, lo que no sucedía hace treinta o cuarenta años. Presidentes y gobernadores republicanos, incluyendo a Richard Nixon y Ronald Reagan, aprobaron medidas de control de armas que el Congreso ya había ratificado, sin importar quién tuviera la mayoría. La propia NRA apoyó ciertas restricciones tras los asesinatos de Robert Kennedy y Martin Luther King en 1968, de los disturbios de Newark y Detroit de ese verano y de la defensa estridente de la posesión y "portación abierta" de armas que promovieron los Black Panthers en defensa de los afroamericanos.

Eso empezó a cambiar de forma drástica a finales de la década de 1970 y durante los años ochenta. Según varios historiadores, apenas entonces se comenzó a interpretar la Segunda Enmienda —aunque no lo hiciera la Suprema Corte— como una garantía del derecho de los individuos a poseer armas, no como "el derecho del pueblo a formar milicias para la defensa común" ni para cazar.[42] Nadie nunca le ha disparado a un conejo con un AR-15 o un M-16. Esa interpretación se transformó en una prueba de fuego del conservadurismo o republicanismo, y de la lealtad a una interpretación "originalista" de la Constitución. El florecimiento de esas opiniones coincidió con la rápida expansión de la cantidad de norteamericanos con armas.

Los estadounidenses son cazadores, al igual que muchos otros pueblos. Los canadienses, los noruegos e incluso los franceses, quienes han concedido un porcentaje sorprendente de su voto a candidatos *chasseurs*, sienten que la cacería constituye un pasatiempo o deporte legítimo, entretenido, seguro y popular. Uno puede no compartir su opinión, pero en el mundo en el que vivimos, salvo para las especies en peligro de extinción, prohibir la cacería no es una opción inminente. De manera similar, aparte de naciones muy afectadas por su historia, como Japón por la Segunda Guerra Mundial e Hiroshima, o de países introvertidos y reflexivos como el Reino Unido, la abolición de la "libertad" para portar armas cortas no resulta factible. Pero a los extranjeros nos parece incomprensible que se permita que incluso los trastornados mentales puedan obtener armas automáticas o semiautomáticas con las cuales realizar tiroteos masivos, pues así se ha provocado la muerte de cientos y pronto miles de víctimas inocentes.

Las razones personales de los norteamericanos para poseer armas han cambiado. En las encuestas de hace 25 años, dos terceras partes de los ciudadanos de Estados Unidos declaraban que poseían armas por razones recreativas (para la caza, el coleccionismo y el deporte); en 2015, la Encuesta Nacional de Armas de Fuego 63% de los norteamericanos contestó que la "protección contra otras personas" constituía el motivo principal para poseer un arma.[43] En otras palabras, las explicaciones históricas principales de esta excepción estadounidense no dan la talla.

La idiosincrasia norteamericana tiene raíces lógicas. La expansión de la frontera hacia el oeste y el exterminio de los pueblos originarios implicaron la existencia de peligro acechando a los colonos en un principio, al igual que en el mismo Oeste tras la Guerra de Secesión y la finalización del ferrocarril transcontinental. El ejército era incapaz de "defender" a todo mundo, y muchos civiles se vieron forzados a "defenderse" por su cuenta, casi siempre de ataques instigados por ellos mismos. Antes de la Guerra de Secesión, las agresiones contra abolicionistas en estados esclavistas fronterizos o norteños (Kentucky, Missouri) obligaron a los dueños de periódicos, activistas y escritores a portar armas para protegerse de la ira de los esclavistas fanáticos. El autor de *The War Before the War* describe uno de esos incidentes en la década de 1840:

> Una turba esclavista se reunió al otro lado del río de St. Louis, en el pueblo de Alton, Illinois, le prendió fuego a la casa de Elijah Lovejoy, editor de un periódico abolicionista, lo mató a tiros y lanzó su imprenta al río. John Quincy Adams lo llamó 'el caso más atroz de una turba amotinada que haya deshonrado a este país'. [...] En 1845, matones proesclavistas expulsaron del estado al *True American*, editado por Cassius Clay en Lexington, Kentucky, a pesar de que había fortificado su oficina con una armería llena de rifles y pólvora.[44]

Los negros —libres o esclavizados— tenían prohibida la posesión de armas antes de la Emancipación. Tras la Guerra de Secesión, los libertos que habían luchado para el Ejército de la Unión, o incluso los que no, pudieron adquirir armas, o conservar aquéllas con las que habían luchado, como explica un historiador del derecho a portar armas: "Antes de la Guerra de Secesión, los negros y los mulatos, libres y esclavos, se encontraban excluidos del servicio militar. Sin embargo, cuando terminó la guerra, 200000 negros y mulatos habían tomado las armas para defender a la Unión, muchos de ellos, antiguos esclavos del Sur".[45]

Obviamente, se llevaron esas armas a casa tras el conflicto, y aunque exista poca evidencia de una alza en la violencia con armas de fuego perpetrada por negros contra blancos, estos últimos temían las consecuencias de que los libertos las poseyeran. Así que salieron a "quitarles las armas". Algunos montaron a caballo, se pusieron túnicas y máscaras, y se convirtieron en el Ku Klux Klan. Cuando los Códigos Negros reinstauraron la prohibición de armas de fuego para los afroamericanos, los blancos, enardecidos, desplegaron cuadrillas de desarme. Según un estudio de ese proceso, "en enero de 1866, *Harper's Weekly* reportó que en Mississippi esos grupos se habían apoderado de todos los rifles y pistolas en manos de los llamados *libertos*".[46] Otro historiador resume así el proceso y la paradoja:

> La manera sistemática y casi siempre violenta en la que las milicias sureñas blancas desarmaron a los libertos resultaba perturbadora, sobre todo para los republicanos del Norte, a quienes dejaba perplejos que los estados del Sur consideraran políticamente apropiado contar a los libertos como parte de su proporción de votos federales, pero a la vez negarles la oportunidad de servir en la milicia o de poseer y usar armas, con la justificación de que no eran ciudadanos de Estados Unidos.[47]

Hoy en día, los habitantes de muchos países que reciben información en tiempo real sobre los tiroteos en masa en la Unión Americana no pueden evitar preguntarse qué hace tan distintos a los estadounidenses. También les desconcierta su aparente incapacidad de cambio.

Después de cada tragedia, el presidente en turno habla, reza, declara el luto e intenta sanar. Promete hacer algo y fracasa de inmediato, o poco después. Y así hasta el siguiente horror. Al igual que en el caso de las últimas dos aberraciones de Estados Unidos, la fascinación norteamericana con las armas sigue siendo incomprensible. Lo mismo ocurre con nuestra reflexión final, la idea extrañamente norteamericana del diseño inteligente o del creacionismo contemporáneo, y los debates que despierta en Estados Unidos.

El diseño inteligente o creacionismo

El diseño inteligente se basa en la idea de que la vida en la Tierra es tan compleja que no podría haber ocurrido por azar, sino que requirió del diseño y acción de un agente inteligente: Dios. Ciertos lectores podrán protestar afirmando que una serie de creencias, sin importar lo arraigadas o aberrantes que parezcan, no pertenecen a la misma categoría que las tres plagas anteriores. Tendrían razón si sólo midiéramos con la vara del daño real causado. Pero no usamos ese rasero. Mi punto es que los rasgos aquí descritos me parecen profundamente inquietantes, objetables y excepcionales. Convierten a Estados Unidos en un caso atípico respecto a los demás países ricos; el daño exacto que provoca cada uno no resulta sustancial para mi argumento.

El diseño inteligente surgió a finales de los años ochenta, cuando un sector del creacionismo norteamericano comprendió que la vía religiosa para destruir el "monopolio" educativo de la evolución se había cerrado. En vez de insistir en la religión como alternativa válida, lo que la Suprema Corte volvió imposible en su fallo de 1987 en *Edwards vs. Aguillard*, algunos creacionistas optaron por una estrategia de ciencia vs. ciencia. Incluso aceptaron muchas de las conclusiones propuestas por las ciencias naturales sobre la edad de la Tierra, la evolución de las especies y la teoría genética moderna.

En su opinión, sin embargo, existen muchas teorías científicas de la vida, ninguna de ellas menos controversial o mejor demostrada que las otras, y todas deberían enseñarse en las escuelas públicas. Tras esa decisión, se presentaron decenas de propuestas de ley en un estado tras otro, con la intención de incluir teorías de "diseño inteligente" en las clases de ciencias, en vez de enseñar creacionismo en las clases de religión o en estudios sociales. La mayoría de las propuestas fracasaron —salvo la Propuesta de Ley de Ciencia y Educación de Louisiana de 2008—, pero la lucha continúa.

En tiempos relativamente recientes (a partir del año 2000), se presentaron o aprobaron proyectos de ley en por lo menos una cámara del congreso estatal de Alabama, Florida, Iowa, Maryland, Michigan, Nuevo México, Oklahoma y Carolina del Sur. Algunas no obtuvieron la aprobación de ambas cámaras, otras fueron vetadas. Ninguna se convirtió en ley en ningún estado, salvo en Louisiana. De manera similar, en 2001 el Senado en Washington, D.C. aprobó —por 91 votos contra 8— lo que se conoce como la Enmienda Santorum —en realidad una Resolución No Vinculante del Senado— que estableció cierta validación legislativa para esas teorías mediante un proyecto de ley de financiamiento a la educación:

> Los miembros del Senado reconocen que una educación científica de calidad debería preparar a los estudiantes a distinguir los datos y teorías falsables de la ciencia de las afirmaciones religiosas o filosóficas que se hacen en nombre de la ciencia. Cuando se enseñen temas que puedan generar controversia (como la evolución biológica), el plan de estudios debería ayudar a los estudiantes a comprender toda la gama de puntos de vista científicos que existen, por qué tales temas pueden generar controversia y cómo los descubrimientos científicos pueden afectar profundamente a la sociedad.[48]

Sin embargo, la resolución no se incluyó en la ley "Que Ningún Niño Se Quede Atrás" de George W. Bush.

A nivel estatal, la Junta de Educación de Kansas aprobó una directriz infame en 1991. Votó a favor de la eliminación de cualquier mención de la evolución del plan de estudios estatal, uno de los esfuerzos más grandes por impedir la enseñanza de la evolución en escuelas públicas. Desde que la Suprema Corte dictaminó que los estados no podían exigir la enseñanza del creacionismo, sus partidarios parecen haberse vuelto más activos en sus esfuerzos por evadir los problemas constitucionales. Los creacionistas cada vez intentan con más ahínco sacar a Darwin del salón de clases o garantizar que la evolución se presente como una teoría no verificada más.[49]

Desde mediados de los años ochenta hasta la segunda década de este siglo, los creacionistas han cambiado su postura teórica hacia el diseño inteligente. Además, ahora, en vez de su estrategia legal en legislaturas estatales y tribunales federales, se concentran en las juntas escolares y compañías de libros de texto. Pero la teoría sigue siendo la misma, al igual que la meta: eliminar o limitar la enseñanza de la evolución en escuelas públicas. El cambio se dio a partir de una serie de derrotas que sufrió el movimiento a partir de principios de los años ochenta.

La primera de ellas tal vez haya sido el fallo histórico contra la llamada Ley 590 del estado de Arkansas, aprobada en 1981 por el gobernador Frank White. Se trata de uno de los primeros estatutos estatales en consagrar el trato equilibrado de la "ciencia de la creación" y la "ciencia de la evolución", aunque excluía la introducción de cualquier tipo de instrucción religiosa. La intención de no incluirla fue para evadir la Cláusula de Establecimiento de la Primera Enmienda, que prohíbe la instrucción religiosa en escuelas públicas. Rápidamente se cuestionó la constitucionalidad de la Ley 590; pasó a un tribunal federal, donde Stephen J. Gould, entre otros, testificó contra ella. En enero de 1982, el juez federal William R. Overturn la derogó. Durante su campaña de 1980, Ronald Reagan declaró al respecto: "Si tenemos que enseñar la evolución, que es sólo una teoría, también deberíamos enseñar la creación bíblica".[50]

Una derrota similar ocurrió en 2005, por primera vez con la versión del diseño inteligente del creacionismo: el fallo de *Kitzmiller vs. Distrito Escolar de la Región de Dover*, en Pennsylvania.[51] Se trata del primer desafío directo en tribunales federales de Estados Unidos contra una política de distrito escolar público que exigía la enseñanza del diseño inteligente. En 2004, el Distrito Escolar de la Región de Dover modificó su plan de estudios de biología y exigió que se enseñara el diseño inteligente como alternativa a la evolución. La Unión Estadounidense por las Libertades Civiles (ACLU, por sus siglas en inglés), entre otros, desafiaron esa decisión en la corte, con el argumento de que el diseño inteligente constituía una forma de creacionismo y que la junta escolar violaba la Cláusula de Establecimiento, al igual que en Arkansas.

Dominique Lecourt, un epistemólogo y filósofo francés que ha estudiado la historia del creacionismo y el diseño inteligente en Estados Unidos, señaló antes del fallo sobre Dover que el vínculo con el Juicio Scopes de 1925 resultaba obvio. Aprehendió la lógica de la nueva ofensiva creacionista durante el último cuarto del siglo xx:

> Los fundamentalistas saben que Estados Unidos ya no es el país de los años antes de la Gran Depresión. [...] No pronunciarán la palabra "teología". [...] En una sociedad en la que manda la eficiencia científica, sólo pronunciarán la palabra "ciencia", aunque en realidad y en secreto busquen sus argumentos en la teología decimonónica. Su regla es hacer las cosas sin decirlo.[52]

En revisiones más recientes del tema, el Centro Nacional para la Educación Científica —que debo admitir que es una organización fervientemente antidiseño inteligente/creacionismo (DIC)— reformula la misma idea:

> Los partidarios del DIC concentran sus esfuerzos en atacar a la evolución. Bajo disfraces inocuos como "libertad académica", "análisis crítico de la evolución" o "enseñar las ventajas y desventajas de la evolución", intentan alentar a los maestros a enseñarles —incorrectamente— a los alumnos que existe una "controversia" entre los científicos sobre si ha ocurrido o no la evolución. La supuesta "evidencia contra la evolución" o las "debilidades de la evolución" consisten en los mismos argumentos antievolucionistas que han sido un elemento básico del

creacionismo desde por lo menos la década de 1920, y que llevan mucho tiempo desacreditados.[53]

El debate se remonta al Juicio de Scopes de los años veinte, y a mucho antes, a las discusiones teológicas del siglo XIX. Siempre poseyó una connotación educativa —sentenciaron a Thomas Scopes a pagar una multa de cien dólares por *enseñar* la evolución en una escuela pública de Dayton, Tennessee—, al igual que implicaciones religiosas, políticas y legales. Esta mezcla es lo que vuelve incomprensibles al creacionismo y al diseño inteligente para los extranjeros. El problema no recae en las creencias religiosas por sí mismas: todos los países albergan las suyas. Tampoco se trata de la preferencia de cada individuo por una teoría particular del origen de la vida. Lo que está en juego es el intento de imponer, mediante la educación, un conjunto de creencias sobre las demás. La indignación extranjera proviene de la inyección de creencias religiosas en discusiones educativas y científicas, en vez de limitarlas al estudio de la religión y la práctica de la fe.

Durante el clímax de la lucha del diseño inteligente/creacionismo por influir en las juntas escolares, tribunales y el Congreso de Estados Unidos, las instituciones europeas se sintieron obligadas a adoptar una postura. Un comité del Consejo de Europa produjo un documento sobre los "peligros del creacionismo en la educación". Concluía que "el creacionismo en cualquiera de sus formas, como el 'diseño inteligente', no está basado en hechos, ni usa ningún razonamiento científico, y su contenido resulta patéticamente inadecuado para las clases de ciencias".[54] Poco después de que se publicara el reporte, la Asamblea Parlamentaria del Consejo de Europa instó a las escuelas europeas a "resistir la presentación de ideas creacionistas en cualquier otra disciplina independiente de la religión", incluyendo el "diseño inteligente", que describió como "la última versión del creacionismo, más refinada" y "presentada de manera más sutil". No intentaba poner en duda una creencia, sino "advertir contra ciertas tendencias a hacer pasar una creencia por ciencia".[55]

Existe otro peligro al acecho, que deberíamos mencionar de pasada. En muchos bachilleratos e incluso en universidades técnicas de Estados Unidos, incluyendo algunos en California, existe una tendencia a acentuar el carácter "metodológico" de la ciencia. Según esa perspectiva, en parte asociada con las escuelas epistemológicas del positivismo o empirismo lógico, la ciencia no se caracteriza por sus conclusiones, sino por utilizar un "método científico". En casos extremos, ese enfoque se inclina hacia el relativismo: no importa en realidad las conclusiones a las que se llegue, mientras se llegue a ellas "de forma científica". El siguiente paso consiste en relativizar el método, y el creacionismo se vuelve a colar por la puerta trasera. Esta nueva estratagema no es culpa de Carnap, Quine o demás filósofos del Círculo de Viena; demuestra, más bien, la astucia de los creacionistas.

Estados Unidos sistemáticamente queda en último lugar entre los países ricos en encuestas recientes que intentan averiguar si la gente cree en la evolución o en la creación: son la nación con menos evolucionistas. Sólo países como Turquía, Arabia Saudita e Indonesia (todos islámicos) tienen una creencia generalizada en la creación o rechazan la evolución.[56] En un sondeo anterior, realizado por *Science Magazine* en 2006, con respecto a la afirmación "Los seres humanos, tal como los conocemos, se desarrollaron a partir de especies anteriores de 'animales'" sólo 40% de los norteamericanos estuvo de acuerdo, la menor cifra entre los 17 países más ricos de la OCDE.

De manera similar, los estadounidenses siguen creyendo en la creación por márgenes significativos. En los años cumbre del DIC, durante el cambio de siglo, 47% pensaba que Dios había creado al hombre en su forma presente, y sólo 9% creía que Dios no había influido en el proceso. El resto suscribía la afirmación de que "el hombre se desarrolló con la guía de Dios", una perspectiva que se puede interpretar como un equivalente del diseño inteligente. Las cifras de Gallup han evolucionado un poco desde entonces, con un porcentaje más bajo —40%— que considera válida la postura creacionista o la del diseño inteligente. La opinión estrictamente evolucionista aumentó a 22%.[57] Vale la pena reiterar que en estas cuestiones, las encuestas de autoinforme pueden resultar contradictorias, o poco confiables. No a todo mundo le gusta confesarle a un desconocido lo que piensa de Dios o de la humanidad.

El movimiento del diseño inteligente/creacionismo ha sufrido varias derrotas innegables en años recientes. Sin embargo, no ha desaparecido y, lógicamente, recibió un segundo aire con el advenimiento de Donald Trump. No obstante, conforme los norteamericanos se vuelven menos religiosos, y los fanáticos que conquistan el espacio religioso restante también se encogen en número e influencia, es de esperarse que el DIC también se retire. Lo ha hecho antes, y ha resurgido cuando las circunstancias favorecen su expansión.

Mientras tanto, la misma reflexión provocada por los tres rasgos ininteligibles previos resulta válida para éste. Ninguna explicación posible —histórica, psicológica, cultural o materialista— justifica la conducta ilógica y anómala descrita en el caso del creacionismo y el diseño inteligente. Insisto, no se trata de si un grupo de personas sostiene esas ideas en Estados Unidos; son respetables. Isaac Newton, hace muchos años, por supuesto, las compartía: "Esta extraordinaria disposición del Sol, los planetas y cometas no podría tener otra fuente que el diseño y supervisión de un ser inteligente y poderoso".[58]

La pregunta es por qué ciertos norteamericanos, con un apoyo innegable de su sociedad, han intentado prohibir la ciencia en la educación, imponer sus creencias como un equivalente de lo que todos los demás consideran ciencia, y por qué han alcanzado algunas de sus metas en ciertas ocasiones. Eso no debería suceder en un país con el nivel educativo, riqueza, información, conectividad y capital social que abundan en Estados Unidos. Los pesos y contrapesos funcionan a fin de cuentas, pero sólo al final: después de debates, juicios, recursos legales y restricciones legislativas que normalmente resultarían innecesarias, y que son demasiado costosas para todos los involucrados.

Los grupos excéntricos y marginales existen en todas partes, muchos de ellos, en la Unión Americana; algunos rechazan la medicina intervencionista; otros abogan por la sustitución definitiva de la ciencia por mitos. Por una u otra razón, rechazan las transfusiones de sangre, las vacunas, los transplantes o la quimioterapia, o suscriben extrañas teorías sobre extraterrestres o el más allá. De vez en cuando, actúan según sus convicciones y producen un gran daño a los demás: niños, sectarios, víctimas inocentes y "desertores". Nada de eso es exclusivo de Estados Unidos. La singularidad de la Unión Americana, en este caso para peor, consiste en que esas creencias cuentan con la posibilidad de convertirse en leyes, o costumbres y normas, o de adquirir respetabilidad entre amplios sectores de la sociedad. En cierto sentido, lo más impactante es esa respetabilidad o aceptación. No existe explicación.

Del anacronismo a la modernidad

El hilo conductor que atraviesa las cuatro peculiaridades que exploramos en este capítulo no es geográfico ni político. Las prácticas que cito no pertenecen exclusivamente a las regiones rurales del centro del país. California y Nueva York poseyeron algunas de las leyes de sentencia obligatoria más duras de la nación. Al senador de Vermont Bernie Sanders, sin duda uno de los miembros más izquierdistas de su cámara, no le gusta el control de armas; su estado, tal vez el más progresista del país, alberga una gran cantidad de cazadores. Pero, en general, quienes más apoyan el encarcelamiento en masa, las armas, la pena de muerte y el creacionismo son los conservadores norteamericanos. No todos sus partidarios son conservadores, y no todos los conservadores apoyan estas inquietantes posturas. Pero la conexión existe.

Se trata de un conservadurismo basado en el miedo al *otro*, en la necesidad de proteger a la propia familia, comunidad, raza y religión. Existe una incapacidad obvia, quizá coincidente con las divisiones raciales, para identificarse con las víctimas (del encarcelamiento en masa y la pena de muerte, por ejemplo). La estrategia de vida que representa se remonta al Wild West, como muchos han señalado. Pero también implica la insularidad y el aislacionismo norteamericanos, al igual que una desconfianza a lo desconocido, aunque los estadounidenses siempre hayan mostrado el valor necesario para lidiar con lo desconocido. En parte se trata de una consecuencia de la ausencia de capacidad y alcance gubernamentales, y de un rechazo al gobierno mismo por parte de quienes defienden esas convicciones absurdas.

Quienes siempre sintieron antipatía, desconfianza y rechazo por el Estado y su extralimitación hipotética querían armarse y hacer justicia *por sí mismos*, protegerse *a sí mismos* y tratar de imponer sus creencias religiosas en los demás, sin Estado de por medio. El ejército no me puede proteger porque no se halla presente o porque lo controlan los norteños; necesito armas para protegerme solo. Debemos ejecutar a la gente o encerrarla para siempre, porque de lo contrario, reincidirán y vendrán por nosotros. Debemos proteger nuestra religión y tradiciones, porque de lo contrario, los *otros* las van a destruir, y a nosotros también.

Se trata de una visión del mundo totalmente anacrónica, que aún debe superar su pasado. En cierto sentido, la indiferencia que profesa Estados Unidos por la historia lo empuja a un "retorno de lo reprimido" freudiano. Cuando uno no reconoce que las creencias, las prácticas y los dogmas constituyen un reflejo de su tiempo dentro de ciertas condiciones materiales, no resulta fácil abandonarlas cuando esas condiciones dejan de existir.

A diferencia de otras características de la vida norteamericana que han evolucionado a formas más "modernas", estas cuatro han sobrevivido con terquedad, y se han exacerbado en la era de Trump. Evocan al proverbial dinosaurio que sobrevivió a la extinción de su especie, o a los soldados japoneses que, ignorantes del fin de la Segunda Guerra Mundial, se escondieron medio siglo en la selva. Corren directamente en contra del proceso que he tratado de describir en estas páginas: la ardua travesía de Estados Unidos para convertirse en un país moderno y "poco excepcional". Si ocurre un cambio tan bienvenido en los años próximos, podría marcar el final de la diferencia norteamericana.

Notas

[1] Meyers, Jeffrey, "Thomas Mann in America", (s.d.), http://hdl.handle.net/2027/spo.act2080.0051.419, consultado el 4 de abril de 2019.

[2] *Ibid.*

[3] Mathy, Jean-Philippe, (s.d.), "L'Américanisme' est-il un humanisme? Sartre aux Etats-Unis (1945–46)", http://www.academicroom.com/article/lamericanisme-est-il-un-humanisme-sartre-aux-etats-unis-1945-46.

[4] *Ibid.*

[5] Kipling, R., *American Notes*, T. v, https://www.abebooks.com/book-search/title/american-notes/author/rudyard-kipling/first-edition/

[6] *Ibid.*, VII.

[7] Trollope, Frances M., *Domestic Manners of the Americans*, Mineola, NY, Dover Publications, 2003, pp. 251, 253.

[8] Lomnitz, Claudio, *El regreso del camarada Ricardo Flores Magón*, trad. de Jorge Aguilar Mora, México, Ediciones Era, 2016, p. 572.

[9] Sawyer, Wendy y Wagner, Peter, "Mass Incarceration: The Whole Pie 2019", Prison Policy Initiative, (s.d.), https://www.prisonpolicy.org/reports/pie2019.html.

[10] "Criminal Justice Facts", *The Sentencing Project*, (s.d.), https://www.sentencingproject.org/criminal-justice-facts/.

[11] "Nation behind Bars. A Human Rights Solution", (s.d.), https://www.hrw.org/sites/default/files/related_material/2014_US_Nation_Behind_Bars_0.pdf, consultado el 2 de mayo de 2019.

[12] Gopnik, Adam, "Who Belongs in Prison?", *The New Yorker*, 25 de junio de 2019, https://www.newyorker.com/magazine/2019/04/15/who-belongs-in-prison.

[13] "Mass Incarceration", Equal Justice Initiative, 29 de julio de 2019, https://eji.org/mass-incarceration.

[14] "Criminal Justice Facts", *The Sentencing Project*, (s.d.), https://www.sentencingproject.org/criminal-justice-facts/.

[15] Gopnik, Adam, "The Caging of America", *The New Yorker*, 16 de noviembre 2018, https://www.newyorker.com/magazine/2012/01/30/the-caging-of-america.

[16] Liptak, Adam, "Inmate Count in U.S. Dwarfs Other Nations'", *The New York Times*, 23 de abril de 2008, https://www.nytimes.com/2008/04/23/us/23prison.html.

[17] "Mass Incarceration", Unión Americana de Libertades Civiles, (s.d.), https://www.aclu.org/issues/smart-justice/mass-incarceration.

[18] Gramlich, John, "The Gap between the Number of Blacks and Whites in Prison Is Shrinking", Pew Research Center, 30 de abril de 2019, https://www.

pewresearch.org/fact-tank/2019/04/30/shrinking-gap-between-number-of-blacks-and-whites-in-prison/, consultado el 5 de mayo de 2019.

[19] "Criminal Justice Facts", *The Sentencing Project*, (s.d.), https://www.sentencing project.org/criminal-justice-facts/.

[20] "Mass Incarceration", Unión Americana de Libertades Civiles, (s.d.), https://www.aclu.org/issues/smart-justice/mass-incarceration.

[21] deVuono Powell, Saneta; Schweidler, Chris; Walters, Alicia y Zohrabi, Azadeh, *Who Pays? The True Cost of Incarceration on Families*, Oakland, CA, Ella Baker Center, Forward Together, Research Action Design, 2015, https://ellabakercen ter.org/sites/default/files/downloads/who-pays-exec-summary.pdf.

[22] "Just Facts: As Many Americans Have Criminal Records as College Diplomas", Brennan Center for Justice, 17 de noviembre de 2015, https://www.bren-nancenter.org/blog/just-facts-many-americans-have-criminal-records-co llege-diplomas.

[23] Foucault, Michel, *1980-1988*, vol. II, París, Gallimard, 1994, p. 531.

[24] "The Costs of Incarceration Run Deeper than Budget Line Items and Senten-ces Served", Who Pays?, (s.d.), http://whopaysreport.org/key-findings/.

[25] "6 Million Lost Voters: State-Level Estimates of Felony Disenfranchisement, 2016", *The Sentencing Project*, (s.d.), https://www.sentencingproject.org/pu blications/6-million-lost-voters-state-level-estimates-felony-disenfranchise ment-2016/.

[26] "Crime Data | Statistics and Data", Naciones Unidas, https://dataunodc.un. org/crime, consultado el 22 de mayo de 2019.

[27] Kristof, Nicholas, "When We Kill", *The New York Times*, 14 de junio de 2019, https://www.nytimes.com/2019/06/14/opinion/sunday/death-penalty.html, consultado el 15 de junio de 2019.

[28] "Abolitionist and Retentionist Countries", Death Penalty Information Center, https://deathpenaltyinfo.org/policy-issues/international/abolitionist-and-re tentionist-countries, consultado el 13 de junio de 2019.
"Murder Rate by Country 2019", http://worldpopulationreview.com/coun tries/murder-rate-by-country/, consultado el 13 de junio de 2019.

[29] "Murder Rate of Death Penalty States Compared to Non-Death Penalty ...", Death Penalty Information Center, https://deathpenaltyinfo.org/facts-and-research/murder-rates/murder-rate-of-death-penalty-states-compared-to-non-death-penalty-states, consultado el 15 de junio de 2019.

[30] Kristof, Nicholas, *op. cit.*

[31] Pinker, Steven, *Enlightenment Now*, Nueva York, Penguin Books Ltd., 2019, p. 212.

[32] Yamane, David, "The Sociology of U.S. Gun Culture", *Sociology Compass*, 16 de junio de 2017, https://onlinelibrary.wiley.com/doi/10.1111/soc4.12497, consultado el 28 de abril de 2019.

[33] Mak, Geert, *In America: Travels with John Steinbeck*, Londres, Harvill Secker, 2014 p. 139.

[34] "Small Arms Survey - Public Information on All Aspects of Small Arms", 6 de noviembre de 2019, http://www.smallarmssurvey.org/fileadmin/docs/Weapons_and_Markets/Tools/Firearms_holdings/SAS-BP-Civilian-held-fire arms-annexe.pdf. http://www.smallarmssurvey.org/fileadmin/docs/T-Brie fing-Papers/SAS-BP-Civilian-Firearms-Numbers.pdf.

[35] "Americans Own Nearly Half World's Guns in Civilian Hands: Survey", *Reuters*, 18 de junio de 2018, https://www.reuters.com/article/us-usa-guns/american s-own-nearly-half-worlds-guns-in-civilian-hands-survey-idUSKBN1JE220.

[36] Groll, Elias, "America's Exceptional Gun Culture", *Foreign Policy,* 19 de diciembre de 2012, https://foreignpolicy.com/2012/12/19/americas-exceptional-gun-culture/, consultado el 19 de mayo de 2019.

[37] Aizenman, Nurith, "Deaths from Gun Violence: How the U.S. Compares with the Rest of the World", NPR, 9 de noviembre de 2018, https://www.npr.org/sections/goatsandsoda/2018/11/09/666209430/deaths-from-gun-violen ce-how-the-u-s-compares-with-the-rest-of-the-world, consultado el 19 de mayo de 2019.

[38] "Homicide", Centro de Investigación en Control de Lesiones de Harvard, 30 de junio de 2016, https://www.hsph.harvard.edu/hicrc/firearms-research/guns-and-death/, consultado el 6 de mayo de 2019.

[39] "Gun Violence Archive", https://www.gunviolencearchive.org/reports/mass-shooting, consultado el 30 de julio de 2019.

[40] Horsley, Scott, "Guns in America, by the Numbers", NPR, 5 de enero de 2016, https://www.npr.org/2016/01/05/462017461/guns-in-america-by-the-num bers, consultado el 15 de abril de 2019.

[41] "Small Arms Survey - Public Information on All Aspects of Small Arms", 6 de noviembre de 2019, http://www.smallarmssurvey.org/fileadmin/docs/T-Briefing-Papers/SAS-BP-Civilian-Firearms-Numbers.pdf.

[42] Lepore, Jill, *These Truths: A History of the United States*, Nueva York, W. W. Norton & Company, 2018, p. 673.

[43] Yamane, David, *op. cit.,* pp. 3, 5.

[44] Delbanco, Andrew, *The War Before the War*, Nueva York, Penguin Press, 2018, pp. 135, 144.

[45] Charles, Patrick J., *Armed in America: A History of Gun Rights from Colonial Militias to Concealed Carry*, S. I., Prometheus, 2019, p. 138.

[46] Winkler, Adam, "The Secret History of Guns", *The Atlantic,* 6 de octubre de 2017, https://www.theatlantic.com/magazine/archive/2011/09/the-secret-history-of-guns/308608/, consultado el 27 de abril de 2019.

[47] Charles, Patrick J., *op. cit.*, p. 138.

[48] "Farewell to the Santorum Amendment?", NCSE, 16 de marzo de 2016, https://ncse.com/library-resource/farewell-to-santorum-amendment, consultado el 4 de mayo de 2019.

[49] Belluck, Pam, "Board for Kansas Deletes Evolution from Curriculum", *The New York Times,* 12 de agosto de 1999, https://www.nytimes.com/1999/08/12/us/board-for-kansas-deletes-evolution-from-curriculum.html?searchResultPosition=1, consultado el 28 de abril de 2019.

[50] Lecourt, Dominique, *L'Amérique entre la Bible et Darwin: suivi de intelligent design: science, morale et politique*, París, Presses universitaires de France, 2007, p. 14.

[51] Centro para la Religión de Berkeley y Universidad de Georgetown, "Kitzmiller v. Dover Area School District", Centro para la Religión, Paz y Asuntos Mundiales de Berkley, https://berkleycenter.georgetown.edu/cases/kitzmiller-v-dover-area-school-district, consultado el 20 de mayo de 2019.

[52] Lecourt, Dominique, *op. cit.*, p. 98.

[53] "What Is 'Intelligent Design' Creationism?", NCSE, 17 de marzo de 2016, https://ncse.com/creationism/general/what-is-intelligent-design-creationism.

[54] Brasseur, Anne, "The Dangers of Creationism in Education", Comité de Cultura, Ciencia y Educación, Asamblea Parlamentaria, 17 de septiembre de 2007, http://assembly.coe.int/nw/xml/XRef/X2H-Xref-ViewHTML.asp?FileID=11751.

[55] Reilhac, Gilbert, "Council of Europe Firmly Opposes Creationism in School", *Reuters*, 4 de octubre de 2007, https://uk.reuters.com/article/science-europe-creationism-dc/council-of-europe-firmly-opposes-creationism-in-school-idUKL0417855220071004.

[56] "Polling Creationism and Evolution Around the World", NCSE, 19 de agosto de 2012, https://ncse.com/news/2011/04/polling-creationism-evolution-around-world-006634.

[57] Brenan, Megan, "40 percent of Americans Believe in Creationism", *Gallup,* 5 de agosto de 2019, https://news.gallup.com/poll/261680/americans-believe-creationism.aspx, consultado el 9 de agosto de 2019.

[58] Lecourt, Dominique, *op. cit.*, p. 230.

10

Una última reflexión: ¿El fin de la diferencia norteamericana?

El gran tema general de estas páginas consiste en la simple idea de que mucho de lo que puede decirse de Estados Unidos desde que los extranjeros empezaron a maravillarse con el país puede resumirse en un rasgo distintivo: se trata de una sociedad de clase media. No es una sociedad de clase media ordinaria: más bien, es una sociedad que permitió y fomentó la igualdad de muchos y la exclusión del resto. Quiénes conformaron ese resto no es ningún secreto: los nativos americanos; los pueblos esclavizados de África; las mujeres, privadas de derechos, desposeídas y discriminadas; los afroamericanos; los mexicanos y después otros latinos; los chinos; los musulmanes de muchas tierras, y más.

Con el tiempo, la nación acogió a los distintos grupos excluidos bajo su manto, o se metieron a codazos. Ahora, algunos se encuentran más cerca de la igualdad, aunque aún se mantengan lejos de ella: las mujeres en general; las mujeres blancas en particular. Otros siguen a la espera. Pero para quienes se encuentran bajo el manto, una mayoría de la población disfrutó de un rasgo en común, y no fue la pobreza. Fue el hecho de la igualdad, aunque no la aspiración a ella, ni la idea de ella.

Al pasar de los años, dicha igualdad se transformó por la gradual inclusión de los grupos excluidos, y se distorsionó por la aparición de una riqueza inmensa para unos pocos, en particular a partir de la

Edad Dorada. Sin embargo, esos dos procesos no alteraron de manera fundamental la ecuación básica. Ésta se reduce a una gran clase media; una pequeña minoría fabulosamente rica, y suficientes pobres para prometer un mínimo de movilidad social, pero también para brindar la mano de obra no calificada y de salarios bajos indispensable para una economía de mercado.

El país construyó un sistema político acorde con esa configuración. Poco a poco estableció la celebración de elecciones relativamente libres y justas para la mayoría de los puestos ejecutivos y legislativos. Todas las personas que se encontraban dentro del sistema participaban en igualdad de condiciones, mientras que quienes se hallaban fuera no participaban en absoluto. Gradualmente, se ampliaron los derechos: a los varones sin propiedades, a los libertos (aunque se les privó de ellos *de facto* poco después), a las mujeres, a los hispanos y a otros recién llegados. Una vez más, quienes se encontraban dentro del sistema se parecían bastante. A quienes eran diferentes se les negó la entrada durante largo tiempo.

Hasta principios de la década de 1960, y con la excepción de ciertas reformas del *New Deal* (por ejemplo, el Seguro Social), con recursos disponibles ilimitados, un grifo migratorio que podía abrirse y cerrarse a voluntad y un movimiento obrero débil, la gran clase media norteamericana funcionó como sustituto de un Estado de bienestar comparable al de otros países ricos. Con pleno empleo, salarios altos y la exclusión de amplias minorías con poca influencia política, no había una necesidad real de brindar atención médica a todos, una pensión decente para todos, un seguro de desempleo adecuado, etcétera. En los años sesenta, Medicare, Medicaid y los vales de despensa se unieron al Seguro Social como parte del andamiaje del raquítico Estado de bienestar estadounidense de las décadas de 1960 y 1970. Gracias a ello, las tres décadas que iniciaron con el final de la Segunda Guerra Mundial constituyen el equivalente norteamericano de *les trente glorieuses* franceses.

Luego se rompió el hechizo. Por una serie de razones, incluyendo las políticas económicas y sociales de Ronald Reagan, la globalización y una pérdida relativa de la competitividad estadounidense —y la creciente influencia de los grupos de presión—, la desigualdad comenzó a subir a partir de la época de Reagan, los salarios y los ingresos generales reales se estancaron, y la clase media dejó de expandirse, y quizás incluso empezó a encogerse. Esas tendencias han persistido hasta nuestros días, y explican en parte el triunfo de Donald Trump en 2016.

Conforme la sociedad norteamericana se parecía más a las demás, se volvió patente la necesidad de un Estado de bienestar clásico, como el del resto de los países ricos. Las gráficas 10.1 y 10.2, que comparan los índices de desigualdad en Francia y Estados Unidos durante los últimos cien años, ilustran esta evolución. Ambos países tenían

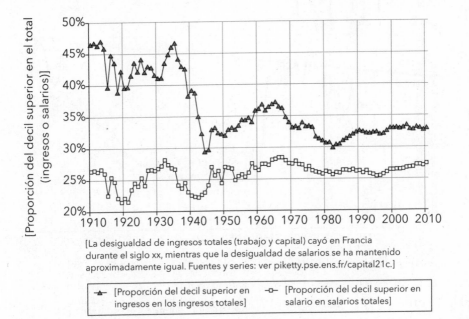

[La desigualdad de ingresos totales (trabajo y capital) cayó en Francia durante el siglo xx, mientras que la desigualdad de salarios se ha mantenido aproximadamente igual. Fuentes y series: ver piketty.pse.ens.fr/capital21c.]

[Proporción del decil superior en ingresos en los ingresos totales]   [Proporción del decil superior en salario en salarios totales]

Gráfica 10.1. Desigualdad de ingresos en Francia, 1910-2010

Fuente: "Data – WID – World Inequality Database", WID, https://wid.world/data/#countrytimeseries/sptinc_p90p100_z/FR/1900/2014/s/k/p/yearly/a, consultado el 12 de octubre de 2019; Piketty, Thomas, *Top Incomes over the 20th Century a Contrast between Continental European and English-Speaking Countries*, Oxford, Oxford University Press, 2014.

casi la misma desigualdad antes de la Gran Depresión; ésta aumentó enormemente durante los años treinta. Pero tras la Segunda Guerra Mundial, Estados Unidos se volvió mucho más igualitario que Francia. Luego llegó 1980. La desigualdad empezó a aumentar de manera drástica en Estados Unidos, pero se mantuvo relativamente estable en Francia. Esa tendencia ha persistido.

Pero esa tendencia no resultó evidente para todos los actores de la política norteamericana convencional. De hecho, la clase media, el sustituto de un Estado de bienestar de la cuna a la tumba, desaparecía con rapidez. Sin embargo, en 2019 algo cambió. De una forma u otra, los principales contendientes demócratas a la presidencia en 2019-2020 —incluso Joe Biden— adoptaron muchos de los rasgos

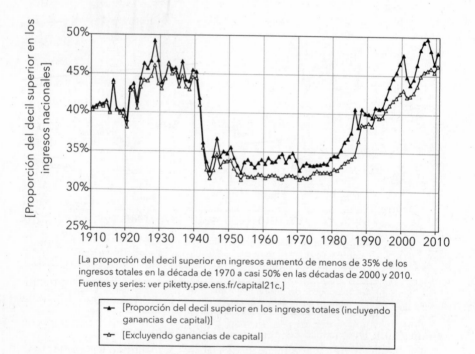

[La proporción del decil superior en ingresos aumentó de menos de 35% de los ingresos totales en la década de 1970 a casi 50% en las décadas de 2000 y 2010. Fuentes y series: ver piketty.pse.ens.fr/capital21c.]

[Proporción del decil superior en los ingresos totales (incluyendo ganancias de capital)]

[Excluyendo ganancias de capital]

Gráfica 10.2. Desigualdad de ingresos en Estados Unidos, 1910-2010
Fuente: Datos para Estados Unidos obtenidos de "Data – WID – World Inequality Database", WID, https://wid.world/data/#countrytimeseries/sptinc_p90p100_z/ US/1913/2014/eu/k/p/yearly/s, consultado el 12 de octubre de 2019.

distintivos de una versión moderna del Estado de bienestar. El giro fue tan evidente que Trump y el Partido Republicano centraron sus ataques en acusarlos de querer llevar el socialismo a Estados Unidos, algo que los conservadores creen que nunca se debe permitir.

Como enfatizamos en la sección dedicada a la raza del capítulo 8, el "argumento a favor de las reparaciones" se puede visualizar como una discusión indirecta del advenimiento de un nuevo —o, de hecho, del primer— Estado de bienestar norteamericano. De manera análoga, las propuestas programáticas que ofrecen muchos de los contendientes de la campaña demócrata a la presidencia de 2019-2020 apuntan en la misma dirección. El ejemplo más obvio era Medicare para Todos, o un Servicio Nacional de Salud, o un sistema de salud de pagador único. No todos se referían exactamente a lo mismo; varios candidatos —Sanders, Warren, Harris, O'Rourke— no concordaban en los detalles, o simplemente no los aclararon. Pero todos habían aprendido la lección del intento de Barack Obama de arreglar el desastre de salud norteamericano con medidas a medias, aunque fueran las únicas posibles. Esta vez, los políticos demócratas que buscaban la Casa Blanca asumieron posturas mucho más ambiciosas en el tema. Posturas antes marginales entraron al centro del espectro político.

Lo mismo puede decirse de otros temas. Elizabeth Warren propuso la creación de guarderías universales y licencias por maternidad o paternidad. Resulta casi igual de interesante que propusiera financiarlas con un impuesto a las fortunas de más de cincuenta millones de dólares. Si uno recuerda, como suele hacerlo Robert Reich, que Estados Unidos ha gravado un impuesto a los activos terriblemente regresivo desde tiempos inmemoriales —el predial—, que afecta a quienes poseen como único bien su hogar, la idea no debería parecer tan revolucionaria. Lo es.

Universidad gratuita para todos; elevar los impuestos marginales a los ingresos hasta los niveles anteriores a Ronald Reagan, George W. Bush y Donald Trump; imponer un impuesto al carbón sobre las energías no renovables; casi duplicar el salario mínimo: se trata de promesas emocionantes, innovadoras y disruptivas. En una época tan reciente como 2016, sólo se habrían considerado apropiadas para los extremistas. No crearían un Estado de bienestar de la noche a la mañana, pero, como declararon los conservadores, tenderían a remodelar a Estados Unidos a imagen y semejanza de Dinamarca, Escandinavia y Europa en general. El *Green New Deal* también encaja en esta narrativa.

El revitalizado debate sobre la eliminación del Colegio Electoral, al igual que otras reformas al actual sistema político disfuncional también forma parte de este proceso. No se puede concebir un Estado de bienestar o cambios "sistémicos" profundos sin un sistema político que pueda lograrlos de manera democrática. Esos cambios profundos incluyen una respuesta a retos como China, y a seguir ampliando y consolidando la civilización norteamericana. Me declaro muy optimista al respecto, y también respecto a la edificación, por fin, de un Estado de bienestar estadounidense completo, independientemente del resultado de las elecciones presidenciales de 2020.

Ese optimismo abreva de varias fuentes. En primer lugar, de las inclinaciones políticas e ideológicas de los jóvenes norteamericanos. En una encuesta de 2018, más de la mitad de los milenials de Estados Unidos se consideraron consistentemente liberales (progresistas, en mexicano) o mayormente liberales. Ese mismo año, más de dos tercios del electorado menor de treinta años votaron por candidatos demócratas a la Cámara (el equivalente a una elección nacional). La siguiente generación de votantes —la llamada generación Z, nacida después de 1996— es aún más progresista. Tal vez cambien de opinión al pasar los años, pero existe un nivel subyacente de permanencia en estas convicciones que no se puede subestimar. Ha habido una larga tendencia, por lo menos desde Ronald Reagan, y, en el Sur, desde los años sesenta, de demócratas *conservadores* no tan jóvenes desertando del Partido Republicano. Pero muchos demócratas *moderados* se han vuelto liberales, y muchos liberales se han corrido aún más a la izquierda. Se trata de cambios duraderos, por lo menos durante una generación.

Una segunda consideración consiste en los cambios demográficos de la sociedad norteamericana, y de su electorado. Como hemos señalado, en 2018, el universo de votantes estaba conformado por 61% de blancos y 39% de minorías. Hoy en día, sin embargo, 44% de la generación milenial pertenece a alguna minoría. A principios de la década de 2040, en tan sólo veinte años, Estados Unidos se convertirá en un país de minorías mayoritarias. No existen razones para creer que la enorme inclinación actual de los votantes minoritarios hacia el Partido Demócrata no persistirá.

Los latinos no cubanos —de quienes algunos esperan un mayor conservadurismo con el paso del tiempo, dadas sus posturas en temas sociales y sus fuertes raíces católicas— poseen una memoria larga, por un lado, y una vida media cubana corta, por el otro. Los cubanoamericanos republicanos del Condado de Dade, Florida, están saliendo de la escena. En 1994, cuando el gobernador republicano de California Pete Wilson trató de ratificar con un referéndum la Propuesta 187, que intentaba prohibir que los indocumentados en California contaran con acceso a servicios públicos, los hispanos de ese estado abandonaron a su partido. Siguen votando en bloque por los demócratas. En 2018, la proporción fue sorprendente: del 75%.

Lo mismo parece aplicar para el electorado afroamericano y asiaticoamericano. ¿Por qué se alejarían del liberalismo —por lo menos en cuestiones políticas— que ellos y sus padres defendieron durante años, mientras ven crecer su participación, su cantidad de funcionarios electos y su presencia general en la sociedad? No existen garantías en política, pero ésta parece una apuesta segura, incluso con el daño infligido al poder judicial por Trump.

El electorado necesario para lograr un Estado de bienestar *real* se complementa con la evolución de los estadounidenses blancos, jóvenes y con educación universitaria. En cuestiones raciales, por ejemplo, las políticas y actitudes de Trump generaron una *reacción liberal blanca* a favor de posturas menos resentidas por cuestiones raciales. Según un estudio, entre 1988 y 2016, "mientras la proporción de republicanos blancos resentidos por cuestiones raciales sólo creció un poco, [...] Trump [...] aumentó la notoriedad de la raza. Los demócratas, en contraste, se volvieron más liberales (en temas raciales)".[1]

Reestructurar el sistema político y construir ese nuevo Estado de bienestar, algo que podría parecer iluso o ingenuo, probablemente sea una condición necesaria para lidiar con los tres retos principales que Estados Unidos debe enfrentar en los próximos años. Dos son de carácter internacional, pero con consecuencias nacionales inmensas. El cambio climático es el primero y más importante.

A pesar de los años de Trump, parece cada vez más claro, en los estados de Washington y California o en Alemania y Países Bajos, que existen dos estrategias: por un lado, la nacional e internacional, eficaz y poderosa para combatir el cambio climático; por otra, la inútil e impotente de Trump. Descreer del cambio climático, ceder su combate al mercado o buscar soluciones meramente nacionales —lo que muchos actores han hecho durante el último medio siglo— no lleva a ningún lado. La esencia global del problema, su naturaleza de bien público y el costo de cualquiera de las herramientas concebibles y necesarias para enfrentarlo exigen un nivel de coordinación social y gubernamental como el que está surgiendo en Europa occidental y en la Costa Oeste de Estados Unidos. La solución china —suponiendo que funcione— resulta inaceptable para las sociedades acostumbradas a la gobernanza democrática.

Los impuestos; la cooperación y la ejecución internacionales; la regulación estricta; la participación de la sociedad civil, y una importante inversión pública en energías renovables y nuevas tecnologías se adaptan mejor a un Estado de bienestar moderno que al *statu quo* norteamericano de libre mercado, *laissez-faire* y falta de regulación. En este caso, el estancamiento de la clase media no es lo que provoca la necesidad de un cambio; se trata de un fenómeno nuevo, para el que el antiguo esquema es particularmente inadecuado.

El éxito relativo que ha tenido California en temas ambientales en general, y en combatir el cambio climático en particular, puede atribuirse en parte a la mentalidad propia de las costas estadounidenses, pero mucho más a las leyes estatales aprobadas y financiadas por los californianos desde hace décadas. En ese sentido, y me congratulo de ello, California se parece un poco a Dinamarca, Alemania, Países Bajos y el estado de Washington. Todas esas entidades combaten el cambio climático de manera efectiva, ambiciosa y con una estrategia integral. Resulta difícil vislumbrar un enfoque norteamericano nacional a esa inmensa amenaza al bienestar general, y sobre todo al de las nuevas generaciones, que sea muy diferente al de estos actores. Lo que implica construir una versión realmente estadounidense del Estado de bienestar moderno.

En segundo lugar, a diferencia de los temores de los *declinistas* del siglo XX, que en general resultaron exagerados, existe un problema a largo plazo con China, acompañado por implicaciones a corto y mediano plazo. La demografía no es mecánica ni automática, pero un país con entre cuatro y cinco veces más habitantes que Estados Unidos, y una base industrial y tecnológica en crecimiento, tarde o temprano alcanzará a su rival. La clave se encuentra obviamente en el "tarde o temprano": el mes que entra, el año siguiente o dentro de treinta o cuarenta años. Si, como suponen la mayoría de los expertos, Estados Unidos cuenta con el tiempo suficiente para adaptarse a ese desafío, el impacto de la paridad china resultará manejable.

Prácticamente la mitad de los norteamericanos creen que su país tan sólo es "una de las principales potencias militares"; sin embargo, se equivocan.[2] China, en particular, no posee ni de cerca la capacidad de Estados Unidos para proyectar su poder en los mares, el aire, el espacio e incluso en la tierra fuera de su territorio o áreas aledañas, ni en el ciberespacio. Su economía, medida en términos per cápita, resulta infinitamente más pequeña que la norteamericana. Tecnológicamente, a pesar de los ambiciosos planes a futuro y de los innegables avances en años recientes, ni las empresas ni el Estado chinos se encuentran aún en la misma liga que la Unión Americana. Washington cuenta con vulnerabilidades indiscutibles, sobre todo en el ámbito financiero, pero la mayoría de las extrapolaciones del crecimiento pasado hacia el futuro han resultado poco fiables. Por último, el poder suave de China, aunque esté creciendo, se encuentra a años luz de la civilización estadounidense, a pesar de esfuerzos importantes, como la Iniciativa del Cinturón y la Ruta de la Seda, el Banco Asiático de Inversión en Infraestructura, las misiones lingüísticas en África, el plan Collar de Perlas, los Institutos Confucio y múltiples acuerdos bilaterales. China, en esos ámbitos de acción internacional, aún no se encuentra lista para el horario estelar.[3]

Nada de eso implica que los retos no existan, ni que los norteamericanos se hallen psicológica o incluso culturalmente preparados para navegar esas aguas inexploradas. Estados Unidos no ha enfrentado una amenaza percibida a su hegemonía desde el final de la Guerra Fría, y una amenaza real no ha existido desde la Primera Guerra Mundial. La Unión Soviética nunca constituyó un rival creíble, a pesar del alboroto y el Terror Rojo. Afrontar esa experiencia desconocida no es algo que las grandes potencias manejen con facilidad: sólo hay que ver a Gran Bretaña, a Francia y, sobre todo, a Rusia hoy en día.

A veces, esto implica sacrificios, no necesariamente de vidas humanas —aunque eso también pueda suceder—, sino de recursos y cargas que muchos norteamericanos no quieren asumir. Encuestas del Centro por el Progreso de Estados Unidos y Eurasia Group realizadas en 2019 descubrieron qué prioridades de política exterior de Estados Unidos estaban en la mente de sus ciudadanos de a pie y cuáles deberían estarlo. La rivalidad con China no apareció en realidad; casi todos los problemas principales eran *negativos*: evitar que sucedieran cosas malas. Los jóvenes fueron los más firmes. En particular —y quizá de forma contraintuitiva—, se negaban a que Estados Unidos intentara prevenir abusos a los derechos humanos.[4] Incluso los aranceles de Trump a las importaciones chinas no obtuvieron buena acogida entre los consumidores, y los exportadores norteamericanos a China los desaprobaron, debido a las represalias de Beijing. Conforme pase el tiempo, los ajustes al fin de la hegemonía de potencia única se volverán más dolorosos, aunque ninguno que se pueda prever resultará fatal. Pero si no se arreglan los asuntos en casa, serán mucho más difíciles de enfrentar.

En tercer lugar, después de afrontar los retos del cambio climático y de China, consolidar, profundizar y reforzar la civilización norteamericana representa una tarea pendiente más. Definirla aún resulta complicado; describirla casi siempre es más sencillo. Fatima Asghar, una poeta y escritora pakistaniamericana, da en el clavo al tratar de definir su pertenencia a esa civilización vista desde el extranjero, en vez de desde el interior:

> Yo pertenezco y no pertenezco a Estados Unidos. Cuando estoy aquí, me recuerdan constantemente que no soy de aquí. Pero cuando estoy fuera, me siento más norteamericana que nunca: hiperconsciente de que mis puntos de referencia culturales son estadounidenses, de que no puedo sacudirme mi prepotencia norteamericana, de que en cuanto abro la boca y hablo, me perciben como estadounidense.[5]

La perciben como miembro, representante y expresión de la civilización norteamericana, aunque no se sienta parte de ella en su propio país.

La civilización estadounidense enfrentará nuevas amenazas o retos, empezando por los que iniciaron el 11 de septiembre; aunque ya existieran antes, se volvieron peligrosamente evidentes a partir de entonces. Es inevitable que crezca la resistencia a la creciente presencia de la civilización norteamericana. Conforme se transformen las sociedades que por distintas razones parecían conformes con la influencia de Estados Unidos, algunas reaccionarán de manera negativa a lo que consideren una proximidad desmedida.

Como hemos visto con Trump, de vez en cuando saldrán a relucir los que el mundo podría considerar los rasgos menos atractivos de la civilización norteamericana. Producirán reacciones incluso entre los países más cercanos a Estados Unidos. Se darán problemas de inclusión y exclusión al interior del *limes*. Los rasgos más fuertes de esta civilización —un cierto tipo de economía, la democracia representativa, el respeto a los derechos humanos, la libertad de expresión, una gran clase media aunque en declive, la cultura y el consumo de masas— se criticarán o rechazarán por sus propios méritos. O algunas sociedades los descartarán precisamente por ser inherentes a la civilización estadounidense.

Estados Unidos sólo encontrará las respuestas apropiadas a estas preguntas y conflictos si logra mostrarle al mundo que, de entre sus muchas virtudes, su capacidad inherente de reinvención quizá sea la más seductora y vigente. Eso implica enfrentar los antiguos desafíos que aún esperan solución: el racismo; la violencia; una defensa agresiva y unilateral de los intereses nacionales percibidos en el extranjero; la insularidad y el atrincheramiento cuando las cosas salen mal en casa; la perturbación del medio ambiente. Reinventarse también entraña deshacerse de las excepciones que ya no caben en el mundo moderno, mucho menos en la civilización norteamericana: las armas, el encarcelamiento en masa, la pena de muerte, la recurrente guerra contra las drogas. Por definición, se trata de anacronismos que ya no deberían existir en una sociedad que se declara la más moderna del mundo, y que probablemente lo sea.

El triunfo duradero y la longevidad aumentada de la civilización estadounidense ocurrirán cuando los norteamericanos mismos reconozcan el declive y final de su diferencia con el resto del mundo, o por lo menos con los países ricos. Aceptar que se ha vuelto como todas las demás naciones ricas constituye una tarea ardua para cualquier sociedad, y una que ha estado en marcha durante algún tiempo en el caso de Estados Unidos. Resulta particularmente laboriosa para una sociedad que nació con la idea arraigada de la excepcionalidad, y que ha tratado de reproducirla de generación en generación.

Obviamente, se trata de una vía de doble sentido. La autora clásica Mary Beard describió así un proceso previo: "La interacción entre Roma y otras culturas en el imperio sorprende por la variedad de formas que cobró y por las versiones híbridas muy diversas de [...] cultura [...] romana [...] que resultaron de ella".[6] Los países europeos y asiáticos ricos también están cambiando y convergiendo con Estados Unidos, ya sea respecto a temas como el cambio climático, la pobreza, la desigualdad, la inmigración, la violencia, las drogas, los derechos para todos o muchos más. La disminución y eliminación gradual de las diferencias no implica que todos los países serán iguales. Significa que sus rasgos definitorios asumen la disminución de su importancia y el creciente énfasis en las cosas en común. Yo creo que esto ha ocurrido en el mundo rico durante las últimas décadas, e incluso geográficamente en algunos países, como México, y económicamente, como Extremo Oriente.

Este proceso, que involucra una mayor proximidad con la civilización norteamericana, no quedará exento de peligros ni consecuencias desagradables. Aquellas naciones que no participen de él tenderán a resentirlo, y a reaccionar de forma negativa a su avance. La brecha, si no es que el choque, entre civilizaciones, podría exacerbarse con esta evolución. Esa exacerbación podría incorporar formas de exclusión y rechazo que nadie debería aprobar ni tolerar. También se trata de un proceso desigual. La civilización norteamericana se está expandiendo con rapidez en China y la India, que conforman más de un tercio de la población mundial, pero donde también está generando anticuerpos. Lo que nos lleva a un último punto sobre el *limes* y la civilización.

Vuelvo a la analogía de mi amigo francés. Régis Debray enfatiza cómo Roma —la civilización como tal, no la República ni el Imperio— se transformó al pasar de los siglos, en los imperios oriental y occidental, y cómo se adaptó a nuevas circunstancias. Reflexiona: "Caracalla (en cuyo honor bautizaron los famosos baños de Roma) estaba loco, pero ampliar la ciudadanía a todos los hombres libres del Imperio (en 212) resultó sabio".[7] La extensión del *limes* cambió a Roma, y Roma por supuesto cambió la ubicación y naturaleza del *limes*. Una civilización también recibe la influencia de quienes se encuentran fuera del *limes*; se trata de un intercambio bilateral. El punto principal, como lo presentó un historiador reciente de la *Pax Romana*, consiste en que "la gente que vivía en lugares tan distantes como el río Tyne y el Éufrates pudieron ver las mismas historias y tararear las mismas melodías".[8] O desde el Hudson hasta el Yalu.

La civilización norteamericana, y Estados Unidos como nación, están siendo modificados por lo que yace fuera de las fronteras y de la zona de influencia del "imperio"; al igual que Roma, por lo menos hasta que llegó su fin, para mejor. No podría darse de otra manera si queremos tomar en serio la noción de una civilización norteamericana. Desde el impacto más inmediato, cercano y simple —el crecimiento de la influencia hispana en las costumbres de la sociedad estadounidense: idioma, cocina, música y deportes—, hasta el más complejo y contradictorio —cómo el país reacciona al cambio climático, y cómo responde en política exterior e interior al ascenso de China y a su norteamericanización gradual—, Estados Unidos se encuentra menos aislado que nunca. Ser Roma implica extender su lengua, impuestos, carreteras, código legal, prácticas militares y acueductos, higiene y anfiteatros por todo el mundo, pero también recibir la inspiración e impulso de los vecinos del norte, de los cristianos y, al final, del imperio oriental.

¿Durará la civilización norteamericana tanto como Roma, ya sea el imperio o la civilización? Definitivamente no, aunque sea por razones puramente demográficas. Pero aún le queda camino por recorrer, sobre todo si demuestra la adaptabilidad de los romanos, y comprende lo que es la civilización norteamericana, y de lo que aún carece para consolidarse. Una modernidad plena quizá sea el mejor nombre para lo que le falta. El camino hacia esa modernidad —y hacia una civilización plena— está en marcha. Será arduo, pero, al final, bienaventurado.

Notas

1 Edsall, Thomas, "Trump Is Changing the Shape of the Democratic Party, Too", *The New York Times,* 19 de junio de 2019, https://www.nytimes.com/2019/ 06/19/opinion/trump-racial-resentment.html, consultado el 20 de junio de 2019.
2 "U.S. Position in the World", *Gallup,* 3 de julio de 2019, https://news.ga llup.com/poll/116350/position-world.aspx, consultado el 25 de julio de 2019.

[3] Castañeda, Jorge G., "Not Ready for Prime Time", *Foreign Affairs,* 16 de septiembre de 2010, https://www.foreignaffairs.com/articles/south-africa/2010-09-01/not-ready-prime-time, consultado en julio de 2019.

[4] Brooks, David, "Voters, your Foreign Policy Views Stink!", *The New York Times,* 13 de junio de 2019, https://www.nytimes.com/2019/06/13/opinion/foreign-policy-populism.html, consultado el 13 de junio de 2019.

[5] Asghar, Fatimah, "On Loneliness", en Shukla, Nikesh (ed.), *The Good Immigrant*, Londres, Unbound, 2016, p. 87.

[6] Beard, Mary, SPQR: *A History of Ancient Rome*, Nueva York, Liveright Publishing Corporation, 2015, p. 497.

[7] Debray, Régis, *Civilisation: comment nous sommes devenus Américains*, París, Gallimard, 2017, p. 187.

[8] Goldsworthy, Adrian, *Pax Romana: War, Peace, and Conquest in the Roman World*, New Haven, CT, Yale University Press, 2016, p. 298.

Estados Unidos: en la intimidad y a la distancia de Jorge G. Castañeda
se terminó de imprimir en agosto de 2020
en los talleres de
Litográfica Ingramex, S.A. de C.V.
Centeno 162-1, Col. Granjas Esmeralda, C.P. 09810,
Ciudad de México.